U0815088

全球银行同业实务丛书
全球债券市场实务丛书

全球货币市场手册

The Money Markets Handbook：A Practioner's Guide

［英］莫德·休亨瑞（Moorad Choudhry）/著
北京融和友信科技有限公司/译

企业管理出版社

图书在版编目（CIP）数据

全球货币市场手册／（英）莫德·休亨瑞（Moorad Choudhry）著；北京融和友信科技有限公司译. -- 北京：企业管理出版社，2016. 8

书名原文：The Money Markets Handbook：A Practitioner's Guide

ISBN 978-7-5164-1322-7

Ⅰ. ①全… Ⅱ. ①莫… ②北… Ⅲ. ①货币市场-世界-手册 Ⅳ. ①F821-62

中国版本图书馆 CIP 数据核字（2016）第 183548 号

书　　名：全球货币市场手册

作　　者：（英）莫德·休亨瑞（Moorad Choudhry）

译　　者：北京融和友信科技有限公司

责任编辑：尤　颖　田　天

书　　号：ISBN 978-7-5164-1322-7

出版发行：企业管理出版社

地　　址：北京市海淀区紫竹院南路 17 号　　**邮编：**100048

网　　址：http：//www. emph. cn

电　　话：总编室（010）68701719　发行部（010）68701816　编辑部（010）68701638

电子信箱：80147@ sina. com

印　　刷：北京天正元印务有限公司

经　　销：新华书店

规　　格：170 毫米×240 毫米　　16 开本　23 印张　400 千字

版　　次：2016 年 8 月第 1 版　　2016 年 8 月第 1 次印刷

定　　价：188. 00 元

序

本书是关于全球货币市场的完全手册，读者可从中学到需要了解的所有相关知识。除了知识本身，对于金融行业以及几乎所有其他职业来说，还有一个方面值得在此提及，这个方面曾经深深地影响了我，那就是态度和运气。

是仅满足于达到优秀还是进一步追求卓越，其中的区别由态度决定。通常，如果两个人具有相同的技能和教育背景，则对待事物的不同态度将决定这两个人中谁将继续保持平庸，而谁能成就一番伟大事业。

我一向认为，货币市场是很多人开始金融职业生涯的第一站地。作为一个传统的高交易量、低回报率的业务领域，涉身货币市场的人们很快就会发现，高涨的热情、顽强的毅力和坚定的决心以及团队工作是在这一竞技场获得成功的必要条件。与此同时，充分认识到货币市场是一个大得多的金融市场的一部分也很重要。角逐货币市场必须做好承受各种压力并做出相关牺牲的心理准备，并且这种压力和牺牲会相当大。你必须承担额外的工作并在困境中保持工作的激情，即使身处熊市、交易量锐减或信用崩溃的环境，也要有勇气面对。2001 年 9 月 11 日对货币市场来说是一个值得永载史册的日子。当时金融市场一片混乱，因此需要短期市场充分发挥作用以保持短期的流动性，而事实证明短期市场做得十分出色。我为自己作为货币市场的一员，能亲身见证这关键历史时刻而感到从未有过的自豪。在悲剧发生时，既关照被这一悲剧击垮的人们，又坚守本职直至一切恢复正常，这是在这一历史性事件中货币市场从业人员的典型表现。在这一灾难性事件中，货币市场从业人员的原则就是：坚守岗位，目标明确，同时切实做好手头的工作。

很多从业人员都将货币市场作为自己迈向其他金融领域的一个跳板。但也有很多人，比如我本人，会发现货币市场领域始终充满挑战和惊喜，并愿意毕生从事这一领域的工作。将职业生涯定位于货币市场的从业人员会努力做好自己的工作，同时热情帮助别人做好这些工作，他们会坚持在任何时候都做正确的事情，并真诚地相信自己所做的事情非常重要。他们会倾听客户的意见并关注与客户切身利益息息相关的事件，同时尽最大努力为客户创造价值，成为客户财富的坚强守护者。他们会时刻铭记一切以客户为中心。如果能做到这些并对货币市场有深入了解，就能成就一番伟大事业。除此之外，还应具备团队精神，并成为一名出色的合作伙伴。这个世界永远不会因为人们单打独干而变得更美好，我们应牢记“1+1=3”的道理。

我发现，货币市场的从业经历为我个人的成长提供了所有必要的人格磨炼和专业锻炼。交易技能或销售技能非常必要，客户沟通技能也同样非常重要，此外还有两个领域也十分关键，其中一个就是态度，这在前面已提到过；另外一个就是运气。不可否认，我在过去20多年的货币市场从业生涯中碰到过不少让别人羡慕不已的好运，也许这些好运归根结底是由于我所采取的态度，而我的态度也许源于我的成长历程或者与我从小爱好体育运动有关。不管是什么力量带来了这些好运，我都心存感激。我的建议是，绝不要低估运气的价值，运气在职业生涯中起着十分重要的作用。当然，我希望各位永远只有好运。

我非常感谢在我的职业生涯中遇到的所有人，名单太长了，他们中有很多一直与我共事，也有很多已转行从事其他职业。我衷心希望他们的人生能充满惊喜和挑战。

对于那些刚刚踏上货币市场这一征程的人来说，他们应认真学习这本优秀的著作并采取正确的态度，这是实现成功的充要条件。

祝你们好运！

鲍勃·比勒（Bob Beehler）
摩根大通银行
欧洲短期固定收益部总监

前　言

货币市场是债券资本市场的重要组成部分，传统上被定义为自发行日起到期期限在一年以下的债务证券交易市场。短期资本的所有使用者和供给者都需要货币市场工具，因此该市场是非常重要的融资渠道，所有参与者通过该渠道聚集在一起。《全球货币市场手册》全面讲述了主要货币市场证券，包括在世界范围内进行交易的现金产品和表外工具，如存单和短期国债等现金市场工具，以及LIBOR期货和远期利率协议等短期衍生产品。然而，这本书的内容还包括对银行资产负债管理以及监管资本等问题的考察，其中资产负债管理是银行业的关键组成部分。这部分内容对于那些在银行和其他金融机构中从事货币市场交易的读者来说非常有用，对于银行资产负债管理委员会的成员也不无启发。本书还专辟了一章考察一个非常重要的主题，即债券回购市场，包括回购机制以及回购作为债券和货币市场的一部分的用途。货币市场中还包括更为复杂的产品，如资产支持商业票据和一揽子总回报掉期等，书中对此也有讲解。简而言之，我们的目标是对跨国银行机构在交易中可能用到的所有产品进行全面和详细的描述。

我们会尽量举例说明这些金融工具，包括在必要时使用彭博公司的系统以及一些例题，目的是简明描述主要货币市场产品的机制。

《全球货币市场手册》专门针对那些以前对货币市场了解有限的中初级读者，包括银行和其他金融机构的前台、中台和后台人员。财务人员、风险管理人员和法律部门人员等其他受众可能也会发现书中的内容对他们非常有用。

本书中所讲到的货币市场工具主要有：

- 存单以及回购协议等现金产品。
- 远期利率协议和隔夜指数掉期等衍生产品。
- 用于融资的总回报掉期等混合型金融工具以及其他结构化融资工具。
- 浮息票据。
- 商业票据渠道和资产支持渠道。

还有一些章节讲述了其他一些对货币市场参与者十分重要的问题，如用于融资目的的证券化结构。

此外，本书有些章节的内容与收益率曲线、即期利率和远期利率有关。为方便初学者理解这些知识，书后的附录介绍了金融市场所用到的基本数学知识。

欢迎各位读者对本书提出批评指正，这些意见会通过威利亚洲出版公司反馈给作者本人。

网　站

如果读者希望了解债券资本市场和货币市场的最新研究成果，可以登录以下这个关于固定收益证券的专业性网站：www. Yield-Curve. com。此外，该网站上还能找到本书作者和其他人士的市场研究成果及研讨会讲稿。

致　谢

Big, big thanks to Bob Beehler at JPMorgan Chase for the excellent Foreword, it is a privilege to know you.

Thanks to Anne Azencot at Cadwalader for sterling work when we were structuring and closing the mighty conduit that was Picaros Funding plc-awesome stuff. Imagine that, Europe's first ever synthetic asset-backed commercial paper conduit! What a team, eh? Also more Picaros big thanks to Nick Procter, Lorraine Carey and Padraic Doherty at JPMorgan Chase, Paul Kerlogue at Moodys, Andre Vollmann at S&P and Serj Walia, Rupert Page, Dave Plume, Alex Rafinski, Jasmine Matthews,

Andrew Dominus and Anne Carter at KBC FP.

Thanks big time to Johanna Foley, John Kodweis, Peter Eisenhardt and Eric Subliskey at JPMorgan Chase, they all know why, a "nice one!" thanks to Stewart Cutler at Merrill Lynch (there should be a picture of you in the dictionary under "sales and marketing"!), Bill Kearns at Citigroup and Peter Holden at Merrill Lynch.

A pleasure to deal with the interest-rate derivatives desk at KBC Bank Brussels, namely Jean-Marc Hendrick, Koen Van Baarle, Philip Desmet and Francis (again!), and also the repo desk at HSBC in London, that'll be my man Adnan Jaffery. Salaam!

Thanks to Guillermo Monroy at BBVA in Madrid for help with their Bloomberg screens.

Thanks to Dan Cunningham, Gavin Allan and Lee Crooks at KBC Bank London for inviting me to assist them with their annual defence of the Kelvin Watson trophy, a pleasure and an honour to be asked... and happy to see we retained the title! I am available for selection at right-back next year too, if you're wondering...

As ever, thanks to Del-Boy at King & Shaxson Bond Brokers Limited... it's been a long time since we traded them, but I am always grateful for the times you told me without a moment's delay what the settlement figure was for a new-issue CD I'd just bought...

Thanks to Paul Lim for top-quality typesetting, and to Malar at Wiley Singapore for help with production, saves me loads of headache.

Finally, thanks to Mark at Zulu Tattoo, you are an artist and true master of your craft!

比联金融产品公司致谢

Big, big thanks to the No. 1 boys on the trading floor, the Equity Derivs desk, that'll be Haris Kessaris, Frank Spiteri, Hirak Chakravorty, Michiel Symoens and the lads, cheers for everything guys... thanks for looking after me!

Many thanks to Nick Bulloch for making things easier to book and reconcile than they otherwise would have been! Imagine? Sophis? Piece of cake...

Jason Feasey-respect. Thanks to Pierre Iceta, Niall Considine, Craig Wotherspoon, Andrew Oliver, Alex Pamer, Sarah Robinson, Caroline Bailey, Daniel Bond, Richard Ward, Giles Lamb, Julie Butts, Bruno Pajusco, Simon Bourne and Oliver John. It's a pleasure to work with you chaps...

Treasury Ops team of Matt Eldred, Brian Norwood, Mark Burgess and Todd Bose, lovely to know you are Classics scholars, thanks for everything, if it moves we can settle it...

Jatin, Mark, Richard, Peter and Andrew-when are we writing a book on Hedge Fund Derivatives? Now that would be a ground-breaking work...

And finally massive thanks to Justin Rockberger-a coach and team leader par excellence-for letting me prolong my City football career, it's a pleasure and a privilege to turn out on the same pitch as you, Nick Williams, Terry Williams, Ray Saunders, Jamie Sambruck and the rest of the lads.

特别感谢

Paula Jacobsen, you're the best thing that ever happened to me...

Thanks and respect to Mr Tim Leonard, Harley Street W1 for looking after my eyes.

Thanks to Robbie Earle for his autograph confirming my honorary membership of the Crazy Gang... surely your goal in France 98 is one of the best ever by a Wimbledon player in the World Cup?!

Like that great centre-half Stuart Medlen once said, football is like your youth-once it's over, it's over... so thanks to Tony Fulling over at JPMChase for the continued invite to play! Thanks for the memories...

A big thank you to Monica Schnitzer for recording that CD of Lloyd Cole B-sides for me, it's fabulous and brilliant... it's always great to hear songs by a favourite artist for the first time even when they're old recordings... thanks again.

Diane Spranger at NatWest Premium Banking Unit in Richmond (that's a long way from Esher!), thanks for looking after my banking needs. You are an absolute darling, I owe you lunch.

All the best.

莫德·休亨瑞

目　录

货币市场导论

货币市场是全球金融系统的一部分。构成全球金融系统的各个市场都是某种形式的资金融通渠道，通过这些渠道，资金得以在资本的使用者和供给者之间流动。资金的流动发生在不同的市场之中，这取决于这些资金本身的特征以及市场参与者的需要。货币市场是短期资金交易的场所，即从贷款发放之日算起偿还期限在12个月以内的资金的借贷活动。然而，货币市场不仅包括贷款等现金产品，还包括该市场中使用的许多其他金融工具，这些金融工具既有现金产品，也有衍生产品。本书的重点正是关于这些产品及其用途的讨论。

因此，货币市场是政府、银行、其他公司机构、基金经理以及个人等市场参与者交换短期资金盈余/不足的地方。此外，市场参与者还可以利用货币市场管理其流动性头寸。货币市场产品被定义为到期期限在1年或1年以下的市场工具，而到期期限在1年以上的金融工具是在资本市场中进行交易，如债券。

在全球金融系统中，资金的供给方一般是商业银行以及储蓄机构，如货币市场共同基金。有时，其他机构也可能持有多余的现金，如地方政府和各个公司。资金的借款人包括政府、银行以及各个公司等，其中银行、地方政府以及各个公司既是资金的供给方，也是资金的使用方。

在交易额方面，货币市场是世界上各种市场中交易额最大、最为活跃的市场。由于货币市场证券的到期期限最多为1年，因此它们都是短期债务。货币市场债务是全球金融市场的重要组成部分，并且有利于银行业的平稳运行，此外货币市场还可以为工业和商业机构提供营运资本。货币市场的多样化可以为市场使用者提供更多的机会和融资可能性，并且货币市场一向以拥有众多的交易产品而著称。货币市场工具使发行人能以相对较低的利率筹集短期资金，这些发行人包括发行短期国债的主权国家政府、发行商业票据的各个公司，以及发行票据和存单的银行。同时，由于货币市场工具极具流动性而信用风险相对较低，因此很受投资者的青睐。在任何国家，短期国债都是该国风险最低的金融工具，因此短期国债在所有债务工具中的收益率也最低。实际上，在任何国家最先发展起来的市场通常都是短期国债市场。

虽然传统上将货币市场定义为到期期限在 1 年或 1 年以下的金融工具的交易场所，但各个银行的货币市场部门往往也交易到期期限长达 2 年或 3 年的工具，这些工具可能是现金产品，也可能是表外金融工具①。除了现金工具以外，货币市场还包括很多在柜台交易的表外衍生工具，这些工具主要用来确定未来的借款和贷款利率，并对冲或改变现有的利率风险敞口，进行这种操作的机构包括商业银行、中央银行以及公司等，主要的衍生工具包括短期利率期货、远期利率协议以及短期利率掉期等。但正如本书将要讲到的，也可以使用其他衍生产品，如总回报掉期等。

金融交易

在任何一个市场中，所有金融系统都会进行基本的交易，即实现资金从富余的一方转移到不足的一方。这种交易涉及到金融资产本金或利息的交换。这种交换可以在双方之间直接进行，也可以通过中介机构间接地进行。

直接金融

直接金融涉及到两个交易方，其中一方以约定的利率和期限向另外一方直接提供资金。图 1 展示了这种交易。贷款可以用证券作担保，也可以是无担保贷款。直接融资是最简单的金融交易，其缺点就是双方必须相互了解并知道对方的要求，双方还必须拥有关于交易对手的充分信息，这样才能进行交易。由于以上这些原因，虽然直接融资在大型机构或涉及中央政府的情况下非常普遍，但仍然不如通过中介机构进行融资常见。

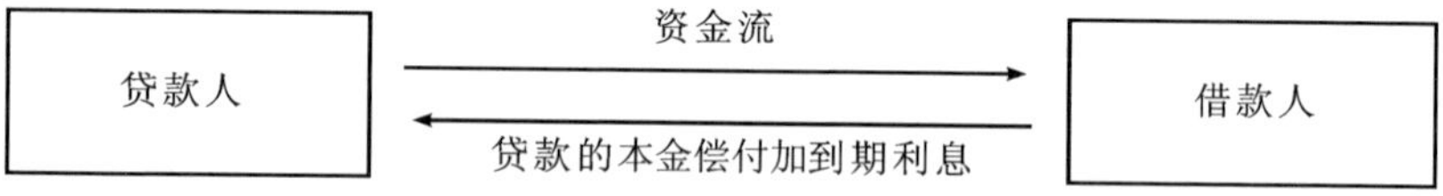

图 1　直接融资

通过中介机构融资

按交易额算，大部分货币市场交易都是通过半直接的方式或通过中介机

① 作者曾亲身经历过到期期限长达 2 年的现金工具和衍生工具的交易，以及到期期限长达 3 年的政府债券的交易。作者曾负责到期期限长达 18 个月的存款和贷款以及隔夜指数掉期的交易。

构进行。我们将银行也视为一种中介机构，并且中介机构可以分为如下两种类型：

- 经纪商。经纪商只是简单地将贷款人和借款人聚集在一起，并为此收取一定的佣金。然而，经纪商的参与增大了市场的透明度，并使市场上拥有更多的可用信息。
- 做市商。做市商在美国市场中称为自营商（Dealers），做市商可以作为借款人和贷款人之间的中介，但做市商在其自营账户中也拥有一定的头寸，并向其他市场参与者双向报价。做市商拥有自营账户，并持有一定的风险敞口头寸，做市商的利润取决于这些头寸的价值，而头寸的价值随市场的动态变化以及供求关系的变化而波动。

当然，同一个机构可以同时履行经纪商和做市商这两种功能，这取决于交易对手的不同以及进行交易的市场的差异。

图 2 解释了通过中介机构进行的融资交易。

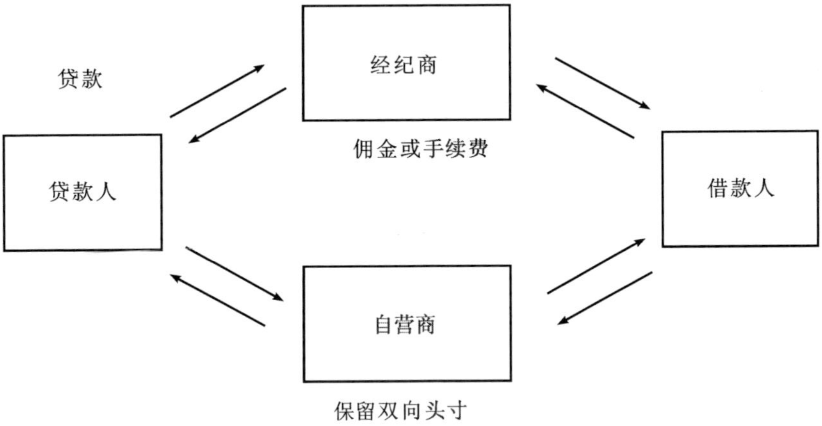

图 2　通过中介机构进行的融资交易

间接金融

货币市场证券存在活跃的二级市场反映了间接金融的范围和程度，间接金融包括很多方面，例如银行为了对其贷款进行融资而向公司和个人发行证券，以及这些证券在筹集资金之后进行的交易等。作为货币市场一部分的金融中介机构包括商业银行、保险公司、汽车制造商的信贷部门等信贷机构、金融公司、储蓄和贷款协会（比如英国的建房互助协会）、养老金基金以及共同基金等，这些机构在市场中的作用从本质上来说就是自身同时作为借款人和贷款人，并为市场中的最终借款人和贷款人提供服务。表1中列出了参与间接融资的各种公司类型。

表1　货币市场中的金融机构和中介

接收存款的机构	合同机构	批发市场交易对手
商业银行	人寿保险公司	投资银行
零售银行	养老基金	证券公司(经纪自营商)
非银行类机构：		
-储蓄和贷款协会（建房互助协会）	共同基金（单位信托）	经纪商
-信用社	投资信托公司	
共同基金（单位信托）		
-货币市场基金		
金融公司		
政府贷款机构		

货币市场特征

全世界的货币市场都是市场参与者互换金融资产和现金的渠道，或者是以担保和无担保的形式筹集资金的渠道。货币市场的主要特征就是，该市场仅服务于短期需求，也就是满足现金短缺的市场参与者的短期融资需要，同时满足暂时拥有冗余资金的市场参与者的短期投资需要。图3展示了在大多数国家的货币市场中存在的典型结构。

货币市场利率是一种关键利率，它为其他所有利率提供了基准和指导。虽然货币市场在确定利率方面的重要性往往被忽视，但这种作用是不容否认的。

货币市场的规模意味着该市场在大多数国家都具有相当的宽度和深度，在发达国家更是这样。市场中可能观察到的一个现象是，货币市场业务交易量非常大，但单笔货币市场交易并不能够对货币市场产生任何重大的影响。与现在的大多数金融市场一样，货币市场也是在柜台进行交易，也就是说不是在交易所内进行交易，而是通过电话和计算机终端进行交易。

货币市场利率就是市场参与者进行借款和贷款时所使用的利率，这种利

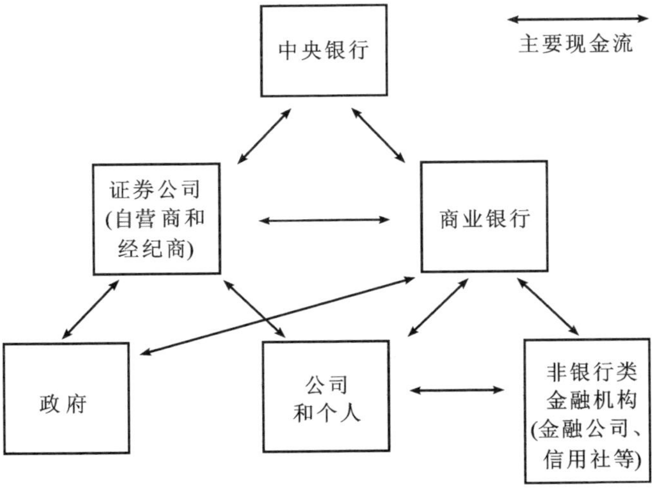

图3　货币市场的结构

率由市场决定，并且是很多因素共同作用的结果，涉及全球供求关系等宏观经济因素，以及流动性和透明度等具体市场因素。针对不同的产品和不同的交易对手会有不同的利率。各种市场利率的基准是短期国债利率。正如第1章中将要讲到的，短期国债是政府为了筹集短期资金而发行的证券，这种证券的到期期限通常为90天。由于国库券由政府信用提供支持，不具有或者具有很小的违约风险，因此其所支付的利率就是市场中最低的利率，货币市场中的所有其他利率以及债券市场中的利率都会高于国库券利率一定的利差。

接下来的各章会详细地考察货币市场中的各种金融工具。

货币市场惯例

从下面的内容中可以看出，很多货币市场工具在交易时都使用类似的市场惯例。例如，虽然英镑是一个例外，但对大多数货币来说，在计算贷款利息时都是假设每年包含360天。而且，虽然很多货币都是自由浮动，即这些货币与其他货币间的汇率由市场供求关系决定，但其他一些非常重要的货币采用的是盯住美元制并与美元一起浮动。此外，还有少量货币不能进行兑换，也不能在市场中进行交易。

表2展示了一些货币的特征，该表的目的是为了突出货币市场上存在的一些细节差异，其中“天数计算基础”和“起息日”（Value date）等术语将会在以后的章节中进行详细解释。

使用彭博公司系统的从业人员可以通过以下操作详细地考察具体的货币：

[Ticket][Currency yellow key]DES <Go>

图4、图5和图6分别展示了澳大利亚元、巴西里亚尔以及埃及镑在彭博公司系统中所显示的页面。

表2 **特定货币的计算惯例**

国家或地区	货币	汇率	天数计算基础	即期外汇交易的起息日
阿根廷	比索	浮动汇率	实际天数/360	T+2
澳大利亚	澳元	浮动汇率	实际天数/365	T+2
巴西	里亚尔	浮动汇率	实际天数/360	T+3
加拿大	加元	浮动汇率	实际天数/365(国内)	T+1
			实际天数/360(国际)	T+2
捷克	克朗	浮动汇率	实际天数/360	T+2
丹麦	克朗	浮动汇率	实际天数/360	T+2
埃及	埃及镑	浮动汇率	实际天数/360	T+2
欧元区+	欧元	浮动汇率	实际天数/360	T+2
中国香港	港元	盯住美元	实际天数/365	T+2
匈牙利	福林	管理浮动	实际天数/360	T+2
日本	日元	浮动汇率	实际天数/360	T+2
爱沙泥亚	克鲁恩	盯住欧元	实际天数/360	T+2
拉脱维亚	拉塔斯	盯住特别提款权++	实际天数/360	T+2
立陶宛	立特	盯住欧元	实际天数/360	T+2
马来西亚	林吉特	盯住美国美元	实际天数/365	T+2
新西兰	新西兰元	浮动汇率	实际天数/365	T+2
挪威	克朗	浮动汇率	实际天数/360	T+2
波兰	兹罗提	浮动汇率	实际天数/365	T+2
新加坡	新加坡元	管理浮动	实际天数/365	T+2
南非	兰特	浮动汇率	实际天数/365	T+2
韩国	韩元	浮动汇率	实际天数/365	T+2
瑞士	法郎	浮动汇率	实际天数/360	T+2
中国台湾	台币	浮动汇率	实际天数/365	T+2
泰国	泰铢	浮动汇率	实际天数/365	T+2
英国	英镑	浮动汇率	实际天数/365	T+2
美国	美元	浮动汇率	实际天数/360	T+2

+奥地利、比利时、芬兰、法国、德国、希腊、爱尔兰、意大利、卢森堡、荷兰、葡萄牙、西班牙

++国际货币基金组织的“货币”

资料来源：Bloomberg。

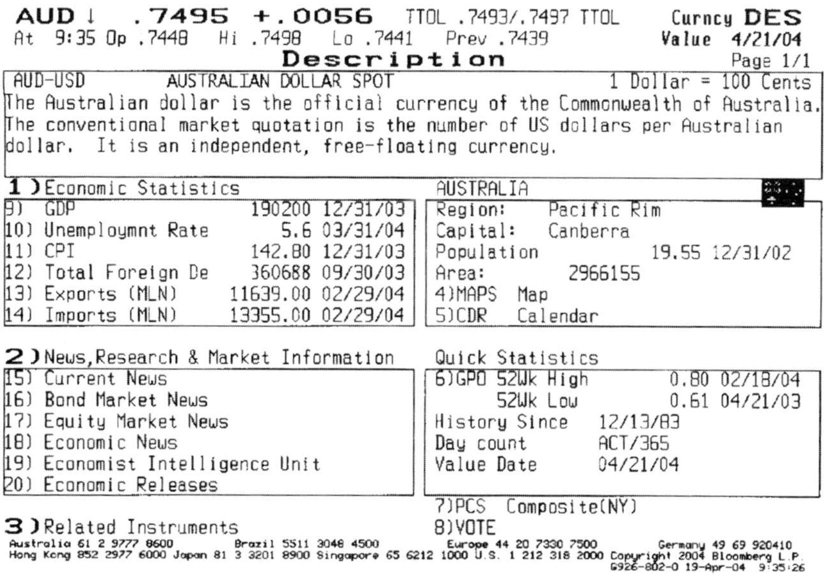

图 4　彭博公司系统所显示的澳元页面

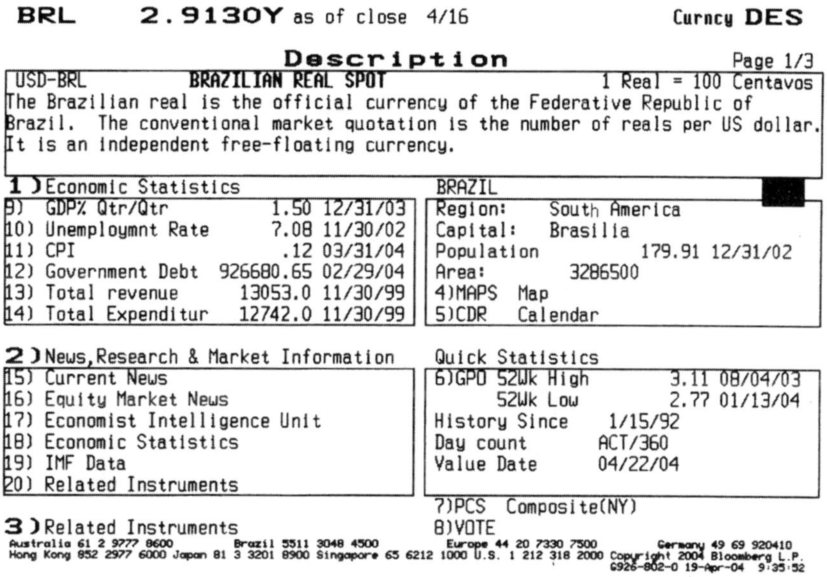

图 5　彭博公司系统所显示的巴西里亚尔页面

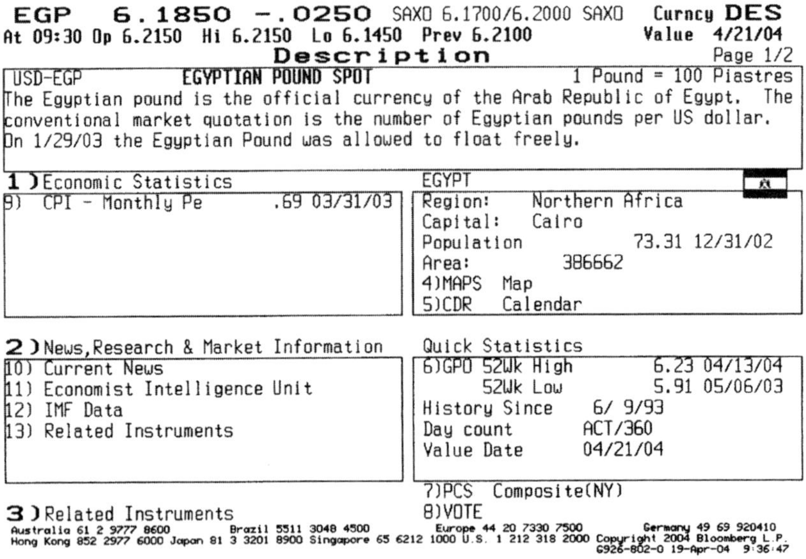

图 6 彭博公司系统所显示的埃及镑页面

© Bloomberg L. P. Used with permission.

第 1 章　货币市场

货币市场是全球债券资本市场的一部分，但它也是一个独立的市场。货币市场证券是一种债务工具，这种金融工具的到期期限不超过 1 年，然而银行的货币市场工具的到期期限通常可以达到 2 年。

货币市场存在于每个市场经济体之中，这些经济体实际上就是世界上的一个个国家，而且货币市场往往是发展资本市场时建立的第一个市场。在所有国家，货币市场都由到期期限不超过 12 个月的证券组成。货币市场债务是全球资本市场的重要组成部分，它有利于银行业的平稳运行，并且还可以为工业和商业公司机构提供营运资本。货币市场为使用者提供了很多机会和融资可能性，该市场中可以用于交易的产品类型非常多。图 1.1 以 2000 年 11 月英镑货币市场的产品组成为例，展示了与 1995 年英镑货币市场相比，产品份额的变化情况。货币市场工具使得包括金融机构和公司在内的发行人能够以相对较低的利率进行短期融资。这些发行人包括发行短期国债的主权国家、发行商业票据的各个公司，以及发行票据和存单的各个银行。同时，该市场也可以吸引很多投资者，因为货币市场工具具有很高的流动性并且信用风险

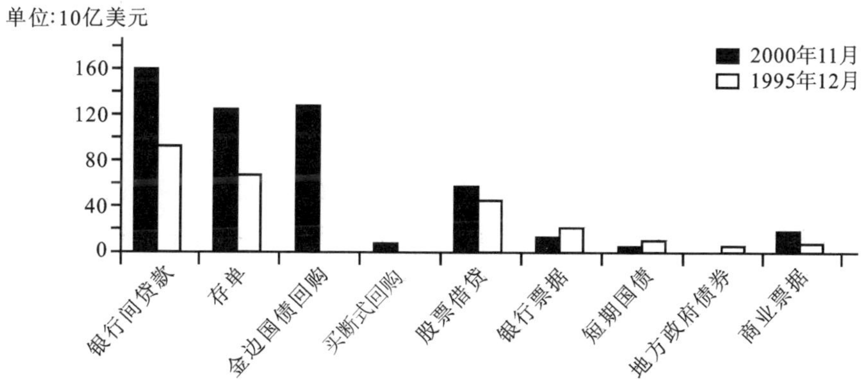

图 1.1　2000 年 11 月英镑货币市场的组成

资料来源：英格兰银行。

较低。任何国家的短期国债都是该国风险最小的金融工具，短期国债的收益率在各种债务工具中也最低。实际上，任何国家首先建立的第一个市场通常就是短期国债市场。货币市场的投资者包括银行、地方政府、各个公司、货币市场投资基金以及共同基金和个人投资者。

除了现金工具之外，货币市场还包括很多在交易所和场外交易市场进行交易的表外衍生工具。这些工具主要是为了确定未来的借款和贷款利率，以及对冲和改变现有的利率风险敞口，这种市场操作不仅可以由商业银行和中央银行进行，也可以由各个公司进行。主要的衍生工具包括短期利率期货、远期利率协议，以及短期利率掉期，如隔夜指数掉期。

本章将考察在货币市场中交易的现金工具。随后各章将考察银行业的资产负债管理以及回购协议市场。最后将探讨货币市场衍生工具，如利率期货和远期利率协议等。

引　言

在货币市场交易的现金工具包括以下几种：

- 定期存款。
- 短期国债。
- 存单。
- 商业票据。
- 银行承兑汇票。
- 汇票。

此外，货币市场还可能包括回购交易以及一些证券借贷行为，对这些产品将专辟一章进行讨论。

主权国家通常使用短期国债筹集短期资金，而银行使用存单进行融资，公司使用其他金融工具，银行偶尔也会使用这些工具。这些金融工具代表借款人的一种债务，借款人有义务在到期日偿还所借款项以及利息。以上所提到的金融工具都属于以下两种主要货币市场证券的其中一种，即以收益率为基础进行报价的证券和以贴现形式为基础进行报价的证券，稍后会探讨这两种证券形式。回购协议也是一种货币市场工具，我们将在单独的一章中对其进行讨论。

货币市场中利息的计算不同于相应债券市场中应计利息的计算。货币市场的天数计算惯例一般采用该工具在某一年中所实际持有的天数。在英国英镑市场中，每年的天数计为 365 天，因此英镑货币市场工具利息的计算如下所示：

$$i = \frac{n}{365} \tag{1.1}$$

然而，包括美国美元和欧元在内的大部分货币按每年 360 天计算利息，因此需要相应改变上述等式中的分母。附录 1.1 中展示了两种天数计算基础之间的相互转化，即如何将以一种天数计算基础报价的利率转化为以另一种天数计算基础进行报价。附录 1.1 中还列出了以 365 天为基础计算利息的市场。

自营商在进行外汇市场或货币市场交易之前需要知道该种货币计算利息时所使用的天数基础。彭博系统的使用者可以使用 DCX 菜单确定利息期间的天数。例如，图 1.2 就是 DCX 菜单所显示的美国美元市场，该贷款在 2004 年 5 月 7 日起息，贷款期限为 3 个月。通常情况下，这笔贷款将在 2004 年 8 月 7 日到期，然而从图 1.2 中可以看出，这一天不是工作日，因此这笔贷款将在 2004 年 8 月 9 日到期。从图 1.2 中同样可以看出，贷款期间实际上是 94 天，而在 30/360 的计算方法中该期间为 92 天，30/360 的计算方法是债券市场计算应计利息时所使用的一种方法。这段期间内的工作日为 64 天，我们还可以看出 5 月 31 日是一个公共假日。

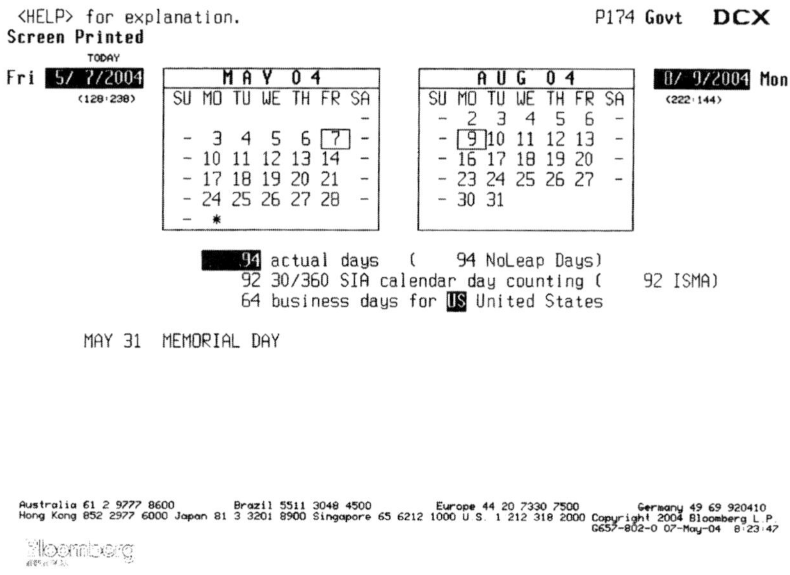

图 1.2　彭博系统 DCX 菜单所显示的美国美元市场

3 个月期贷款，起息日为 2004 年 5 月 7 日

对于同样一笔新加坡元贷款来说，这笔在 5 月 7 日起息的贷款将在 8 月 10 日到期，因为 2004 年 8 月 9 日在新加坡是公共假日，如图 1.3 所示。

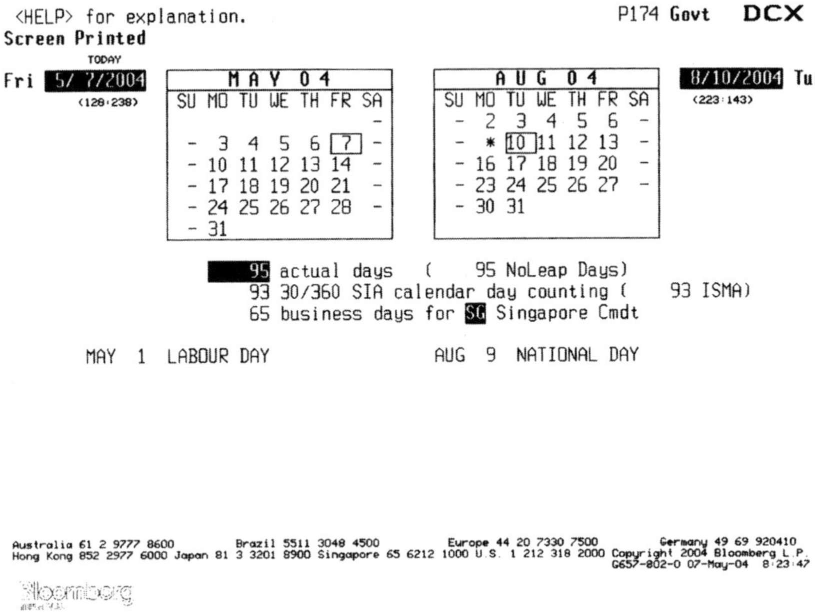

图 1.3 彭博系统 DCX 菜单所显示的新加坡元市场
3 个月期贷款，起息日为 2004 年 5 月 7 日

© Bloomberg L. P. Used with permission.

货币市场工具可以在当天（通常是那些在中午以前进行的交易）、次日或两天之后进行结算，这种交易称为即期交易。

以收益率为基础进行报价的证券

上面所列出的工具中有两种是以收益率为基础进行报价。

货币市场存款

货币市场存款是指在银行和证券机构进行的最高期限为 1 年的固定利率

定期存款。这些存款不能转让，因此在到期日之前不具备流动性。货币市场存款的利率在存款期限之内固定不变，并且所使用的利率与具有同样期限的伦敦银行间同业拆出利率（LIBOR）相关联。此外，这种存款是在到期日支付本金和利息。

LIBOR

LIBOR 这个术语是指伦敦银行间同业拆出利率，即一个伦敦银行因向另外一个信用质量可以接受的伦敦银行提供现金存款时所收取的利率。该利率由英国银行家协会（BBA）在每个工作日的上午 11 点（实际中通常是在 20 分钟以后）确定，该利率是会员银行所提供利率的均值。LIBID 这个术语是指银行的拆进利率，即该银行在伦敦市场所支付的资金利率。因此，具体到期日资金的报价利差就是 LIBOR 和 LIBID 之间的差额。伦敦货币市场的做法是以 LIBOR-LIBID 的形式同时报出这两个利率，这与其他金融工具的收益率报价做法相一致，如图 1.4 所示。在其他一些货币市场中，报价方法与英国相反。EURIBOR 是欧洲银行间的欧元拆出利率，该利率由欧洲中央银行确定，该银行的总部位于布鲁塞尔。

英国利率

Mar 10	Over-night	7 days notice	One month	Three months	Six months	One year
Interbank Sterling	$3\frac{13}{16}$ - $3\frac{9}{16}$	$3\frac{7}{8}$ - $3\frac{3}{4}$	$4\frac{1}{8}$ - 4	$4\frac{9}{32}$ - $4\frac{5}{32}$	$4\frac{7}{16}$ - $4\frac{5}{16}$	$4\frac{5}{8}$ - $4\frac{1}{2}$
BBA Sterling	$3\frac{3}{4}$	$3\frac{7}{8}$	$4\frac{1}{8}$	$4\frac{9}{32}$	$4\frac{13}{32}$	$4\frac{19}{32}$
Sterling CDs			$4\frac{1}{8}$ - $4\frac{1}{16}$	$4\frac{1}{4}$ - $4\frac{7}{32}$	$4\frac{3}{8}$ - $4\frac{11}{32}$	$4\frac{17}{32}$ - $4\frac{1}{2}$
Treasury Bills			4 - $3\frac{15}{16}$	$4\frac{1}{16}$ - 4		
Bank Bills			$4\frac{3}{32}$ - $4\frac{1}{32}$	$4\frac{7}{32}$ - $4\frac{5}{32}$		
†Local authority deps.		$4\frac{1}{16}$ - $3\frac{15}{16}$	$4\frac{1}{8}$ - 4	$4\frac{1}{4}$ - $4\frac{1}{8}$	$4\frac{3}{8}$ - $4\frac{1}{4}$	$4\frac{5}{8}$ - $4\frac{1}{2}$
Discount Market deps	$3\frac{7}{8}$ - $3\frac{11}{16}$	4 - $3\frac{13}{16}$				

Av. tndr rate of discount Mar 4, 4.0651pc. ECGD fixed rate Stlg. Export Finance. make up day Feb 27,2003. Agreed rate for period Feb 25,2004 to Mar 25, 2004, Scheme III 5.30pc. Reference rate for period Jan 31, 2004 to Feb 27, 2004, Scheme IV & V 4.164%. Finance House Base Rate 4.5pv for Feb 2004
UK clearing bank base lending rate 4 per cent from Feb 5, 2004　Source: Reuters, RBS, †Tradition (UK) Ltd.

	Up to 1 month	1-3 month	3-6 months	6-9 months	9-12 months
Certs of Tax dep. (£100 000)	$\frac{1}{4}$	3	3	3	3

Certs of Tax dep. under £100 000 is ¼pc. Deposits withdrawn for cash 0pc.

图 1.4　伦敦英镑货币市场利率，摘自 2004 年 3 月 11 日的《金融时报》

图 1.5 是彭博公司系统所显示的英国银行家协会确定 LIBOR 时的页面，

日期为2004年8月31日。

BBAM1 N1211a Govt **BBAM**

BRITISH BANKERS'
ASSOCIATION

Page 1 of 4

08/31 11:03 GMT [BRITISH BANKERS ASSOCIATION LIBOR RATES] 3750
[31/08/04] RATES AT 11:00 LONDON TIME 31/08/2004 31/08 10:39 GMT

CCY	USD	GBP	CAD	EUR	JPY	EUR 365
O/N	1.62500	4.69375	2.03500	2.07625	SN0.03375	2.10509
1WK	1.57375	4.78625	2.06000	2.06863	0.03500	2.09736
2WK	1.58375	4.82156	2.12333	2.06938	0.03625	2.09812
1MO	1.67000	4.85375	2.16333	2.07575	0.03813	2.10458
2MO	1.73000	4.89500	2.23833	2.09300	0.04563	2.12207
3MO	1.80000	4.96250	2.32000	2.11313	0.05188	2.14248
4MO	1.86000	5.00250	2.38333	2.13300	0.05500	2.16263
5MO	1.92125	5.04125	2.44667	2.14925	0.05838	2.17910
6MO	1.99000	5.07625	2.51000	2.16575	0.06300	2.19583
7MO	2.04875	5.10625	2.56500	2.18450	0.06875	2.21484
8MO	2.10000	5.13625	2.61667	2.20138	0.07313	2.23195
9MO	2.15000	5.16375	2.66667	2.22000	0.07875	2.25083
10MO	2.20000	5.18750	2.71167	2.24438	0.08450	2.27555
11MO	2.25000	5.20750	2.76167	2.26800	0.08875	2.29950
12MO	2.30000	5.22750	2.81167	2.29575	0.09313	2.32764

Australia 61 2 9777 8600 Brazil 5511 3048 4500 Europe 44 20 7330 7500 Germany 49 69 920410
Hong Kong 852 2977 6000 Japan 81 3 3201 8900 Singapore 65 6212 1000 U.S. 1 212 318 2000 Copyright 2004 Bloomberg L.P.
G926-802-3 31-Aug-04 12:03:31

图 1.5 英国银行家协会确定 LIBOR 时的页面

EURIBOR

官方的欧洲银行间同业拆借利率就是EURIBOR，该利率在每个工作日布鲁塞尔当地时间11点进行确定。注意，不要将EURIBOR与EURO-LIBOR相混淆。与LIBOR一样，EURIBOR由EURIBOR的会员银行每天上午以同样的方式确定。所有会员银行利率的平均值就是该EURIBOR的值。

图1.6是彭博公司系统在确定EURIBOR时的主菜单页面，即EBF。

确定利率的页面显示在图1.7中，所显示的日期为2004年6月11日。该固定利率是一个即期值，这一点在该页面中已进行了确认，而且从该页面中还可以看出起息日在两个工作日以后（即2004年6月15日）。同样的主菜单页面还可以用于获得EURIBOR和EONIA固定利率的值，后者是欧元的隔夜利率，这显示在图1.8中，而且显示的日期同样是2004年6月11日。图1.8展示了与图1.7中相同的固定利率，并且在该屏幕的最下端显示了以前日期的EONIA利率。

EBF　　N217 n M-Mkt EBF

email: pricecontrib@bloomberg.net

EONIA - EUREPO - EURIBOR

1) OFFICIAL EURIBOR FIXING
2) OFFICIAL EONIA FIXING
3) OFFICIAL EURIBOR FIXING (ACT/365)
4) EURIBOR & EONIA HISTORICAL DATA
5) EURIBOR PANEL BANK DATA
6) EURIBOR DEFINITIONS
7) EONIA DEFINITIONS
8) OFFICIAL EUREPO FIXING
9) EUREPO PANEL BANK DATA
10) EURIBOR OFFICIAL WEB PAGE
11) EUREPO OFFICIAL WEB PAGE
12) FBE OFFICIAL WEB PAGE

Australia 61 2 9777 8600 Brazil 5511 3048 4500 Europe 44 20 7330 7500 Germany 49 69 920410
Hong Kong 852 2977 6000 Japan 81 3 3201 8900 Singapore 65 6212 1000 U.S. 1 212 318 2000 Copyright 2004 Bloomberg L.P.
G926-802-2 11-Jun-04 11:49:34

图 1.6　彭博系统 EURIBOR 菜单页面 EBF

1
Screen Printed　　N121 a M-Mkt EBF

EUROPEAN BANKING
FEDERATION　　Page 1 of 1

06/11 12:48 GMT [EURIBOR FBE/ACI] 248
EURIBOR RATES ACT/360 AT 11H00 BRUSSELS TIME 11/06/2004　　11/06 09:12 GMT

		ACT/ 360	
	1WK	2.054	[FIXED]
	2WK	2.058	VALUE DATE 15/06/04
	3WK	2.070	[EURIBOR NOTE ON PAGE 47893]
	1MO	2.078	
	2MO	2.093	
	3MO	2.112	
	4MO	2.148	
	5MO	2.177	[WARNING] EITHER EURIBOR FBE,
	6MO	2.199	NOR EURIBOR ACI, NOR THE EURIBO
	7MO	2.240	PANEL BANKS, NOR THE EURIBOR
	8MO	2.280	STEERING COMMITTEE, NOR MONEYLI
	9MO	2.312	TELERATE LTD CAN BE HELD LIABLE
[HISTORY] THIS CAN BE	10MO	2.345	FOR ANY IRREGULARITY OR
DOWNLOADED FROM THE	11MO	2.390	INACCURACY OF THE EURIBOR RATE.
WEBSITE WWW.EURIBOR.ORG	12MO	2.426	(FOR DETAILS SEE PAGE 47896)

Australia 61 2 9777 8600 Brazil 5511 3048 4500 Europe 44 20 7330 7500 Germany 49 69 920410
Hong Kong 852 2977 6000 Japan 81 3 3201 8900 Singapore 65 6212 1000 U.S. 1 212 318 2000 Copyright 2004 Bloomberg L.P.
G926-802-2 11-Jun-04 13:48:35

图 1.7　2004 年 6 月 11 日 EURIBOR 页面

4 N2N299 M-Mkt EBF

Screen Printed

11:47 EURIBOR & EONIA FIXINGS PAGE 1 / 1

EURIBOR ACT/360	RATE	PREVIOUS RATE	TIME	EURIBOR ACT/365	RATE	PREVIOUS RATE	TIME
1) 1 WK	2.054	2.054	10:12	17) 1 WK	2.083	2.083	10:12
2) 2 WK	2.058	2.058	10:12	18) 2 WK	2.087	2.087	10:12
3) 3 WK	2.070	2.069	10:12	19) 3 WK	2.099	2.098	10:12
4) 1 MTH	2.078	2.077	10:12	20) 1 MTH	2.107	2.106	10:12
5) 2 MTH	2.093	2.093	10:12	21) 2 MTH	2.122	2.122	10:12
6) 3 MTH	2.112	2.109	10:12	22) 3 MTH	2.141	2.138	10:12
7) 4 MTH	2.148	2.132	10:12	23) 4 MTH	2.178	2.162	10:12
8) 5 MTH	2.177	2.155	10:12	24) 5 MTH	2.207	2.185	10:12
9) 6 MTH	2.199	2.178	10:12	25) 6 MTH	2.230	2.208	10:12
10) 7 MTH	2.240	2.211	10:12	26) 7 MTH	2.271	2.242	10:12
11) 8 MTH	2.280	2.247	10:12	27) 8 MTH	2.312	2.278	10:12
12) 9 MTH	2.312	2.281	10:12	28) 9 MTH	2.344	2.313	10:12
13) 10 MTH	2.345	2.313	10:12	29) 10 MTH	2.378	2.345	10:12
14) 11 MTH	2.390	2.349	10:12	30) 11 MTH	2.423	2.382	10:12
15) 12 MTH	2.426	2.386	10:12	31) 12 MTH	2.460	2.419	10:12
EONIA	TODAY'S RATE	PREVIOUS RATE	TIME	in millions of EURO			
16) EONIA	2.030	2.030	6/10	32) EONIA VOLUME	27567		6/10

Eonia updates at 7 PM CET

Use ER <GO> to monitor additional European money market rates.

Australia 61 2 9777 8600 Brazil 5511 3048 4500 Europe 44 20 7330 7500 Germany 49 69 920410
Hong Kong 852 2977 6000 Japan 81 3 3201 8900 Singapore 65 6212 1000 U.S. 1 212 318 2000 Copyright 2004 Bloomberg L.P.
6926-802-2 11-Jun-04 11:47:02

图 1.8 2004 年 6 月 11 日 EURIBOR 和 EONIA 页面

货币市场存款的有效利率就是到期期限不超过 1 年的金融工具的年等价利率。

案例 1.1

一笔 250 000 英镑的存款，存款期限为 270 天，最后所获得的总收益为261 000英镑，如果以每年 365 天为基础进行计算，则这笔存款的简单回报率和有效回报率分别为多少？

$$\text{简单回报率} = \left(\frac{\text{总收益}}{\text{初始投资}} - 1\right) \times \frac{M}{n}$$

$$= \left(\frac{261\,000}{250\,000} - 1\right) \times \frac{365}{270}$$

$$= 5.948\,1\%$$

$$\text{有效回报率} = \left(\frac{\text{总收益}}{\text{初始投资}}\right)^{\frac{M}{n}} - 1$$

$$= \left(\frac{261\,000}{250\,000}\right)^{\frac{365}{270}} - 1$$

$$= 5.993\,8\%$$

存单（CD）

存单是存款人因为在银行存款而收到的凭据，存单在美国美元市场中最早出现于 1964 年，而在英镑市场中则出现于 1958 年。存款本身具有固定的利率，该利率与 LIBOR 相关联，并且具有固定的到期期限，因此不能在到期日之前提取。然而，存单本身可以在二级市场交易，也就是说存单本身可以转让①。因此，存单非常类似于可转让货币市场存款，然而存单收益率通常低于货币市场等价存款利率约0.15%，这是因为存单具有更大的流动性。已发行的大部分存单的到期期限为 1 个月到 3 个月，但进行交易的存单的到期期限从 1 年到 5 年不等。除非存单的到期期限为 1 年以上，否则都是在到期日支付利息。如果到期期限大于 1 年，通常都是每年支付一次利息，有时也每半年支付一次利息。

银行、商业银行和建房互助协会发行存单的目的是为其商业活动筹集资金。存单具有固定的利率和到期期限，并且能以任意面值发行。存单以面值发行，因此存单发行的结算收益就等于存单的名义价值。存单在到期日支付利息和本金。有时，存单利率也称为息票率，但是除非将存单持有至到期日，否则息票率就不等于收益率，因为息票率是当前市场中的利率，并且将随着时间的流逝而变化。存单的最大投资者是银行、货币市场基金、各个公司以及地方政府的财政部门。

与债券的息票不同，存单的息票是根据实际持有的天数进行计算，而债券的息票是以整数日期（整数月、整数季度或年）进行计算和支付。

存单的收益率

存单的息票率由发行银行的信用质量及存单的预期市场流动性水平决定，当然也由存单的到期日决定，而且存单的息票率将与货币市场的收益率曲线进行比较。如果银行在发行时将存单作为其短期融资和流动性要求的一部分，则存单发行数额就由对银行贷款的需求以及银行客户的其他融资来源共同决定。然而，发行银行的信用质量是主要的考虑因素。在英镑市场中，信用质量较高的存单支付的收益率最低，这些存单由清算银行发行，如苏格兰皇家银行、汇丰银行以及巴克莱银行等。在美国市场中，主要存单由评级较高的国内银行发行，其收益率通常低于非主要存单。在英国和美国市场中，存单

---

① 少数存单不能转让。

都可以由外国银行发行，如法国银行或日本银行等，这些银行所发行的存单收益率较高。

欧洲存单就是使用不同于所在国本币的货币所发行的存单，这些存单在美国市场交易时的收益率也较高，因为美国市场对欧洲存单的准备金和存款保险有特别的要求。

如果存单的当前市场价格（包括应计利息）为 P，当前所报出的收益率为 r，则在给定价格时就可以使用以下公式计算收益率：

$$r=\left\{\frac{M}{P}\times\left[1+C\left(\frac{N_{im}}{B}\right)\right]-1\right\}\times\left(\frac{B}{N_{sm}}\right) \tag{1.2}$$

使用以下公式可以在给定收益率时计算存单的价格：

$$\begin{aligned} P &= M\times\left[1+C\left(\frac{N_{im}}{B}\right)\right]\Big/\left[1+r\left(\frac{N_{im}}{B}\right)\right] \\ &= F\Big/\left[1+r\left(\frac{N_{is}}{B}\right)\right] \end{aligned} \tag{1.3}$$

其中，

C 是存单所报出的息票率，

M 是存单的面值，

B 是天数计算基础（365 天或 360 天），

F 是存单的到期价值，

N_{im} 是发行日和到期日之间的天数，

N_{sm} 是结算日和到期日之间的天数，

N_{is} 是发行日和结算日之间的天数。

在发行之后，存单可以在二级市场中交易。发达国家的存单二级市场具有很好的流动性，并且存单将以当前的利率进行交易，当前利率与存单发行时的息票率不同。当存单在二级市场交易时，结算时的收益应考虑存单的应计利息以及存单当前的不同利率。计算结算收益的公式如下所示，该公式仅适用于以 365 天为基础计算天数的英镑市场。

$$\text{收益}=\frac{M\times Tenor\times C\times 100+36\ 500}{\text{剩余天数}\times r\times 100+36\ 500} \tag{1.4}$$

当然，新发行存单的结算收益应等于其面值[①]！

存单的 *Tenor* 是其所持有的天数，而剩余天数就是从交易日至到期日之间的天数。

持有存单的回报率可以按下式进行计算：

$$R=\left[\frac{1+\text{买入收益率}\times(\text{从买入日至到期日的天数}/B)}{1+\text{卖出收益率}\times(\text{从卖出日至到期日的天数}/B)}-1\right]\times\left(\frac{B}{\text{持有天数}}\right) \quad (1.5)$$

案例 1.2

某存单的发行日为 1999 年 9 月 6 日，期限为 3 个月，到期日为 1999 年 12 月 6 日（到期期限为 91 天），该存单的面值为 2 000 万英镑，息票率为5.45%，则该存单在到期时的总收益为多少？

收益 = 2 000万 × (1 + 0.054 5 × 91/365) = 20 271 753.42英镑

如果在 10 月 11 日，60 天期存单的收益率为 5.60%，则该存单当日在二级市场交易的收益为多少？

$$P=\frac{2\,027.1\text{ 万}}{(1+0.056\times56/365)}=20\,098\,319\text{ 英镑}$$

在 11 月 18 日，3 个星期的短期收益率为 5.215%，则从 10 月 11 日至 11 月 18 日持有该存单 38 天所获得的回报率是多少？

$$R=\left(\frac{1+0.056\,0\times56/365}{1+0.052\,15\times38/365}-1\right)\times\frac{365}{38}=9.635\,5\%$$

多次支付息票的存单

如果所发行的存单到期期限大于 1 年，则通常是每年支付一次利息，已发行存单的最长到期期限为 5 年。如果存单的息票支付多于一次，则这种存单的价格取决于在到期日之前定期支付的所有息票，并且应根据当前收益率计算存单价格。考虑一份还有 4 次息票尚未支付的存单，并且最后一次息票将与面值一起在到期日进行支付，则最后一次所支付的息票为：

---

① 在此非常感谢德尔·博伊（Del Boy），在我刚刚买进大量日本银行存单之后，他指出了这个非常明显的事实，当时他任职于传统集团（Tradition）。

$$M \times C \times \frac{n_{3-4}}{B} \tag{1.6}$$

其中，n_{3-4}是在第三次息票支付日和第四次息票支付日之间的天数，C 是该存单的息票率。因此，该存单在到期日的收益为：

$$M\left(1 + C \times \frac{n_{3-4}}{B}\right) \tag{1.7}$$

该存单到期日收益在第二次息票支付日的现值，就是使用当前收益率 r 进行贴现后的价值，所使用的公式如下所示：

$$P_2 = \frac{M\left(1 + C \times \frac{n_{3-4}}{B}\right)}{1 + r \times \frac{n_{3-4}}{B}} \tag{1.8}$$

然后，将这个值与同一天所收到的实际现金流（也就是第二次息票支付）相加，第二次息票支付如下所示：

$$M \times C \times \frac{n_{2-3}}{B} \tag{1.9}$$

则这两个值的总和就是：

$$P_1 = M \times \left[\frac{\left(1 + C \times \frac{n_{3-4}}{B}\right)}{\left(1 + r \times \frac{n_{3-4}}{B}\right)} + C \times \frac{n_{2-3}}{B}\right] \tag{1.10}$$

然后，将这个数额再次进行贴现，即使用当前收益率 r 获得第一次息票支付日的现值，然后将这一现值与第一次息票支付相加。重复这一过程，就可以将最后所得到的总金额以当前收益率贴现到购买日。

一般来说，如果存单还有 N 次息票尚未支付，则其价格可以按照如下所示的公式进行计算：

$$P = M\left\{\frac{1}{A_N} + \left[\frac{C}{B} \times \sum_{k=1}^{N}\left(\frac{n_{k-1,k}}{A_k}\right)\right]\right\} \tag{1.11}$$

其中，

$$A_k = \left(1 + r \times \frac{n_{p1}}{B}\right)\left(1 + r \times \frac{n_{1-2}}{B}\right)\left(1 + r \times \frac{n_{2-3}}{B}\right)\cdots\left(1 + r \times \frac{n_{k-1,k}}{B}\right)$$

$n_{k-1,k}$是第（$k-1$）次息票支付与第 k 次息票支付之间的天数，n_{p1}是购买日与第一次息票支付之间的天数。

图 1.9 展示了存单和定期存款的一个报价例子，该图显示了彭博系统中 Tullett&Tokyo 公司的一个利率页面，该公司是一家位于伦敦的货币市场经纪商。路透社（Reuters）系统也可以展示同样的结果。本书对该页面的引用已经得到了 Tulletts& Tokyo 公司和彭博公司的许可。该图显示了2003 年11 月10 日到期期限不超过 1 年的英镑银行间同业拆借利率以及存单的买价和卖价。到期日标明“O/N”的为隔夜利率，此时的隔夜利率为 3. 312 5 ~3. 375。到期日标明“T/N”的为明后日交易的利率，也就是从明日开始起息的存款的隔夜利率。如前所述，存单所具有的流动性意味着它们的收益率低于存款，图 1.9 中也清晰地表明了这一点。然而在该日，现金利率与存单利率之间的利差空间非常小。英镑买卖价报价惯例是将做市商为资金所支付的利率，即其借款利率放在左边。存单与存款的报价惯例一样，因此 6 个月期存单的购入利率为 4. 08%，这意味着资金的借款成本是4. 08%，而 6 个月期定期存款的贷款利率为 4. 13%。

GRAB　　　　Comdty **TTDE**

11:24 **TULLETT & TOKYO**　　　　PAGE 1 / 1

GBP Cash Deposits	Euro-Sterling Bid	Ask	Time
1) T/N	3.4500	3.5500	7:20
2) 1 Week	3.6600	3.7100	7:20
3) 2 Week	3.7000	3.7400	7:32
4) 3 Week	3.7100	3.7600	7:32
5) 1 Month	3.7300	3.7700	9:31
6) 2 Month	3.8300	3.8700	7:20
7) 3 Month	3.9100	3.9400	9:31
8) 4 Month	3.9700	4.0100	7:20
9) 5 Month	4.0400	4.0800	7:32
10) 6 Month	4.0900	4.1300	7:54
11) 7 Month	4.1500	4.1900	7:52
12) 8 Month	4.2200	4.2600	7:52
13) 9 Month	4.2700	4.3100	7:52
14) 10 Month	4.3300	4.3700	7:52
15) 11 Month	4.3900	4.4300	7:54
16) 12 Month	4.4500	4.4900	7:54
Cash Deposits - Domestic Interbank			
17) O/N	3.3125	3.3750	11:16
18) 1 Week	3.5600	3.5950	11:01
19) 1 Month	3.7175	3.7513	7:11

GBP Cash Deposits	Domestic Interbank (cont'd) Bid	Ask	Time
20) 2 Month	3.8150	3.8700	7:11
21) 3 Month	3.9050	3.9362	9:31
22) 4 Month	3.9650	4.0062	7:11
23) 5 Month	4.0000	4.0625	7:11
24) 6 Month	4.0950	4.1575	7:51
25) 9 Month	4.2925	4.3463	7:51
26) 12 Month	4.4300	4.5025	7:51
GBP Certificate of Deposits			
27) 1 Month	3.7300	3.7500	7:38
28) 2 Month	3.8000	3.8200	9:29
29) 3 Month	3.8900	3.9100	7:09
30) 4 Month	3.9500	3.9800	7:09
31) 5 Month	4.0100	4.0400	7:51
32) 6 Month	4.0800	4.1000	7:09
33) 9 Month	4.2600	4.2800	8:27
34) 10 Month	4.3200	4.3400	8:27
35) 11 Month	4.3900	4.4100	8:27
36) 12 Month	4.4500	4.4700	8:27

Australia 61 2 9777 8600　Brazil 5511 3048 4500　Europe 44 20 7330 7500　Germany 49 69 920410
Hong Kong 852 2977 6000 Japan 81 3 3201 8900 Singapore 65 6212 1000 U.S. 1 212 318 2000
G657-802-0 10-Nov-03 11:24:35

图 1.9　Tullett & Tokyo 经纪商在英镑货币市场 **2003** 年 **11** 月 **10** 日的利率页面

这与将卖价（拆出）利率显示在左边截然相反，而这种报价方法直到 20 世纪 90 年代末期仍然存在。

案例 1.3　还有 4 次息票尚未支付的存单

一个存单在购买时具有以下特征：

面值：100 万欧元

息票：每半年支付一次，息票率为 8.00%

到期日：2003 年 9 月 15 日

结算日：2002 年 1 月 17 日

当前收益率：7.00%

则为购买该存单需支付多少金额？

在购买之前的息票支付日为 2001 年 9 月 17 日。注意，该年的 9 月 15 日是周末，因此息票支付顺延到下一个工作日。未来的息票支付日是 2002 年 3 月 15 日和 9 月 16 日以及 2003 年的 3 月 17 日和 9 月 15 日。两次息票支付日之间的天数分别为 $n_{0-1}=179$ 天，$n_{p-1}=57$ 天，$n_{1-2}=185$ 天，$n_{2-3}=182$ 天，$n_{3-4}=182$ 天。

$$
\begin{aligned}
\text{价格} = & \frac{1\,000\,000 \times \left(1+0.08\times\frac{182}{360}\right)}{\left(1+0.07\times\frac{57}{360}\right)\left(1+0.07\times\frac{185}{360}\right)\left(1+0.07\times\frac{182}{360}\right)\left(1+0.07\times\frac{182}{360}\right)} \\
& + \frac{1\,000\,000 \times \left(1+0.08\times\frac{182}{360}\right)}{\left(1+0.07\times\frac{57}{360}\right)\left(1+0.07\times\frac{185}{362}\right)\left(1+0.07\times\frac{182}{360}\right)} \\
& + \frac{1\,000\,000 \times \left(1+0.08\times\frac{182}{360}\right)}{\left(1+0.07\times\frac{57}{360}\right)\left(1+0.07\times\frac{185}{360}\right)} \\
& + \frac{1\,000\,000 \times \left(1+0.08\times\frac{182}{360}\right)}{\left(1+0.07\times\frac{57}{360}\right)}
\end{aligned}
$$

因此，在给定日期结算的存单价格为 1 042 449.80 欧元。

美国美元市场的利率

短期国债

美国的短期国债市场是世界上流动性最强和最透明的债务市场，因此短期国债的买卖价利差非常小。美国财政部每个星期一以拍卖的形式发行短期国债，其到期期限有 91 天和 182 天两种。每隔 4 个星期，美国财政部还会发行到期期限为 52 个星期的短期国债。因此，在任何时候都有大量的短期国债发行在外。而且，短期国债投资所获得的利息收入不需要缴纳州所得税和地方政府的所得税。美国美元市场中短期国债的利率最低（事实上在任何国家的国内市场中，短期国债的利率都最低），并且该利率就是各个公司财务人员所认为的无风险利率。

联邦基金

美国的商业银行需要提取存款的一定比例作为准备金，并将这些准备金存放在联邦储备委员会指定的账户中。如果银行的准备金超过法定准备金数额，就可以将这些资金贷给其他银行，这种银行间的贷款称为联邦基金，并且这些贷款通常都是隔夜拆借。通过联邦基金市场，那些拥有超额准备金的商业银行就可以向那些准备金不足的银行贷款，因此有利于提高该市场的流动性。这种交易的规模通常非常大，而且是以联邦基金利率进行借贷，而联邦基金利率的波动性非常大，它会随着市场短缺程度而波动。

最优惠利率

在美国，最优惠利率通常是指商业银行向其信用质量最高的客户发放贷款时所使用的利率。现实中，很多贷款的利率都低于最优惠利率，因此最优惠利率并不是评级最高的公司进行借款的最优利率。然而，最优惠利率是美国货币市场利率水平的基本指示器，因此通常用作浮动利率金融工具的参考利率。由于银行贷款市场的竞争程度非常高，因此所有的商业银行都只报出一个最优惠利率，此外所有银行的最优惠利率都会同时发生变化。

以贴现为基础进行报价的证券

除了以收益率为基础进行报价之外，其他所有的货币市场工具都是以贴现为基础进行报价，因此被称为“贴现”工具，这意味着这些工具是以面值的一定贴现额发行，并在到期日以面值赎回。短期国债、汇票、银行承兑汇票以及商业票据都是以贴现形式进行报价的货币市场证券，也就是说这些证券的出售价格低于面值。投资者在购买时所支付的价格与赎回价值（面值）之间的差额就是持有该证券的投资者所获得的利息。贴现形式的金融工具并不支付明确的利息，而是将利息隐含在贴现发行价格与到期日投资者所收到的面值之间的差额中。

短期国债

短期国债就是短期政府债务，这种债务的到期时间非常短，通常为 3 个月。例如，如果在 1 月 10 日发行短期国债，该国债将在 4 月 10 日到期。到期期限为 1 个月和 6 个月的短期国债只在特定市场中才发行，而且英国国债市场中这种类型的国债非常少。在到期日，短期国债的持有人可以收到等于国债面值的价值。在英国，大部分短期国债都是以英镑标明面值，但有时发行人也以欧元标明面值。在资本市场中，短期国债的收益率被认为是无风险收益率，因为它们代表从短期政府债务投资中所获得的收益率。在新兴市场中，短期国债是投资者可以获得的流动性最强的金融工具。

如果以英镑标明面值的短期国债面值为 10 000 000 英镑，到期期限为 91 天，则该国债的赎回价值为 10 000 000 英镑。如果发行时 3 个月期的收益率为 5.25%，则该国债在发行时的价格为：

$$P=\frac{10\ 000\ 000}{\left(1+0.052\ 5\times\frac{91}{365}\right)}=9\ 870\ 800.69\text{（英镑）}$$

在英国市场中，贴现金融工具的利率是以贴现率的形式进行报价，而不是以收益率的形式进行报价。贴现率就是贴现金额占面值的（年度化）比例，而不是贴现金额占初始支付金额的比例。根据定义，贴现率总小于相应的收益率。如果短期国债的贴现率为 d，则贴现金额就可以由下式确定：

$$d_{\text{值}}=M\times d\times n/B \tag{1.12}$$

其中，B 是天数计算基础。

为购买短期国债而支付的价格 P 就等于面值减去贴现金额，如下式所示：

$$P=100\left[1-\frac{d\times\ (N_{sm}/365)}{100}\right] \tag{1.13}$$

如果知道短期国债的收益率，可以通过如下所示的简单现值公式计算短期国债的价格：

$$P=M/[1+r(N_{sm}/365)] \tag{1.14}$$

短期国债的贴现率 d 可以使用以下公式进行计算：

$$d = (1 - P) \times B/n \tag{1.15}$$

其中，n 是短期国债的天数。

贴现率与真实收益率之间的关系可以表示为：

$$d = \frac{r}{\left(1 + r \times \frac{n}{B}\right)} \qquad r = \frac{d}{1 + d \times \frac{n}{B}} \tag{1.16}$$

案例 1.4

如果短期国债的到期期限为 91 天，面值为 100 英镑，发行时的收益率为 4.75%，则该国债在发行时的价格为多少？

$$P = \left[\frac{100}{1 + 0.0475\left(\frac{91}{365}\right)}\right] = 98.80 \text{ 英镑}$$

如果一个英国短期国债的剩余到期期限为 39 天，贴现率为 4.95%，则该国债的等价收益率为多少？

$$r = \frac{0.0495}{1 - 0.0495\left(\frac{39}{365}\right)} = 4.976\%$$

如果短期国债在二级市场中交易，则可以使用如下所示的公式计算结算收益：

$$\text{收益} = M - \left(\frac{M \times \text{剩余天数} \times d}{B \times 100}\right) \tag{1.17}$$

债券等价收益率

在英国市场中，到期期限小于 1 年的政府债券收益率可与短期国债的收益率进行比较，然而在进行比较之前应将短期国债的收益率转化为等价债券收益率。因此，短期国债的等价债券收益率从理论上来说就是具有相同到期日并以面值进行交易的金边债券的息票率。如果短期国债距离到期日的时间为 182 天或更短时间，在计算时就需要将贴现率转化为收益率。

如果某个短期国债距离到期日的时间大于 182 天，则在计算时就必须考虑到以下事实，即等价债券将在该期间内以及到期日支付息票。为了将短期国债收益率转化为等价债券收益率，可以使用如下所示的公式：

$$rm=\frac{-\frac{n}{365}+\left[\left(\frac{n}{365}\right)^{2}+2\times\left(\frac{n}{365}-\frac{1}{2}\right)\times\left(\frac{1}{1-d\times n/365}-1\right)\right]^{1/2}}{\left(\frac{n}{365}-\frac{1}{2}\right)} \tag{1.18}$$

如果某一年的2月有29天，那么应将公式中的365天替换为366天。

注意，在182天的期间内，应有一个债券和短期国债具有相同的到期日。而且，在最后一个息票期间，债券等价收益率与债券所报出的收益率并不严格相等，虽然二者之间十分接近，这是因为债券的报价方式是“实际天数/实际天数”，因此在计算债券的收益率时所使用的天数是该利息期间实际天数的二倍。

相反，如果债券的剩余到期期限小于1年，则通常是根据等价货币市场收益率进行报价，这就使得债券收益率可以与货币市场收益率进行比较。例如，某个美国国债的息票率为1.75%，到期日为2004年，发行于2002年12月31日，在2004年12月31日到期。如果在2004年5月5日进行交易，在5月6日结算，并根据收益率为1.628%进行定价，计算结果见图1.10，该图显示了彭博公司计算到期收益率的YA菜单。然而，对于此时的这个债券来说，

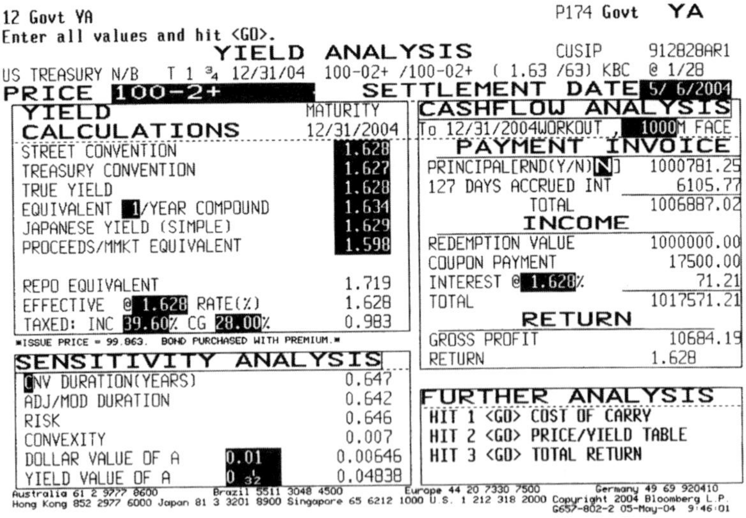

图1.10 2004年5月5日彭博系统显示的息票率为1.75%，到期期限为2004年的美国国债页面（YA）

计算收益率的更好方法是使用 ME 菜单，ME 菜单可以显示该债券的货币市场等价收益率。从图 1.11 中可以看出，货币市场等价收益率为 1.598%。

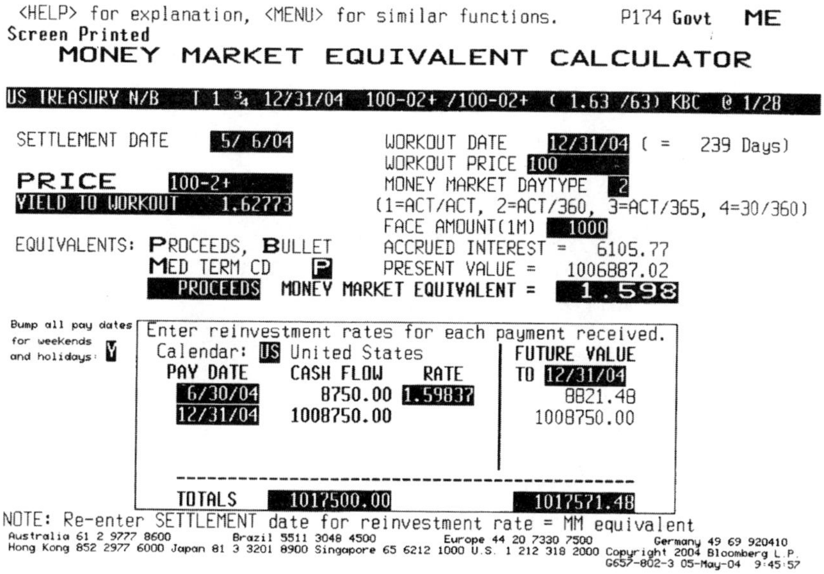

图 1.11　2004 年 5 月 5 日彭博系统显示的息票率为 1.75%，到期期限为 2004 年的美国国债页面（ME）

© Bloomberg L. P. Used with permission.

银行承兑汇票

银行承兑汇票就是由借款人向银行签发的书面保证，其中借款人承诺偿还所借的资金。银行借出资金，同时接受银行承兑汇票。银行承兑汇票可转让，并且可以在二级市场中出售。购买银行承兑汇票的投资者可以在偿还期限到期时获得支付。如果借款人违约，投资者拥有向第一次承兑票据的银行进行追索的权利。银行承兑汇票也称为汇票、银行票据、贸易票据或商业票据。

从本质上来说，银行承兑汇票的出现有利于商业交易的进行。这种金融工具之所以称为银行承兑汇票，是因为银行最终负责向票据持有人进行支付。银行承兑汇票可以用来为商业交易融资，即所谓的承兑融资。使用承兑汇票的交易包括商品的进出口、货物在两个海外国家之间的储存和运输（其中进口商和出口商都不在本国[①])、货物在本国之内两个不同企业之间的储存和运输等。承兑汇票是一种贴现工具，其购买方是银行、地方政府以及货币市场投资基金。案例1.5解释了银行承兑汇票的创造。

银行为发行承兑汇票而向其客户收取的利率，取决于银行认为自己能以多高的利率在二级市场中出售该承兑汇票。此外，该利率还要加上佣金。对于那些不合格的银行承兑汇票，银行还要额外收取一定的费用，用以抵销额外的准备金要求所带来的成本。

案例1.5　英镑市场中的银行承兑汇票的创造

银行承兑汇票的创造流程涉及以下假想的机构：

- PCTools是一家位于伦敦的公司，该公司销售信息技术设备，包括台式机和笔记本电脑等。
- Rony公司是一家位于日本的个人计算机制造商。
- ABC银行是一家位于伦敦的清算银行。
- Samurai银行是一家位于日本的银行。
- XYZ银行是另一家位于伦敦的银行。
- Thistle投资者服务公司是一家位于爱丁堡的货币市场基金。

PCTools和Rony公司达成了一项交易，其中PCTools公司将购买（即进口）价值100万英镑的个人计算机，而Rony公司非常关注在个人计算机运达后PCTools公司支付货款的能力。为了消除这种不确定性，双方决定使用承兑融资。交易条件是在个人计算机运达英国后60天之内PCTools公司必须进行支付。在确定是否愿意接受100万英镑的赊销金额时，日本的出口商必须计算该赊销金额的现值，因为该出口商直到60天之后才能收到货款。该出口商同意以下条款：

- PCTools公司与其银行即ABC银行协商，由ABC银行签发信用证（LOC，也称为定期汇票）。信用证表明，ABC银行担保PCTools公司将在货物运达后60天之内向Rony公司支付100万英镑的货款。然后，ABC银行将信用证发送给Rony公司的银行，即Samurai银行。在收到信用证之后，Samurai银行将会通知Rony公司，然后Rony公司就会开始运送个人计算机。在个人计算机运送之后，Rony公司会将运输单据提交给Samurai银行，并收到该银行所支付的100万英镑的现值。对于Rony公司来说，整个交易已完成。
- Samurai银行将信用证和运输单据提交给ABC银行。然后，ABC银行会将该信用证标记为“已承兑”，这就创造了银行承兑汇票。这意味着ABC银行同意在该

① 为这种交易进行融资的银行承兑汇票称为第三方承兑汇票。

汇票到期时向银行承兑汇票的持有人进行支付。PCTools公司将收到运输单据，因此只要该公司同ABC银行间签有相关票据或融资协议，就可以在随后接收已运送的个人计算机。

此时，银行承兑汇票的持有人是Samurai银行，该银行有两个选择，即该银行可以继续持有银行承兑汇票并将该汇票作为银行贷款组合中的一项投资，或者可以要求ABC银行支付100万英镑的现值。这里假设Samurai银行选择要求ABC银行支付100万英镑的现值。

在这个时候，银行承兑汇票的持有人是ABC银行，该银行同样也有两个选择，即该银行可以持有银行承兑汇票并将其作为一种投资，也可以将该汇票出售给投资者。再次假设该银行选择了后者，并且该银行的一个客户Thistle投资者服务公司对与银行承兑汇票具有相同到期期限的高质量金融工具有兴趣。ABC银行以100万英镑的现值将该承兑汇票出售给Thistle投资者服务公司，该现值是根据与该汇票到期期限和信用质量相匹配的贴现率进行计算。作为另外一种选择，ABC银行也可以将银行承兑汇票出售给另外一家银行，如XYZ银行，因为XYZ银行也拥有汇票承兑业务。

在任一种情况下，如果银行承兑汇票到期，其持有人就会向ABC银行提交该票据，并收到到期时的价值100万英镑，然后ABC银行将要求PCTools公司偿还这笔金额。银行承兑汇票的持有人面临两个方面的信用风险，即初始借款人不能支付承兑汇票面值的风险，以及承兑银行不能赎回该汇票的风险。

因此，银行承兑汇票的利率平均高于具有相同到期期限的短期国债利率10～25个基点。参与承兑汇票交易需要明确初始借款人及承兑银行的身份和信用风险。

合格的银行承兑汇票

如果承兑银行选择将银行承兑汇票作为其投资组合的一部分，该银行就可以在公开市场操作中利用该承兑汇票作为抵押以从中央银行贷款，如英国的英格兰银行和美国的美联储。但是，并不是所有的银行承兑汇票都可以用于贷款抵押，能作为贷款抵押的承兑汇票必须满足中央银行设定的一些标准。合格的银行承兑汇票的一个主要条件就是，承兑汇票的到期期限不能超过某个时间长度（美国不能超过6个月，英国不能超过3个月），并且银行承兑汇票的创造必须是为自偿性商业交易进行融资。在美国，合格的银行承兑汇票非常重要，因为美联储对那些通过不合格银行承兑汇票进行的融资设定了准备金要求。承兑银行所销售的银行承兑汇票是该银行的潜在负债，准备金要求限制了银行可以签发的合格银行承兑汇票的数量。合格的银行承兑汇票比不合格的汇票具有更为优厚的利率，并且还可以作为二级市场价格的基准。

商业票据

商业票据（CP）是由各个公司签发的短期货币市场融资工具。在包括美国和英国在内的大部分市场中，商业票据都是一种贴现形式的金融工具。各个公司通常是以银行贷款的形式直接从银行获得短期资本和营运资本。除此之外，也可以采用另一种短期融资工具，即商业票据，但只有那些信用评级足够高的公司才能利用商业票据这种融资形式。商业票据是一种没有经过担保的短期本票。商业票据的发行人承诺在一个特定的到期日向票据持有人支付一定金额的货币。商业票据的息票率通常为零，并以面值的一定贴现比例进行交易，贴现金额代表了在到期期限之内向投资者支付的利息。通常，商业票据以不记名形式发行，但也有一些商业票据以记名形式发行。

在伦敦市场中，商业票据直到20世纪80年代中期才出现。然而，美国在19世纪晚期已形成商业票据市场，并且早在1922年就已发行了2 200支商业票据，未偿付总额高达7亿美元。1998年，美国商业票据的未偿付总额已接近1万亿美元。自从商业票据在1986年引入英国以后，其他欧洲国家也相继发行了商业票据。

最初，商业票据市场只允许信用评级较高的借款人参与，虽然现在信用质量较低的借款人也发行商业票据，有时这些信用质量较低的借款人需要通过信用增进或设置担保安排才能发行商业票据，但商业票据市场的发行人仍然主要由信用评级较高的公司组成。已发行的大部分商业票据都是短期票据，到期期限从30天到90天不等，到期期限在270天以上或9个月以上的商业票据非常罕见，这是因为在美国存在非常严格的监管要求①，监管规定到期期限在270天以下的债务型金融工具不需要在证券交易委员会登记注册。因此，很多公司就选择发行到期期限在9个月以下的商业票据，这样可以避免一些与证券交易委员会登记注册有关的管理成本。

世界范围内，存在着两个主要的市场，即美国美元商业票据市场和欧洲商业票据市场，美国商业票据市场在2004年的未偿付金额将近1.3万亿美元，而欧洲商业票据市场的未偿付金额在2004年年底为4 700亿美元②。商业票据市场是一种批发型的市场，其交易通常是大额交易。在美国，1/3以上的商业票据被

① 即《1933年的证券法案》，该法案要求发行人在证券交易委员会登记注册。

② 资料来源：Morgan Stanley International。

货币市场单位信托即共同基金购买，其他投资者包括养老基金、零售或商业银行、地方政府以及各个公司。表1.1对美国美元商业票据市场和欧洲商业票据市场的主要特征进行了总结。

表1.1 美国商业票据和欧洲商业票据的比较

	美国的商业票据	欧洲的商业票据
货币	美国美元	任何欧洲货币
到期日	1—270天	2—365天
常见到期日	30—50天	30—90天
利息	零息，贴现发行	一般为零息，贴现发行
报价方式	根据贴现率	根据贴现率或收益率
结算方式	T+0	T+2
登记注册	不记名形式	不记名形式
是否可转让	是	是

虽然存在商业票据的二级市场，但是该市场的交易非常少，投资者通常是持有商业票据直至到期，因为投资者所购买的商业票据会与其特定到期期限要求相匹配。实际上，投资者经常通过“反向询价”与发行人联系，要求其发行特定到期日的商业票据。如果投资者确实希望出售其票据，则可以将该票据回售给自营商，或者当发行人是直接在市场中发行票据时（未通过投资银行），投资者也可以将票据回售给发行人。

商业票据计划

商业票据的发行人一般按公司类型分为两大类，即银行和金融机构以及非金融类公司。大部分商业票据都由金融类公司发行，金融类公司不仅包括银行，还包括各个公司的金融部门，如通用汽车、福特汽车、英国航空公司以及戴姆勒-克莱斯勒公司的金融子公司。大部分发行公司都具有较高的信用等级，但市场中也存在信用质量较低的借款人，而且这些信用评级较低的公司通常都是在获得来自信用评级较高公司的信用支持之后发行商业票据，例如通过银行的信用证或者使用国债等信用度较高的资产作为担保。具有信用支持的商业票据称为信用支持商业票据，而使用资产作为支持的商业票据很自然地就称为资产支持商业票据，使用银行信用证作为支持的商业票据称为LOC票据。虽然银行发行信用证需要收取一定的费用，但借款人通常愿意使用这种安排，因为这样他们就可以进入商业票据市场。发行商业票据所支付的收益率将低于商业银行贷款的收益率。

虽然商业票据是一种期限较短的证券，并且通常都是3个月到6个月的期限，但商业票据发行需要编制一个长期计划，对欧洲商业票据来说计划期限通常是3—5年，而美国的商业票据计划通常没有具体的期限。例如，一个公司可能安排为期5年的商业票据计划，并将其限额设定为5亿美元，在该计划确立之后，该公司就可以发行最多等于5亿美元的商业票据，而这些商业票据的到期期限通常为30天或60天。商业票据计划具有连续性，新的商业票据可以随时发行，如果需要甚至可以每天都发行。但是，所发行商业票据的总额不能超过该计划所设置的最高限额。公司可以利用该计划管理其短期流动性，即其营运资本要求。在需要现金时，就可以发行新的商业票据，新发行的商业票据也应具有合适的到期期限。

发行人通常进行滚动融资，即使用新商业票据发行所筹集的资金赎回到期的商业票据。但是，这种做法存在一定的风险，如果没有投资者对新发行的商业票据感兴趣，发行人就无法实施滚动融资。为了对这种风险提供保护，发行人通常从某个银行获得一个备用信用额度，这一信用额度一般针对整个商业票据计划，这样当发行人不能发行新的商业票据时就可以从该银行提款，这是一种流动性便利，清算银行将会因为所提供的流动性便利而收取一定的费用。

商业票据的发行有两种方法，即直接发行和自营商发行，由发行人直接发行的商业票据称为直接商业票据，由自营商发行的商业票据就称为自营商商业票据。直接商业票据由发行公司直接向投资者出售，不涉及代理银行或证券公司。通常，金融类公司是直接向其客户发行商业票据，这主要是因为金融类公司具有连续的票据计划并进行持续滚动融资。因此，由自己的销售部门直接发行商业票据对金融类公司来讲更具有成本效益。一些特定非金融类公司的财务部门也直接发行商业票据，如英国航空公司的财务部门，该部门具有连续的直接发行商业票据的计划，而发行商业票据所筹集的资金可以为该公司提供短期营运资本。自营商商业票据就是通过银行或证券公司间接发行的商业票据。在美国，发行商业票据的自营商主要是投资银行，因为零售（商业）银行直到最近仍被禁止承销商业票据。但是，这种限制现在已经解除，因此投资银行和商业银行都可以承销自营商商业票据。

商业票据的收益率

商业票据是一种贴现型的金融工具。在欧洲市场中曾经出现过息票型的商业票据，但这种商业票据非常少，另外在美国和欧洲市场中还出现过浮动利率的息票型商业票据。商业票据通常以贴现的形式发行，到期价值与购买价格之间的差额就是投资者所获得的利息。商业票据的天数计算基础在美国和欧洲市场中均为每年360天，而在英国为365天。商业票据是以一定的贴现收益率进行报价，这与短期国债的报价方法一样。商业票据的收益率与其他货币市场工具相同，它们都是短期收益率曲线的函数。商业票据的收益率高于短期国债的利率，这是因为投资者持有商业票据将面临一定的信用风险、税收（在一些国家，短期国债投资所获得的利息收入可以免缴所得税）以及商业票据市场具有相对较低的流动性水平。商业票据所支付的收益率还通常高于存单的收益率，这是因为商业票据市场具有相对较低的流动性。

虽然商业票据是一种贴现型的金融工具，并且在美国市场和英国市场是以贴现形式进行交易，但欧洲商业票据是以收益率为基础进行交易，这与存单的交易方式相似。以下的表达式揭示了真实收益率与贴现率之间的关系：

$$P=\frac{M}{1+r\times(\text{天数}/\text{一年中的天数})} \tag{1.19}$$

$$rd=\frac{r}{1+r\times(\text{天数}/\text{一年中的天数})} \tag{1.20}$$

$$r=\frac{rd}{1-rd\times(\text{天数}/\text{一年中的天数})} \tag{1.21}$$

其中，M 是金融工具的面值，rd 是贴现率，r 是真实收益率。

资产支持商业票据

简介

证券化导致市场中不断涌现由其他资产的现金流支持的短期金融工具，在这种背景下，资产支持商业票据（ABCP）应运而生。证券化就是使用住房抵押贷款、汽车贷款或者商业银行贷款等具体资产的现金流作为发行证券的支持。而资产本身将从原来的所有者（发起人）转移到特别创立的法律实体。这些特殊法律实体称为特殊目的载体（SPV），这样就可以将这些资产与发起人区分开来，因此不会受到发起人破产的影响。同时，发起人可以从资本市场的融资中获益，因为资本市场所收取的利率通常低于发起人从这些资产中所获得的回报率。经过证券化的产品不是货币市场工具，但资产支持商业票据属于货币市场工具，尽管大部分文献都将资产支持商业票据作为结构化产品市场的一部分，而不是将其作为一种货币市场产品。然而，资产支持商业票据确实是一种货币市场产品。

通常，各个公司都将资产的证券化作为一种融资工具，原因有三点，一是与传统银行贷款和债券融资相比，证券化是一种成本更低的融资方法；二是通过证券化这一机制，可以将公司贷款或抵押贷款等资产从资产负债表中移除，因此可以提高贷款人的资产回报率或权益回报率；三是证券化增加了借款人的融资选择。在进行证券化时，企业可以在公开市场或私募市场发行资产支持的定期证券，或者通过特殊目的载体发行商业票据，这些特殊目的载体就是所谓的“渠道”，而这些渠道通常由商业银行支持①。

各种实体进入商业票据市场往往是为了获得永久性的融资途径，并且可以将具体的票据作为长期计划的一部分进行滚动融资，同时在需要时还可以使用利率掉期获得固定利率。通常，传统商业票据的发行都由商业银行的信用额度提供支持，因此这种形式的融资实际上就是银行融资的一种。资产支持商业票据的发行使得发起人可以从货币市场融资中获益，否则发起人可能无法进入货币市场，因为发起人的信用评级不够高。为管理资产负债表或者出于融资目的，银行也可能会发行资产支持商业票据。资产支持商业票据的交易方式与传统商业票据的交易方式一样。但资产支持商业票据的管理和法律地位非常复杂，因为资产支持商业票据的发行需要建立商业票据信托结构以及负责发行的特殊目的载体。资产支持商业票据计划的维护与传统的商业票据一样，都由相同的实体执行，如摩根大通银行、德意志银行及纽约银行等银行的信托部门。

后文的案例 1.6 对一个假设的资产支持商业票据的发行及其典型结构进行了详细阐释。

基本特征

资产支持商业票据计划总是由特殊目的载体（SPV）发行，在货币市场中这些特殊目的载体被称为渠道。通常，SPV 由商业银行和财务公司建立，这样它们就可以进行以 LIBOR 为基础的融资，同时还能节省监管资本，这样做可能是为了银行的利益，也可能是为了客户的利益。

资产支持商业票据渠道具有以下特征：

- 该渠道是一个不会受到发起人破产影响的法律实体，并且为了从资产的销售者处购买资产，该实体可以发行商业票据进行融资。
- 渠道向商业票据持有人所支付的利息以及到期支付的本金来源于渠道

① 资本市场的特殊目的机构（SPV）通常称为特殊目的机构，而由于某些原因资产支持货币市场的特殊目的机构通常称为渠道。

所购买的资产。

- 渠道的建立还可以开发一些信用套利机会，利用以伦敦银行间同业拆借利率获得的融资投资于信用质量较高的资产，如投资级别的结构化金融证券，因为这些证券所支付的利率高于伦敦银行间同业拆借利率。

可以通过渠道方案进行融资的资产有很多，到目前为止这些资产包括：

- 因为交易而产生的应收账款和因设备租赁而产生的应收账款。
- 信用卡的应收账款。
- 汽车贷款和租赁。
- 公司贷款、分期付款贷款以及抵押贷款。
- 房地产租赁。
- 投资级别的结构化金融债券，如资产支持证券（ABS）、抵押贷款支持证券（MBS）以及债务抵押债（CDO）等。
- 未来或预期的现金流。

渠道有特定的方案类型，即标的资产组合的构成。渠道可以只有一个卖家，也可以有多个卖家，卖家的多少表明有多少机构或实体向渠道出售资产。渠道可以作为融资载体或证券信用套利载体。渠道的一个特殊类型称为结构化投资载体（SIV，有时也称为特殊投资载体），这种载体存在于商业票据和中期票据（MTN）的发行之中，一般是信用套利载体。

信用增进和流动性支持

为了使得渠道所发行的负债对投资者更具吸引力，或者为了获得特别的信用评级，方案发起人通常会安排某种形式的信用增进和/或支持性的借款便利。一般可以使用两种类型的信用增进措施，即特定资产池信用增进和整个商业票据计划的全面信用增进。第一种信用增进安排只能涵盖资产池中特定部分的损失，对资产池中其他任何部分的损失则没有保障。整个商业票据计划的全面信用增进是信用保护的第二道防线，可以从一开始就动用全面信用增进部分以弥补损失，也可以在任何特定资产池信用增进部分耗尽后再动用全面信用增进部分。

特定资产池信用增进可以通过以下几种手段实现：

- 超额担保，即标的资产的名义价值大于所发行商业票据的价值。
- 保证担保，即来自于发起人或其他银行的偿付担保。
- 信用证，即发行人可以用来提取资金的备用便利。

- 不可撤销的贷款便利。
- 超额现金，即在短期国债等合格的金融工具上的投资。

特定资产池信用增进额度占资产池的一个固定比例。整个商业票据计划的全面信用增进与特定资产池信用增进具有相同的形式，并且是作为第二层次的信用保护。信用增进可以由第三方提供，如商业银行，也可以由发起人提供。

流动性支持与信用增进措施不同。信用增进措施可以保障由于资产违约而造成的损失，而流动性支持旨在提供可资利用的资金，并且是因为资产违约之外的其他原因而需要使用这些资金。需要时，可以提取流动性限额以确保对到期商业票据的及时偿付。之所以需要提供流动性支持，可能是因为市场的崩溃（例如发行人不能在市场中发行新商业票据）、发行人不能进行滚动融资（发行新商业票据以代替已到期的商业票据）或者资产与负债不匹配。资产与负债的不匹配是三种情形之中最不严重的情形，并且在很多情况下反映了使用长期资产支持短期负债的结果，因此现金流的形成日期通常不能相互匹配。流动性安排为投资者提供了信心，使投资者相信商业票据将会按时全额偿还，流动性安排通常由商业银行提供。流动性安排一般采用贷款协议的形式，贷款的金额就等于所发行商业票据的面值。在这种安排下，流动性提供者同意在需要时给渠道贷款。标的资产是流动性限额的还款保证。

图 1.12 显示了美国商业票据市场和欧洲商业票据市场的典型 ABCP（资产支持商业票据）结构，图 1.13 显示了在欧洲商业票据市场所建立的具有多个卖家的渠道。

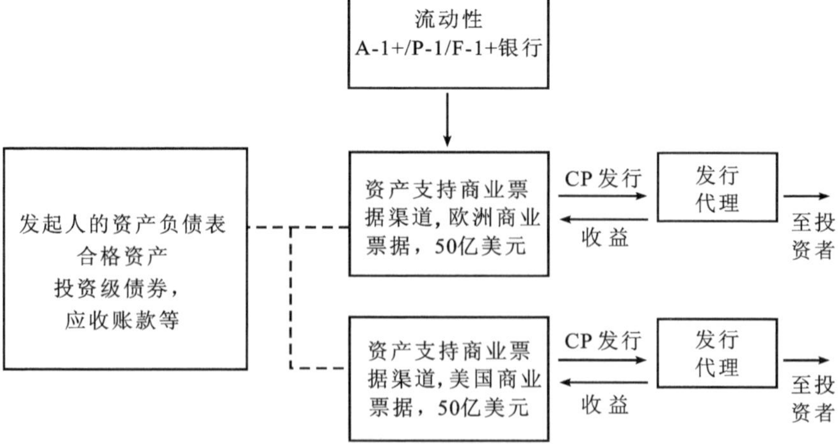

图 1.12 单一卖方渠道

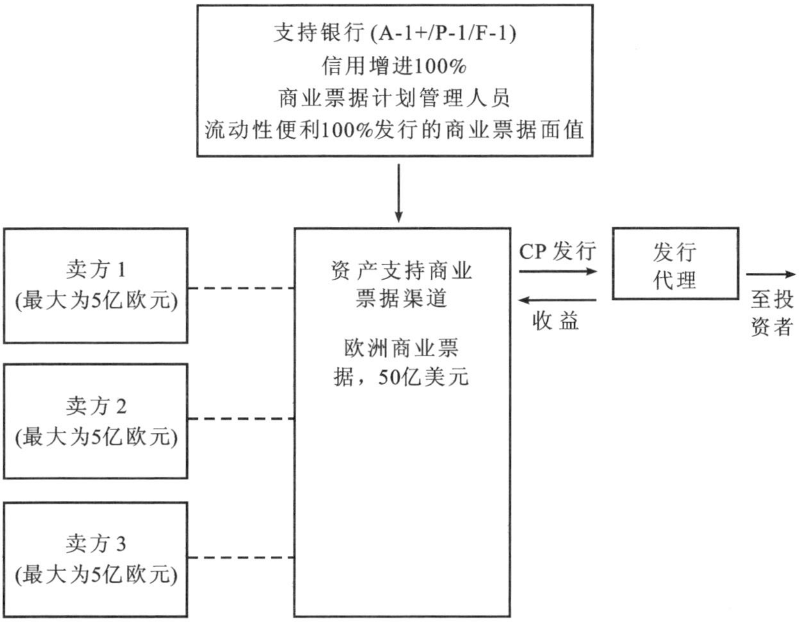

图 1.13　多个卖方的欧洲资产支持商业票据渠道

市场交易量

商业票据市场规模庞大且极具流动性，因此可以非常有效地筹集资本。资产支持商业票据市场已经有显著增长，并表现出了相当的深度和流动性。例如，截至 2004 年 3 月 31 日，美国商业票据市场的未偿付金额已高达 1.28 万亿美元，其中6 500亿美元是资产支持商业票据。图 1.14 展示了市场交易量

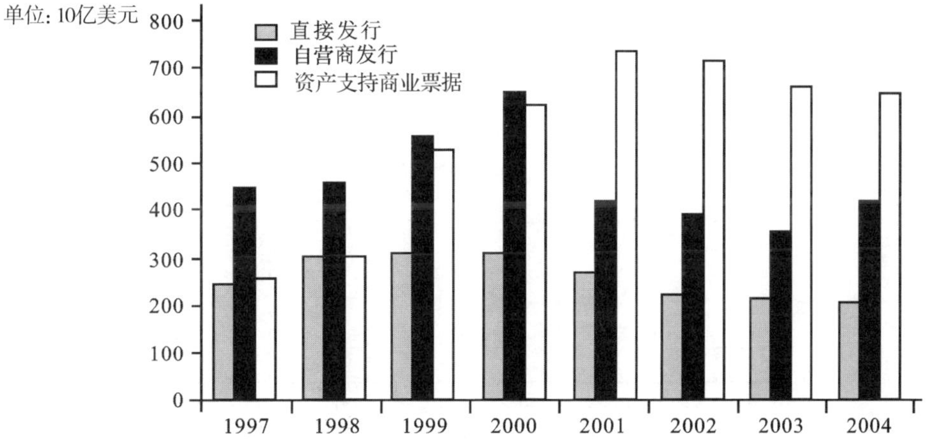

图 1.14　截至 2004 年 3 月 31 日美国商业票据市场的交易量

资料来源：Merrill Lynch。

趋势，同时反映了资产支持商业票据份额的显著增长。

欧洲商业票据市场也经历了相似的增长，图 1.15 显示了截至 2004 年第一季度欧洲商业票据市场的未偿付金额，而图 1.16 显示了欧洲资产支持商业票据占欧洲商业票据市场总量的比例。

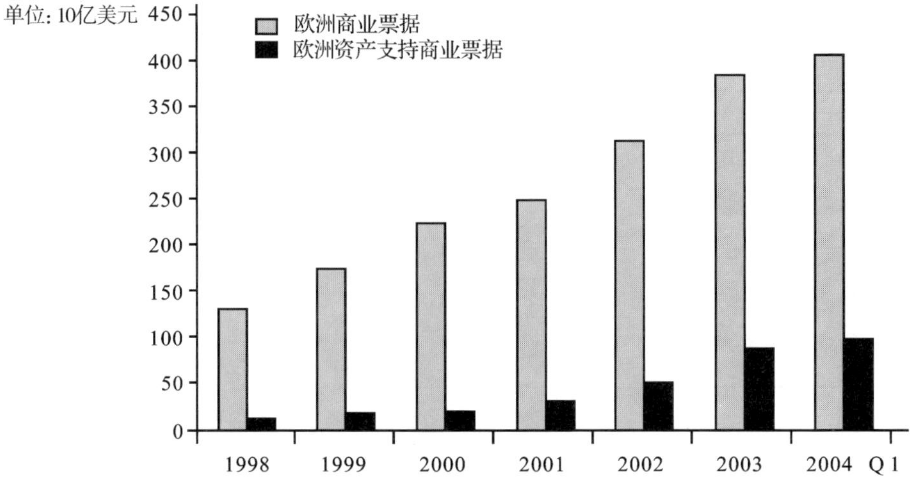

图 1.15　截至 2004 年第 1 季度欧洲商业票据市场的未偿付金额

资料来源：Merrill Lynch。

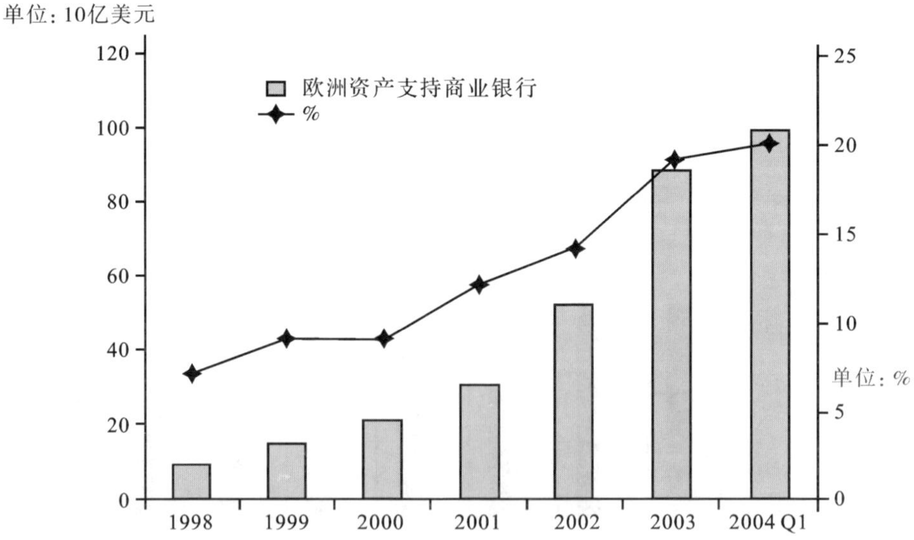

图 1.16　截至 2004 年第 1 季度 EABCP 市场占 ECP 市场总额的比例

资料来源：Merrill Lynch。

案例 1.6　资产支持商业票据的结构

图 1.17 以一个假想的例子说明了在 ABCP 结构下银行贷款的证券化。这些贷款由 ABC 银行发放，并由借款人的具体资产作为担保，贷款以英镑作为记账货币。担保可能是财产的留置权、借款人业务的现金流或其他资产。ABC 银行将这些贷款出售给了特殊目的载体（SPV），即 Claremont 财务公司。这样就可以从 ABC 银行的资产负债表中移除这些贷款，并使贷款免受 ABC 银行破产的影响。特殊目的载体通过发行商业票据筹集资金，商业票据的发行通过指定的商业票据自营商进行，该自营商就是 MC 投资银行的资金部门。该商业票据在标准普尔的评级中为 A1 级，在穆迪公司的评级中为 P1 级，并且是以美元标注面值发行。商业票据所形成的负债由 ABC 银行贷款的现金流提供还款保证。

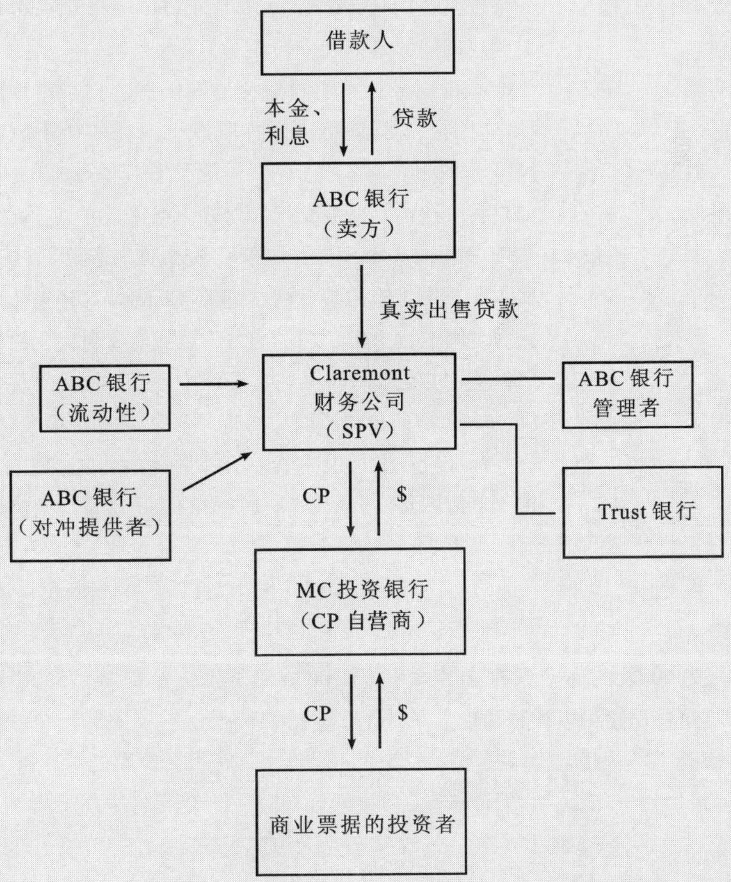

图 1.17　Claremont 财务公司的资产支持商业票据结构

ABC 银行的管理者就是特殊目的载体 Claremont 财务公司的管理者，该财务公司是 ABC 银行的附属公司。Claremont 财务公司的流动性由 ABC 银行提供，该银行也是风险对冲的提供者。对冲是通过在 Claremont 财务公司与 ABC 银行之间签订掉期协议进行，实际上 ABC 银行将与另一个交易对手签订货币掉期合同，该掉期交易对手很可能是 MC 投资银行的掉期部门。该交易的托管人是 Trust 银行，Trust 银行充当证券的托管人，并且在发生违约事件时代表投资者的利益。

资产支持商业票据的结构还包括以下特征：

商业票据计划限额：	5 亿美元。
商业票据计划的期限：	该计划没有特定的针对性，并且每年可由特殊目的载体管理者与证券托管人签订协议予以更新。
商业票据的期限：	从 7 天到 270 天不等。
提前还款担保：	如果发生提前还款，则卖方将向 Claremont 财务公司提供相关利息期间的最低利率保证。
对冲协议：	Claremont 财务公司将与对冲的提供者签订货币掉期和利率掉期合同，这样就可以对冲所产生的任何货币风险和利率风险。
违约事件：	如果发生违约，票据发行计划就会中止，并且在特定的违约事件中 Claremont 财务公司会将贷款回收额存入一个专门的回收账户中。违约事件可能包括 Claremont 财务公司不能按交易合同进行支付、偿付能力不足或者支付优先级发生变化（即该支付在 Claremont 财务公司中不再具有最高优先级）。
贷款担保：	Claremont 财务公司所购买的贷款必须满足多项合格性标准，这些标准应在发行说明书中予以明确，比如对贷款货币的要求、贷款的到期期限、确认贷款的信用质量以及确保贷款没有拖欠等。

案例 1.7

1. 期限为 60 天的商业票据名义价值为 100 000 英镑，发行时的贴现率为每年 7.5%，根据这些信息可以计算贴现金额，计算过程如下所示：

$$贴现金额 = \frac{100\,000 \times (0.075 \times 60)}{365}$$

$$= 1\,232.88 英镑$$

因此，该商业票据的发行价格为 100 000 英镑 - 1 232.88 英镑，即 98 767 英镑。该商业票据货币市场收益率在发行时为：

$$\left[\frac{365\times 0.075}{365-(0.075\times 60)}\right]\times 100\% = 7.594\%$$

计算该收益率的另一种方法是度量资本利得（贴现金额）占商业票据成本的比例，然后将这个 60 天的收益率转化为年（365 天）收益率，如下所示：

$$r = (1\ 232.88/98\ 767)\times(365/60)\times 100\% = 7.594\%$$

2. ABC 公司希望发行到期期限为 90 天的商业票据，而负责发行的投资银行建议 90 天的商业票据贴现率为 9.5%，则该商业票据的价格应为多少？投资者的货币市场收益率为多少？

$$\text{贴现金额} = \frac{100(0.095\times 90)}{365} = 2.342\ \text{英镑}$$

则发行价格为 97.658 英镑。

投资者的收益率为：

$$(2.342/97.658)\times(365/90)\times 100\% = 9.726\%$$

可延期商业票据

可以延期的商业票据近来才在资产支持商业票据市场中出现，而且为发行这种债券已经设立或重新构造了很多渠道[①]。在很多情况下，可以延期的商业票据是作为银行对渠道所提供的传统流动性的支持或替代。下面将描述常见的可以延期的资产支持商业票据。

可以延期的票据

在描述可以延期的资产支持商业票据的结构之前，有必要先考虑一下票据本身的形式。可以延期的票据都是由商业票据渠道以正式形式发行的短期负债，这些短期负债同时具备一些结构化的特征，这使得这些票据比一般商业票据负债更能提供流动性准备的便利。

可以延期的票据以下面两种形式发行：

- 担保流动性票据（SLN）。
- 担保可赎回票据（CCN）。

① 第一个可以延期的资产支持商业票据出现在 2002 年，该票据包含很多载体，包括荷兰银行的“Tulip”渠道和美国国际集团（AIG）的 Orchard Park 渠道及 Bluegrass 渠道。

担保流动性票据还有其他很多种名称，如流动性票据、结构化流动性票据以及可以延期的商业票据等。渠道发行的担保流动性票据是经过担保的票据，并且其正式的到期期限为发行之后 397 天。因此，这种票据的到期期限超过了美国美元和欧洲商业票据分别规定的 270 天和 364 天的到期期限。然而，担保流动性票据的主要特征是其预期到期期限小于正式的到期期限。该票据最后预期的到期期限是载体标的资产的函数，也是与这些资产有关的现金流性质的函数。一般地，这种票据的发行人能够根据自身的要求灵活设定预期到期期限，可以设定的最大到期期限等于正式到期期限。

在担保流动性票据的预期到期日，发行人将支付该票据的本金和利息，而且一般是通过新的担保流动性票据的滚动发行进行支付。在这一点上，这种票据与资产支持商业票据的正式发行没有任何差别。然而，如果由于某种原因而不能发行新的担保流动性票据，发行人就不会对担保流动性票据进行偿付，而是将其延期直至最后的到期日，这种做法实际上与流动性便利相似。如果不能对担保流动性票据进行滚动融资，为了在最后的到期日进行偿付就必须出售标的资产。因此，如果担保流动性票据在发行时的预期到期期限为 90 天，并且在第 90 天时不能发行新的担保流动性票据，则该担保流动性票据从第 91 天开始到第 397 天就不会进行支付或偿还。在预期偿还日期之后的 307 天内，就会出售或摊销标的资产，因此而获得的收益将用来在第 397 天或在这一天之前偿还担保流动性票据。

与传统的由银行提供的流动性限额相比，担保流动性票据的优点是信用评级机构将在延展期末评估标的资产的现金流（用于偿还担保流动性票据）。因此，在延展期内不需要使用银行所提供的流动性，这将减少发行人的流动性成本。投资者还会将担保流动性票据的延期看作非预期的结果，并认为初始发行的担保流动性票据与正式的资产支持商业票据具有相同的必要回报率。

因此，从本质上来说，担保流动性票据就是发行人可以延长期限的资产支持商业票据。担保流动性票据的到期期限最常见的是 90 天和 180 天，而法定的最后到期期限为 397 天。

担保可赎回票据就是经过担保的可赎回票据，这种票据的最大到期期限也是 397 天。担保可赎回票据的发行人具有在最后到期日之前提前赎回票据的期权，预期的赎回日期取决于标的资产现金流的性质，但是该日期必须在 397 天的最大到期期限之内。在赎回日，发行人将通过发行新的担保可赎回票据赎回原来的担保可赎回票据。再次，这与传统的资产支持商业票据相似。如果不能发行新的担保可赎回票据，则担保可赎回票据就不能赎回，并且在最后到期日之前不会被偿付。与担保流动性票据不同，担保可赎回票据具有收益率惩罚，即如果预期赎回的票据没有进行赎回，就应提高其在剩余期限内的收益率，提高的幅度约为10—25个基点。如果没有赎回担保可赎回票据，就必须出售标的资产以在最后到期日支付担保可赎回票据的利息和本金。

投资者的观点

从经济学上来看，担保可赎回票据与担保流动性票据相同，但投资者可能认为担保可赎回票据更为有利，因为这些票据没有相关的延期风险。同样，从信用评级机构的角度来看，没有赎回的可赎回票据可视为正常的结果，而担保流动性票据的延期则可能被视为一个非常不利的结果。

如果市场可以非常合理地预期实际使用延期票据便利的可能性，就可以很好地确定投资者将要求获得的回报率溢价。例如，投资者通常认为荷兰银行的“Tulip”和花旗银行的“Dakota”载体不太可能使用它们的延期便利，因此投资者会或多或少地将这种票据视为传统的资产支持商业票据①。

对发行人的好处

通过构造或重构，渠道就可以拥有延期票据便利，发行人也可以降低其总体融资成本。延期票据还使得发行人在管理流动性要求和非预期结果方面具有更大的灵活性。

延期票据的主要优点包括：

- 与通常的流动性限额相比，延期票据便利能以更低的成本获得一年期的流动性便利。
- 具有发行任何到期期限票据的灵活性（只要该到期期限不超过397天）。
- 延期票据有利于信用评级，因为信用评级机构将延期票据视为期限为397天的负债，因此在397天之内不需要使用任何形式的流

① 此外，针对花旗信用卡ABS计划（即Master Trust I），Dakota计划设置了很多“扳机”，一旦触发这些“扳机”，就会使用延期票据便利。这些“扳机”与超额利差和标的资产本金偿还利率有关，一旦被触发，Dakota票据就会进行延期。通过度量这些“扳机”被触发的可能性，投资者就可以估计担保流动性票据进行延期的概率。

动性支持。

- 如果使用传统的流动性便利或者（在综合资产支持商业票据计划中）有担保的总回报掉期合同（TRS）进行支持，投资者就会认为延期票据便利非常有利，并将其作为传统的资产支持商业票据进行交易。

在对银行进行信用评估时，信用评级机构通常将银行的流动性管理能力作为一项关键考察因素。通常，评级机构在评估银行的级别时将分析以下要素：

- 融资来源的多样化程度。
- 负债的结构和到期期限。
- 资产负债表的灵活性。
- 在困难时期或在缺乏流动性时进入市场融资的能力。

如果在银行的资产支持商业票据融资载体中加入延期票据便利，则在评级机构看来就可以提升银行在以上各方面的表现。实际上，很多银行已经建立了可延期资产支持商业票据载体，或者对现有的载体进行了重构，目的是为了发行普通的以及具有延期特征的资产支持商业票据。这些银行包括花旗银行、住友银行、西班牙桑坦德银行、法国 CDC Ixis 银行、美国投资银行贝尔斯特恩以及美国道富财务公司等。

渠道的构建

为发行普通的和可以延期的商业票据需要构建商业票据载体，这种构建可以是从头开始，也可以为发行延期票据而对现有的载体进行修正。在后一种情况下，对现有渠道的重构可以通过发行具有以下特征的延期票据而实现：

- 有在延展期内清算或摊销标的资产的便利，因资产与负债间的不匹配所造成的市场价值风险可以通过超额担保进行对冲，或者通过掉期安排进行对冲。
- 与信用质量较高的交易对手签订总回报掉期合同，或者签订由另一家银行担保的总回报掉期合同，该银行可以在最后的到期日为延期票据提供支持。
- 传统的银行流动性便利，在最后的到期日可以利用该便利以偿付延期票据。

传统的银行流动性便利是最为昂贵的选择，因为无论是否提款，都需要支付一定的费用。

对于现有的载体，描述渠道结构的法律文件（发行和支付代理协议以及配售协议或“私募备忘录”）需要重新起草和执行。重新起草的文件将描述可延期和普通资产支持商业票据的发行便利。

图 1.18 描述了具有多个卖家、多个特殊目的载体的资产支持商业票据和延期票据计划的结构。

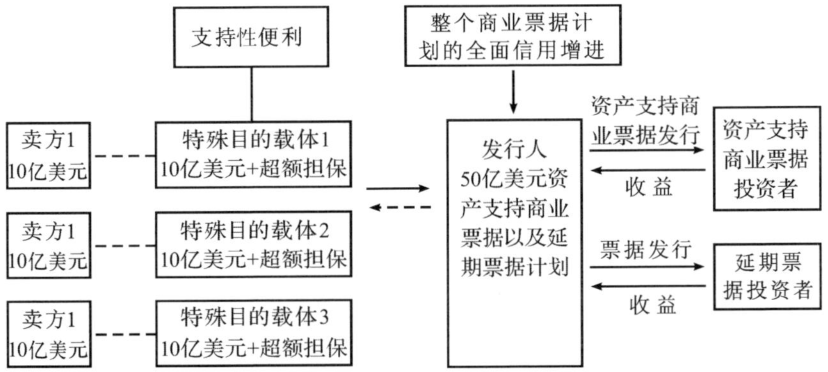

图 1.18　综合资产支持商业票据与延期票据计划

商业票据的交易表格

国债市场或货币市场交易员将保存载体的所有负债记录，因此他们知道在每个商业票据到期日进行的滚动安排。表 1.2 展示了 2004 年 8 月 10 日资产支持商业票据计划的典型交易表。

该交易表显示了每次票据发行的数据，包括自营商、期限、贴现率、到期期限以及剩余期限等。可以看出，该票据存在连续的发行计划，而且商业票据的下一次滚动发生在 2004 年 9 月 8 日。

表 1.2 假设的 ABCP 计划在 2004 年 8 月 10 日的交易表格 ABC 融资公司

CP 交易表格

			1 558 180 000	1.435		38.69	23 055	0.089		1 576
10－08－04 10－08－04	起息日	到期日	名义金额（英镑）	息票率（%）	期限（天）	距离息票率重置日的天数	基点价值	修正久期	损益（英镑）	LIBOR（%）
自营商 1	29－07－04	08－09－04	15 828 000	1.500	41	29	99.63	0.062 9	679	1.568
自营商 2	08－07－04	08－09－04	75 000 000	1.480	62	29	472.18	0.063 0	4 161	1.568
自营商 1	10－03－04	08－09－04	21 123 000	1.150	182	29	133.42	0.063 2	5 579	1.568
自营商 1	14－07－04	09－09－04	94 223 000	1.490	57	30	618.93	0.065 7	4 874	1.569
自营商 3	11－03－04	09－09－04	61 351 000	1.130	182	30	404.44	0.065 9	17 745	1.569
自营商 2	15－03－04	10－09－04	81 462 000	1.140	179	31	559.33	0.068 7	24 061	1.570
自营商 3	17－03－04	13－09－04	40 230 000	1.140	180	34	309.37	0.076 9	13 440	1.574
自营商 2	12－07－04	14－09－04	50 133 000	1.490	64	35	397.92	0.079	3 415	1.576
自营商 3	16－03－04	14－09－04	4 000 000	1.150	182	35	31.86	0.079 6	1 357	1.576
自营商 1	18－06－04	15－09－04	92 500 000	1.550	89	36	759.07	0.082 1	2 068	1.577
自营商 1	16－03－04	17－09－04	113 696 000	1.150	185	38	999.14	0.087 9	42 971	1.580
自营商 1	24－06－04	20－09－04	71 278 000	1.590	88	41	682.13	0.096	－387	1.584
自营商 1	22－06－04	20－09－04	50 000 000	1.550	90	41	478.69	0.096	1 644	1.584
自营商 2	20－07－04	21－09－04	45 121 000	1.530	63	42	444.41	0.098 5	2 478	1.586
自营商 2	08－07－04	05－10－04	77 159 000	1.600	89	56	1 054.78	0.136 7	589	1.606
自营商 2	06－07－04	05－10－04	41 164 000	1.570	91	56	562.88	0.136 7	2 003	1.606

续表

自营商2	01－07－04	05－10－04	50 000 000	1.620	96	56	683.37	0.137	－985	1.606
自营商1	09－08－04	07－10－04	87 733 000	1.620	59	58	1 247.05	0.142	－1 445	1.608
自营商2	05－08－04	07－10－04	226 655 000	1.650	63	58	3 220.76	0.142 1	－13 393	1.608
自营商3	15－07－04	14－10－04	59 240 000	1.600	91	65	955.59	0.161 3	2 011	1.621
自营商3	12－07－04	15－10－04	40 168 000	1.580	95	66	659.05	0.164	2 834	1.623
自营商2	20－04－04	19－10－04	46 429 000	1.260	182	70	815.13	0.175 6	30 228	1.631
自营商2	23－06－04	21－12－04	35 195 000	1.660	120	72	634.71	0.180	－1 603	1.635
自营商3	28－06－04	25－12－04	10 056 000	1.670	119	76	192.32	0.191	－527	1.643
自营商3	25－06－04	25－12－04	48 274 000	1.670	122	76	923.24	0.191	－2 531	1.643
自营商3	05－08－04	07－01－05	20 162 000	1.860	155	150	791.75	0.392 7	－4 652	1.801
			1 558 180 000	1.435					152 355	1.576
流动性到期期限									－55 001	
下一个		08－09－04	15 828 000							
展期安排		08－09－04	75 000 000							
		08－09－04	21 123 000							

	起息日	到期日	CP利率（%）	发行价格（英镑）	CP名义金额（英镑）	实际现金（英镑）	实际利率（%）	期限（天）	距离到期日的天数
名义价值									
计算	28－08－04	01－01－05	2.100	99.253 333	251 880 709.30	250 000 000.00	2.115 798 0	128	114

货币市场清算系统

CREST 系统

中央货币市场管理办公室（CMO）是伦敦货币市场的清算系统，它支持以英镑和欧元为表示货币的货币市场工具的结算。中央货币市场管理办公室最初由英格兰银行建立，但后来在2000年7月与CREST系统进行了合并，CREST是伦敦市场证券结算系统。因此，现在中央货币市场管理办公室由CRESTCo代表中央银行进行管理。CREST机制为国债、存单以及商业票据的保管和转让提供了安全的便利措施。通过CREST系统进行结算意味着清算系统的去实物化，即这些结算是通过计算机账户录入系统进行，而不再需要实物的交割。

CREST 结算

在通过CREST系统进行结算时，货币市场工具保管在CREST Depository中，CREST Depository由英格兰银行代表CRESTCo运行。金融工具通过发行和支付代理（IPA）存放在CREST系统中，发行和支付代理是票据发行人的代理机构，它通常是一个指定的代理银行。金融工具登记在一级自营商的账户名下，通过CREST系统进行支付。一级自营商可能在其CREST账户中保留该金融工具，或者将这些金融工具交付给其他会员。

通过CREST系统进行的结算与发行日在同一天，并在上午8:30和下午5:00之间进行。这种同日结算被称为“伦敦合格交割”。这种服务可以支持在英镑或欧元支付中的金融工具的转让，在CREST机制下，商业票据可能用来作为贷款的担保或回购担保，这种机制有助于维持市场的流动性。在商业票据登记在CREST系统中之后，这些票据就被去实物化，但在票据到期之前仍然能以实物形式进行提取。然而，实物提取的情况非常少见。商业票据也可以转移到欧洲结算中心（Euroclear），因为欧洲结算中心在CREST系统中也有一个账户。在金融工具到期时，CREST系统会自动地将金融工具转移到发行和支付代理机构，并接收赎回收益。

只有CREST的会员才可以将金融工具登记到CREST系统中。截至2003年5月，该系统共有31个会员，其中包括主要的商业银行，例如英国的第二大银行苏格兰皇家银行、劳埃德 TSB 银行、巴克莱银行、摩根大通银行以及花旗银行。

彭博系统

市场专家（比如货币市场交易商）在进行交易和分析时大量使用彭博公司的系统。本部分将描述彭博系统的一些主要菜单。

一个很好的总结性信息菜单就是 BTMM，图 1.19 和图 1.20 分别展示了美元市场和英镑市场的 BTMM 结果。正如我们所看到的，该页面由很多利率和市场部门组成，例如美国联邦基金利率①显示在页面的左上方，而美国国债的收益率、掉期利率和期货利率也在该页面中有显示。图 1.20 中的英国市场的布局略有不同，该图中也包括英国短期国债的利率。

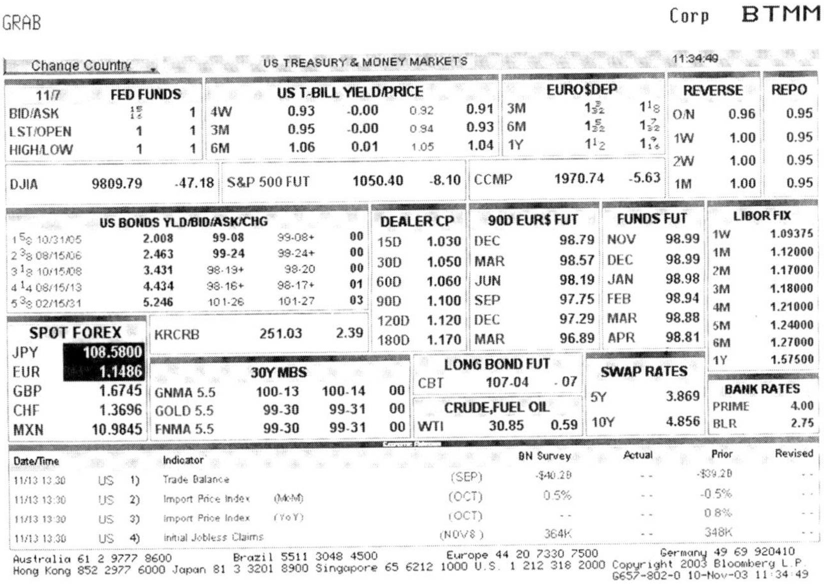

图 1.19　2003 年 11 月 10 日彭博系统 BTMM 页面所显示的美国美元利率

© Bloomberg L. P. Used with permission.

---

① 实际上，这是美国的基本利率，它是美联储向主要联邦储备往来银行贷款时所使用的利率。

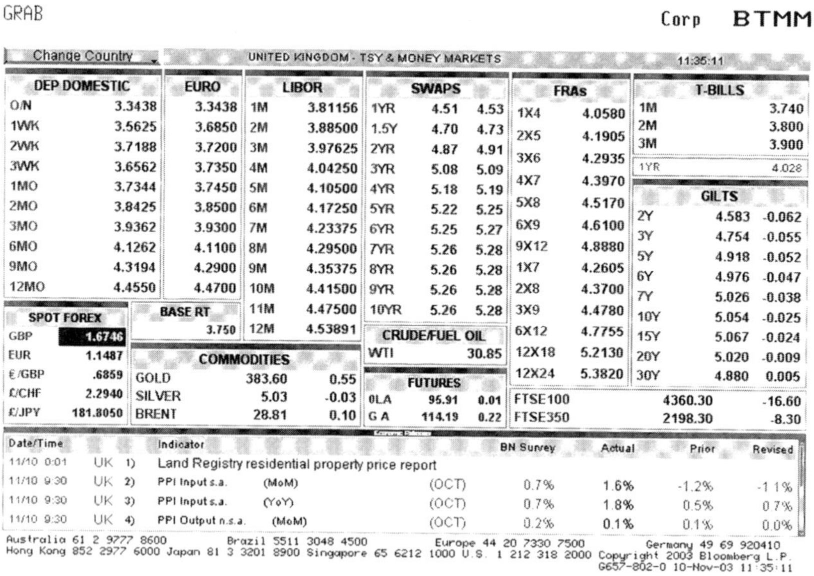

图 1.20　2003 年 11 月 10 日彭博系统 BTMM 页面所显示的英镑利率

使用 MMR 的输出结果，也可以看到一些货币利率，图 1.21 展示了英镑

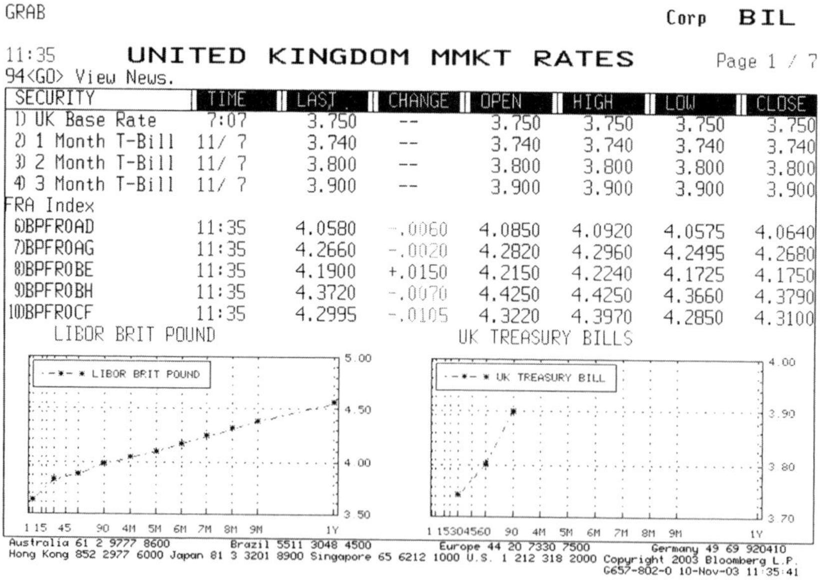

图 1.21　2003 年 11 月 10 日彭博系统 MMR 页面所显示的英镑利率

市场的 MMR 页面。从 MMCV 菜单的输出结果中，我们还可以看到货币市场的收益率曲线。图 1.22 展示了 MMCV 的主菜单页面，而英镑的收益率曲线显示在图 1.23 中，收益率曲线也可以表示为表格形式，如图 1.24 所示。

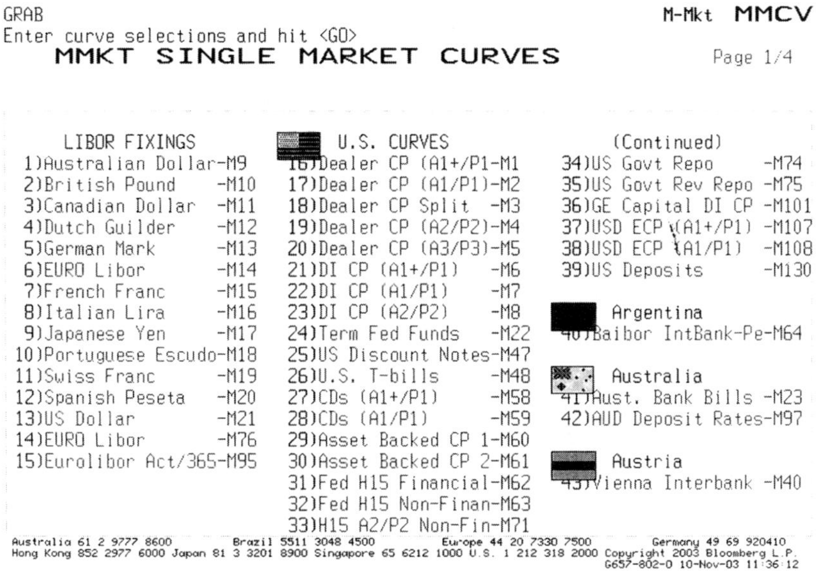

图 1.22　MMCV 的主菜单页面

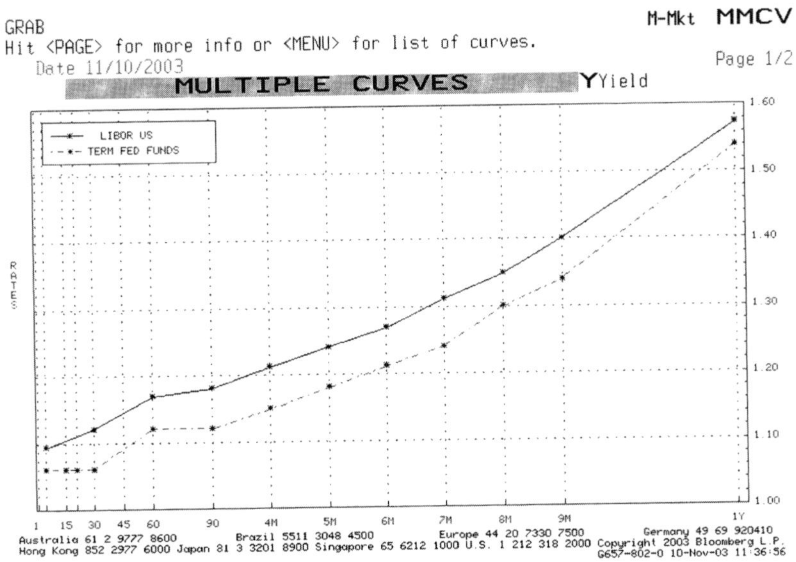

图 1.23　2003 年 11 月 10 日英国英镑的货币市场收益率曲线

GRAB
Hit <PAGE> for graph or <MENU> for list of curves.

M-Mkt MMCV

Page 2/2

MULTIPLE CURVES

Date 11/10/2003

	11:29 LIBOR US	11/07 TERM FED FUNDS	
	Yield	Yield	Yield
1 DAY			
7 DAY	1.09375	1.06000	
15 DAY		1.06000	
21 DAY		1.06000	
30 DAY	1.12000	1.06000	
45 DAY			
60 DAY	1.17000	1.12000	
90 DAY	1.18000	1.12000	
4 MONTH	1.21000	1.15000	
5 MONTH	1.24000	1.18000	
6 MONTH	1.27000	1.21000	
7 MONTH	1.31000	1.24000	
8 MONTH	1.35000	1.30000	
9 MONTH	1.40000	1.34000	
1 YEAR	1.57500	1.54000	

Australia 61 2 9777 8600 Brazil 5511 3048 4500 Europe 44 20 7330 7500 Germany 49 69 920410
Hong Kong 852 2977 6000 Japan 81 3 3201 8900 Singapore 65 6212 1000 U.S. 1 212 318 2000 Copyright 2003 Bloomberg L.P.
G657-802-0 10-Nov-03 11:37:19

图 1.24 英国英镑货币市场收益率曲线的表格形式

图 1.25 展示了通过自营商发行的美国美元市场的资产支持商业票据利率。应注意的是，评级最高的票据（即评级在 A1 + 或 P1 或 F1 + 的证券）与评级较高的票据（即评级为 A1 或 P1 或 F1 的证券）具有不同的利率。

Press 98<GO> to make a copy, 99<GO> to clear news alerts.
94<GO> View News.

Govt MMR

14:44 ASSET BACKED CP RATES

Page 1 / 1

TOP TOP TIER (A1+/P1/F1+)			TOP TIER (A1/P1/F1)		
1	↓1.77	-.05	1	↓1.77	-.06
7	↓1.77	-.02	7	↓1.79	-.03
15	1.78	--	15	1.81	--
21	↓1.78	-.02	21	↓1.80	-.02
30	↓1.78	-.01	30	↓1.79	-.01
45	1.81	--	45	1.83	--
60	↑1.86	+.01	60	↑1.88	+.01
90	↑1.94	+.01	90	↑1.95	+.01
120	↓2.00	--	120	2.01	--
150	↑2.06	+.01	150	↑2.07	+.01
180	↑2.11	+.01	180	↑2.12	+.01
210	2.13	+.01	210	1.92	--
240	2.06	+.05	240	2	+.01
270	2.16	+.06	270	2.18	+.06

FOR HISTORICAL RATES TYPE:
ALLX ACPA <GO> ALLX ACPB <GO>

Australia 61 2 9777 8600 Brazil 5511 3048 4500 Europe 44 20 7330 7500 Germany 49 69 920410
Hong Kong 852 2977 6000 Japan 81 3 3201 8900 Singapore 65 6212 1000 U.S. 1 212 318 2000 Copyright 2003 Bloomberg L.P.
G657-802-0 10-Nov-03 11:37:19

图 1.25 2004 年 10 月 4 日美国美元资产支持商业票据的利率

本书第 6 章会更详细地阐述货币市场收益率曲线。

BBVA 货币市场利率

很多信息源和供应商都提供货币市场的利率和价格。各个银行和经纪商都向彭博系统、路透社系统、德励财经资讯以及其他系统中输入实时的价格信息。一般地，并不是所有的使用者都可以获得银行利率，因为这些信息只对已注册客户开放。

毕尔巴鄂比斯开银行（BBVA）是一家总部位于西班牙马德里的银行，它是西班牙的第二大银行，该银行向所有的使用者开放自己系统的输出结果。此外，该银行还向所有主要的供应商系统中输入利率。图 1.26 就是彭博系统所显示的该银行主要货币市场菜单页面，即 BBVC 页面。为方便说明，我们在此展示了 BBVA 银行页面的样本，该样本的展示已得到该银行的许可，该样本所显示的日期为 2004 年 6 月 16 日，包含以下货币和金融工具的利率（各利率的显示页面如图 1.27 ~ 图 1.30 所示）：

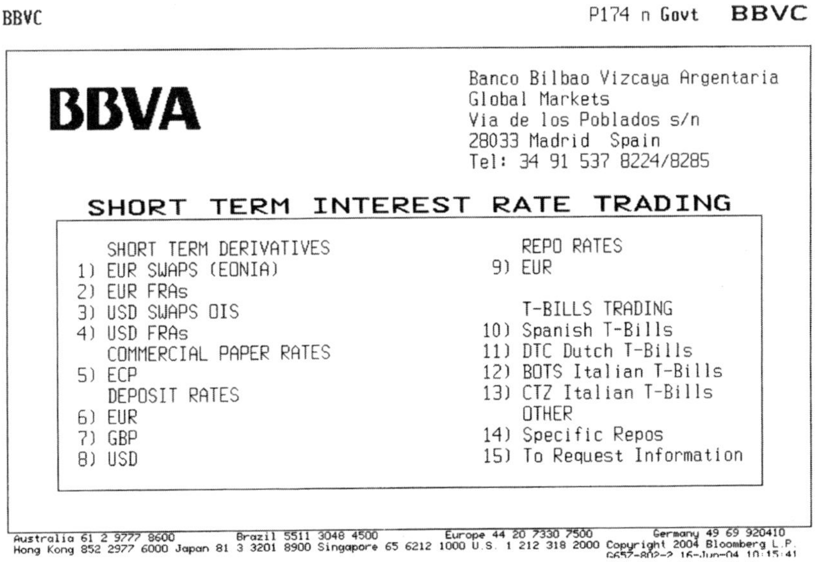

图 1.26　BBVA 的货币市场利率菜单页面

© BBVA © Bloomberg L. P. Used with permission.

- 美国美元的存款利率。
- 美国美元的隔夜掉期利率。

- 欧元政府债券回购利率。
- 欧元隔夜掉期利率。

8 P1P300 Govt **BBVC**

9:36 **BBVA** PAGE 1 / 1

USD DEPOSIT RATES

	RATES	BID	ASK	TIME
1)	O/N	1.2900	1.3200	7:43
2)	T/N	1.2700	1.3000	7:20
3)	S/N	1.2700	1.3000	7:20
4)	1 WEEK	1.2700	1.3000	7:44
5)	2 WEEK	1.2700	1.3000	7:44
6)	3 WEEK	1.2700	1.3000	7:44
7)	1 MONTH	1.2800	1.3100	9:21
8)	2 MONTH	1.4100	1.4700	7:20
9)	3 MONTH	1.5100	1.5700	7:20
10)	4 MONTH	1.6000	1.6600	9:26
11)	5 MONTH	1.6800	1.7400	8:52
12)	6 MONTH	1.7800	1.8400	8:22
13)	7 MONTH	1.8600	1.9200	7:22
14)	8 MONTH	1.9300	1.9900	7:31
15)	9 MONTH	2.0100	2.0700	8:22
16)	10 MONTH	2.0800	2.1400	9:27
17)	11 MONTH	2.1700	2.2300	9:28
18)	1 YEAR	2.2400	2.3000	9:03

图 1.27 2004 年 6 月 16 日 BBVA 的美国美元存款利率

3 P1P300 Govt **BBVC**

10:15 **BBVA** PAGE 1 / 1

USD SWAPS OIS

	RATES	BID	ASK	TIME
1)	1 WEEK	1.0000	1.0300	6/09
2)	2 WEEK	1.0000	1.0300	6/09
3)	3 WEEK	1.0000	1.0300	6/09
4)	1 MONTH	1.1350	1.1650	6/11
5)	2 MONTH	1.2800	1.3100	6/11
6)	3 MONTH	1.4050	1.4350	6/11
7)	4 MONTH	1.5250	1.5550	6/11
8)	5 MONTH	1.6450	1.6750	6/11
9)	6 MONTH	1.7500	1.7800	6/11
10)	7 MONTH	1.8550	1.8850	6/11
11)	8 MONTH	1.9450	1.9750	6/11
12)	9 MONTH	2.0300	2.0600	6/11
13)	10 MONTH	2.1250	2.1550	6/11
14)	11 MONTH	2.2150	2.2450	6/11
15)	12 MONTH	2.3000	2.3300	6/11

ACT/360

图 1.28 2004 年 6 月 16 日 BBVA 页面所显示的美国美元隔夜指数掉期（OIS）利率

9　　P1P300 Govt　**BBVC**

10:16 **BBVA**　　PAGE 1 / 1

EUR REPO RATES

	RATES	BID	ASK	TIME
1)	O/N	1.8000	1.7500	6/08
2)	T/N	2.0000	1.9800	6/08
3)	1 WEEK	1.9600	1.9300	6/08
4)	2 WEEK	1.9900	1.9700	6/08
5)	1 MONTH	1.9900	1.9700	6/08
6)	2 MONTH	2.0000	1.9800	6/08
7)	3 MONTH	2.0000	1.9800	6/08
8)	4 MONTH	2.0100	1.9900	6/08
9)	5 MONTH	2.0400	2.0100	6/08
10)	6 MONTH	2.0600	2.0300	6/08
11)	9 MONTH	2.1400	2.1100	6/08
12)	1 YEAR	2.2500	2.2200	6/08

图 1.29　2004 年 6 月 16 日 BBVA 页面所显示的欧元政府债券回购利率

1　　P1P300 Govt　**BBVC**

9:35 **BBVA**　　PAGE 1 / 1

EUR SWAPS (EONIA)

	RATES	BID	ASK	TIME
1)	1 WEEK	2.0350	2.0650	8:22
2)	2 WEEK	2.0300	2.0600	8:14
3)	3 WEEK	2.0300	2.0600	8:14
4)	1 MONTH	2.0350	2.0550	5:00
5)	2 MONTH	2.0400	2.0600	5:00
6)	3 MONTH	2.0440	2.0640	8:51
7)	4 MONTH	2.0540	2.0740	8:51
8)	5 MONTH	2.0690	2.0890	9:27
9)	6 MONTH	2.0950	2.1150	8:51
10)	7 MONTH	2.1180	2.1380	9:27
11)	8 MONTH	2.1420	2.1620	9:27
12)	9 MONTH	2.1730	2.1930	9:27
13)	10 MONTH	2.2070	2.2270	9:27
14)	11 MONTH	2.2430	2.2630	9:27
15)	12 MONTH	2.2800	2.3000	9:27
16)	15 MONTH	2.3850	2.4050	9:28
17)	18 MONTH	2.4960	2.5160	9:34
18)	21 MONTH	2.6040	2.6240	9:33
19)	2 YEAR	2.7100	2.7300	9:34

Quote: Annual Settlement & Compounding vs. EONIA　Day Count: ACT/360

图 1.30　2004年6月16日 BBVA 页面所显示的欧元隔夜指数掉期（EONIA）利率

一般来说，客户在了解自己银行的利率的同时，也会检查经纪商系统的输出结果，如 GarbanICAP 和 Tullett&Tokyo 的输出结果。

附　录

附录 1.1

在货币市场中将每年作为 365 天的货币包括：

- 英镑。
- 港元。
- 马来西亚的林吉特。
- 新加坡元。
- 南非的兰特。
- 台币。
- 泰铢。

以下货币在国内市场中也将每年作为 365 天，但国际市场除外：

- 澳大利亚元。
- 加拿大元。
- 日元。
- 新西兰元。

为了将以 365 天为基础进行报价的利率 i 转化为以 360 天为基础进行报价的利率 i^*，可以使用以下公式：

$$i = i^* \times (365/360) \tag{1.22}$$
$$i^* = i \times (360/365)$$

附录 1.2　各国的 SWIFT/ISO 货币编码

国家/地区	货币	编码	国家/地区	货币	编码
Abu Dhabi	UAE dirham	AED	Kuwait	dinar	KWD
Albania	lek	ALL	Lebanon	Lebanese £	LBP

续表

国家/地区	货币	编码	国家/地区	货币	编码
Algeria	dinar	DZD	Libya	dinar	LYD
Angola	kwanza	AON	Liechtenstein	Swiss franc	CHF
Argentina	peso	ARS	Luxembourg	euro	EUR
Australia	Australian $	AUD	Luxembourg	franc	LUF
Austria	schilling	ATS	Macao	pataca	MOP
	euro	EUR	Macedonia	denar	MKD
Bahamas	Bahama dollar	BSD	Madeira	euro	EUR
Bahrain	dinar	BHD	Portuguese	escudo	PTE
Bangladesh	taka	BDT	Malagasy Rep.	franc	MGF
Belarus	rouble	BYR	Malawi	kwacha	MWK
Belgium	Belgian franc	BEF	Malaysia	ringgitt	MYR
	euro	EUR	Maldives	rufiyaa	MVR
Bermuda	Bermuda $	BMD	Mali	CFA franc	XOF
Bolivia	boliviano	BOB	Malta	lira	MTL
Brazil	real	BRL	Martinique	euro	EUR
Brunei	Brunei dollar	BND		French franc	FRF
Bulgaria	lev	BGL	Mauritania	ouguiya	MRO
Burkina Faso	CFA franc	XOF	Mauritius	rupee	MUR
Burundi	Burundi franc	BIF	Mexico	peso nuevo	MXN
Cambodia	riel	KHR	Morocco	dirham	MAD
Cameroon	CFA franc	XAF	Namibia	rand	NAD
Canada	Canadian $	CAD	Nepal	rupee	NPR
Canary Islands	euro	EUR	Netherlands	euro	EUR
	Spanish peseta	ESP		guilder	NLG
African Rep.	CFA franc	XAF	New Zealand	NZ dollar	NZD
Chad	CFA franc	XAF	Nigeria	naira	NGN
Chile	peso	CLP	Norway	krore	NOK
China	renmin bi/yuan	CNY	Oman	riyal	OMR
Colombia	peso	COP	Pakistan	rupee	PKR
Costa Rica	colon	CRC	Peru	solnuevo	PEN
Croatia	kuna	HRK	Philippines	peso	PHP
Cuba	peso	CUP	Poland	zloty	PLN
Cyprus	Cyprus pound	CYP	Portugal	euro	EUR
Czech Rep.	koruna	CZK		escudo	PTE

续表

国家/地区	货币	编码	国家/地区	货币	编码
Denmark	krone	DKK	Qatar	riyal	QAR
Dubai	UAE dirham	AED	Romania	leu	ROL
Ecuador	sucre	ECS	Russia	rouble	RUB
Egypt	Egyptian £	EGP	Rwanda	franc	RWF
Guinea	CFA franc	XAF	Saudi Arabia	riyal	SAR
Estonia	kroon	EEK	Senegal	CFA franc	XOF
Ethiopia	birr	ETB	Seychelles	rupee	SCR
EMU	euro	EUR	Sierra Leone	leone	SLL
Finland	euro	EUR	Singapore	Singapore $	SGD
	markka	FIM	Slovakia	koruna	SKK
France	euro	EUR	Slovenia	tolar	SIT
	French franc	FRF	Solomon Is.	dollar	SBD
Gambia	dalasi	GMD	Somalia	shilling	SOS
Germany	euro	EUR	South Africa	rand	ZAR
	mark	DEM	Spain	euro	EUR
Ghana	cedi	GHC		peseta	ESP
Gibraltar	Gibraltar £	GIP	Sri Lanka	rupee	LKR
Great Britain	pound	GBP	St Lucia	E. Caribbean $	XCD
Greece	drachma	GRD	Sudan	dinar	SDD
Greenland	Danish krone	DKK	Sudan	Sudanese £	SDP
Grenada	E. Caribbean $	XCD	Surinam	S. guilder	SRG
Guatemala	quetzal	GTQ	Swaziland	lilangeni	SZL
Guinea Rep.	Guinean franc	GNF	Sweden	krona	SEK
Haiti	gourde	HTG	Switzerland	Swiss franc	CHF
Honduras	lempira	HNL	Syria	Syrian pound	SYP
Hong Kong	HK dollar	HKD	Taiwan	dollar	TWD
Hungary	forint	HUF	Tanzania	shilling	TZS
Iceland	krona	ISK	Thailand	baht	THB
India	rupee	INR	Togo	CFA franc	XOF
Indonesia	rupiah	IDR	Trinidad & Tobago	TT dollar	TTD
Iran	rial	IRR	Tunisia	dinar	TND
Iraq	dinar	IQD	Turkey	lira	TRL
Irish Republic	euro	EUR	Turkmenistan	manat	TMM
	punt	IEP	Uganda	shilling	UGX

续表

国家/地区	货币	编码	国家/地区	货币	编码
Israel	shekel	ILS	Ukraine	hryvna	UAH
Italy	euro	EUR	UAE	dirham	AED
	lira	ITL	Uruguay	peso	UYP
Ivory Coast	CFA franc	XOF	USA	US dollar	USD
Jamaica	Jamaican $	JMD	Venezuela	bolivar	VEB
Japan	yen	JPY	Vietnam	dong	VND
Jordan	dinar	JOD	Virgin Is, USA	US dollar	USD
Kenya	shilling	KES	Yemen	rial	YER
Korea (North)	won	KPW	Yugoslavia	dinar	YUM
Korea (South)	won	KRW	Zambia	kwacha	ZMK
			Zimbabwe	Zimbabwe $	ZWD

第2章 外汇市场

外汇市场完美地展现了全球金融市场的流动性、透明度与及时性。汇率可以称得上是瞬息万变，并且事实上外汇交易原则与债券交易和货币市场交易不同。关于外汇市场的文献有很多，因为外汇市场这一主题本身自成体系。然而，一些银行将远期外汇交易作为货币市场交易的一部分，而不是专门设立一个外汇交易平台，正因为现实中存在这样的做法，因此在这本专门探讨货币市场的书中也有必要讲一下外汇市场。本章只对外汇交易作一个大概的介绍，外汇交易包含即期交易和远期交易。

货币汇率的报价一般服从国际标准化组织（ISO）的做法，SWIFT 和路透社交易系统也使用这种做法，该方法使用三个字母的编码表示一种货币，例如 USD 代表美国美元、GBP 代表英镑等。汇率的报价惯例是用 1 单位美元可以兑换的其他货币表示，因此美元兑瑞士法郎的汇率就是以 USD/CHF 进行报价，即 1 美元兑换的瑞士法郎数量。一个例外情况就是英镑，其报价方法是 GBP/USD，即 1 英镑可以兑换的美元数量，该汇率也称为 Cable。欧元的汇率是同时以两种方式进行报价，一种报价方法是 EUR/USD，而一些银行如英国的苏格兰皇家银行是根据英镑给出欧元的价格，即 GBP/EUR。

第 1 章的附录 1.2 中给出了货币编码的完整列表。

即期汇率

即期外汇交易就是使用一种货币购买或卖出另外一种货币，并在交易后两个工作日进行交割。而且，在计算日期时不包括非工作日，因此一个在星期五进行的交易将在下周二结算。但是，这种做法也有一些例外情况，例如美元与加拿大元之间的交易就在下一个工作日结算。注意，一些货币的市场在星期五闭市，而在星期六开放，这种情况一般发生在中东国家。如果结算日是一种货币所在国的公共假日，则结算日会相应顺延。在任何两种货币之间都有可能进行交易，但是，为了减少需要报价的次数，外汇交易市场通常仅仅根据美元报出其他各种货币的价格，有些市场偶尔也根据英镑或欧元进行报价，因此应根据每种货币兑换美元的汇率计算两种非美元货币之间的汇率，所得到的汇率称为交叉汇率。除了交易以美元为基础的汇率之外，交叉汇率本身也在不同的银行之间进行交易，这通常是因为两种汇率之间的关系比每种货币与美元之间的关系更为密切。例如，瑞士法郎的变化与欧元而不是与美元更为一致，因此我们在现实中可以观察到美元与瑞士法郎之间的汇率通常是欧元与瑞士法郎汇率的函数。

即期外汇汇率采用双向买卖价报价法，这与债券市场和货币市场一样，这种报价方式表明了银行愿以多高的汇率使用相对货币购买基准货币，这是相对货币的买价，因此是较低的汇率。另一方面，报价也给出了银行愿以多高的汇率出售基准货币（用相对货币表示基准货币的卖价）。例如，如果 GBP/USD 的报价为 1.624 5 ~ 1.625 5，则这意味着银行愿意以 1.624 5 美元的价格购买 1 单位英镑，并且愿意以1.625 5美元的价格卖出 1 单位英镑。外汇市场报价惯例在各个国家都相同，这一点与货币市场不一样，尽管货币市场采用的也是买卖价报价法，如 5.5% ~5.25%，这意味着票据的买价较高（比如银行在存单市场上的贷款利率），而且位于左边。外汇市场惯例在各个国家都相同，即采用上面所描述的报价法。

报价两边的差额就是银行所收取的交易利差。而且，汇率都是以 1% 的 1/100 进行报价，即 1/10 000，称为一个点。在上面的例子中，利差为 10 个点，利差是报价数字的函数，因此如果 USD/JPY 的汇率为 110.10-110.20，这意味着利差为 0.10 日元。一般只报出两个汇率的点数，因此上例中的汇率报价将为“45 ~ 55”，其他数字已省去。

案例 2.1　交叉汇率

考虑以下两个即期汇率：

EUR/USD　1.056 6 ~ 1.057 1

AUD/USD　0.703 4 ~ 0.703 9

EUR/USD 自营商以 1.056 6 的价格买进欧元并卖出美元，而 AUD/USD 自营商以 0.703 9 的价格卖出澳大利亚元并买进美国美元。为了计算银行买进欧元并卖出澳大利亚元的汇率，我们有：

1.056 6/0.703 9 = 1.501 1

这就是银行买进欧元和卖出澳大利亚元时所使用的汇率。同样，银行卖出欧元并买进澳大利亚元时所使用的汇率应进行如下计算：

1.057 1/0.703 4 = 1.502 8

因此，EUR/AUD 的即期汇率为 1.501 1 ~ 1.502 8。

交叉汇率的推导过程如下表示，假设两种汇率为 XXX/YYY 和 XXX/ZZZ，则交叉汇率是：

YYY/ZZZ = XXX/ZZZ ÷ XXX/YYY

ZZZ/YYY = XXX/YYY ÷ XXX/ZZZ

如果给定两种汇率 YYY/XXX 和 XXX/ZZZ，则交叉汇率为：

YYY/ZZZ = YYY/XXX × XXX/ZZZ

ZZZ/YYY = 1 ÷ (YYY/XXX × XXX/ZZZ)

图 2.1 是彭博系统所显示的 2004 年 5 月 10 日的主要货币汇率，即 FXC 页面。

<HELP> for explanation, <MENU> for similar functions. P174 **Comdty FXC**

Screen Printed
14:42
Mon 5/10

KEY CROSS CURRENCY RATES

	USD	EUR	JPY	GBP	CHF	CAD	AUD	NZD	HKD	NOK	SEK
SEK	7.7315	9.1436	6.8059	13.723	5.9288	5.5436	5.3544	4.6679	.99122	1.1226	....
NOK	6.8874	8.1453	6.0628	12.225	5.2815	4.9384	4.7698	4.1582	.88300	....	.89082
HKD	7.8000	9.2246	6.8662	13.845	5.9813	5.5928	5.4019	4.7092	....	1.1325	1.0089
NZD	1.6563	1.9588	1.4580	2.9400	1.2701	1.1876	1.1471	....	.21235	.24049	.21423
AUD	1.4439	1.7077	1.2711	2.5630	1.1073	1.0353	....	.87178	.18512	.20965	.18676
CAD	1.3947	1.6494	1.2277	2.4755	1.0695	....	.96586	.84202	.17880	.20249	.18039
CHF	1.3041	1.5422	1.1479	2.3147	....	.93504	.90312	.78732	.16719	.18934	.16867
GBP	.56338	.66628	.49593	....	.43202	.40396	.39017	.34014	.07223	.08180	.07287
JPY	113.60	134.35	....	201.64	87.113	81.454	78.674	68.586	14.564	16.494	14.693
EUR	.84556	....	.74433	1.5009	.64841	.60629	.58559	.51051	.10841	.12277	.10937
USD	....	1.1827	.88028	1.7750	.76684	.71703	.69255	.60375	.12821	.14519	.12934
			(x100)								

Spot Enter 1M,2M etc. for forward rates E EURO D Default Currencies
Hit -1,-2...<Page> for previous days A Show all

monitoring enabled: decrease increase no change BLOOMBERG Composite
Australia 61 2 9777 8600 Brazil 5511 3048 4500 Europe 44 20 7330 7500 Germany 49 69 920410
Hong Kong 852 2977 6000 Japan 81 3 3201 8900 Singapore 65 6212 1000 U.S. 1 212 318 2000 Copyright 2004 Bloomberg L.P.
0 10-May-04 14:42:34

图 2.1 2004 年 5 月 10 日彭博系统所显示的主要货币汇率页面

远期汇率

定期期汇

即期汇率就是立即进行外汇交割时所使用的汇率（但实际上即期外汇交易的交割日期在交易日后两天）。远期合同或简单的远期就是买进或卖出一种货币以换取另外一种货币，而且这种交易的结算发生在未来的一个特定时间。远期汇率的报价方式与即期汇率相同，即银行作为买方买进基准货币以及作为卖方卖出基准货币时所使用的汇率。在一些新兴市场中，由于不存在具有流动性的远期市场，因此远期交易是根据到期日的即期汇率进行现金结算，本章最后将探讨这种无本金交割远期外汇交易。

虽然一些评论家指出，远期汇率可以作为市场对远期交易到期日的即期汇率的预期，但这种观点并不正确。远期汇率是根据两种货币的当前利率进行计算，并且无套利定价原则可以确保同时持有即期汇率和远期汇率的相反头寸无利可图。考虑以下策略：

- 借进 6 个月的美国美元，并从现汇交割日开始起息。
- 买进英镑并卖出美元。
- 存入 6 个月的英镑，从现汇交割日开始起息。
- 现在卖出远期的英镑本金和利息以换取美元，这些英镑存款将在 6 个月之后到期。

市场将对远期价格作出调整，以使得同时执行两笔交易的利润或损失为零。在外汇交易中所报出的远期汇率将根据 6 个月期的英镑和美元存款利率进行计算，计算远期汇率的一般公式如下所示：

$$\text{远期汇率} = \text{即期汇率} \times \frac{\left(1 + \text{相对货币的存款利率} \times \dfrac{\text{天数}}{B}\right)}{\left(1 + \text{基准货币的存款利率} \times \dfrac{\text{天数}}{B}\right)} \quad (2.1)$$

天数计算基础 B 为 365 天或 360 天，这取决于所涉及的货币的天数计算惯例。

因此，换句话说，远期更像一个存款工具，而不是一个外汇交易工具。

案例 2.2 远期汇率

90 天的 GBP 存款利率：5.75%。

90 天的 USD 存款利率：6.15%。

GBP/USD 的即期汇率：1.631 5（中间汇率）。

则远期汇率可以进行如下计算：

$$1.631\ 5 \times \frac{\left(1+0.057\ 5\times\dfrac{90}{365}\right)}{\left(1+0.061\ 5\times\dfrac{90}{360}\right)} = 1.629\ 6$$

因此，为了进行远期 GBP/USD 交易，所使用的中间汇率应为1.629 6，这等同于在 3 个月之后使用 1 英镑买进 1.629 6 美元，而如果现在进行交易 1 英镑能够买进 1.631 5 美元，即英镑在贬值。在另一些情况下，英镑可能会升值。

案例 2.3 远期汇率套利

某银行面临以下汇率：

USD/CHF 的即期汇率为 1.481 0 ~ 1.481 5，3 个月掉期为116 ~ 111。

USD 的 3 个月期存款利率为 7.56 ~ 7.43，CHF 的 3 个月期存款利率为4.62 ~ 4.50。

该银行需要借进 3 个月（91 天）的资金，价值 10 000 000 瑞士法郎，该银行根据以上所示的汇率和利率进行交易，并采取了以下行动：

- 以 7.56% 的利率现在借进为期 91 天、价值 6 749 915.63 美元的资金。
- 在 91 天的借款期限结束时，该银行偿还了借款的本金和利息，总额为 6 880 324.00美元。
- 该银行以 111 的掉期价格买卖美元和瑞士法郎，所使用的汇率为即期汇率 1.481 5，也就是说：
  - ◆ 该银行以即期汇率 1.481 5 卖出 6 749 915.63 美元并买进 10 000 000 瑞士法郎。
  - ◆ 该银行以 3 个月的远期汇率 1.470 4 买进 6 880 324 美元并卖出 10 116 828.42 瑞士法郎。

因此，美国美元的净现金流为零。

此外，借款的有效成本为借款 91 天的 10 000 000 瑞士法郎的利息，即116 828.41瑞士法郎，其计算过程如下所示：

$$\frac{116\ 828}{10\ 000\ 000} \times \frac{360}{91} = 4.62\%$$

因此，净结果就是以 4.57% 的利率借进 10 000 000 瑞士法郎，该利率小于银行直接从市场中借款的利率 4.62%，利率下降的幅度为 5 个基点。如果该银行实际上不需要筹集资金，而是以高于 4.57% 的利率存入这些瑞士法郎，该银行就可以从这种交易中获得一定的利润。

远期掉期

前面解释了如何从理论上计算远期汇率以及如何对其进行报价。在实际中，由于即期汇率变化非常迅速，甚至在一分钟之内就可以变化很多次，如此频繁地重新计算远期汇率将非常麻烦。基于以上原因，银行都是报出远期汇率相对于即期汇率的利差，并从即期汇率中增减该利差。该利差称为掉期点数，计算掉期点数的一个近似公式如下所示：

$$\text{远期掉期} \approx \text{即期汇率} \times \text{存款利率差额} \times \frac{\text{天数}}{B} \tag{2.2}$$

这种近似计算对于那些在 30 天以后到期的远期外汇交易来说不够准确，此时应使用另外一个公式，即等式（2.3）。通过将等式（2.2）变形，也可以根据掉期点数计算存款利率差额的近似值：

$$\text{远期掉期} = \text{即期汇率} \times \frac{\left(\text{相对货币的存款利率} \times \frac{\text{天数}}{B} - \text{基准货币的存款利率} \times \frac{\text{天数}}{B}\right)}{\left(1 + \text{基准货币的存款利率} \times \frac{\text{天数}}{B}\right)} \tag{2.3}$$

案例 2.4　远期掉期点数

EUR/USD 的即期汇率：1.056 6 ~ 1.057 1

远期掉期：0.012 5 ~ 0.013 0

远期汇率：1.069 1 ~ 1.070 1

远期汇率等于即期汇率加上掉期点数，因此在这种情况下就是：

1.069 1 = 1.056 6 + 0.012 5

1.070 1 = 1.057 1 + 0.013 0

EUR/USD 的即期汇率：0.950 1

31 天的 EUR 利率：3.15%

31 天的 USD 利率：5.95%

$$远期掉期 = 0.9501 \times \frac{\left(0.0595 \times \frac{31}{360} - 0.0315 \times \frac{31}{360}\right)}{\left(1 + 0.0315 \times \frac{31}{360}\right)} = 0.0023$$

即掉期点数为 23 点。

与即期汇率一样，远期汇率的掉期点数采用双向报价方式。在实际中，通常使用中间即期汇率，并报出远期汇率相对于中间即期汇率的掉期利差。两种货币利率之间的差额决定了掉期点数的大小，以及应从即期汇率中加上还是减去掉期点数。如果掉期点数为正，并且远期交易商是以买卖价利差的方式进行报价，则报价的左边就小于右边。如果掉期点数为负，则交易商就必须在左边报出一个绝对值更大的负数数字，而在右边报出绝对值稍小的数字。然而，负号不会显示在报价中，因此报价的左边看起来是一个更大的数字。基本上，如果掉期价格的左边看起来更大，这意味着该值是一个负值，因此必须从即期汇率中减去这个数值，而不是加上这个数值。

实际上，远期交易商更像利率交易商，而不是外汇交易商。虽然远期交易商所持有的头寸由客户指令造成，但远期交易商一般根据其对所交易货币短期存款利率的判断管理其账户。一般来说，一个预期利率差额向有利于基准货币的方向变化的远期汇率交易商将买进和卖出基准货币，例如预期基准货币的利率会上升或相对货币的利率会下降时，这种行为等价于借进基准货币并存入相对货币。利率与远期掉期之间的关系意味着银行可以利用不同市场中的机会。假设某银行需要以一种货币进行融资，但能以相对较低的利率借进另外一种货币，则该银行就会希望借进另外一种货币，并使用远期合同将这种货币的借款转化为自己需要的货币。如果借款的总成本小于直接借进第一种货币的成本，该银行就会这样做。

远期交叉汇率

远期交叉汇率的计算方式与即期交叉汇率相同，因此计算即期交叉汇率的公式也同样可以计算远期交叉汇率。

远期对远期汇率

远期对远期掉期是在两个未来日期之间进行的交易，而不是在即期日期与一个远期日期之间进行的交易。“远期对远期”这一术语在债券市场与货币市场中具有相同的名称和意义。在债券市场中，远期利率或远期对远期利率是未来两个时点之间的零息利率。在外汇市场中，这方面的一个例子就是以下这份合同（案例 2.5），即在 3 个月之后卖出英镑并在 6 个月之后将其买回。此时，掉期的期间就是 3 个月后与 6 个月后之间所相隔的 3 个月的时间。银行或公司进行远期对远期交易的目的是为了对冲远期风险，或者是因为对远期汇率具有独到的看法（事实上就是对存款利率具有独到的看法）。

案例 2.5　远期对远期合同

GBP/USD 即期汇率：1.631 5 ~ 1.632 0

3 个月掉期：45 ~ 41

6 个月掉期：135 ~ 125

如果一个银行希望卖出 3 个月远期的英镑，并在 6 个月之后将其买回，这就相当于签订了两份掉期合约，一份合约承诺买进即期英镑并卖出 3 个月期远期英镑，另一份合约承诺卖出即期英镑并买进 6 个月期远期英镑。掉期的报价方式是，报价银行购买基准货币远期的汇率作为买价，报价银行出售基准货币远期的汇率作为卖价。而与之进行交易的对方银行可能以 -45 的掉期价格买进和卖出即期与 3 个月远期的英镑，即二者的结算价格分别为即期汇率和（即期汇率 -0.004 5）。该银行可以同时从事这两种交易，这意味着在两个远期价格之间存在一个差额，并且该差额为(-125)-(-45)=-80 点。相反，该银行可以买进和卖出 3 个月期与 6 个月期的远期英镑，掉期价格为(-135)-(-41)=-94 点。因此，双向报价为 94 ~ 80（这里忽略了负号）。

期限较长的远期合同

前面已给出了远期汇率的计算公式（参见等式（2.1）），该公式适用于一年以内的任何期间，因此需要根据天数计算基础对存款利率进行调整。然而，如果远期合同的交易期间大于一年，就必须对该公式进行调整，以使其考虑到以下事实，即如果这种交易的实际期限大于一年，则应使用复利计算存款利率。为了计算期限非常长的远期汇率，从理论上来说，应使用以下所示的等式（2.4）。实际上，等式（2.4）并不能给出准确的答案，因为该等式并没有考虑到再投资风险。为了解决这个问题，在该等式中必须使用即期（零息）汇率。然而，期限非常长的远期合同市场其流动性不如期限在一年以下的市场，因此不可能非常灵敏地报价。

$$\text{期限较长的远期汇率} = \text{即期汇率} \times \frac{(1 + \text{相对货币的存款利率})^N}{(1 + \text{基准货币的存款利率})^N} \quad (2.4)$$

其中，N 是合同到期的年数。

无本金交割远期外汇交易

无本金交割远期外汇交易市场最早出现于拉丁美洲，后来很多机构对在亚洲国家进行投资并与其开展贸易往来非常感兴趣，但受到当地外汇管制方面的约束、这些国家的货币缺乏远期外汇市场等原因，在一些亚洲国家也建立了这种市场。无本金交割远期外汇交易（NDF）从理论上来说与普通的远期外汇交易非常相似。本质上，普通的远期外汇交易在交易开始时就可以在（名义）本金金额、远期外汇汇率以及远期交割日期等方面达成一致。然而，无本金交割远期外汇交易合同中，并没有本金金额的实际交换，这种交易是以美元或另外一种可以完全兑换的货币对交易净额进行结算，这样就可以反映在约定未来日期，约定远期汇率与实际汇率之间的差额。因此，无本金交割远期外汇交易就是一个以现金进行结算的普通远期交易，而且更类似于一个差额合同，而不是传统的远期合同。

在进行无本金交割远期外汇交易时，应约定一个固定汇率的方法，即确定在固定日期的固定即期汇率，该固定日期通常是结算之前的一个或两个工作日。固定的即期汇率一般根据路透社和德励财经资讯的参考汇率确定。这种交易以主要货币进行结算，反映了约定的无本金交割远期汇率与固定汇率之间的差额。使用无本金交割远期外汇交易，公司就可以对冲货币的任何远期风险，即使不存在远期外汇市场时也可以进行这种对冲。由于无本金交割远期外汇交易是一种以现金进行结算的金融工具，不需要实际交换所涉及的本金金额，因此就可以降低结算风险，这种交易的信用风险也低于传统的远期外汇合同。

亚洲的无本金交割远期外汇交易市场在1995—1996年期间有明显发展，主要表现在韩元、台币、菲律宾比索以及印度卢比等货币上。

在无本金交割远期外汇交易所涉及的货币完全可兑换之后，对无本金交割远期外汇交易市场的需求就会下降，因为此时就会建立起有本金交割的离岸远期市场。这种情况已在一些拉丁美洲国家的货币市场发生，如阿根廷比索。随着其他新兴市场经济体的发展，投资者可能会关注于其他的货币市场，如南亚和东南亚市场。在东欧，由于该地区的国家已转型为市场经济体，其货币也已变得完全可兑换，例如到 2004 年，在主要东欧货币中，只有俄罗斯卢布仍需要借助无本金交割远期外汇交易这一手段。

案例 2.6　无本金交割远期外汇交易

1998 年，一位基金经理在中国台湾地区的股票市场进行了为期一年的投资，其投资金额为 2 000 000 美元。该基金经理预期股票市场将会上涨，但同时也非常关注台币的潜在贬值。该基金经理希望使用无本金交割远期外汇交易对冲其外汇风险，因此与其银行达成了名义金额为 2 000 000 美元的 USD/TWD 无本金交割远期外汇交易合同，并约定远期汇率为 35.00。在一年之后，可能出现三种结果，即台币可能正好达到合同中所规定的远期汇率、可能相对于该远期汇率有所贬值以及相对于该远期汇率有所升值，这些情景显示在表 2.1 中。

表 2.1　无本金交割远期外汇交易案例

	结果 A	结果 B	结果 C
TWD	贬值	–	升值
固定即期汇率	35.3	35	34.7
等价汇率	US $ 1 983 002.83	US $ 2 000 000	US $ 2 017 291. 07
结算	银行向客户支付	不进行支付	客户向银行支付
	US $ 16 997.17		US $ 17 291.07

无论结果是什么，该基金经理都可以将其台币投资的风险敞口固定在35.00。如果出现第一种情形，则这种对冲就对基金经理有利，并且如果在即期外汇市场实际卖出台币，该基金经理可以通过无本金交割远期外汇交易的收益补偿较高的汇率。如果出现第三种情况，该基金经理可以在即期外汇市场中获得一个更好的汇率，但是由于需要支付无本金交割远期外汇交易的损失，因此这种好处将会被抵销。

第3章　浮息票据

严格来讲，浮息票据（FRN）是债券，因此它是债券市场的一部分。然而，由于浮息票据在构造上的特点，尤其是这些票据会定期（如每季度）重新设定其息票率，因此其交易在某些方面非常类似于货币市场工具。浮息票据还可被银行资金部门用于流动性目的。本章将详细探讨浮息票据。

浮息票据的操作惯例

浮息票据是指不支付固定息票的债券。浮息票据的息票支付会随另一种指定的参考利率而变化。美国和英国等国家的浮息票据市场规模非常大，并且发展得非常成熟。浮息票据非常受短期投资者和银行等金融机构的欢迎。除了息票安排之外，浮息票据在其他方面都与传统债券相似。浮息票据的到期期限从两年到30年以上不等，而且浮息票据所支付的息票随市场利率的变化而变化。浮息票据通常是每季度或每半年支付一次息票，所支付的息票将根据货币市场指数每季度或每半年进行重新确定，所采用的货币市场指数通常为伦敦银行间同业拆借利率（LIBOR）。浮息票据所支付的息票率一般高于LIBOR一定利差，并且这个利差在浮息票据的整个期限内固定不变。例如，一个由全英建房互助协会发行的英镑浮息票据在2006年8月到期，该票据每半年支付一次息票，并且其息票率是LIBOR加上5.7个基点[①]。这意味着所支付的息票每半年就需要按照6个月期的LIBOR利率重新设定一次，并且其息票率是6个月期的LIBOR加上一个固定的利差。

浮息票据设定息票率时所依据的利率就是参考利率，参考利率可以是1个月期的LIBOR、3个月期的LIBOR、6个月期的LIBOR或其他利率指数。在美国市场中，很多浮息票据都是根据短期国债利率设定息票率。高于参考利

---

① 1个基点是1%的1/100，即1个基点=0.01%。

率的利差就是指数利差，指数利差是指浮息票据的息票率高于参考利率的基点数额。只在很少的情况下，指数利差才为负，此时在计算浮息票据的息票率时就需要从参考利率中减去指数利差。

收益率方面的操作惯例

由于浮息票据的息票在每次支付时都会进行重新设定，因此不能提前确定浮息票据的现金流。基于以上原因，也不可能计算浮息票据的传统到期收益率指标。相反，债券市场使用一个称为贴现边际（Discounted margin）的指标估计持有浮息票据所获得的回报率。贴现边际度量的是投资者在浮息票据期限内所收到的回报率高于参考利率的平均利差（边际），此时需要假设参考利率在整个期限内保持不变。参考利率保持不变的假设对于计算非常重要，尽管该假设不太现实，但它能确保不同债券的收益可以相互比较。此外，贴现边际这个指标与传统的赎回收益率指标具有相同的缺点，即需要假设贴现率保持不变。

为了计算贴现边际，需要选择一个参考利率并假设该参考利率在债券到期日之前保持不变。一般的做法是将参考利率设定在其当前的水平上。然后，将债券的贴现边际（指数利差）与参考利率相加，如果贴现边际（指数利差）为负，就用参考利率减去贴现边际（指数利差）的绝对值。通过使用固定的利率，就可能确定浮息票据的现金流，然后将这些现金流以所选择的固定利率（即参考利率与贴现边际（指数利差）之和或之差）进行贴现。正确的贴现率能使贴现现金流的现值等于浮息票据的价格。由于参考利率固定，为了获得正确的结果，我们需要改变贴现边际（指数利差）。如果所选择的贴现率能使贴现后的净现值等于浮息票据的价格，我们就可以确定浮息票据的贴现边际。

由于息票支付会每个季度或每半年进行重新设定，因此浮息票据的交易价格非常接近于其面值，并且在息票重新设定日价格总是等于其面值。当浮息债券的价格等于其面值时，贴现边际就等于高于参考利率的固定利差。需要注意的是，一些浮息票据高于参考利率的利差本身是浮动的，这些债券就称为可变利率票据。

案例 3.1

考虑以下浮息票据，该票据的交易价格为99.95英镑，面值为100英镑。该票据每半年支付一次息票，并且其息票率等于6个月期的LIBOR加上10个基点，此外该票据距离到期日正好还有3年的时间，因此贴现边际的计算正好发生在息票支付日。表3.1展示了现值的计算过程，从表中可以看出99.95英镑的价格表明年度化的贴现边际为12个基点。

3年期浮息票据的价格为99.95英镑，其息票率为6个月期的LIBOR加上10个基点，而LIBOR为5.50%。

表3.1　　FRN贴现边际的计算，在息票支付日进行计算

现金流的现值：以高于参考利率的一定利差（基点）进行贴现

利息期间(n)	LIBOR(%)	半年值(%)	现金流	10	11	12	13	14	15
1	5.50	2.75	2.80	2.723 74	2.723 60	2.723 47	2.723 34	2.723 21	2.723 07
2	5.50	2.75	2.80	2.649 55	2.649 29	2.649 03	2.648 78	2.648 52	2.648 26
3	5.50	2.75	2.80	2.577 38	2.577 01	2.576 63	2.576 25	2.575 89	2.575 50
4	5.50	2.75	2.80	2.507 18	2.506 69	2.506 21	2.505 72	2.505 23	2.504 74
5	5.50	2.75	2.80	2.438 89	2.438 30	2.437 71	2.437 11	2.436 52	2.435 93
6	5.50	2.75	102.80	87.103 26	87.077 85	87.052 44	87.027 04	87.001 66	86.976 28
净现值：				100.001	99.972 74	99.945 49	99.918 24	99.891 03	99.863 78
用于计算现值的系数				1.028	1.028 05	1.028 1	1.028 15	1.028 2	1.028 25

$c/(1+\text{参考利率}+\text{贴现边际})^n$

在我们的计算中，6个月期的LIBOR为5.50%，假设该利率在浮息票据的剩余到期期限内保持不变。由于该利率是一个年利率，而计算中需要使用半年利率，即2.75%。由于每年支付两次息票，因此在到期日之前还有6个利息期间，6次现金流。由于已假设参考利率保持不变，由此可以确定浮息票据所支付的息票以及赎回支付，如表3.1中的现金流一栏所示。每次所支付的息票率就是年参考利率的一半加上年利差的一半，即2.75%加上5个基点，因此所得到的半年息票率就是2.80%，而每半年所支付的息票就是2.80英镑。最后一笔现金流就是所支付的息票加上赎回时所支付的本金100英镑。然后，将所得到的现金流以所选择的贴现率（即参考利率+贴现边际）进行贴现，直到所得到的结果使得浮息票据的净现值等于浮息票据的价格。从表3.1中可以看出，使得浮息票据价格等于贴现现金流的贴现率就是每半年的参考利率加上6个基点，或者是年参考利率加上12个基点。

使用彭博系统计算收益率

彭博系统计算债券收益率时所使用的主页面就是 YA，该页面也同样适用于浮息票据收益率的计算。图 3.1 显示了用来计算福特汽车信用部门所发行的浮息票据收益率时的 YA 页面，该票据的到期期限为 2005 年 6 月。

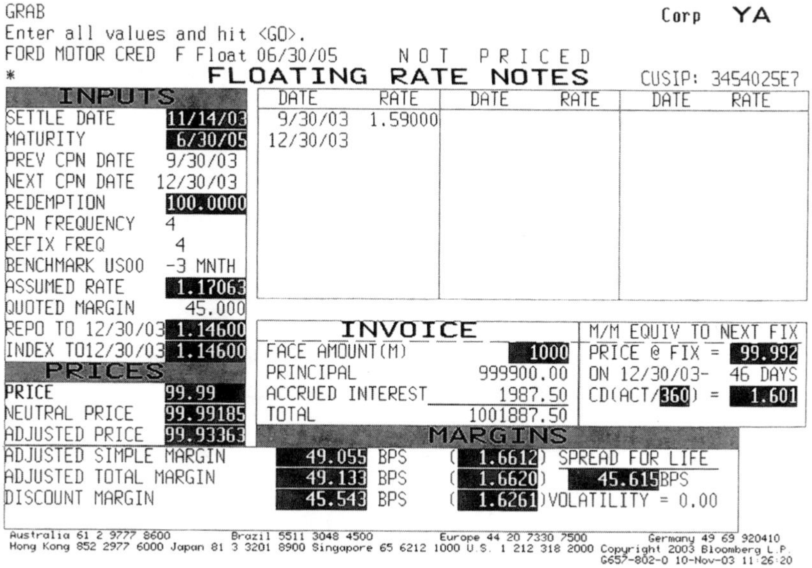

图 3.1　2003 年 11 月 10 日彭博系统 YA 页面所显示的福特汽车浮息债券的收益率分析，该债券于 2005 年 6 月到期

图 3.1 中所显示的该浮息票据的相关信息如下所示：

- 重新设定息票率的频率（REFIX FREQ）。即每年重新设定息票率的次数，这是一个静态的数据域。
- 基准（BENCHMARK）。即该债券所盯住的参考指数或证券，其中最常见的就是 LIBOR，这也是一个静态的数据域。
- 假设利率（ASSUMED RATE）。即针对未来所有利率重新设定日的假设平均基准利率，该利率以参考基准的当前水平为基础，并用于计算现金流的现值，以确定该票据的贴现边际。
- 报价边际（QUOTED MARGIN）。即高于基准参考利率的基点利差，在

图 3. 1 的例子中，福特汽车信用部门所发行的浮息票据的利差就是高于 3 个月期的 LIBOR 45 个基点。除非该债券是一个可变利率票据，否则这也是一个静态数据域。

- 回购利率（REPO TO）。即在下一个重新设定息票率的日期，针对从结算日到下一个重新设定息票率日这一期间的回购融资利率。该利率由使用者确定，它也是计算调整价格的融资利率。
- 指数利率（INDEX TO）。从结算日到下一个息票支付日这一期间的假设基准利率。在计算贴现边际时，指数利率可以用来计算当前息票的现值。如果从结算日到下一个息票支付日之间的时间少于债券重新设定息票率的频率，则假设的指数利率就不适合用来计算贴现边际，使用者应对该数据域选择一个更为合适的利率。

对于具有收益率上限、下限或收益率上下限的浮息票据来说，使用者必须对假设利率进行调整，并录入一个由于收益率上限或下限而形成的相关利率。

YA 页面计算了浮息票据的三个价格，这些价格计算要么将浮息票据作为传统债券，要么将其作为货币市场工具。价格域包括：

- 价格（PRICE）。即当前的市场价格，它由使用者确定，并默认使用与特定彭博系统终端有关的价格。
- 中性价格（NEUTRAL PRICE）。使用中性价格可以得到相同的贴现边际，但中性价格针对的是下一个息票支付日而不是结算日。如果债券交易发生在下一个息票支付日之后，就可以使用中性价格确定债券的价值，因此中性价格实际上是下一个息票支付日的远期交易价格。
- 调整价格（ADJUSTED PEICE）。即直至下一个息票重新设定日的债券的公平价值或收支平衡价格，调整价格适用于在回购市场上对直至下一个息票重新设定日的债券融资。对于固定利率的债券来说，这个功能是由同一 YA 页面上的持有成本（COC）完成。
- 重置日的价格（PRICE @ FIX）。即债券在重新设定息票率日期的价格。
- 天数（ON）。即在结算日与下一个息票率重置日之间的天数。它是一个静态数据域。
- CD（天数计算惯例）。即该债券的天数计算基础，这里默认值为正式的市场惯例。在图 3. 1 中为实际天数/360，即使用的是美国美元货币市场中计算天数的做法。

浮息票据的收益率通常表示为高于参考利率的一个边际利差，页面 YA 计算了以下利差，这些利差都用基点表示，并且都是有效收益率指标：

- 调整后的简单利差（ADJUSTED SIMPLE MARGIN）。即 ASM，简单利差由高于参考利率的报价利差以及债券调整价格与面值之间的差额组成，这一综合利差在债券距离到期日的整个期限之内摊销。
- 调整后的总利差（ADJUSTED TOTAL MARGIN）。即 ASM 加上对任何盈余进行投资所获得的利息，此时债券面值与调整价格之间的差额小于面值。在计算盈余时使用假设利率。
- 贴现边际（DISCOUNT MARGIN）。贴现边际使债券现金流的现值等于债券的全价（Dirty price）。贴现率等于假设利率加上贴现边际。换句话说，贴现边际等价于到期收益率。
- 整个期限的利差（SPREAD FOR LIFE）。高于或低于参考利率的利差（报价边际）以及任何资本利得，该资本利得来源于债券价格逐渐收敛于到期面值。如果当前价格大于面值，资本利得就为负，资本利得按百分比计算并在整个到期期限内贴现。
- 波动率（VOLATILITY）。即假设利率变化 100 个基点时，贴现边际的相对变化。

收益率的度量

浮息票据是可变利率债券，其息票率与特定的指数相关，并随着指数的变化而定期变化。浮息票据在发行时的息票率通常高于参考利率指数一个固定利差，例如息票率可能高于 6 个月期的银行间利率 50 个基点。如果浮息票据相对于参考利率的利差不固定，这种票据就称为可变利率票据。由于参考基准利率指数的值不确定，因此无法计算浮息票据的赎回收益率。浮息票据也可能具有一些额外的特征，这些特征包括浮息票据的息票率可能具有利率上限（即息票率不能高于某个最大利率值）、利率下限（即息票率不能低于某个最小利率值）或者这种票据可以提前赎回。此外，还存在永续浮息票据。与其他市场一样，为了满足特定的要求或者为了满足客户的需要，借款人经常会发行具有特殊条件甚至反常条件的票据，例如一家美国银行最近发行了两种以美元标明面值的浮息票据，这两种票据所支付的利息都与欧洲银行间同业拆借利率（EURIBOR）相挂钩，其中一种票据的天数计算基础与特定的LIBOR时间范围相挂钩。

浮息票据的参考利率一般是伦敦银行间同业拆借利率，即一个银行向其他银行贷款时所使用的利率（LIBOR）。浮息票据支付的利率就是LIBOR加上报价边际（或利差）。利率在3个月或6个月之内固定，并在利息期间末根据LIBOR重新设定。

在息票率重置日，浮息票据的价格正好等于其面值。在两个息票率重置日之间，由于息票率重置方式的设计，浮息票据的交易价格非常接近于其面值。如果两个息票率重置日之间的市场利率上升，浮息票据的交易价格就会略低于其面值；同样，如果利率下降，浮息票据的交易价格将略高于其面值。因此浮息票据的行为方式非常类似于以收益率为基础进行交易的货币市场工具，当然浮息票据具有更长的到期期限。投资者可能倾向于从本质上将浮息票据作为一种货币市场工具或作为传统的债券。基于以上原因，人们可以使用两个方法分析浮息票据，第一种方法就是所谓的“边际法”，这种方法是计算浮息票据回报率与等价货币市场证券回报率之间的差额。这种方法有两种变形，即简单边际和贴现边际。

简单边际法有时更为常用，因为这种方法不要求预测未来的利率以及所支付的息票。简单边际就是指与参考利率相比，浮息票据在其期限内的平均回报率。简单边际有两个组成部分，即高于或低于参考利率的报价边际以及资本利得或损失，资本利得或损失的计算需要假设浮息票据的当前价格与到期价值之间的差额在债券的剩余到期期限之内平均分布。简单边际法使用以下公式：

$$\text{简单边际} = \frac{(M - P_d)}{(100 \times T)} + M_q \tag{3.1}$$

其中，

P_d 是 P + AI，即债券的全价，
M 是债券的面值结算，
T 是从结算日至到期日之间的年数，
M_q 是报价边际。

如果报价边际为正，则说明浮息票据所支付的收益率高于同等货币市场证券的收益率。

案例 3.2　简单边际

一个浮息票据的面值为 100 英镑，报价边际高于 6 个月期的 LIBOR 10 个基点，该票据当前交易的净价为 98.50 英镑。上一次所确定的 LIBOR 为 5.375%。该浮息票据有 90 天的应计利息，距离下一个息票支付日还有 92 天，并且从下一个息票支付日至到期日正好有 5 年的时间。因此，可以进行如下所示的计算：

$$P_d = 98.50 + \frac{90}{365} \times 5.375 = 99.825 \text{ 英镑}$$

可以得到如下所示的 T 值：

$$T = 10 + \frac{90}{365} = 10.247$$

将这些结果代入等式（3.1），可以得到如下所示的简单边际：

$$\text{简单边际} = \frac{100 - 99.825}{100 \times 10.247} + 0.0010 = 0.00117$$

因此，计算结果为 11.7 个基点。

有时，简单边际公式需进行调整，这样就可以考虑到参考利率自上次息票率重置日之后的任何变化。这种调整是通过定义一个调整价格进行，调整价格如下所示：

$$AP_d = P_d + (re + QM) \times \frac{N_{SC}}{365} \times 100 - \frac{C}{2} \times 100 \qquad (3.2)$$

或者：

$$AP_d = P_d + (re + QM) \times \frac{N_{SC}}{365} \times P_d - \frac{C}{2} \times 100$$

其中，

AP_d 是调整后的全价，

re 是参考利率的当前值（如 LIBOR），

$C/2$ 是下一次息票支付，其中 C 等于上一个息票率重置日的参考利率加上 M_q，

N_{SC}是结算日与下一次息票支付日之间的天数。

上面的等式（3.2）忽略了当前收益率效应，即假设所有支付都是基于面值，因此这低估了那些交易价格低于面值的浮息票据的息票率，而高估了那

些交易价格高于面值的浮息票据的息票率。等式（3.2）下面的表达式考虑到了当前收益率效应。

为了计算调整后的简单边际，用调整价格 AP_d 代替等式（3.1）中的当前价格 P_d。简单边际法的优点是，以直线法在债券的剩余到期期限之内摊销浮息票据的折价或溢价，而不是采用连续复利法。贴现边际法中使用的是连续复利。简单边际法与贴现边际法之间的区别同简单到期收益率与到期收益率之间的区别相同。但是，贴现边际法有一个缺陷，即这种方法需要预测在债券剩余到期期限内的参考利率。

贴现边际就是等式（3.3）的解，此时假设浮息票据每半年支付一次息票：

$$Pd = \left\{\frac{1}{[1+1/2(re+DM)]^{\text{天数/每年中的天数}}}\right\}\left\{\frac{C}{2}+\sum_{t=1}^{N-1}\frac{(re^*+M_q)\times 100/2}{[1+1/2(re^*+DM)]^t}+\frac{M}{[1+1/2(re^*+DM)]^{N-1}}\right\} \tag{3.3}$$

其中，

DM 是贴现边际，

re 是参考利率的当前值，

re^* 是参考利率在债券剩余到期期限内的假设值或预测值，

M_q 是报价边际，

N 是在赎回之前该债券所支付息票的次数。

等式（3.3）中可以用贴现因子代替参考利率，使用贴现因子表示的等式（3.3）在附录 3.1 中进行讨论。评估浮息票据的到期收益率利差法可以直接比较浮息票据与固定利率债券。浮息票据的到期收益率 rmf 可以使用等式（3.3）进行计算，即用 rmf 代替等式（3.3）中的（$re+DM$）和（re^*+DM）。

参考债券的到期收益率 rmb 可以使用如下所示的公式进行计算：

$$P=\sum_{n=1}^{N}\frac{C_n}{(1+r)^n}+\frac{100}{(1+r)^N} \tag{3.4}$$

到期收益率利差为：

$$\text{到期收益率利差} = rmf - rmb$$

如果到期收益率利差为正，则浮息票据所提供的收益率就高于参考债券的收益率。

表 3.2 是 1997 年 5 月英镑浮息票据市场数据的一部分。该表显示了票据发行价格，以及使用基点表示的贴现边际和该债券的信用评级。

除了普通浮息票据之外，市场中还有一些其他类型的浮息债券：

- 利率上下限浮息票据。即这种票据的利率具有上限和下限，因此就为交易设定了一个最大和最小的息票率。本质上，这种票据包含两个内嵌期权，即发行人购买一个利率上限期权并向投资者卖出一个利率下限期权。
- 逐步回收型浮息票据。这种票据是根据可比的长期债券设定息票率，因此可以为投资者提供保留短期资产风险敞口的机会，而且投资者可以利用斜率为正的收益率曲线所带来的机会。
- 区间浮息票据。这种票据的引入是为了利用可比利率不活跃的预期。这种票据是一种高风险/高回报类型的金融工具，它向投资者提供远高于参考利率的获利机会。但是，如果利息支付未完全丧失，利率必须保持在一个相对较窄的区间变动。

表 3.2　　1997 年 5 月 FRN 的报价

公司名称	到期日	价格（英镑）	贴现边际	金额（百万英镑）	评级	备注
Bradford & Bingley	10 – 99	100.00	6.5	4	A1	
Bradford & Bingley	03 – 01	100.14	7.5	3		
Bradford & Bingley	11 – 01	99.89	8.1	4.9	A2	
Britannia BS	01 – 00	100.12	6	3		
Britannia BS	02 – 01	99.89	8.7	1.5		
Bankers Trust	02 – 02	99.78	11.8	5		
Irish Permanent	10 – 98	100.37	4	10	A2	
Nationwide	08 – 01	99.78	5.7	5	A1	在 2000 年 8 月可以 99.93的价格赎回
Midland	03 – 02	99.97	0.5	5		
Midland	05 – 01	99.65	20	8		次级债券
Woolwich	05 – 99	100.14	6.1	0.930	A1	
Woolwich	05 – 01	99.87	6.8	0.600		
Royal Bank of Scotland	01 – 04	99.93	3.5	10	AA3/AA –	
Royal Bank of Scotland	06 – 05	100.05	36.5	4.5		次级债券，在 2000 年 6 月以后可以赎回

反向浮息票据

一些浮息票据的息票率与参考利率的变化方向不同，即息票率的变化方向与参考利率相反。这意味着如果参考利率相比上一个息票率重置日的水平有所上升，债券的息票率就会下降，这些债券就是所谓的反向浮息票据。一般地，息票率在计算时是用一个固定利率减去浮动参考利率，这意味着反向浮息票据有一个利率上限，该上限等于其中的固定利率部分。反向浮息票据最早出现于美国的市政债券市场和抵押贷款支持债券市场，其中的一个早期例子就是雷曼兄弟公司于1986年发行的一个浮息票据，该票据是一个普通浮息票据和一个反向抵押担保债券的组合，创立这种票据的方法是将现有的固定利率债券转化成一个综合浮息票据结构。在美国的公司债券市场、市政债券市场以及抵押担保债券市场，这种反向浮息票据非常常见。这种浮息票据结构通常是以与指数利率相差一定的利差来重新设定息票率，这些指数利率通常为LIBOR或美国联邦住房贷款资金成本指数（COFI）。反向浮息票据的息票率变化方向与特定指数变化的方向相反。普通浮息票据和反向浮息票据的组合通常具有利率上限和利率下限结构，即同时设定了债券可以支付的最大息票率和最小息票率。利率上限和利率下限的设定可能非常明确，即限制了特定的最大可支付利率；也可能不太明确，例如设定的利率下限在指数利率下降到1%以下时就等于指数利差。利率上限和利率下限在债券的整个期限内可能固定，或者在债券期限内可以进行调整。有时，所发行的反向浮息票据的息票率是用一个特定的利率水平减去参考利率，例如10%减去LIBOR。在有些情况下需要使用一个乘子，例如如果某个反向浮息票据所支付的息票率为20% -（2×LIBOR），则该浮息票据的乘子就是2。

息票率为10%、金额为2亿英镑的5年期债券可以用来创建：

1亿英镑的FRN息票率为LIBOR+25个基点，息票率上限为9%；

1亿英镑的反向FRN息票率为9.75% -LIBOR，息票率下限为1%。

如果使用现有的固定息票率债券创建一个综合结构，则两个新浮息票据的名义金额之和将等于原始债券的总额度。普通浮息票据和反向浮息票据所支付的利息之和也将等于原来债券所支付的息票。如果反向浮息票据中使用了乘子，则其名义金额需要小于普通浮息票据的金额，这样就可以使得组合的应付利息与原来债券的息票支付相等。用于创建浮息票据和反向浮息票据的原始传统债券被称为担保债券。表 3.3 展示了使用传统附息债券创造浮息票据和反向浮息票据的具体情况。

表 3.3　使用传统附息债券创造 FRN 和反向 FRN　单位：%

LIBOR	FRN 的息票率	反向 FRN 的息票率	总息票率
0. 00	0. 25	9. 75	10
1. 00	1. 25	8. 75	10
2. 00	2. 25	7. 75	10
3. 00	3. 25	6. 75	10
4. 00	4. 25	5. 75	10
5. 00	5. 25	4. 75	10
6. 00	6. 25	3. 75	10
7. 00	7. 25	2. 75	10
8. 00	8. 25	1. 75	10
9. 00	9. 00	1. 00	10
10. 00	9. 00	1. 00	10
12. 00	9. 00	1. 00	10
15. 00	9. 00	1. 00	10

附　录

附录 3. 1　使用贴现因子表示的浮息票据贴现边际公式

如果一个浮息票据在正常的息票支付日赎回，则其贴现边际可以根据如下所示的公式进行计算：

$$P \times \left(1 + \frac{re + DM}{100} \times B\right) = C + \sum_{n=1}^{N-1} \frac{(re_2 + QM)}{m} v^n + M v^{n-1} \tag{3.6}$$

其中，

DM 是所需要的贴现边际，用百分数表示，

P 是该票据的全价，

re 是从起息日到第一次息票支付日期间的当前市场参考利率，

re_2 是随后支付息票时所使用的假设市场参考利率，

B 是从起息日到下一次息票支付日期间的天数，表示为天数计算基础（360 天或 365 天或 366 天）的分数形式，

C 是下一次息票支付时所使用的息票率，该息票率使用百分数表示，

n 是未来支付息票的次数，

QM 是报价边际，该值用百分数表示，

m 是每年支付息票的次数，该值需要根据每年中假设的天数进行调整，

M 是赎回价值，

v 是贴现因子。

等式（3.6）的左边是使用直至下一次支付息票日的当前参考利率进行调整后的债券成本。对于永续浮息票据来说，可以将等式（3.6）简化为如下所示的形式：

$$P \times \left(1 + \frac{re + DM}{100} \times B\right) = C + 100\left(\frac{re_2 + QM}{re_2 + DM}\right) \qquad (3.7)$$

只有假设市场参考利率在债券的剩余到期期限内保持不变，才可以计算浮息票据的毛赎回收益率，因为这样就可以预测未来的息票率。根据这个非常严格的假设，可以使用以下所示的公式计算浮息票据的赎回收益率：

$$P\left(1 + \frac{y}{m}\right)^n = \sum_{n=1}^{N} C_i \times v^{B+t_i} + M \times v^{B+t_n} \qquad (3.8)$$

其中，

n 是赎回之前所支付息票的次数，

t_i 是从下一次支付息票到第 i 次支付息票之间的时间期间，

v 是贴现因子，

y 是每年复利 m 次的要求赎回收益率。

第 4 章　回购工具和结构化融资工具

全球货币市场的最大组成部分之一就是回购协议市场或回购市场。回购交易是为资产头寸进行融资的最有效机制，因此可以使做市商以一种灵活的方式获得多头或空头头寸，即按照客户的要求买进或卖出相对很小的资本基础。对于货币市场基金以及公司和地方政府的财务部门等投资者来说，回购还是一种灵活和相对安全的投资机会。实施回购的能力对海外公司来说尤其重要，因为这些公司不能获得国内的存款。如果不存在回购市场，公司的融资只能靠从银行系统中获得无担保信用额度，但某些市场参与者无法获得这样的信用额度。开放的回购市场及其近亲证券借贷市场通常被认为是流动性股票和债券市场的一个重要组成部分。因此，回购是一种非常重要的金融工具。

在美国市场中，回购是一种发展得相当成熟的替代货币市场工具。通过提供进入担保借款市场的便利，以及通过提高证券市场的流动性，回购有利于进行投资组合融资并提升公司持有任何债券空头的能力。银行还可以使用回购向证券公司授信，而证券公司以政府债券和其他高质量债券提供担保。本章将考察回购的主要用途及其结构。

回购简介

回购协议，即一方向另外一方出售证券。与此同时作为该交易的一部分，出售证券的一方承诺在未来某个特定的日期以指定价格购回这些证券。出售方提供证券并收到来自购买方的现金。在回购协议中，现金以事先确定的利率提供，该利率就是回购利率，并且该利率在交易的整个期限之内保持不变。在到期日，原来的卖方收回同样类型和质量的证券，并向原来的买方偿还现金以及利息。回购的一方需要现金或证券，并向另外一方提供担保，此外还需要为了暂时使用想要的资产而提供一定形式的补偿。虽然证券的法定所有权已经转移，但卖方（提供证券的一方，也即获得现金的一方）仍然保留了证券的经济利益以及相应的市场风险。当然，交易的目的是为了对现金贷款提供一定的担保。

现实中，不同的市场存在两种主要的回购类型，即经典回购和买断式回购交易。下面将考察经典回购的运作，这种回购类型在英国和美国债券市场中比较流行。

经典回购

回购交易中包含两方，在此假设为银行 A（证券的卖方）和银行 B（证券的买方）。在交易日，双方签订一项协议，该协议规定在一个预先确定的日期，即结算日，银行 A 将向银行 B 出售一定金额的证券，并从银行 B 处收取现金作为交换。所收取的证券价格与该证券在交易日的结算价格相关联。回购协议还要求在回购结束日，银行 B 将以事先确定的价格向银行 A 出售相同的证券，并因此收回自己的现金以及以事先确定的回购利率收回一定的利息。

从本质上来说，回购协议就是一个担保贷款，其中回购利率就是进行贷款所收取的利率。回购协议的机制如图 4.1 所示。

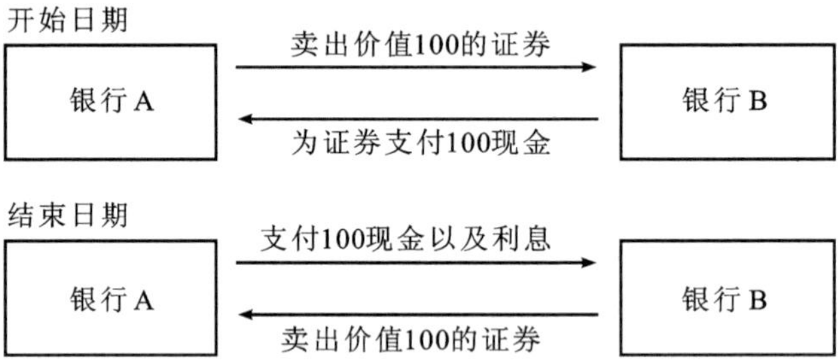

图 4.1 基本的回购结构

逆回购就是回购交易的反面，也就是在开始时购买证券并且随后在结束日期将其售回。当然，每个回购交易同时也是一个逆回购交易，这取决于看待该交易的角度。

回购案例

为了解释回购的基本原则，考察以下的回购交易。该回购交易是一个具体的回购，其中所提供的担保是一种特定的证券，这与一般担保（GC）交易不同，因为后者可以提供一系列担保，并且这些担保可以是任何发行人所发行的任何证券，只要这些证券能够满足类型和信用质量方面的要求①。在我们的例子中，银行 A 在 1997 年 9 月 6 日同意卖出名义价值为 100 万英镑、息票率为 8%、到期期限为 2000 年的英国金边国债，而此时该国债的交易全价为 104.3 万英镑。该协议的开始日期即起息日为 9 月 7 日。交易期限为 30 天，因此结束日期为 1997 年 10 月 7 日，约定的回购利率（贷款被有效担保）是 6.75%。在 9 月 7 日，银行 B 收到名义价值为 100 万英镑、息票率为 8%、到期期限为 2000 年的国债，这些国债的结算价值为 1 043 000 英镑（即净价加应计利息）。

银行 A 在 1997 年 10 月 7 日收回金边国债，并返还金额为 1 043 000 英镑的现金，同时支付金额为 5 786.50 英镑的利息，如图 4.2 所示。

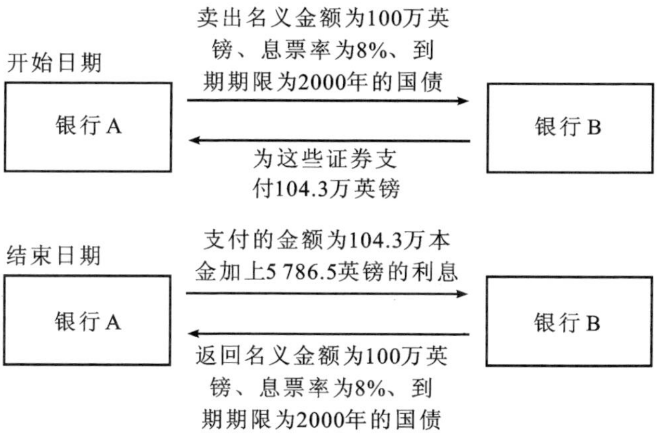

图 4.2　金边国债回购的案例

本例中的回购利息是根据年回购利率 6.75% 和每年为 365 天进行计算，每年为 365 天是英镑市场的天数计算惯例。如果本例中回购交易是使用美国

① 在有些国家中，股票被认为是一种一般担保，附录 4.1 列示了这些特定的国家。

美元债券，就应以每年 360 天为基础计算应付利息。回购利率在交易时达成一致，并与其他所有的利率一样是一种年度化利率。回购利息等于贷款金额乘以回购利率，然后再乘以贷款期限，最后除以每年中的天数，即：

$$1\ 043\ 000 \times (6.75/100) \times (30/365) = 5\ 786.50\text{英镑}$$

在计算中应使用结算价格（全价），因为结算价格就是债券在特定交易日的市场价值，因此可以揭示金边国债的现金价值。使用结算价格的目的是为了通过使现金价值等于担保价值而将信用风险降到最小。

买断式回购和证券借贷

除了经典回购交易之外，还存在其他类型的回购交易，即买断式回购以及证券借贷。买断式回购是指在起息日简单地卖出证券，并在特定的远期日期买回同样的证券。在前面的图 4.1 和图 4.2 中，现金流就是以即期价格出售证券所产生的现金流，以及随后以远期价格买回同样证券所产生的现金流。所计算的远期价格包括回购交易的利息，因此是一个与即期价格不同的价格。证券借贷是指证券的暂时性转移，这种转移是为了获得担保。一般来说，证券借贷并不是回购交易，因为证券借贷中不涉及证券的出售或买回。理想资产的使用可以通过暂时取得理想资产的一方愿意支付的固定费用进行反映。稍后会更为详细地探讨这两种交易机制。

回购的用途和经济功能

回购交易机制为理想资产的使用提供了一定的补偿。如果现金就是想要的资产，则对使用现金进行的补偿就是所支付的回购利息。如果债券是想要的资产，则买方（获得证券的一方，也即提供现金的一方）就需要通过接受低于市场利率水平的回购利率而对卖方（提供证券的一方，也即获得现金的一方）进行补偿。

为债券头寸提供融资

在正常的交易中，债券交易商或做市商需要为其持有的多头或空头头寸提供融资。图 4. 3 解释了债券交易商在债券市场中的基本运作原理。

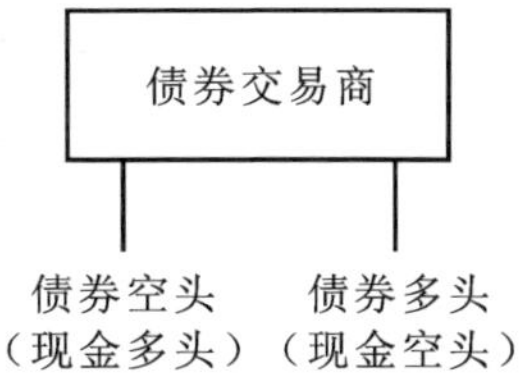

图 4. 3　为债券头寸提供融资

为对持有的多头提供融资，债券交易商可以在银行间市场中无担保地借入一些资金，这里假设该交易商在这个市场中拥有一个信用额度。然而，债券交易商总能以较低的利率获得担保贷款，并且如果贷款有担保，交易对手也更有可能为该债券交易商提供一定的信用额度。

作为融资交易的回购

现金充足的货币市场投资者可以通过在回购交易中借出现金而给债券交易商提供融资，并且这些投资者由于提供了现金可以获得一般担保（GC），即满足信用质量要求的任何债券。从法律上来说，这是债券的出售和回购；从经济上来说，这是一种具有担保的现金贷款。由于提供了贷款，现金充足的货币市场投资者可以收到以回购利率计算的利息收入。

对于现金充足的货币市场投资者来说，回购交易的优点在于：

- 回购交易是一种具有担保的投资。
- 与银行存款相比，回购交易的回报率非常具有竞争力，并且偶尔会稍高一些。
- 回购交易可以将银行的风险分散化，也就是说回购交易是常规银行存款之外的又一种形式的投资。

如果债券交易商在卖空交易中需要一种特定的证券进行交割，该债券交易商就会进行逆回购交易。在这种情况下，交易商实际上是借进债券，并以现金作担保。而且，债券交易商还可以在以后收回现金时获得回购利息收入。

图 4. 4 解释了以上交易流程。

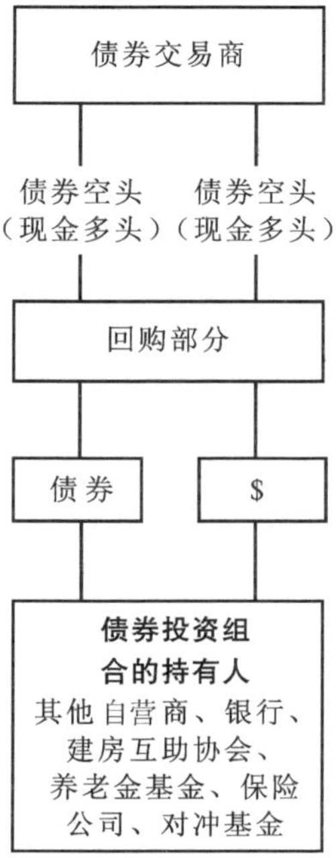

图 4.4 对空头提供融资

在这种类型的交易中，债券借出方所获得的补偿就是为自营商现金所支付的回购利率与将这些现金进行再投资时所获得的市场利率之间的差额。如果这种债券非常稀缺（即为特别债券），则回购利率可能显著低于 GC（一般担保）利率，因为债券的稀缺状态将使得回购利率下降。在交易特别债券时，甚至有可能出现零利率或负利率。回购利率将反映市场中的供求状况。在融资交易中，自营商将对投资者所提供的现金支付回购利率。GC 利率通常低于 LIBOR 利率，同样也低于 LIBID 利率，这反映了其担保贷款的性质。在头寸融资交易中，自营商为其提供的现金将获得回购利率回报。如果借入的债券非常特别，则收到的回购利率将较低，这反映了市场对该债券的需求情况。

回购交易和银行间市场中的积极交易方可以通过以 GC 利率借出债券并以较高的利率对现金进行再投资而提高自己的收益率。当然，这种做法会导致一些信用风险。市场交易对手也可以在证券借贷市场中借入证券，然后将这些证券通过回购借出，并将所得到的现金收益投资于存单等金融工具。只要担保物是政府债券，则该机构在存单上通常就可以获得比回购交易中所支付的回购利率更高的投资收益。回购交易在套利和基差交易方面的应用可参见 Choudhry（2004）。

回购机制

前面已经指出，存在两种主要的回购交易类型，即经典回购和买断式回购交易。市场参与者还从事证券借贷交易，这种交易从经济上来说非常类似于回购交易，但是不具有与回购交易或买断式回购交易相关的交易监控措施和利率风险。

如前所述，在经典回购交易中，一方向另一方出售债券，并同意在未来某个日期以一定的价格购回债券。销售价格和回购价格相同，但是结算价值将不一样，因为回购交易在结束日期将支付一定的利息。如果债券在此期间支付了息票，还应在起息日将支付的息票转交给卖方。这一点反映了以下事实，即虽然担保物的法定所有权转移给了回购交易中的买方，但担保物的经济成本和经济收益仍由卖方保留。

经典回购交易受法律合同的制约，这些合同在交易之前由交易双方签订。但是，一个标准的文件就已经足够，没有必要在每次交易之前都签订一个法律协议。

另一方面，买断式回购是指债券的即期出售和远期购回。这种交易的回购利率不是十分明确，而是隐含在远期价格之中。如果具有初始保证金要求，该保证金应由现金的提供者即买方持有。在回购期内的所有息票支付都应由卖方持有，但息票支付隐含在远期价格之中，因此卖方并不是直接获得这些息票支付。一般来说，买断式回购不会受到法律协议的制约，因此实际上卖方对于任何息票收入都没有法律权利，并且没有任何关于价格变动保证金的条款。这就使得与经典回购交易相比，买断式回购具有更高的风险，在动荡的市场中更是如此。在新兴市场中买断式回购更为常见，而且如果交易双方的结算系统不能处理经典回购交易，它们就会实施买断式回购交易，并将回购交易中的交易双方分别作为卖方和买回方①。

证券借贷

养老金基金和保险公司等机构投资者一般倾向于通过借出其债券而提高固定利率投资组合的收益，这种借贷只是为了收取一定的费用，而不是进行

① 作者曾见过由于银行的结算系统无法处理经典回购，而将经典回购作为买断式回购进行处理的情况。在这种情况下，交易单据信息占满了一张 A4 纸的整整一面。

回购交易。证券借贷是一种合同，其中一方同意借入证券，另外一方同意借出证券，双方就借贷的证券和期限达成一致。证券的借入方需要以现金、其他证券或信用证等形式向借出方提供担保。证券借贷市场的起源和历史与回购市场不同，而且交易对手的范围也有所不同，但是两个市场中都包含大量的交易对手。大部分证券借贷都是开放式借贷，即其期限不固定，但也存在一些定期借贷。此外，应向证券的借出方支付初始保证金。

证券贷款或借款也称为证券借贷。证券贷款与回购交易具有相同的经济效应，但证券贷款收取的是费用，而不是回购交易中与现金额度相关的利息。

通常，这种贷款需要进行担保，也就是说进行证券借款的一方需要使用现金或质量较高的证券作为担保。与回购交易一样，如果在贷款期限内债券支付了息票，则这些息票应作为衍生股利（Manufactured dividend）由证券借款人转移给证券贷款人。

案例 4.1　证券贷款

可转换债券市场的做市商借入了 1 亿英镑的可转换债券，该债券的信息如下所示：

息票率为 7.25%，每半年支付一次息票，天数计算基础是实际天数/实际天数。

净价为 107.84 英镑。

应计利息为 29 天，额度为0.57(7.25/2 ×29/183)。

全价为 108.41 英镑。

贷款价值为 108 414 453 英镑。

贷款期限为 14 天。

证券贷款收费为 40 个基点，金额为 16 633 英镑(40 个基点 × 贷款价值 ×14/365)。

借入的证券可以现金或其他债券进行担保，并且初始保证金为 5%，假设使用以下所示的债券作为可转换债券的担保：

息票率为 6.5%。

净价为 100.42 英镑。

应计利息为 29 天，应计利息金额为 0.52(6.5/2 ×29/183)。

全价为 100.93 英镑。

证券借款人必须提供市场价值为 113 835 176 英镑(108 414 453 ×1.05)的担保证券，因此所需担保证券的名义金额为 112 786 263 英镑(113 835 176/1.009 3)。

初始保证金

在经典回购交易和买断式回购交易中，应向交易中现金的提供者支付初始保证金，即使是特别证券的交易也应如此。由于初始保证金的存在，所要求的担保债券的市场价值将会下降，下降幅度是初始保证金的百分比以及市场价值下降额度所对应的名义价值的比例。

存在两种计算初始保证金的方法，对于一个比例为 2% 的初始保证金来说，可能是通过以下两种方式进行计算的结果：

- 债券的全价 ×0.98。
- 债券的全价/1.02。

在彭博系统中，展示回购交易的页面是 RRRA，该页面使用上述第二种方法进行计算①。在任何特定的交易中，所需保证金的大小都是以下要素的函数：

- 提供担保的交易对手的信用质量。
- 回购协议的期限。
- 担保物的久期，即价格波动性。
- 是否存在一个法律协议。

然而，在最后的分析中，需要使用初始保证金应对市场风险，即担保物的价值在回购期限内会下降的风险。因此，保证金要求必须反映当前市场所存在的风险。在市场非常不稳定的情况下，可能需要大幅提高初始保证金。

价格变动保证金

到目前为止，除了稍后将要讨论的第三方回购之外，我们已经讲到了三种回购结构，针对这三种回购结构的标准市场文件允许交易的各方在回购期限内收取价格变动保证金。这种保证金可能来源于超额担保，即与所交换的资产相比担保物价值的下降，或者来源于担保物的回报，即担保物价值的上升。交易双方都会从达到保证金要求中获益，尽管并没有满足这些保证金要

① 请注意，这两种方法将得到不同的结果。

求的义务。价格变动保证金的触发水平通常在交易各方所签订的法律协议中进行规定。

彭博系统所显示的结果

彭博系统中显示回购交易的主要页面是 RRRA，图 4.5 展示了 2003 年 11 月 10 日英国金边国债回购交易的结果，该国债息票率为 4%、到期期限为 2009 年。交易的条件如下所示：

交易日为 2003 年 11 月 10 日，

起息日为 2003 年 11 月 11 日，

名义金额为 10 000 000 英镑，

债券价格为 95.50 英镑，

期限为一个星期，

回购利率为 3.940%。

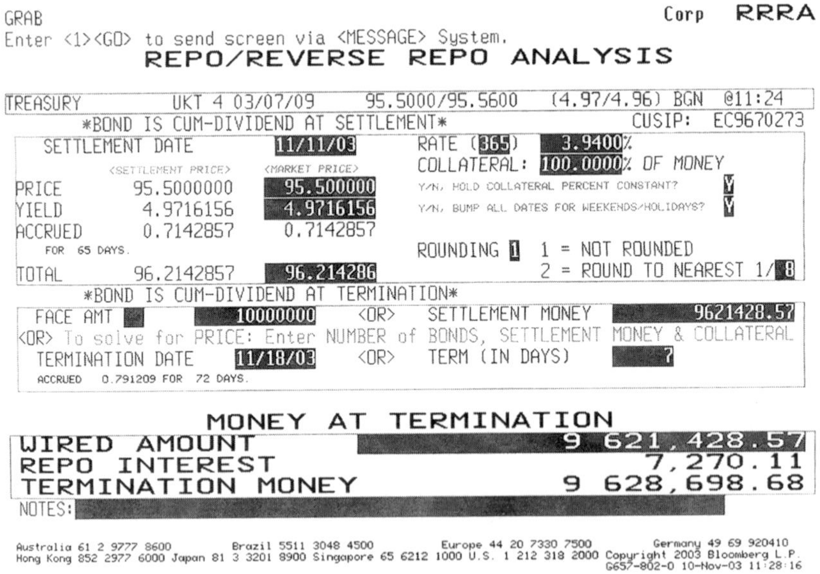

图 4.5 2003 年 11 月 10 日彭博系统 RRRA 页面的英国金边国债回购交易

假设该交易在开始时没有任何保证金，因此“担保”（Collateral）域就是 100%。该页面计算了回购交易开始以及结束时的现金收益，以及回购交易的利息。如果回购交易由现金需求驱动，该页面就会计算针对特定现金金额的债券名义金额，并且将考虑到任何保证金要求。图 4.5 中所显示的现金流收益为：

开始时的收益（wired amount）为 9 621 428 英镑，

回购利息为 7 271 英镑，

结束时的收益为 9 628 698 英镑。

图 4.6 是彭博系统所显示的买断式逆回购交易页面，图 4.6 的底部显示了与图 4.5 相同的结果。需要注意的是，这里是为了解释的方便，在金边国债市场中很少存在买断式逆回购交易。该页面计算的远期价格为 95.495 8 英镑，可以看出，这个价格表示的是与图 4.5 中相同的回购利率，即 3.940%。

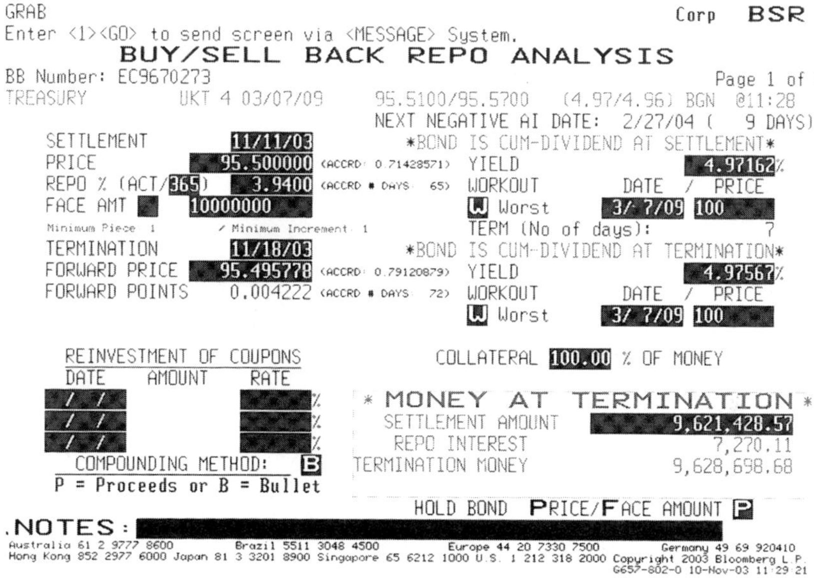

图 4.6　2003 年 11 月 10 日彭博系统 BSR 页面的英国买断式逆回购交易

图 4.7 展示了该页面的第二页，即对该交易现金流的详细描述。

```
GRAB                                                              Corp   BSR
Enter <1><GO> to send screen via <MESSAGE> System.
          BUY/SELL BACK REPO ANALYSIS
BB Number: EC9670273                                           Page 2 of 2
TREASURY          UKT 4 03/07/09      95.5000/95.5600   (4.97/4.96) BGN  @11:28

          BOND INCOME                          FUNDING COST

 AT SETTLEMENT DATE:              11/11/03
 PRINCIPAL                    9,550,000.00
   ACCRUED INTEREST              71,428.57
 TOTAL:                       9,621,428.57   --->      9,621,428.57  @   3.9400
                                                       for   7 day(s)
 AT TERMINATION DATE:             11/18/03
 PRINCIPAL                    9,550,000.00
 COUPON(S)                            0.00
   ACCRUED INTEREST              79,120.88
   INTEREST ON CPNS                   0.00
 TOTAL:                       9,629,120.88

        NET INCOME:               7,692.31       COST:                 7,270.11

 DIFFERENCE                         422.20  TERMINATION
 PER 100 NOM:                   0.00422199  AMOUNT                 9,549,577.80
 Australia 61 2 9777 8600      Brazil 5511 3048 4500       Europe 44 20 7330 7500       Germany 49 69 920410
 Hong Kong 852 2977 6000 Japan 81 3 3201 8900 Singapore 65 6212 1000 U.S. 1 212 318 2000 Copyright 2003 Bloomberg L.P.
                                                                               G657-802-0 10-Nov-03 11:29:59
```

图 4.7 买断式逆回购交易的现金流收益

一揽子回购交易

银行、证券公司以及对冲基金通常与回购市场的做市商达成全面的债券组合回购交易，这就是所谓的“一揽子回购”，这种交易操作起来非常方便，因为可以将这种交易作为单个回购交易进行处理，而不是将其视为大量单个的债券回购交易。一揽子回购交易的机制与单个经典回购交易的机制相同。

表 4.1 展示了一个包含 5 个结构化证券的小型投资组合，这些证券有资产支持证券（ABS）、抵押贷款支持证券（MBS）以及债务抵押债券（CDO）。假设该投资组合由一个证券公司持有，即 ABC 证券公司，并且该公司希望使用回购协议对该投资组合融资。该证券公司与一家投资银行签订了一个一揽子回购协议，该协议的条件如下所示：

交易日为 2004 年 2 月 13 日，
起息日为 2004 年 2 月 17 日，
到期日为 2005 年 5 月 17 日，
重新设定利率的频率为每 3 个月设定一次，
开始时的收益为 45 564 607.50 美元，

表 4.1　**证券公司一揽子回购交易的假设投资组合**

证券	CUSIP 编码*	类型	资产类型	名义金额（美元）	信用评级	价格（美元）	市场价值（美元）	初始保证金（%）	贷款价值（美元）
ABCMT 2003-B B	00761HAU5	ABS	信用卡	10 000 000	A	102. 125	10 212 500. 00	5. 00	9 701 875. 00
ACAS 2002-2A B	00080AAL4	ABS	小企业贷款	5 000 000	A	102. 250	5 112 500. 00	5. 00	4 856 875. 00
AMSI 2003-1 M2	03072SEZ4	MBS	房屋净值	8 500 000	A	102. 250	8 691 250. 00	5. 00	8 256 687. 50
AMSI 2003-IA1 M2	03072SLH6	ABS	B/C 级的住房贷款	4 000 000	A	102. 500	4 100 000. 00	5. 00	3 895 000. 00
Indosuez Capital Funding III	45578YAA0	CDO	商业银行贷款	20 000 000	AA	97. 690	19 538 000. 00	3. 50	18 854 170. 00
							47 654 250. 00		
							回购总金额		45 564 607. 50

* CUSIP 是“统一证券识别程序委员会”(Committee on Uniform Security Identification Procedures)的缩写。

价格来源：Bloomberg LP. 2004 年 2 月 12 日的价格。

利率为 1. 181 88%，即 2004 年 2 月 12 日 3 个月期的 LIBOR 加上 6 个基点，利息为 134 629. 75 美元，

到期收益为 45 699 237. 25 美元。

注意，进行一揽子逆回购交易的投资银行对每一种证券都有初始保证金要求，保证金的大小取决于该证券的信用评级。假设该交易中的初始保证金要求为：

AAA 到 AA 级证券为 3. 5%，

A 级证券为 5%，

BBB 级证券为 7%，

投资级别以下的证券为 10%。

虽然证券公司是同时回购 5 种不同的证券，但可以将这 5 种证券作为一笔回购交易。该交易的期限为一年，利率是每个季度重新设定一次。第一个利息期间的利率设定为 3 个月期的 LIBOR 加上 6 个基点的利差。该交易可以在第一个利息期间进行交割，也可以进行滚动，滚动的期限为 3 个月，表 4. 2 展示了该交易的详细情况。

表 4. 2　投资银行做市商的一揽子回购交易

逆回购（RR）	合同	
客户 ID	123456789	ABC 证券公司
合同金额	45 564 607. 50 美元	
利率（固定）	1. 181 88%	
结算日	17 – 02 – 04	
利率重新设定日期	17 – 05 – 04	
总回购本金	45 564 607. 50 美元	
总回购利息	134 629. 75 美元	
到期金额	45 699 237. 25 美元	
证券数量	5	

在该交易的期限之内，做市商将会定期要求交纳一定的保证金，例如每个星期或者每两个星期交纳一次。在设定保证金要求时需要重新评估篮子组合中的所有证券，并且如果投资组合的价值下降，为重新实现保证金的平衡，做市商会对证券公司提出新的保证金要求。表 4. 3 显示了在初始起息日之后一个星期的保证金要求，此时假设投资组合的价值已下降，因此 ABC 证券公

司就需要支付一定的保证金。

表 4.3　固定收益融资的保证金要求

日期	24－02－04
起息日	23－02－04
到期日	24－02－04
正数＝应收额度	
负数＝应付额度	
风险敞口	（45 564 607.50）美元
已有保证金	2 089 642.50 美元
重估后的投资组合价值	47 224 291.50 美元
保证金要求	429 958.50 美元

由于该交易的执行满足全球主证券回购协议（Global Master Repurchase Agreement，GMRA）的要求，证券公司就能够对篮子中的证券进行替换，但前提条件是应使用同等质量的证券进行替换。GMRA 是市场标准法律协议，大部分回购交易都必须使用这一法律协议框架。金融机构可以与任何它愿意与之交易的回购交易对手签订这一协议。

使用总回报掉期的综合回购协议

综合回购的目的是为了给投资组合融资或者为了借入证券以应对持有的空头，这种回购协议在市场中很常见。这种回购的形式是通过总回报掉期（TRS），总回报掉期是一种信用衍生产品。然而，当为了融资或借入证券而交易总回报掉期产品时，从经济意义上来说总回报掉期就与经典回购协议相同。银行使用总回报掉期有多种目的，具体内容可参见 Choudhry（2004）。

当用于融资时，总回报掉期更类似于一个综合回购合同[①]。为了解释这种应用，下面描述总回报掉期在证券组合融资方面的用途，这里将总回报掉期

① 二者的经济作用可能相同，但通常将它们作为不同的金融工具。总回报掉期实际上可以将这些资产从资产负债表中移除，而税务和会计监管当局认为回购所涉及的资产仍然存在于资产负债表之中。此外，总回报掉期交易必须使用 ISDA（国际掉期与衍生金融产品协会）标准法律协议，而回购交易需要使用 GMRA 标准回购法律协议。然而，在有些情况下正是这些区别使得人们更倾向于使用总回报掉期进行融资。

作为回购交易的替换①。

假设某金融机构，比如一个受到监管的经纪自营商，其资产负债表中有一个资产组合需要进行融资。这些资产都是投资级别的结构化证券，如信用卡资产支持证券（ABS）、住房抵押贷款支持证券（MBS）、债务抵押债券（CDO）以及投资级别的可转换债券等。在回购市场中，该金融机构能以 LIBOR 加上 16 个基点的利率为这些资产融资，也就是说该金融机构可以就这些证券与一个银行交易对手达成一笔回购交易，并且为所收到的款项支付的利率为 LIBOR 加上 16 个基点。

假设出于操作上的原因，该金融机构不再使用回购协议为这些资产融资。相反，该金融机构使用一揽子总回报掉期合同为这些资产融资，这里假设可以找到合适的交易对手。在总回报掉期合同中，用资产组合交换现金。因此，这些资产就由于出售而从资产负债表中移除，并转让给交易对手，即一家投资银行。投资银行需要为这些资产融资，它也许可以从其母银行处获得一笔信用额度，也可以针对这些证券在市场中达成掉期交易。该银行向经纪自营商收取的融资利率在很大程度上取决于该银行为这些资产融资的利率。假设所收取的总回报掉期利率为 LIBOR 加上 22 个基点，这个较高的利率反映了非普通债券的一揽子总回报掉期市场具有较低的流动性。

表 4.4 展示了该投资组合。在交易开始时，投资组合包含 5 个（假设的）以欧元标明面值的可转换债券。经纪自营商与交易对手投资银行签订了一个期限为 3 个月的总回报掉期合同，并且每个星期重新设定一次利率。这意味着每个星期要对一揽子投资组合重新评估一次。如果评估时投资组合的价值高于上次评估时的价值，则投资银行就应向经纪自营商支付其中的差额；如果评估时投资组合的价值低于上次评估时的价值，则投资银行就应从经纪自营商处收取其中的差额。作为回报，经纪自营商在交易刚开始时应就所收到的资金支付一个星期的利息。总回报掉期每个星期都可以执行，并且参考篮子中的债券可以保持不变、添加或删减。因此，如果经纪自营商卖出或买进了任何证券，就可以在重新设定利率的日期将买进的证券添加到投资组合中，或者从投资组合中移除卖出的证券。如果债券的价格在两个重新设定利率的日期之间没有发生变化，则投资银行就不需要进行任何支付，也不会收到任何支付。

① 不使用回购交易可能是因为一些法律、管理、操作或其他方面的原因。在这些情况下，如果可以找到一个交易对手，并且融资利率不是非常高，就可以使用总回报掉期作为回购交易的替换。

表 4.4　　2004 年 3 月 24 日融资时的一揽子总回报掉期交易

总回报掉期交易							
EUR€1W LIBOR	2.077						
名称	货币	名义金额	价格	应计利息	池因子*	价值	ISIN 编码
ABC Telecoms 6.25%	欧元	11 000 000	113.50	0.024 658	N/a	12 487 712.38	XS ____
SAD Bros 7.50%	欧元	10 000 000	136.29	0.519 444	N/a	13 680 944.40	XS ____
KFC/DTI 5.875%	欧元	35 000 000	104.63	0.469 262	N/a	36 784 741.70	XS ____
Bigenddi 8.25%	欧元	15 000 000	122.48	0.000 000	N/a	18 372 000.00	XS ____
Bangla 9%	欧元	50 000 000	41.95	1.471 875	N/a	21 151 625.00	XS ____
Jackfruit Funding ABS	欧元	5 000 000	99.95	0.000 000	1.0	4 997 500.00	XS ____
（滚动时添加到投资组合篮子中）							
			投资组合开始时的价值			**102 477 023.48**	
			投资组合滚动时的价值			**107 474 523.48**	

发放贷款时	
投资组合增加（欧元）	0.00
贷款金额（欧元）	102 477 023.48
利率	2.297 000%
滚动	
支付	

* 即本金未偿余额与发行额的比例。

续表

利息(欧元)	
利率	2.297 000%
本金	102 477 023.48
应付利息	−45 770.22
业绩(美元)	
投资组合增加(欧元)	4 997 500.00
应计利息	57 671.16
价格变动	0.00
投资组合新的价值	107 532 194.64
投资组合原来的价值	102 477 023.48
业绩支付	+5 055 171.16
净支付(欧元)	
经纪自营商从银行处收到的金额	+5 009 400.94
新贷款	
投资组合增加(欧元)	4 997 500.00
新的贷款金额(欧元)	107 532 194.64
新的利率	2.252 880%

该交易的相关信息如下所示：

交易日为 2004 年 3 月 24 日，
起息日为 2004 年 3 月 26 日，
到期日为 2004 年 6 月 28 日，
利率重新设定的日期为 2004 年 3 月 31 日，
利率为 2.297 0%，即一个星期的 EUR LIBOR 2.077% 加上 22 个基点。

整个投资组合的总市场价值为 102 477 023.48 欧元，价值没有折扣。

在开始进行交易时，经纪自营商就这 5 种债券与投资银行达成掉期交易，因此投资银行将支付这 5 种债券的价值。在第一次重新设置利率时，将会对投资组合的价值进行重新评估，所进行的计算如下所示：

投资组合原来的价值为 102 477 023.48 欧元，
利率为 2.297 0%，
经纪自营商所支付的利息为 45 770.22 欧元，
投资组合新的价值为 107 532 194.64 欧元，
投资组合的业绩为 5 055 171.16 欧元，
经纪自营商所收到的净支付为 5 009 400.94 欧元。

表 4.4 展示了这些值。从表 4.4 中可以看出，这 5 种可转换债券的价格并没有发生变化，但经纪自营商向投资组合中增加了一种资产支持证券（ABS）。此外，原来的投资组合产生了一个星期的应计利息。这些都是投资组合新价值的组成部分。

利率在 2004 年 4 月 2 日进行了重新设定，并且该利率一直保持到 2004 年 4 月 9 日，新的利率等于一个星期的 EUR LIBOR 加上 22 个基点，该 LIBOR 在 2004 年 3 月 31 日确定，因此新的利率为 2.252 880%。这时根据新的贷款金额 107 532 194.64 欧元支付利息。

这个交易与经典回购交易具有相同的目标，并能产生相同的经济效应。本章稍后将考察基本的总回报掉期。

回购交易的其他结构

第三方回购

第三方回购这种机制允许自营商最大限度地控制其存货，并使投资者承担的结算成本最小，同时使得投资者的现金得到完全的担保。在第三方回购协议中，自营商向独立的第三方托管人 Euroclear 或 Clearstream 交割担保物，这些结算中心会将担保物放入一个独立的第三方账户。自营商仍可以控制该账户中的证券，还可以对其中的证券进行多次替换，托管人将每天向投资者确认他们的现金仍由适当质量的证券提供了完全担保。在进行交易之前，所涉及的三方需要签订一份三方协议，这样就可以降低终端投资者的管理负担，但是从理论上来说这种安排不如传统的券款对付结构安全。因此，投资者现金的收益率（假设担保物具有相同的信用质量）会比传统交易结构略高。图4.8展示了第三方回购交易结构。

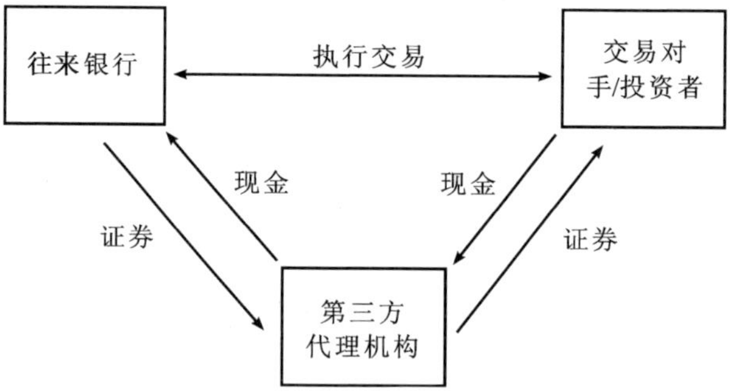

图 4.8　第三方回购的结构

第三方代理机构是回购协议中双方的代理，它为双方提供担保物的管理服务，监控证券和现金的交换，在回购期限之内对担保物进行管理。第三方代理机构还可以每天按市值调整账户中的证券价值，并按要求替换担保物。代理机构的责任包括以下几点：

- 准备文件。
- 建立回购账户。
- 根据所购买的证券对现金进行监控，这种监控贯穿整个交易期间。
- 持续测试证券集中度。
- 保管作为担保物的证券。
- 管理证券的替换，按要求替换证券。
- 根据回购协议中借出的现金监控证券的市场价值。
- 向现金的借入者发出保证金要求。

第三方代理在交易结束时向交易双方发出一个报告，该报告可能包含以下内容中的一些或全部：

- 第三方回购的现金和证券价值。
- 公司所采取的措施。
- 就预期收益事先提出建议。
- 汇率。
- 担保物的替换。

第三方代理机构所执行的职责范围取决于回购交易方在回购操作方面的成熟度，小规模的市场参与者不希望在复杂的回购交易结构上投入过多精力，因此可能将所有与回购有关的职能都外包给第三方代理机构。

由托管人持有的回购

由托管人持有的回购是一般担保市场的一个组成部分，并且在美国比在其他国家更为常见。考虑以下情景，即一个现金非常充足的机构投资者决定投资于一般担保而不是存单或商业票据。在考察所投资现金的回报率时，风险与回报之间的关系法则同样适用。担保物的质量越好，机构所能预期的回报率就越低。同样，结算机制也可以影响回购利率，而最安全的做法就是实际拥有担保物，然而，如果自营商在回购期限之内需要替换一个或多个证券，则与证券替换相关的结算成本可能会导致交易对于一方或双方来说不太可行。因此，自营商可能在自己的托管人账户中持有这些证券，而不是将证券实际转移给买方，并以这些证券作担保获得投资者的现金，这就是由托管人持有的回购（HIC）。这种交易的好处就是，由于证券并不发生实际转移，因此就不会产生结算费用。然而，对于投资者来说这样做具有很大的风险，因为他们只是得到自营商的口头保证，即投资者的现金在发生违约时可以得到完全的担保。因而，这种类型的交易有时称为“信任”回购。在美国市场中，一些证券公司使用同一个担保物对多个 HIC 回购进行担保，结果导致这些证券公司一旦破产其贷款便无法偿还。参与 HIC 回购交易的投资者必须确保：

- 仅投资于信用质量较高的自营商，因为 HIC 回购可以看作是一种没有担保的交易。
- 为了对所承担的较高信用风险提供补偿，投资者的现金应能获得一个较高的收益率。

保管式回购是指来自于回购卖方的担保物并没有交割给现金的借出方，而是由卖方在“保管”账户中持有。这样做的好处就是，不会产生与证券转移相关的管理事项和成本。但是，这样做也存在一些风险，因为现金借出方必须将担保物的保管委托给交易对手，并且没有办法确保证券的独立状态以及证券只能用于单笔交易。

交叉货币回购

到目前为止，本书讨论的所有案例都是使用以相同货币表示的现金和证券，如德国政府债券交易和欧元现金等。实际上，并没有必要将回购交易限制为只能使用一种货币。例如，英国金边债券对美国美元现金（或其他任何货币）的回购也非常有可能，或者以西班牙政府债券为担保借入日本政府债券也很可行。从本质上来说，交叉货币回购就是一种普通的交易，但该交易在以下几个方面有所不同：

- 如果证券不能进行券款对付，则该交易可能存在非常大的信用风险。
- 这种交易必须使用合适的法律文件提供保障。
- 外汇汇率的波动意味着这种回购交易可能需要经常按市值计价，以确保现金或证券有完全的担保。

定价和保证金

回购交易的现金收益通常不会超过担保物的市场价值，这样就可以通过使得现金价值等于担保物的价值而将信用风险最小化。担保物的市场价值是以其全价进行计算，而不是以净价进行计算，即计算中包含应计利息，这就是所谓的应计定价方法。

为了计算担保物（证券）的应计利息，需要知道特定债券的天数计算基础。

回购交易开始时的收益可能小于担保物的市场价值，而这种小于的比例或额度会事先确定，这就是所谓的初始保证金。初始保证金可以保护买方免受以下情景的影响：

- 担保物市场价值的突然下降。
- 担保物缺乏流动性。
- 价值波动的其他来源，如到期日的临近。
- 交易对手风险。

回购协议的初始保证金率水平差别很大，英国金边国债等担保物的初始保证金率在0%～2%，交叉货币回购和权益类资产的回购初始保证金率为5%，而新兴市场债务回购的初始保证金率为10%～35%。

下面举例说明如何计算初始保证金。如果初始保证金率为2%，则初始保证金金额可以是担保物价值的 2%，也可以是现金价值的 2%，在第一种情况下保证金为：

担保物的价值 ×（1.00 − 0.02）= 担保物价值的 98%，或者
名义价值 × 全价 ×（1.00 − 0.02）= 98%

在第二种情况下，可以进行以下计算：

担保物的价值/（1.00 + 0.02），或者
名义价值 × 全价/（1.00 + 0.02）

PSA/ISMA 全球主回购协议将保证金率定义为：

$$\frac{担保物的价值}{现金} = 102\%$$

担保物的市场价值可以通过使用价格变动保证金得以维持。因此，如果担保物的市场价值下降，买方就会要求持有更多的现金或担保。如果担保物的市场价值上升，卖方就会要求持有更多的现金或担保。为了降低管理负担，可以仅在担保物市场价值的变化超过预先规定的金额或比例时才要求增加保证金，该金额或比例称为保证金维持限额。案例 4.2 给出了一个在交易期限内应用价格变动保证金的例子。

案例 4.2　息票率为 8%、到期期限为 2000 年的英国金边国债的价格变动保证金

下面的图 4.9 和图 4.10 展示了一个 60 天的回购交易，该回购交易的初始保证金率为 2%，回购利率为 5.625%，该交易开始于 2000 年 1 月 5 日。开始时的回购交易如图 4.9 所示：

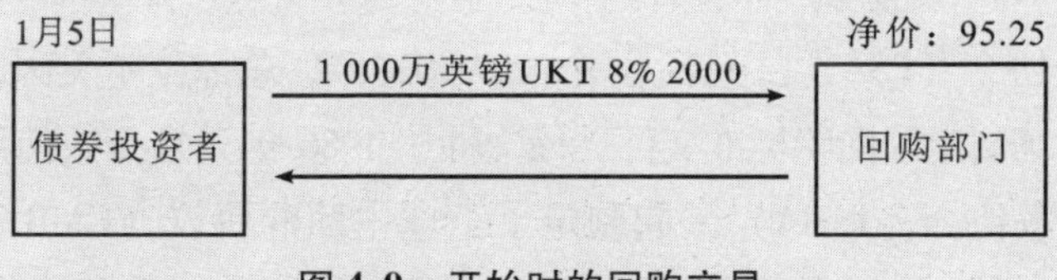

图 4.9　开始时的回购交易

其中，本金为 9 525 000.00 英镑，应计利息（29 天）为 39 617.49 英镑，交易总额为9 564 617.42英镑。

然后，将交易总额除以保证金率 1.02，可以得到金额为9 377 075.97英镑，取整后

为9 377 000英镑。

图 4.10 结束时的回购交易

原始贷款为9 377 000.00英镑，回购利率为5.625%时的回购利息为86 705.14英镑，则总的到期收益为9 463 705.14英镑。

假设在该交易的中途，债券市场显著下滑，息票率为8%、到期期限为2000年的金边国债交易价格下降为91.00。

随着市场价格的下降，该证券现在的价值为：

本金为9 100 000英镑，应计利息（59天）为129 315.07英镑，则总额为9 229 315.07英镑。

然而，回购部门以该证券为担保借出了金额为9 377 000英镑的资金。假设回购部门能够要求交易对手以合格证券或现金的形式存入一定的保证金，为了恢复2%的初始保证金水平，回购部门将进行如下所示的调整计算：

[(原始贷款+原始贷款的回购应计利息)×(1+初始保证金率)]-(新的全价×名义金额)

即为：

$$[(9\ 377\ 000+43\ 352.57)\times 1.02]-(0.922\ 931\ 5\times 10\ 000\ 000)=379\ 444.624\text{英镑}$$

法律问题

PSA/ISMA的GMRA协议

公共证券协会（PSA，已更名为债券市场协会），总部位于美国，该协会首次为美国国内市场制定了回购标准文件，该文件于1986年2月开始使用。该协会还与国际证券市场协会（ISMA）一起制定了全球主回购协议（GMRA），GMRA是市场标准回购文件，它是非美国美元回购市场的法律基础，于1992年11月开始使用。GMRA在三年后进行了更新，纳入了英国金边国债市场、买断式回购交易以及相关代理问题。该协议的最近一次更新发生在2000年9月，涵盖了净支付证券(Net-paying securities)、权益类资产的回购以及买断式逆回购交易。

GMRA适用于双方进行的回购交易、买断式回购交易以及代理机构交易，还适用于净支付证券的交易和权益类资产的回购交易。

该协议的主要特征包括：

- 回购交易的结构必须是直接出售和购回。
- 交易一方必须完全拥有所转移的证券。
- 交易一方有义务返回同等的证券。
- 该协议包括初始保证金和价格变动保证金要求。
- 所支付的息票应在支付时转移给回购交易的卖方。
- 在发生违约事件时必须拥有对担保物的法定所有权。

该协议的主要优点是：该协议允许进行净额结算，有助于满足资本充足率要求；该协议规定了在发生违约时应采取的措施；该协议制定了保证金规则。

英国金边国债回购的法律协议

英国金边国债回购的法律协议是修改后的（于 1995 年 11 月修改）PSA/ISMA 协议针对英国金边国债回购市场的修正版本。这次修正通过补充关于金边国债回购市场的条款和条件，对 PSA/ISMA 协议进行了扩展，这些修正条款构成了该协议附录 I 的第 2 部分，这次修正还包括一个附函，该附函与 1997 年 11 月英国中央国债办公室（CGO）服务的升级有关。金边国债回购市场的参与者被强烈建议采用金边国债回购法律协议从事金边国债回购交易，为此，英格兰银行随后发布了金边国债回购交易最佳实务规范。对该法律协议的使用受其效用的法律认定的制约，并且应使用该法律协议的具体环境并不总是一目了然。该协议被推荐为所有回购交易类型的文件标准，包括买断式回购交易。

该协议包括以下内容：

- 证券所有权的绝对转移。
- 每天按市值重新确定证券的价值。
- 合适的初始保证金，以及在市值发生重大变化时的保证金维持。
- 明确违约事件以及交易对手的权利和义务。
- 发生违约时，交易双方之间的求偿。
- 明确双方在担保物替换方面的权利，以及息票支付的处理。
- 受英国法律制约的条款。

从本质上来说，这也是 PSA/ISMA 协议中的条款。

英国金边国债回购市场

背景和简介

英国金边国债回购市场交易开始于 1996 年 1 月 2 日。在此之前，英国金边国债市场中的证券借贷仅仅局限于金边国债的做市商（GEMM），而且必须通过所批准的中介机构，即证券交易所短期借贷经纪人（SEMB）进行交易。金边国债回购市场的引入使得所有的市场参与者都可以借入和借出金边国债。这种市场改革通过消除对证券借贷交易参与者的限制而放开了金边国债的借贷行为，因此可以确保市场参与者之间的公平竞争。此外，还对金边国债贷款协议（GESLA）进行了更新，以确保该协议与新的金边国债回购法律协议保持一致。修正后的金边国债贷款协议于 1995 年 12 月公布，而回购和证券贷款是新的、开放的市场中具有内在关联的两个方面。在刚开始进行回购交易时，市场从业人员和监管部门制定了市场实务建议，即前文提到过的金边国债回购交易最佳实务规范。与之相关的法律协议就是 PSA/ISMA 全球主回购协议，该协议的补充条款涵盖了金边国债的具体特征，如中央国债办公室（CGO）结算机制下的按价值交付（DBV）。

在市场开放后的前两个月中，该市场的回购和证券贷款未偿付金额就达到了 500 亿英镑，到 1997 年 2 月未偿付金额已增长到将近 950 亿英镑，其中 700 亿英镑为回购交易，如图 4.11 所示。该数字在 1998 年 11 月下降到了约

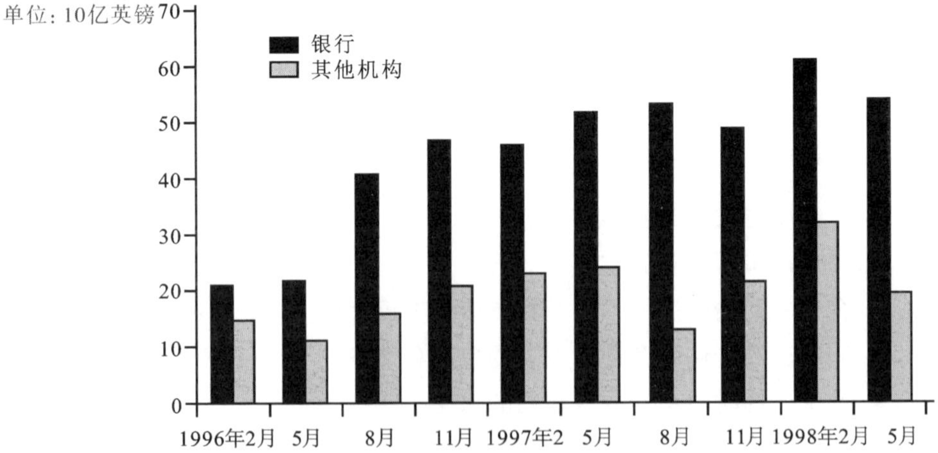

图 4.11 1996—1998 年金边国债回购市场交易量的增长

资料来源：BoE。

750 亿英镑，而同一时期的英镑存单市场规模为 1 000 亿英镑。到 2003 年年底，回购交易和证券贷款的未偿付金额已超过 900 亿英镑，如图 4. 12 所示。市场数据表明，2004 年金边国债回购市场日平均周转量约为 170 亿英镑。

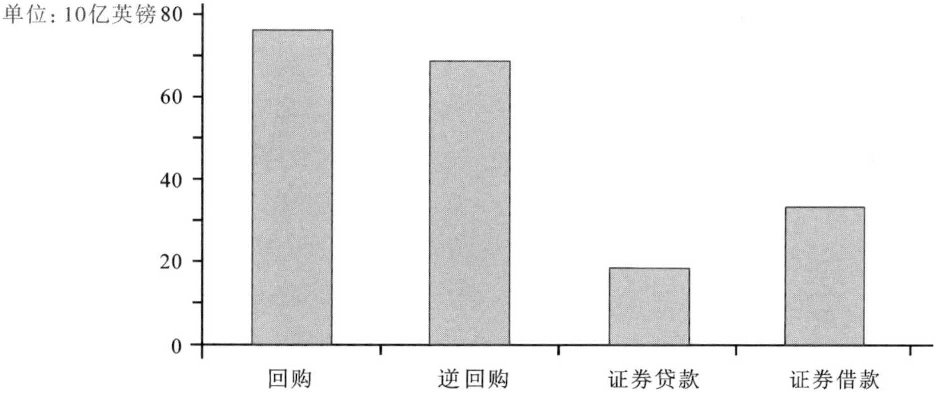

图 4. 12　2003 年 11 月金边国债回购市场的交易量

资料来源：BoE。

金边国债回购市场及其他英镑货币市场

由于金边国债回购市场的引入是一个重磅炸弹，因此应从英镑货币市场的全局出发考察金边国债回购市场的引入。这种考察表明，回购市场交易对整个货币市场的流动性和透明度有非常大的积极影响。从本质上来说，金边国债回购市场的发展与现有非担保货币市场的发展同步，短期货币市场交易的模式已经非常明显地从非担保交易向担保交易转变。根据英格兰银行对市场参与者的估计，金边国债回购交易量已占整个英镑货币市场隔夜交易的一半左右。而且，回购交易的一般担保（GC）利率通常低于银行间拆借利率，平均低 10 ~ 15 个基点，如图 4. 13 所示，这反映了回购交易的政府信用地位。这种利率差异在极短期交易中不是非常明显，因为这些短期信用的价值较低，同时也反映了证券公司对通过回购进行短期融资的较高需求，这些证券公司可能无法进入非担保货币市场。

存单（CD）市场经历了非常显著的增长，这可能是由于金边国债回购市场和证券贷款市场的发展大大促进了市场对存单的需求，因为证券贷款需要使用存单作为担保。金边国债回购市场对货币市场的一个影响就是，它可能有助于隔夜无担保利率波动率的下降。自开放的回购市场建立以来，隔夜无担保市场的波动率就在下降，尽管二者之间所存在的这种因果关系尚需验证。

这可能是因为回购交易为市场参与者提供了一种备选融资途径，因此减轻了无担保隔夜融资市场的压力。此外，回购市场可能提升了金融中介机构分配流动性的能力。

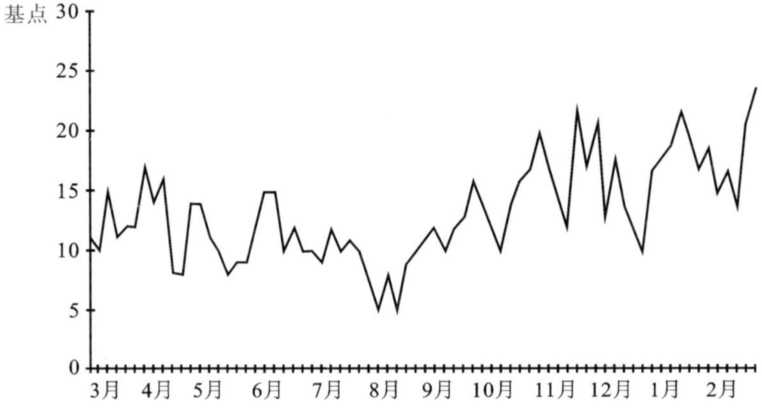

图 4.13　1997/1998 年度 3 个月期的英镑银行间利率减去 3 个月期的金边国债回购一般担保利率

资料来源：Bank of England，Bloomberg，Reuters。

回购市场的结构

固定利率市场内部的一个自然发展就是更复杂的交易结构的出现，更复杂的交易结构的出现有很多原因。随着流动性的增加和收益率利差的下降，银行需要为同样的相对价值开发新的结构。投资者也可能希望增加风险敞口，以获得更大的收益率，所采用的方式可能是购买信用质量较高的公司以少数货币（市场中交易较少的货币）发行的证券，或者与新兴市场指数相连结的证券。因此，银行金融工程人员的想象力是开发更复杂结构的唯一限制。随着交易结构的日益丰富，投资者就可以持有个性化的投资工具，即这些工具能完美地满足投资者的投资参数偏好和风险偏好。因此，在开发更复杂的结构时，确定哪些客户希望投资于更为复杂的证券结构以及这些客户的具体要求就非常重要。

结构化的回购工具主要存在于美国市场中，因为美国市场普遍将回购作为一种零售工具和资金配置工具。随着新回购类型的引入，现在也可以在其他流动性市场中交易这些回购类型。除了这里所提到的回购结构之外，交叉货币回购（即回购中的双方使用不同的货币）在全球很多市场中都有频繁的交易。

可提前赎回的回购

在可提前赎回的回购交易中，定期固定利率回购中的现金贷款人有权提前中止回购交易，或赎回一部分现金。实际上，这相当于现金贷款人拥有一个利率期权，如果回购期限内利率上升，该期权可用来保护贷款人。如果利率上升，贷款人就会赎回现金，并将其以更高的利率进行再投资。基于以上原因，可提前赎回回购在交易时所使用的固定利率低于传统回购交易的利率。

整体贷款回购

这种结构在美国市场的出现是为了应对投资者在利率不断下降的环境下对较高收益率的需求。整体贷款回购交易的利率高于传统回购交易，这是因为该交易中使用的担保物质量较低。整体贷款包括两种类型，即抵押整体贷款和消费者整体贷款，这两种贷款都是非担保贷款或应收利息。整体贷款也可能是信用卡支付以及其他类型的消费者贷款。整体贷款回购交易使用 PSA（公共证券协会）回购协议。整体贷款回购的所有者面临信用风险，同时由于担保物的性质还面临提前还款风险，即贷款组合在到期日之前被提前支付的风险，消费者贷款中经常出现这种情况。因此，整体贷款回购的收益率高于传统回购交易，整体贷款回购利率通常高于 LIBOR 20 ~ 30 个基点。

总回报掉期

前面已讨论过一揽子总回报掉期（TRS）。总回报掉期在经济意义上与回购交易相同。总回报掉期与回购的主要区别就是，总回报掉期使用的是国际掉期交易商协会（ISDA）所制定的掉期协议，而不是使用回购协议。所使用协议的不同可能改变总回报掉期交易在资产负债表中的表现方式，甚至会将该交易作为表外业务，这是市场参与者进行这种交易的主要动机之一。该交易的运作方式如下所示：

- 机构以市场价格卖出证券。
- 该机构执行一个固定期限的掉期交易，用该证券的总回报交换相关现金金额的协定利率。
- 在掉期的到期日，该机构以市场价格回购这种证券。

从理论上来说，该交易的上述 3 个步骤都可以与不同的交易对手独立执行。但在实际中，该交易是一个整体，因此从经济意义上来说与回购交易相同。

总回报掉期出现的一个主要推动力是市场参与者希望从资产负债表中将这些证券（暂时）移除出去，这种移除可能在进行信用评级之前，或在年度外部审计之前。如果市场参与者的账户中包含大量评级较低的资产，与其出售这些资产，市场参与者不如选择构建一个总回报掉期交易。最初在市场中交易时，总回报掉期具有以下特征：

- 证券交易商将收到证券的总回报，这意味着如果证券的价值上升，交易商就必须向交易对手支付证券价值差额；如果证券的价值下降，交易商就可以从交易对手处获得证券价值差额。
- 作为掉期的一部分，交易商对于交易期限内的现金收益所支付的利率是 LIBOR 加上一个利差。
- 现金投资者（交易对手）拥有证券的全部所有权，并且可以在掉期到期时在公开市场中卖出这些证券。
- 交易商没有回购这些证券的法定义务，而交易对手（现金投资者）可以自由地在公开市场中出售这些证券。

总回报掉期交易能从交易商的资产负债表中移除这些证券资产，而且这正是临近年终时交易商所期望的结果，这样在进行信用评级分析时就可以获得一个较高的评级。

总回报掉期在固定期限的权益类回购交易中很常见。总回报掉期常常用于对冲，以及用于为标的头寸融资。在对冲交易中，银行对从证券销售中所获得的资金支付的利率为 LIBOR。在交易结束时，如果证券的价格下降，银

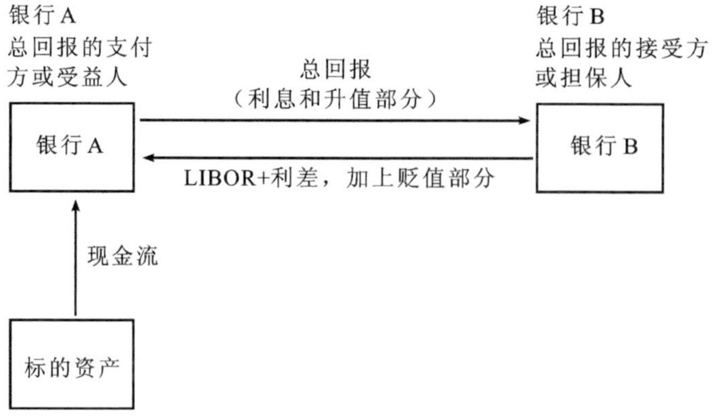

图 4.14　总回报掉期交易

行将获得证券市场价值间的差额。这就是卖出掉期，其反面是买进掉期。图 4.14 展示了总回报掉期交易的现金流结构。

结构化的融资工具

银行和其他金融机构越来越多地利用更为结构化的工具以创建更有效的融资机制并提高流动性。本部分描述在美国美元市场和欧洲市场中最近出现的一些交易结构。

证券回购渠道

以回购为基础的结构化融资工具有很多形式，它们都可以使用证券组合进行非常有效的融资，这种融资称为证券回购渠道。证券回购渠道可以为很多资产提供融资，包括住房抵押贷款、商业抵押贷款、学生贷款资产支持证券（ABS）等结构化证券以及现有的渠道工具①。证券回购渠道是一种表内融资机制，它类似于商业票据渠道，但在资产方和负债方都具有更大的灵活性。证券回购渠道可以提供进入商业票据市场的便利，而且不需要使用银行的流动性便利，因为这种渠道是由进行融资的资产池提供支持的。因此，证券回购渠道可以降低发起人对商业票据和回购交易商的依赖性，同时还可以保证在市场混乱时期能进入市场。

结构

从本质上来说，证券回购渠道是投资银行使用的一种手段，投资银行通过独立的法人实体或通过其自身的资产负债表使用这种渠道，为那些希望给资产池融资的客户提供融资工具。

证券回购渠道结构的设计如下所示。

这种渠道需要设立一个独立的法人实体（特殊目的实体或特殊目的载体），该实体不受客户（发起人）破产的影响，该实体即为发行人。然后：

- 发行人发行短期票据、定期贷款票据或资产支持贷款票据（ABN），这些票据的信用评级为 A－1/P－1/F－1 或更高的级别②，并且这些票

① 参见第 1 章中关于商业票据渠道背景知识的介绍。

② 标准普尔公司和惠誉国际评级公司的最高短期信用评级为 A－1＋和 F－1＋。

据由发行人与客户之间的回购协议提供支持。

- 客户与发行人之间达成一项证券回购协议，该回购协议就是 ABN 的担保。担保的金额等于发行票据的价值与信用增进额之和。
- 为了在到期时能偿付 ABN 票据，回购协议应提供充足的资金，回购协议和 ABN 具有相同的到期日。
- 在发行人和客户之间达成的回购协议能使回购证券（担保）免受客户破产的影响。

实际上，ABN 就是由回购支持而发行的融资票据，而不是一个完全由资产支持的票据。回购为 ABN 提供了支持证券，而不是标的证券本身。因此，标的证券的现金流模式与 ABN 的证券支持之间并不是严格相关。

图 4.15 展示了这种证券回购渠道的结构。

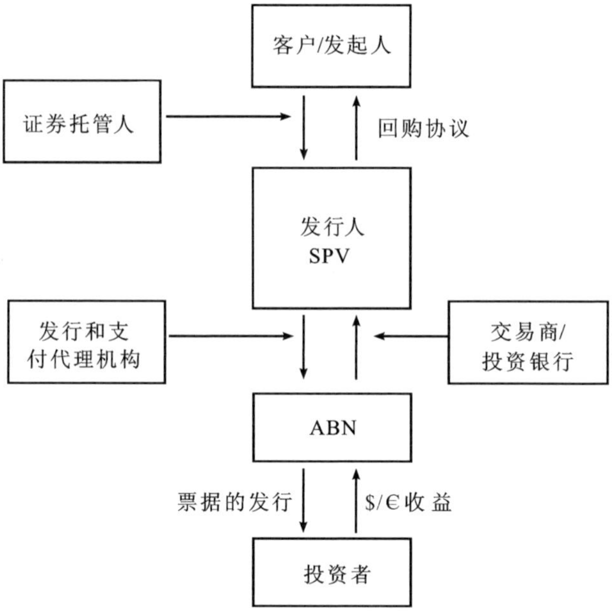

图 4.15 证券回购渠道的结构

ABN 的条款内容可能包括：

工具类型：贴现票据。

到期日：美国为 30—270 天，欧元区和英国为 364 天。

法定的最后期限：预期的最终到期日之后 30 天。

利率：LIBOR 减去 5 ~7 个基点（不包括交易商收费）。

回购条件：回购金额等于名义金额加上初始保证金；回购期限等于到期

期限。

在发行 ABN 的同时就应签订回购协议，回购协议能提供用于支持 ABN 的证券。

信用增进

证券化的一个关键要素就是信用增进，进行信用增进的目的是为了获得所需要的信用评级。证券回购渠道可使用两种信用增进方法，即超额担保和掉期安排。

在超额担保中，回购协议所涉及的证券的市场价值比 ABN 的名义价值要高，高出的部分就是初始保证金。所需保证金的大小由以下因素决定：

- 进行回购的证券的信用质量。
- 市场的整体流动性。
- 担保证券价格的历史波动率。

交易的回购方将定期按市值确定证券的价值，如果交易期限内保证金的价值发生下降，就需要提供额外的担保。表 4.5 展示了不同类型的证券所需初始保证金率的大小，该表使用的是穆迪投资者服务公司的评级。

表 4.5　不同类型证券的初始保证金率

到期期限	RMBS		CMBS		信用卡 ABS		移动房屋	
	Aaa	Aa2	Aaa	Aa2	Aaa	Aa2	Aaa	Aa2
1 年	3.4%	3.9%	3.4%	4.1%	3.1%	3.7%	4.8%	5.6%
5 年	15.5%	16.3%	15.7%	17.8%	13.7%	15.5%	17.0%	22.1%
10 年	19.1%	21.2%	21.4%	24.3%	17.4%	19.6%	21.0%	26.5%

资料来源：Moody's。Reproduced with permission。

信用增进的另一种方法是使用掉期合同。在这种方法中，掉期交易对手的评级至少为 A－1＋/P－1＋/F－1＋和 AA－/AA－/Aa3，这样就可以涵盖担保物的市场风险。这种掉期合同具有一个固定的期限，比如 3 年或 5 年。而且无论何时，掉期的名义价值都等于回购中担保的总价值。掉期合同的最大值就是渠道中所发行证券的总价值。

如果掉期定期按市场价值进行调整，则这种掉期的支付特征为：

- 发行人向掉期交易对手支付证券价格上升所产生的任何收益。
- 掉期交易对手向发行人支付证券市场价值下降所产生的任何差额。

实际中会在掉期交易对手和发起人及发行人之间各签订一个掉期协议，如图 4. 16 所示。

图 4. 16 展示了掉期的现金流。

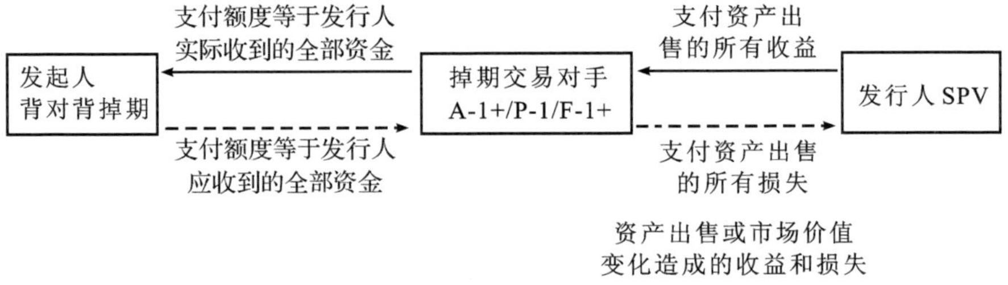

图 4. 16　证券回购渠道、掉期安排：现金流的结构

案例 4. 3　渠道结构和短期 ABS 结构

本案例将介绍市场中使用不同形式的渠道结构的一个样本，这些不同形式的渠道结构使用不同类型的担保物，而且一些渠道形式已发行了延期票据或流动性票据（参见第 1 章）。

图 4. 17 展示了通过综合信托发行票据的单一资产现金流，该综合信托就是法律文件中所描述的特殊目的载体，作为票据计划的一部分，该载体能够在任何时间发行短期和长期负债。

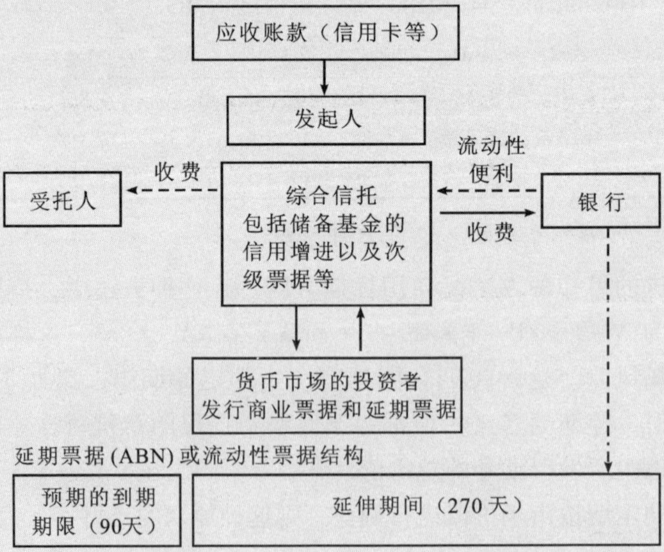

图 4. 17　单一资产现金流结构

图 4.18 展示了一个多资产结构，该结构中发行有商业票据和短期资产支持证券（ABS）。在该渠道的结构中，其负债中级别较高的部分（AAA 级）也是一种短期票据，因此非常适合于货币市场的投资者。从投资者的观点来看，短期资产支持证券（ABS）在风险-回报方面有所改进，因为理论上短期 ABS 具有相似的信用风险，但收益率较高。例如，2004 年 9 月与未担保的次级 HBOS（HBOS 是一家评级为 AA 级的英国银行）债务相比，短期住房抵押贷款支持证券（RMBS）的收益率如表 4.6 所示①。

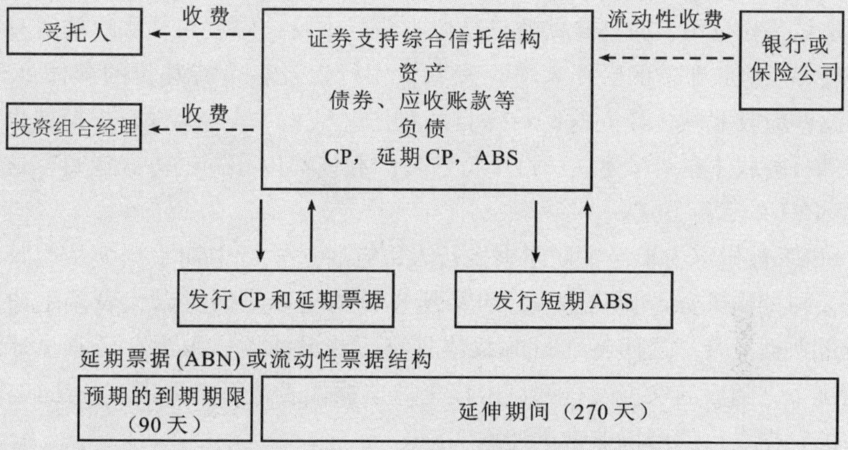

图 4.18　多资产商业票据及货币市场 ABS 结构

表 4.6　HBOS 债券与 RMBS 收益率比较

	HBOS 债券	RMBS	RMBS
评级	AA	AAA	AA
期限	3 年	3 年	3 年
收益率	掉期利率 + 12	3 个月期的 LIBOR + 16	3 个月期的 LIBOR + 26

资料来源：JPMorganChase，Bloomberg。

资产支持中期票据计划

严格地讲，中期票据（MTN）是一种资本市场工具而不是货币市场的一部分。然而，为了进行融资，银行也会使用中期票据，这意味着银行的资金

① 有关担保证券的更多内容，参见 Choudhry（2004）。

部门通常将中期票据计划作为资产负债管理（ALM）的一部分进行管理。本节考察一个相对较新的结构，即多特殊目的载体（SPV）资产支持中期票据渠道[①]。这种结构的优点是，它可以像商业票据一样频繁和简单地发行长期票据。这有助于发起人满足银行业的各项要求。

提供支持的资产类型可以是住房抵押贷款和商业抵押贷款、信用卡余额以及其他应收账款。下面将描述一个基本的结构。

发起人（此处假设为一家银行机构）将资产池中的应收账款转移给一家应收账款信托公司，而且转移的只是应收账款本身，应收账款账户的所有权并没有转移。应收账款的受托人将为发起人银行以及各个特殊目的载体（SPV）持有这些应收账款，建立这些特殊目的载体（SPV）是为了发行中期票据，而且特殊目的载体在离岸建立。每个特殊目的载体都以相同的方式运行，这里只描述 SPV1 的运行方式。

SPV1 被指定为 1 号中期票据发行人，它通过发行中期票据为从应收账款信托公司处购买资产提供融资。SPV 所发行的全球票据可以代表其生命期内的全部票据发行。这使特殊目的载体具有一些灵活性，因为在已有全球票据的情况下，随后的票据发行都可由该全球票据代表，而根据现有的法律文件，随后的票据发行就可以非常迅速地实施。

特殊目的载体可以直接购买资产，并将这些资产列示在其资产负债表中，也可以购买信托公司代表投资者所持有的资产的某项权益。全球票据中的未偿付金额可以在任何时候通过发行额外的票据而增加，在首次发行说明书中这些新发行的票据被称为"贷款票据"。当然，在每个票据系列的定价补充文件中应对该票据系列有充分的描述，该定价补充文件规定了票据发行的条款。所制定的任何定价补充文件都是针对特定的票据类型。

图 4.19 解释了这种工具的结构。

票据和总回报掉期综合融资结构

由于很多原因，一些金融机构如对冲基金或其他投资公司，无论它们是独立的公司还是银行集团或银行保险集团的一部分，它们都无法直接从主流银行中获得融资。例如，对冲基金通常是通过银行设立的主要经纪（Prime Brokerage）便利进行融资。简单来说，在主要经纪便利下，便利措施的提供

① 关于中期票据的一般背景知识可参见 Choudhry（2001）的第 21 章。

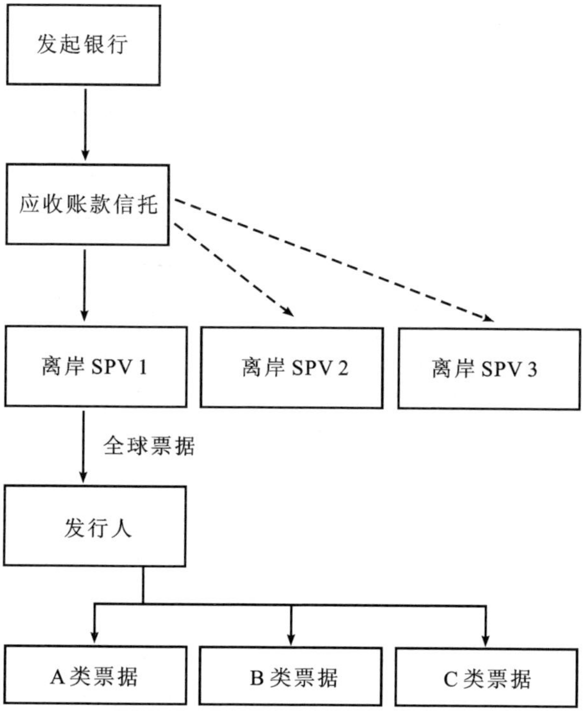

图 4.19　多 SPV 资产支持中期票据结构

者作为受托人持有对冲基金的资产，并且这些资产是贷款资金的担保物。对冲基金使用这些资金支付所购买的资产，这些资金由主要经纪商提供，资金利率高于 LIBOR 一定利差，差额一般为 50 ~ 70 个基点。主要经纪商也会借出资产以抵补（Cover）对冲基金的空头头寸提供担保。

很多投资公司持有非流动资产的头寸，如基金的对冲基金或其他不容易进行交易的资产。使用这些资产作为担保很难在批发市场中筹集资金，因为将这些资产的法定所有权和托管权转移给现金的借出者存在很多问题。信用衍生产品和金融工程的出现使得很多公司可以通过构造专门的融资结构解决这个问题。下面描述一个融资结构或流动性结构的例子，即通过票据和总回报掉期结构在批发市场中融资，这种票据和总回报掉期结构中涉及一揽子非流动资产。

假设两个实体都是银行保险集团的一部分，其中一个是受到监管部门监管的经纪自营商史密斯证券公司，另一个是对冲基金衍生产品投资公司，即史密斯投资公司。投资公司主要从其母银行集团中获得资金，但是为了实现多样化和分散化，该公司也希望利用其他途径筹集资金，其中一个途径就是批发市场，即通过图 4. 20 所示的票据和总回报掉期结构进行融资。

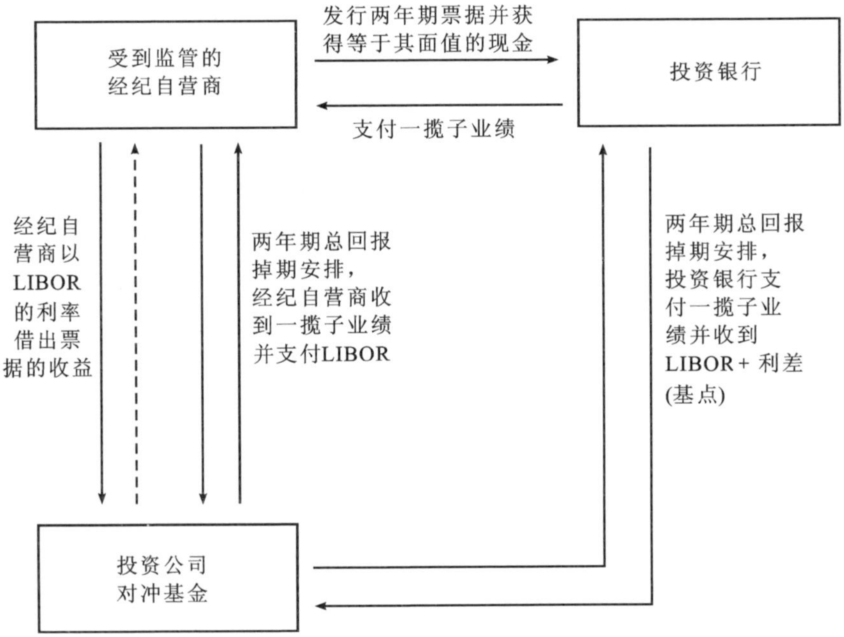

图 4. 20　票据和 TRS 综合融资结构

贷款人是一家投资银行，即 ABC 银行。该银行愿意以 LIBOR 加上 20 个基点的利率向投资公司提供贷款，但是需要投资公司以其资产作为担保。与从主要经纪商处进行融资相比，对投资公司来说这种融资结构可以节省很多融资成本，并且该利率甚至与从母银行集团处获得的融资利率具有可比性。然而，由于投资公司的资产是非交易资产，因此不能进行转移，也不能以回购交易中的正常方式提供担保。

相反，我们需要构建如下所示的融资结构。

- ABC 银行不是直接提供贷款，而是以面值购买一个两年期的票据，该票据的回报与史密斯投资公司所持有的一揽子资产的业绩相关联。由于史密斯投资公司是一家不受监管的实体，因此不能在批发市场中发行票据。基于以上原因，ABC 银行所购买的票据由史密斯投资公司的姊妹公司，即史密斯证券公司发行，并由与之相关联的资产提供担保。ABC 银行要求 25% 的初始保证金。
- 以贷款的形式将通过销售票据筹集的资金从史密斯证券公司转移到史密斯投资公司，贷款利率为 LIBOR。

- 与此同时，史密斯证券公司与史密斯投资公司签订一个总回报掉期协议，该协议的开始日期和结束日期与所发行的票据相对应。在总回报掉期合同中，史密斯证券公司获得一揽子资产的业绩，并支付 LIBOR 利率。
- 此外，史密斯投资公司与 ABC 银行签订一个总回报掉期协议，其中银行支付一揽子资产的业绩，并收到以 LIBOR 加上 20 个基点计算的利息。

这种结构的净现金流就是史密斯投资公司向 ABC 银行支付的利息，所使用的利率为 LIBOR 加上 20 个基点，并通过出售史密斯证券公司所发行的票据筹集资金，其经济上的效果就是 ABC 银行向史密斯投资公司发放期限为 2 年的贷款，但由于法律、监管、操作以及管理方面的限制，为实现这一经济效果，我们必须建立如上所示的结构。

一些银行向对冲基金的投资者提供对冲基金衍生产品，这需要用到杠杆投资产品。简单来说，这使得对冲基金具有杠杆风险，例如对于客户所投资的 0.30 美元，该银行可能会另外提供 0.70 美元。投资于对冲基金的这 1 美元在具有上升的业绩时放大了提供给客户的回报。向客户提供的资金所使用的利率是隔夜利率，也就是说客户必须支付的利率为隔夜 LIBOR 加上一个利差。上面所描述的结构就是这样一种机制，银行通过这种机制可以筹集到长期资金，但银行的负债以隔夜 LIBOR 为基础，注意到前面在向对冲基金客户发放贷款时也是以 LIBOR 利率为基础。

在一些法律框架中，集团公司不能进行公司间的贷款，尤其是当两个公司位于不同的国家，缺乏具有吸引力的贷款税收优惠时。例如，可能会规定公司之间的贷款期限必须小于一年。通过以下方式构建票据，就有可能解决这个问题：

- 将该贷款的期限设定为两个一年期，即在上面的贷款期限之间设定一个中断点。图 4.20 展示了史密斯证券公司的一年期贷款，该贷款将在到期日滚动一次。
- 将整个结构的期限设定为一年，但赋予史密斯投资公司将该贷款展期 1 年或 6 个月的期权。虽然文件中描述的是具有展期期权的一年期结构，但史密斯证券公司和 ABC 银行都知道将要执行该期权，因此贷款的实际期限为两年。

表 4.7 展示了所发行票据的条款，表 4.8 展示了总回报掉期的条款。

表 4.7　　史密斯证券公司所发行票据的条款

史密斯证券公司 2004 年 7 月的票据条款

由史密斯银行提供担保

该结构化票据的期限为两年，在 2006 年到期，并且其回报与参考资产或对冲基金债务的业绩相关联。

基本条款

发行人：史密斯证券公司

担保人：史密斯银行

本金金额：5 亿美元

票据的面值：100 万美元

发行价格：100%

交易日：2004 年 7 月 24 日

发行日：2004 年 7 月 28 日

到期日：2006 年 7 月 28 日

息票率：0

赎回

赎回金额：100% ×资产净价值率（即期末资产净价值/期初资产净价值）

期初资产净价值：参考资产或对冲基金债务在交易日的合格净价值

期末资产净价值：参考资产或对冲基金债务在估值日的合格净价值

合格净价值：针对参考账户中的各个子基金，用托管人最近所报告的资产净价值乘以各自的初始保证金因子，并将结果加总

初始保证金因子：参考账户中各个子基金的初始保证金因子可以按照如下所示的方法进行计算，即$(1-H_1)\times(1-H_2)\times(1-H_3)\times(1-H_4)$，其中 H_1、H_2、H_3 和 H_4 的计算在交易文件中有具体规定

参考基金债务：参考资产或对冲基金账户中的各种基金

参考账户：托管人所持有的发行人账户，具体包括

账户明细 [ ]

账户明细 [ ]

发行人可能会不时指定其他一些账户

托管人：XYZ 信托公司一般条款

证券交易所：爱尔兰股票交易所

信用等级：无

适用的政府法律：英国法律

计算代理机构：ABC 银行的金融市场部门

结算系统：Euroclear/Clearstream

文件：2004 年 5 月 30 日的发行说明书

表 4.8　史密斯证券公司总回报掉期的条款

史密斯证券公司 2004 年 7 月的总回报掉期条款
由史密斯银行提供担保
总回报掉期与史密斯证券公司所发行的到期期限为 2006 年 7 月的结构化票据的业绩相关联，也与参考对冲基金债务的业绩相关联

基本条款	
结构	总回报掉期
A 方	ABC 银行
B 方	由史密斯银行提供担保的史密斯投资公司
名义金额	5 亿美元
交易日	2004 年 7 月 21 日
有效日	2004 年 7 月 28 日
终止日	2006 年 7 月 28 日
总回报的支付	
权益的支付方	A 方
权益的接收方	B 方
参考债务	史密斯证券公司所发行的到期日为 2006 年 7 月的结构化票据，该票据的回报与参考对冲基金债务的业绩相关联，每张票据的金额为 100 万美元
票据的数量	500 张
总回报金额	票据的数量 ×[P2 - P1]，其中 P1 是开始时的票据价格，P2 是结束时的票据价格。如果总回报金额是一个负值，则 B 方将向 A 方支付大小等于其绝对值的数额
票据在开始时的价格	每张票据 100 万美元
票据在结束时的价格	票据在期末时偿还的金额根据参考基金债务在估值日的资产净价值确定。如果史密斯证券公司在票据的到期期限内违约或者 B 方不能支付其任何债务，则掉期合约中该票据在结束时的价值就为零
估值日	总回报支付日之前的两个工作日
总回报支付日	结束日期或提前终止日期
其他条款	如果史密斯证券公司在票据的到期期限之内违约或者 B 方不能支付其任何债务，掉期合约都会因此而终止，并且在计算权益金额时该票据的最终价值都为零，同时 A 方将向 B 方免费交割本金等于当时掉期未偿付名义金额的票据

续表

浮动利率的支付	
浮动利率的支付方	B 方
浮动利率的接收方	A 方
浮动利率指数	隔夜 LIBOR
指定的到期期限	3 个月
重新设定利率的日期	每个支付日之前的两个工作日
支付日	每季度支付一次，以有效日对应的日期为依据
利差	20 个基点（0.20%）
工作日标准	伦敦和纽约
一般条款	
提前终止	如果提前赎回全部或部分票据，则掉期也将自动地全部终止或部分终止，此时票据的提前赎回日期就是掉期的提前终止日期。如果掉期全部或部分提前终止，则权益支付将在提前终止日期进行，权益支付额度为被提前终止的名义金额部分，并且 B 方将向 A 方支付提前终止的金额
提前终止金额	提前终止金额等于在提前终止日，与从提前终止日到锁定日这一期间相对应的被提前终止的掉期名义金额的 0.20%（20 个基点）。如果提前终止日期就是锁定日期或在锁定日期之后，就不会存在提前终止金额
锁定日	有效日之后的 18 个月
净额	任何应交付给 A 方的票据支付，减去在结束日或提前终止日与总回报支付相关的任何应由 A 方交付的支付
适用的政府法律	英国法律
计算代理机构	ABC 银行的金融市场部门
文件要求	ISDA
参考账户	B 方在开始时的两个托管账户，以及在票据被延期后新纳入的额外账户
子基金	时不时地在参考账户中持有的对冲基金或其他资产
托管人	XYZ 信托公司
最小保证价值	票据未偿付本金金额的 125.00%
总资产净值	针对参考账户中的各个子基金，将托管人最近所报告的资产净价值加总
合格的总资产净值	针对参考账户中的各个子基金，用托管人最近所报告的资产净价值乘以各自的初始保证金因子，并将结果加总

续表

初始保证金因子	参考账户中各个子基金的初始保证金可以按照以下所示的方法进行计算，即 $(1-H_1)\times(1-H_2)\times(1-H_3)\times(1-H_4)$，其中 H_1、H_2、H_3 和 H_4 的计算在相关文件中有具体规定
账户报告	B 方应向 A 方提供月度账户报告，报告细节在交易文件中有规定。B 方应确保 A 方能够了解托管人对参考账户进行的日常结算
收费与费用	B 方同意支付所有与托管相关的收费和费用，以及任何与编制账户报告相关的成本

流动性管理和资产负债表管理中的其他综合回购结构

银行和其他金融机构在流动性管理和资产负债表管理中正在越来越多地使用以信用衍生产品为基础的综合结构，这种结构与之前以回购为基础的结构非常相似。这一综合结构将总回报掉期与商业票据以及中期票据结合起来，并使发起人能够在银行间批发市场中以 LIBOR 为基础进行融资。

综合资产支持商业票据（ABCP）渠道

资产支持商业票据渠道的最新发展就是综合结构，该综合结构最早由比联金融产品公司于 2004 年构建。与综合结构化信用产品完全一样，这种渠道使用信用衍生产品实现风险在发起人和发行人之间的经济转移，而不需要资产的实际转移。下面通过一个假设的交易来解释综合渠道，即 Golden Claw Funding 公司的案例，这是一个以总回报掉期为基础的资产支持商业票据结构。

假设的案例：Golden Claw Funding 公司

图 4.21 展示了以总回报掉期为基础的综合资产支持商业票据渠道的结构，该图中所显示的假设渠道是 Golden Claw Funding 公司在美国商业票据市场和欧洲商业票据市场同时发行票据。该结构的建立是为了使发起人可以进入商业票据市场为其资产负债表中所持有的资产融资。发起人可以是银行类

金融机构，也可以是非银行类金融机构，如对冲基金或公司。在我们的案例中，发起人是一个称为 ABC 基金公司的对冲基金。

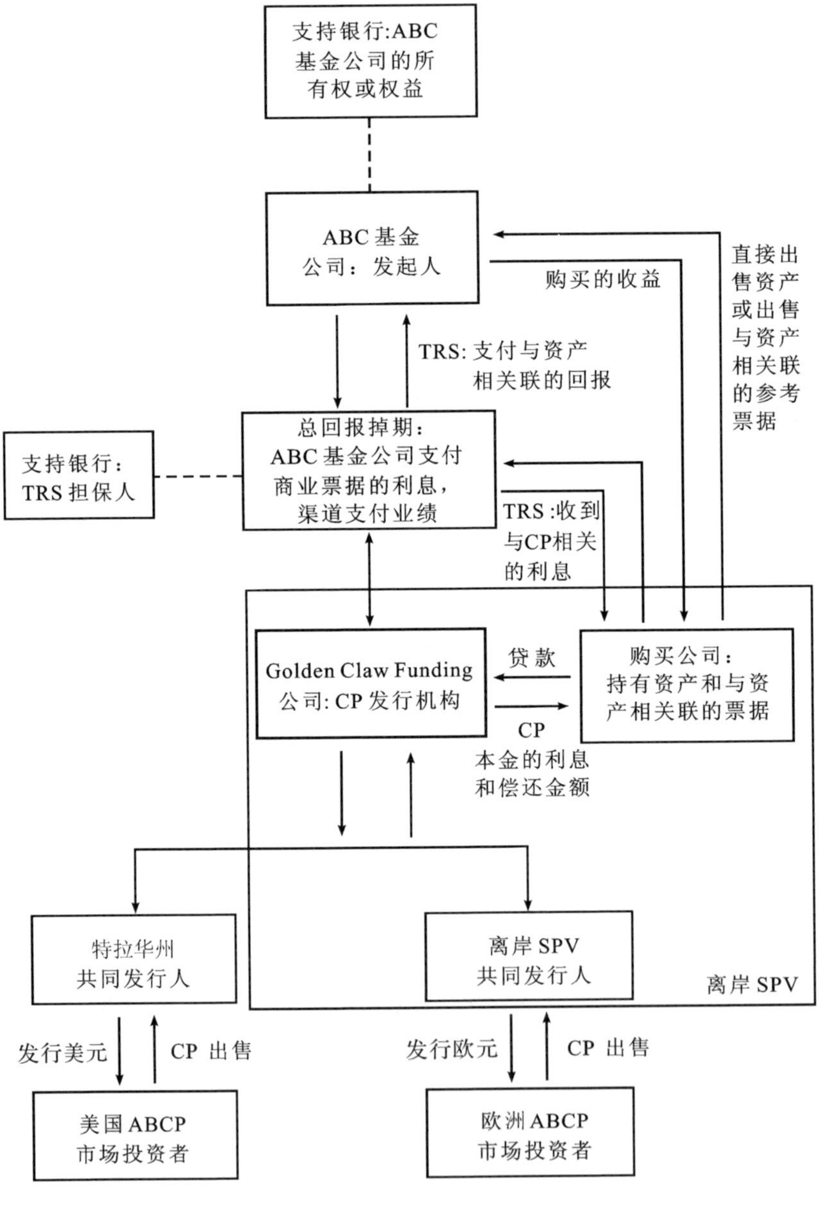

图 4.21　综合 ABCP 渠道

图 4.21 中所显示的结构具有以下特征：

- 商业票据的发行渠道和购买公司（PC）都是离岸机构，如位于泽西岛、爱尔兰或开曼群岛等。
- 该渠道通过一个总部位于美国特拉华州的共同发行人在美国美元市场中发行商业票据，同时通过一个离岸特殊目的载体发行欧洲商业票据。
- 发行商业票据所获得的收益作为贷款发放给购买公司（PC），而购买公司使用这些资金从发起人处购买资产。除了直接购买资产之外，该渠道还可以通过与一揽子资产相关联的参考票据（Referenced Note），而获得由 ABC 基金公司持有的资产的某种权益。如果直接购买资产并将其记录在购买公司的资产负债表中，就类似于传统资产支持票据的结构。如果通过参考票据获得资产的某种权益，而不是将这些资产实际出售给购买公司，则这些资产将继续保留在 ABC 基金公司的资产负债表中。这些资产可以是债券、结构化债券、股票、共同基金、对冲基金、可转换债券和综合产品以及私募股票。
- 购买公司在购买资产或资产关联票据的同时，还会与 ABC 基金公司签订一个总回报掉期合同，其中购买公司同意支付这些资产的业绩并收到商业票据收益的利息（购买公司已将这些商业票据收益用于购买资产和参考票据）。如果购买公司所持有的参考资产的业绩上升，则该公司就可以获得这些收益，然后通过总回报掉期协议将这些业绩支付给发起人。使用总回报掉期协议，ABC 基金公司就能保留对资产的经济权益（即 ABC 基金公司资产负债表中所持有的资产，并通过本结构为这些资产融资）。通过总回报掉期协议，购买公司能收到商业票据收益的利息，并在商业票据到期时将此利息收入偿还给 Golden Claw Funding 公司。
- 发行渠道（即 Golden claw Funding 公司）本身也可以购买资产和参考票据，因此在图 4.21 中，在 Golden Claw Funding 公司和 ABC 基金公司之间也存在一个总回报掉期协议。

使用该 Golden Claw Funding 结构，就可以在不用真实出售资产的条件下筹集资金。总回报掉期由支持银行提供担保，因此可以确保该渠道的评级能够达到支持银行的短期评级水平。在商业票据到期时，可以通过商业票据的滚动发行偿还已到期的商业票据，并通过总回报掉期合同收到利息。如果商业票据不能进行滚动发行，则为了偿还商业票据的本金，购买公司或发行人将需要出售资产或参考票据，否则总回报掉期的担保人就必须进行偿还。

从本质上来说，通过总回报掉期协议，发起人（ABC 基金公司）就可以利用该渠道（Golden Claw Funding 公司）获得以 LIBOR 为基础的融资，但是需要由一个支持银行或担保银行对总回报掉期提供担保。作为一种替代选择，发起人还可以安排一个银行类金融机构为总回报掉期提供备用流动性支持，这是为了防止商业票据到期时不能进行滚动发行的情况。但是，这种服务（即提供备用流动性支持）需要收取一定的费用。

案例 4.4　Golden Claw Funding 综合资产支持商业票据渠道的现金流机制

这里以 Golden Claw Funding 结构首次发行的商业票据为例。Golden Claw Funding 公司所发行的商业票据名义金额为 100 美元，期限为一个月，全价为 99.50 美元。然后，该公司将发行商业票据所获得的资金贷给购买公司，购买公司使用这些资金从 ABC 基金公司处购买价值 99.50 美元的资产，但不是直接购买资产，而是采用与这些资产相关联的以面值定价的参考票据的形式。同时，购买公司与 ABC 基金公司签订一个总回报掉期合同，掉期的名义金额为 100 美元。

在商业票据到期时，假设参考资产的价值为 103 美元，即该资产的价值上升 3 美元。ABC 基金公司将向购买公司支付这种价值的上升，而购买公司又通过总回报掉期合同将这笔价值上升金额支付给 ABC 基金公司。实际中，这种现金流的净额为零，因此没有现金的实际移动。同样，在总回报掉期条款下，ABC 基金公司向购买公司支付到期商业票据的利息 0.50 美元以及 Golden Claw Funding 公司的任何费用和成本，然后购买公司将这些金额支付给 Golden Claw Funding，这就使得 Golden Claw Funding 公司可以向投资者支付商业票据的利息。此外，所发行商业票据的实际名义金额可以通过商业票据的滚动发行予以偿还。

如果由于某种原因商业票据在到期时不能进行滚动融资，则根据总回报掉期的条款，ABC 基金公司必须向购买公司支付商业票据的全部名义金额。

综合融资结构

投资银行越来越多地使用离岸综合结构化方案以应对其融资要求、监管资本要求以及会计处理要求。前面已探讨过如何利用总回报掉期以接近于 LIBOR 的利率对资产进行表外融资，以及如何利用综合渠道结构以 LIBOR 或接近于 LIBOR 的利率在资产支持商业票据市场上融资[①]。本节将探讨在商业票据和中期票据市场所发行的综合结构，而发行这些综合结构的目的是为了给投资银行的资产组合或其客户的参考资产组合提供资金。构建这种交易有很多方式可供选择，其中一些方式使用多特殊目的载体，并且还在不断地引入一些新的形式。

下面通过描述两种不同的假设融资渠道来解释构建这些结构时所采用的方法。

离岸综合融资渠道

商业银行或投资银行可能会设立一个离岸特殊目的载体，该载体可以发行商业票据和中期票据以为银行所获取的标的资产提供综合融资途径。下面以“长期融资公司”为例描述该融资渠道。

假设投资银行希望进入商业票据和中期票据市场，并以接近于 LIBOR 的利率借入资金[②]。投资银行设立了一个离岸特殊目的载体，即长期融资公司，该公司可以在需要时自由发行以下任何负债：

- 商业票据。
- 中期票据。
- 担保投资合同（GIC），即向贷款人支付固定息票率或与 LIBOR 保持一定利差的存款合同。
- 回购协议。

然后，使用这些负债为投资银行的资产购买提供融资，这些资产可通过总回报掉期合同进行购买，或者通过逆回购交易以现金形式购买。图 4.22 展示了这种融资结构。

渠道构建时，所发行的负债的评级应为 A-1/F-1 和 Aaa/AAA 级别。这使得发起银行能以低于银行间（无担保）市场的利率在货币市场和资本市场上融资。发起人将以权益的形式将自有资本投资于该结构。同时，结构中还会设置流动性便利，以防止出现在商业票据和中期票据到期时渠道无法偿付的情况。该流动性便利是一个额外的因素，目的是获得较高的评级。发起人需要为流动性便利支付一笔固定费用。

---

① 与资产支持商业票据相关的更多信息，请参见第 1 章。

② 在发行期限超过 12 个月的票据时，我们使用银行间掉期利率代替 LIBOR。

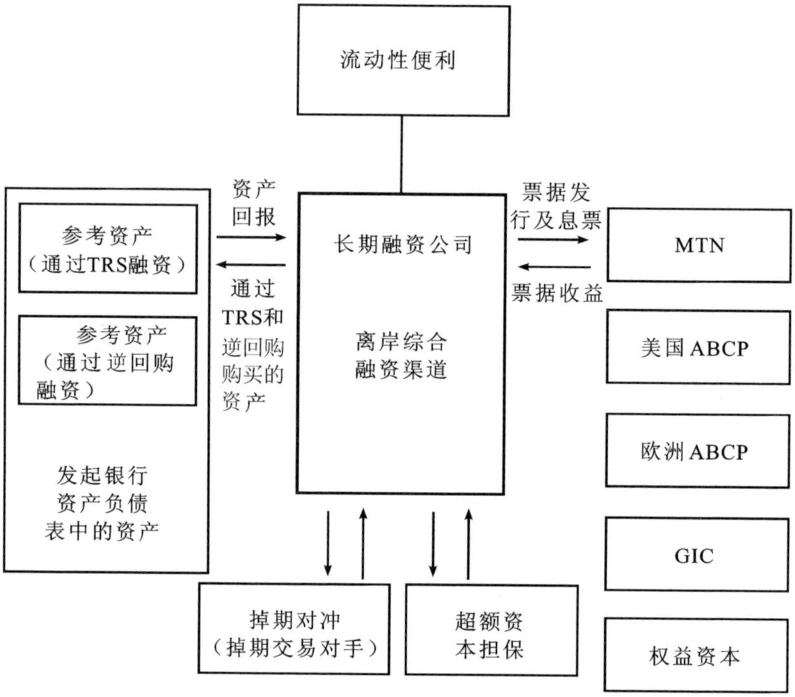

渠道资本结构

MTN 的最大金额为 50 亿美元（Aaa/AAA）

USCP 的最大金额为 40 亿美元（A-1/F-1）

ECP 的最大金额为 10 亿美元（A-1/F-1）

图 4.22 长期融资公司的离岸综合融资渠道

下面将探讨该结构中可以持有的资产类型和负债类型。

标的参考资产

特殊目的载体的资产结构主要由组合证券（Synthetic securities）构成，而且是通过总回报掉期合同进行构建。然而，为保持一定的灵活性，特殊目的载体还可以通过逆回购交易以现金形式构建资产。

长期融资公司可以获得的资产类型可能包括：

- 评级为 AAA 级的短期货币市场工具。
- 评级为 AAA 级到 BB 级的一次性偿还公司债券。
- 结构化的证券，包括评级为 AAA 级到 BB 级的资产支持证券（ABS）、住房抵押贷款支持证券（RMBS）以及抵押担保债券（CMB）等。
- 政府机构证券，例如由美国政府国民抵押贷款协会（Ginnie Mae）、联邦住房贷款银行（Fannie Mae）以及联邦住房抵押贷款公司（Freddie Mac）发行的证券，此外还包括德国政府发行的潘德布雷夫（Pfandbriefe）抵押债券。

- 评级为 AAA 级到 BBB 级的二级市场银行贷款。

参考资产能以任何一种货币标明面值，当特殊目的载体仅在美国美元市场和欧元市场发行负债时，需要使用货币掉期对冲货币的不匹配。

除了标的参考资产的质量之外，在对负债进行评级时还需要考虑总回报掉期和回购交易对手的信用等级。

负债交易

通过发行商业票据、中期票据和担保投资合同，长期融资公司就可以为总回报掉期和逆回购融资。由发行担保投资合同所产生的利率风险应使用利率掉期进行对冲。

长期融资公司发行不同类型负债的能力意味着发起银行能获得任何到期期限的融资，比如从 1 个月期到极长的到期期限，也意味着发起银行能利用各种融资来源。例如，银行、公司、货币市场基金以及世界银行等超国家金融机构都可能购买商业票据，而保险公司倾向于购买担保投资合同。

多特殊目的载体综合渠道融资结构

综合融资结构发展的一个主要驱动力就是银行降低法定资本准备金的需要。虽然通过设立一个离岸特殊目的载体同时发行负债和参考资产的确可以降低法定资本准备金，但近来有关改变特殊目的载体会计处理方法的提议意味着这种做法对某些金融机构来说已不够充分①。此处所讨论的结构以现有的特殊目的载体为基础，实际上是已被合成转移的资产的又一次合成转移。银行或基金经理可以使用特殊目的载体为整个现有的投资组合提供融资，同时可以降低法定资本准备金的要求，而不必实际转移任何资产。

综合多特殊目的载体渠道的一个关键组成部分就是商业票据和中期票据

---

① 这里是指针对合并特殊目的载体提出新的美国会计规则，这些合并特殊目的载体并不被认为是真正独立的载体。这一提议针对安然事件提出，该公司被发现将特殊目的载体用于不正当目的。虽然本处所讨论的新的综合结构可以使得银行对离岸公司进行单独的会计处理，但会计处理方法这一主题不在本书讨论范围之内。

发行载体，该载体是商业银行或投资银行设立的一个独立载体。该载体为现有的单特殊目的载体或多特殊目的载体提供资金支持，有助于资产的合成转移。在巴塞尔协议Ⅰ中，这些资产被认为是在该结构中持有，因此其风险权重为0%。

图4.23展示了多SPV离岸综合渠道融资结构。

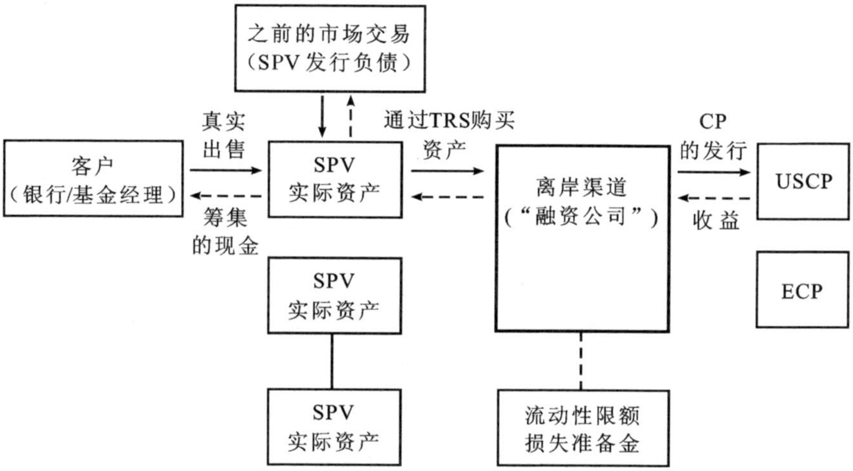

图4.23 多SPV离岸综合渠道融资结构

该结构具有以下特征：

- 一个离岸特殊目的载体在美国和欧洲市场中发行商业票据。
- 合成购买现有特殊目的载体的全部资产负债表，使用在商业票据市场中所获得的资金与特殊目的载体达成一笔总回报掉期合同，该特殊目的载体的资产获得融资。
- 客户获得资金，并保留了资产的回报，然而客户是通过降低法定资本准备金要求而获益，并且不必按市值重估资产的价值。
- 作为发起人的投资银行和商业票据的投资者需要承担参考投资组合的任何损失（损失首先由投资银行承担，再由商业票据投资者承担），但可以从提供这种便利中获得收费收入。
- 随时都可以加入资产或其他特殊目的载体。
- 在不能发行商业票据时可以动用流动性便利。

该结构再次表明了在今天的债券资本市场中，信用衍生产品以及根据信用衍生产品所构建的结构化信用产品的灵活性和普及程度。

承诺回购便利

第 1 章曾提到过，传统商业票据计划和资产支持商业票据计划的主要信用支持措施就是流动性便利。流动性便利是一种备用的信用额度，如果由于某种原因而无法发行商业票据或无法偿付到期的商业票据，商业票据渠道就可以提取这一信用限额。银行提供的这种便利需要收取两种费用：

- 固定费用，通常是固定收费或让每个收费日未偿付商业票据金额的一定百分点计算，并按季度或按月份提前支付。
- 在提取该信用限额时的实际借款成本，即所收取的利息。

固定费用的大小取决于发起人、计划支持人或其他银行担保人的信用质量。对任何商业票据计划而言，固定费用都是一笔不容忽视的成本。资产支持商业票据的一个最新发展是用“承诺回购”便利（或承诺总回报掉期便利）取代流动性限额，承诺回购便利的收费较低，因此可以节省一些成本。

在承诺回购中，银行使用载体的资产作为担保提供回购融资便利。因此，如果商业票据无法偿还，该载体会同回购提供者履行回购协议，以满足到期商业票据的偿还义务。在回购时，资产应具有一定的初始保证金，该初始保证金应利用传统的流动性便利或其他信用增进储备金进行融资。因此，除非可以获得流动性限额之外的其他融资来源，否则就不可能用承诺回购完全取代流动性限额。标的资产的信用质量将决定初始保证金的大小以及承诺回购便利的收费。

表 4.9 给出了资产支持商业票据载体承诺回购便利的建议条款。需要注意的是，这一条款也可以用于该渠道的承诺总回报掉期。在这个假设的案例中，回购限额收取 7 个基点的固定费用，并且是根据每个收费日的未偿付商业票据金额进行计算。假设该固定费用费率小于标准流动性限额的费率，假设实际中至多可以提供回购限额的 80%，这意味着特殊目的载体需要从传统流动性限额中获得至少 20% 的支持，或者由信用增进储备金等其他来源提供支持。

表 4.9 资产支持商业票据承诺回购便利的建议条款

承诺回购便利的建议条款

2004 年 3 月 8 日

便利条款	
交易类型	承诺回购便利（“REPO Facility”）。资产支持商业票据计划（特殊目的载体的名称）和提供便利的银行名称的回购便利。承诺回购便利的最大到期期限为一年，并且可以在任何有需要的时候提取，但提取金额不能超过最大便利金额
交易日	2004 年 3 月 8 日
有效日	2004 年 3 月 10 日
到期日	2005 年 3 月 10 日
标的证券的最大名义金额	50 亿美元
最大便利金额	40 亿美元
融资金额	商业票据每天的未偿付总额，但是该金额不能超过最大便利金额
承诺费	回购的债务人将向（提供便利的银行名称）每月支付如下所示的款项，即 7 个基点乘以实际天数/360 天，然后再乘以该月加权平均融资金额
承诺费支付日	每月的第 30 天
REPO 便利的结算	如果提款日是美国的工作日，按提款日的价值结算
回购条款	
回购：	对每次提款，以下条款适用于每种标的证券
开始日	回购通知中规定的日期
结束日	回购通知中规定的日期，但是该日期不能晚于以下日期中的较早者： • 开始日期之后的一年 • 2006 年 3 月 10 日
开始日交易	在每个开始日期，回购的提供者应向回购借款人支付标的证券的期初金额，回购借款人向回购提供者交割等于标的证券名义金额的指定标的证券
标的证券的期初金额	标的证券的名义金额 ×（标的证券的价格 − 20%）
标的证券	资产支持商业票据载体所持有的资产
标的证券的名义金额	回购通知中每种标的证券的名义数量
标的证券的价格	100%

续表

回购借款人	回购借款人在每个回购支付日进行的支付等于回购利率乘以期初金额，再乘以 $n/360$，其中 n 是回购的期限
回购利率	任何回购提款所适用的利率，在提款时确定，目前为 LIBOR 加上 20 个基点
提前终止	如果标的证券（即违约标的证券）出现信用问题，则与违约标的证券有关的回购应在提前终止日终止。回购提供者应向回购借款人发送一个通知，即提前终止通知，通知中应表明相关回购的终止和结算符合提前终止条款的规定
提前终止后的支付	在提前终止日，回购应终止，并且回购借款人应向回购提供者支付应计利息，应计利息在提前终止日计算。回购提供者应向回购借款人交付违约标的证券的金额，即标的证券的未偿付名义金额
提前终止的通知日	即提前终止通知发送给回购借款人的日期
提前终止日	即发送提前终止通知日期之后的 5 个工作日
工作日	按伦敦和纽约的规定
工作日惯例	修正顺延原则
结算代理机构	回购提供者
文件	BMA/ISMA 全球主回购协议

附　录

附录 4. 1　ISMA 2002 年通过的一般担保证券列表

澳大利亚：政府担保债券、联邦政府担保债券以及国债

奥地利：政府担保债券和国债

比利时：飞利浦债券、政府担保债券以及国债

加拿大：政府担保债券和国债

法国：OAT 长期国债、中期 BTAN 债券（仅适用于固定息票率证券）以及短期 BTF 债券

德国：德国统一基金，长期政府债券（Bund），中期政府债券（Bobl），中期托管局债券（Tobl），长期托管局债券（Trenhand bonds），短期政府债券（Schatz），以及世界银行的全球债券

意大利：CCT（浮息债券），CTO（固定利率、到期还本付息债券），BTP

（固息债券），BOT（意大利国库券），以及 CTZ（零息债券）

日本：政府干净债券

新西兰：荷兰州政府的贷款以及国债

西班牙：Obligaciones（5 年以上期国债），Letras（短期国债），以及 Bonos（2—5 年期国债）

瑞典、丹麦和挪威：政府担保债券和国债

英国：短期国债、金边债券（包括固定息票率金边债券、浮动息票率金边债券、通货膨胀关联金边债券、永续金边债券以及本息剥离型金边债券）以及地方政府债券

第5章 货币市场衍生产品

货币市场参与者使用很多衍生工具，尤其是利率衍生工具进行交易和对冲。短期利率衍生工具的市场规模非常大，同时极具流动性，金融机构和公司都会使用这些衍生工具。本章将考察货币市场交易中使用的两种主要合同，即短期利率期货和远期利率协议（FRA）。货币市场衍生产品根据远期利率定价，是一种灵活的金融工具，可用于远期利率的对冲或投机。远期利率协议以及在交易所交易的利率期货几乎同时出现，尽管这两个工具最初是为了对冲远期利率风险，但现在它们有着更为丰富的用途。本章将对这些工具进行介绍和分析，并考察这些工具的主要用途。我们还会考察货币市场近来新增的工具，即隔夜利率掉期，也就是所谓的隔夜指数掉期或 OIS 掉期。有时这种掉期也称为基准掉期，但"基准掉期"这个术语实际上用于具有不同标的的掉期，如标的资产使用不同货币的掉期。

远期利率协议

远期利率协议是一种场外（OTC）衍生产品，并作为货币市场的一部分进行交易。从本质上来说，这种产品就是一种在未来开始的贷款，但是不会交换本金，只是交换不同利率之间的差额。远期利率协议交易最早出现于20世纪80年代，现在该市场的规模和流动性都已经非常大，伦敦市场的周转量已经超过每天50亿美元[①]。实际上，远期利率协议就是一个开始于未来日期的贷款，它具有一个固定利率，但并不交换本金，而只是交换协议利率和结算时实际利率之间的差额与名义本金的乘积。也就是说，远期利率协议是一种位于资产负债表之外（OBS）的表外金融工具。它通过事先确定未来某个时刻进行交易的有效利率，使银行和公司可以对冲远期利率风险。此外，它

① 资料来源：英国银行家协会。

还可以用于对未来的利率水平进行投机。

远期利率协议的定义

远期利率协议就是将名义现金总额借入或借出一个期间的协议，该期间最多为 12 个月，并且开始于未来 12 个月中的任何时点，所使用的利率为协商一致的利率，即远期利率协议的利率。远期利率协议的买方借入一定名义金额的资金，而卖方借出相同金额的资金。注意，这种协议与其他货币市场金融工具有所不同。在现货市场中，买进存单和票据或者在回购市场中购买证券的一方是资金的借出方。在远期利率协议市场中，买方就是借入方。当然，我们使用“名义金额”这个术语，这是因为远期利率协议中并没有现金借入或借出的实际转移，如前所述，远期利率协议是一种表外业务。名义总额就是计算应付利息时所依据的金额。

因此，在远期利率协议交易中，买方是以一个固定的利率借入（卖方是贷款提供方）特定名义金额的款项，并且借款期限为一个规定的期间，这种贷款开始于未来一个特定的日期。买方是名义上的借款人，因此如果在远期利率协议交易日与远期利率协议有效日之间利率上升，则买方就可以受到保护。如果利率下降，则买方就必须支付远期利率协议交易日利率和实际利率之间的差额与名义本金的乘积。买方可能使用远期利率协议对冲实际风险，即借入资金而产生的风险，或者仅仅对利率的上升进行投机。交易对手即远期利率协议的卖方是名义上的资金借出方，并且是以固定利率借出资金。如果利率下降，卖方就会获利，如果利率上升则卖方就需要支付其中的差额。卖方可能是实际借出现金以进行对冲，也可能是一个投机者。

在远期利率协议中，只有在利率发生变化时才会进行支付，在交易时并没有发生现金的转移。实际支付的现金金额是远期利率协议交易日利率和到期日实际利率之间的差额与名义金额的乘积。银行和公司之间可以进行远期利率协议交易，不同银行之间也可以进行远期利率协议交易。主要货币的远期利率协议市场具有很高的流动性，并且银行和经纪商都会随时报出各种主要货币的 FRA 利率。此外，这种交易是通过电话或路透社等交易系统进行。

术语“远期利率期间”是指借款的时间期间以及远期利率协议的有效期间或到期期限。因此，如果远期利率协议的买方希望对冲 3 个月后期限为 3 个月的贷款利率上升的风险，就可以签订一个 3 个月对 6 个月的远期利率协议，这种协议通常表示为 3×6 或 3 - v - 6 FRA。在货币市场中，这是指 3 个月对 6 个月的远期利率协议，并且意味着 3 个月之后开始的期限为 3 个月的贷款。相应地，1 个月对 4 个月的远期利率协议（1 ×4）就是在 1 个月之后开始的期限为 3 个月的贷款，3 个月对 9 个月的远期利率协议（3 ×9）就是在 3 个月之后开始的期限为 6 个月的贷款。

注意，远期利率的购买方是借入资金，这与存单或回购等现货产品以及利率期货不同，因为这些产品的买入方是借出资金。

案例 5. 1

一家公司知道自己将在 3 个月之后借入金额为 100 万英镑的资金，借款期限为 12 个月，现在该公司能以 LIBOR 加上 50 个基点的利率借入资金。现在的LIBOR为 5%，但该公司的财务人员预期该利率将在随后的几个星期之内上升到 6%。届时该公司将不得不以较高的利率进行借款，除非进行一些对冲以保护借款利率。财务人员决定购买一个 3 × 15 的远期利率协议以保护 3 个月之后开始的期限为 12 个月的贷款利率。一个银行报出的远期利率协议利率为 5. 5%，该公司购买了名义金额为 100 万英镑的该远期利率协议。3 个月之后，利率确实上升到了 6%，此时的借款利率为 6. 5%（LIBOR 加上利差），但财务人员可以收到远期利率协议约定利率和当前的 12 个月期 LIBOR 利率（6%）之间的差额与 100 万英镑名义本金的乘积，这样就可以弥补一部分上升的借款成本。

远期利率协议的机制

各个市场的远期利率协议交易条款和惯例基本上差不多。英国银行家协会（BBA）为了规范远期利率协议交易，推出了一套标准的法律文件。在进行交易时，市场通常使用以下的标准条款。

- 名义金额，即远期利率协议的交易金额。
- 交易日，即远期利率协议进行交易的日期。
- 结算日，即名义贷款或存款开始生效的日期，也就是开始日。远期利率协议并不涉及贷款或存款的实际转移，计算时需要用到结算日和名义金额数据。
- 确定日，即确定参考利率的日期，远期利率协议交易利率将与参考利率进行比较。
- 到期日，即名义贷款或存款到期的日期。
- 合同期间，即结算日与到期日之间的时间。
- 远期利率协议的利率，即远期利率协议交易时所使用的利率。

- 参考利率，即在计算结算金额时所使用的利率，通常是确定日的 LIBOR 利率。
- 结算金额，即远期利率协议的利率和参考利率之间的差额与名义金额的乘积，由一方在结算日支付给另一方。

图 5.1 展示了这些期限。

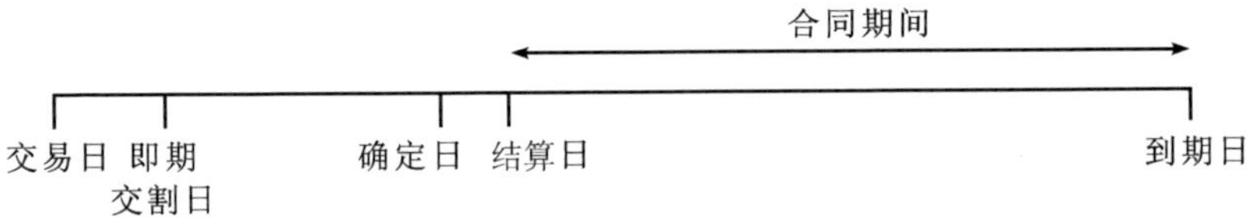

图 5.1 FRA 交易中的主要日期

即期结算日通常是指交易日后两个工作日，然而也可以根据协议而有所提前或延迟。结算日在远期利率协议所参考的即期结算日后一段时间，例如期限为1×4的远期利率协议，其结算日在即期结算日后一个日历月。确定日通常在结算日前两个工作日。结算金额在结算日进行支付，由于结算金额是在合同开始时提前付清的，因此所计算出的结算金额实际上是贴现后的现值，这是因为贷款或存款的利息通常是在期末支付，而远期利率协议下利息的支付发生在相关期间开始时，因此结算金额是贴现后的现值。

对于大部分远期利率协议交易来说，参考利率就是确定日的 LIBOR。

结算金额在确定日后计算，在结算日进行支付。可以使用一个假设的案例说明这一点，如果一家公司购买名义金额为 1 000 000 英镑的1×4远期利率协议，交易利率为 5.75%，并且确定日的市场利率为 6.50%，该合同的期限为 90 天。在现货市场中，该公司所支付的额外利息是一种单利计算，如下所示：

$$\frac{(6.50-5.75)}{100}\times 1\ 000\ 000\times\frac{91}{365}=1\ 869.86\text{ 英镑}$$

这种额外利息的支付与贷款利息的支付类似，即（作为一笔货币市场贷款）在贷款到期时进行支付。在远期利率协议中，如果结算金额与现货市场利息费用在同一天支付，且应支付的结算金额正好等于现货市场的利息费用，这就是一种完美的对冲。但正如前面所讲到的，远期利率协议的结算价值是在合同期间开始时进行支付，即在标的贷款的开始日期进行支付，而不是在标的贷款的结束日期进行支付。因此，考虑到这种差异，必须对结算价值进行调整，而调整的金额就等于将未调整现金价值在货币市场进行期限等于合同期限的投资所获得的利息价值。结算价值可以使用如下所示的公式进行计算：

$$结算价值 = \frac{(r_{ref} - r_{FRA}) \times M \times n/B}{1 + (r_{ref} \times n/B)} \quad (5.1)$$

其中，

r_{ref}是确定日的参考利率，

r_{FRA}是远期利率协议所使用的利率或合同利率，

M 是名义金额，

n 是合同期间内的天数，

B 是天数计算基础（360 天或 365 天）。

等式（5.1）中的表达式仅仅是计算了现货市场中应当支付的额外利息，这些利息来源于两个利率之间的差异，然后将该额外利息进行贴现，因为该利息是在期间的开始时进行支付，而不是与现货市场一样在期间的结束时进行支付。

在我们假设的案例中，由于确定日利率高于交易利率，则该公司作为远期利率协议的买方将从卖方处获得结算金额。获得的结算金额可以对该公司提供一些补偿，因为该公司在现货市场中将支付较高的借款成本。如果确定日利率低于 5.75%，则买方将向卖方支付其中的差额，因为现货市场利率较低。远期利率协议的作用就在于对冲利率风险，因此无论市场利率如何变化，所借资金的利率可以锁定为 5.75%。

远期利率协议的做市商是在对短期利率进行交易，结算金额就是远期利率协议的价值。其中的道理与短期利率期货交易完全相同，即远期利率协议的买方持有多头，因此如果在确定日有 $r_{ref} > r_{FRA}$，结算金额就为正，并且买方将获得一些利润。如果交易商通过购买远期利率协议而以一定的利率借入资金，但该利率随后有所上升，将会发生什么情况呢？此时存在一个利得，这与利率期货的空头头寸完全一样，即如果价格下降（利率上升），该交易商能实现一个利得。同样，如果在确定日有 $r_{ref} < r_{FRA}$，则通过出售远期利率协议而获得的空头头寸能实现一个利得。

远期利率协议的定价

顾名思义，远期利率协议是一种远期利率工具，并且是使用标准的远期利率原则进行定价①。下面这个例子可以帮助读者理解即期利率和远期利率的

---

① 关于即期和远期利率基本知识的介绍，作者特别推荐 Windas（1993）和 Fabozzi and Mann（2001），这两本书非常适合于初学者。

概念。假设一个投资者有两种选择，一种是以5%的利率进行为期6个月的投资，另外一种选择是以6%的利率进行为期1年的投资。如果该投资者希望投资6个月，并且在6个月之后将该投资再滚动6个月，则为了使得最终的回报与以6%的利率进行为期1年的投资所获得的回报相等，滚动期间的利率或再投资利率应该是多少？如果将远期利率协议的利率看作两个期间的收支平衡远期利率，就可以将滚动期间的远期利率作为远期利率协议所使用利率的近似。有时，该利率是指货币市场中的利率“缺口”，注意不要与银行间交易的缺口风险相混淆，缺口风险是指来自于其资产和负债到期期限不匹配的利率风险，我们将在第7章中对该风险进行详细讨论。

可以使用标准的远期利率盈亏平衡公式确定远期利率协议的必要利率，我们将在第6章讨论无套利远期利率的计算时给出这一公式。等式（5.2）中给出的表达式将期限在一年以下的各种单利联系起来，其中不需要使用复利。由于远期利率协议是一种货币市场金融工具，因此不需要计算期限在一年以上的利率①，计算期限在一年以上的利率时需要使用复利，等式（5.2）如下所示：

$$(1+r_2t_2)=(1+r_1t_1)(1+r_ft_f) \tag{5.2}$$

其中，

r_2 是现货市场的长期利率，

r_1 是现货市场的短期利率，

r_f 是缺口期间的远期利率，

t_2 是从现在到长期期间结束时的时间期间，

t_1 是从现在到短期期间结束时的时间期间，

t_f 是远期缺口时间期间，或者远期利率协议的合同期间。

等式（5.2）可以使用如下所示的图形进行表示（见图5.2）：

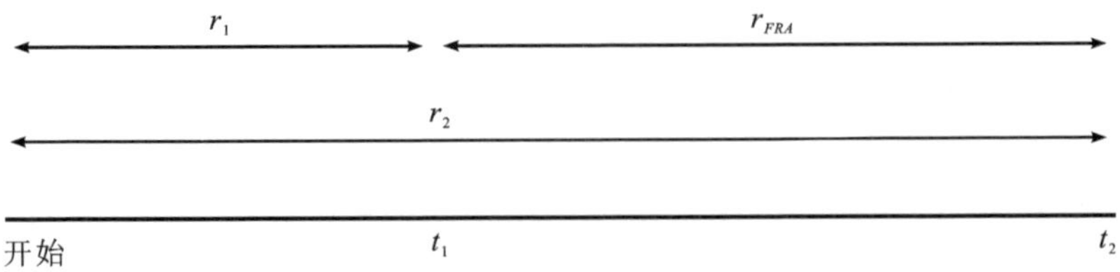

图5.2 FRA定价中使用的利率

① 然而，很有可能出现交易期限在一年以上的远期利率协议，而这种协议需要使用另外一个不同的定价公式。

时间期间 t_1 就是从交易日到远期利率协议结算日之间的时间，而 t_2 是从交易日到远期利率协议到期日之间的时间。远期利率协议的期限即合同期间，等于 t_2 减去 t_1。可以用 n 代替时间期间符号 t，n 表示该时间期间的实际天数。如果用 n 代替 t，并将等式（5.2）变形以求解远期利率协议的利率 r_{FRA}，就可以得到如下所示的等式（5.3）：

$$r_{FRA} = \frac{r_2 n_2 - r_1 n_1}{n_{FRA}\left(1 + r_1 \dfrac{n_1}{365}\right)} \tag{5.3}$$

其中，

n_1 是从交易日或即期结算日到结算日之间的天数，

n_2 是从交易日或即期结算日到到期日之间的天数，

r_1 是直至结算日的即期利率，

r_2 是从即期交割日至到期日的即期利率，

n_{FRA}是远期利率协议合同期间的天数，

r_{FRA}是远期利率协议的利率。

如果在美国美元货币市场中应用等式（5.3），则等式中的 365 天就应用 360 天代替，360 天是美国美元货币市场的天数计算基础。

实际中，远期利率协议是根据在交易所内交易的该种货币的短期利率期货进行定价，因此英镑远期利率协议应根据 LIFFE 短期英镑期货进行定价。通常，交易商是使用一个电子数据表格定价模型进行计算，其中期货的价格是该电子数据表格的直接输入量。远期利率协议头寸通常使用其他远期利率协议或短期利率期货进行对冲。

实际中的远期利率协议价格

远期利率协议可能是所有不在交易所内进行交易的衍生工具中最具有流动性和透明度的工具，这是因为远期利率协议的交易利率是直接根据在交易所内交易的利率合同进行计算。然而，远期利率协议做市商的主要考虑因素是远期利率协议的利率行为与其他市场利率行为之间的关系。正如我们所看到的，根据两个即期利率期间计算远期利率必须满足无套利条件。例如，如果 6 个月的即期利率为 8.00%，9 个月的即期利率为 9.00%，则 6×9 远期利率协议的利率就近似为 11%。如果两个即期利率或其中一个即期利率发生变化，会有什么影响呢？此时，仍然必须满足无套利原则。如果短期利率上升，则远期利率协议的利率必须下降，这样才能使得总回报率保持不变。远期利率协议利率的变化程度取决于合同期间与长期期间的比率，如果长期利率上升，则远期利率协议的利率也会上升，并且上升的幅度与总期间同合同期间的比率有关。通常，任何期限的远期利率协议利率都是 3 个月期 LIBOR 利率的函数，即是利率期货交易中所使用的利率的函数。一般地，如果 3 个月期 LIBOR 利率上升，则远期利率协议的利率也会上升。

远期利率协议利率与货币市场利率之间的一般关系可以用公式（5.4）表示，公式（5.4）是 r_{FRA} 对 r_1 和 r_2 的偏微分，而 r_1 和 r_2 是等式（5.3）定价公式中的利率元素：

$$\frac{\partial r_{FRA}}{\partial r_1} \approx -\frac{n_1}{n_{FRA}}$$

$$\frac{\partial r_{FRA}}{\partial r_2} \approx -\frac{n_2}{n_{FRA}} \tag{5.4}$$

$$\frac{r_{FRA}}{\partial r_{ALL}} \approx 1$$

案例 5.2　根据期货合同对远期利率协议定价

以下是短期英镑利率期货合同的价格：

2000 年 6 月	94.70（隐含的 3 个月期利率为 5.30%）
2000 年 9 月	94.65（隐含的 3 个月期利率为 5.35%）
1999 年 12 月	94.60（隐含的 3 个月期利率为 5.40%）

客户询问交易商 5 000 000 英镑 3×6 远期利率协议的卖价，以及与期货对冲有关的建议。假设不存在买卖价利差，则远期利率协议的利率应该是多少？

远期利率协议的各种日期如下所示：

合同期间为：6 月 20 日到 9 月 20 日，共计 92 天

结算日为：6 月 18 日

由于 6 月期货合同的到期日为 6 月 18 日，则远期利率协议的利率为隐含的 6 月期货的利率 5.30%，FRA 结算金额如下所示：

$$\frac{5\,000\,000 \times (0.053\,0 - \text{LIBOR}) \times 92/365}{1 + \text{LIBOR} \times 92/365}$$

该期货合同的利润或损失在未贴现之前应为：

$$合同数量 \times 500\ 000 \times (0.053\ 0 - \text{LIBOR}) \times 90/365$$

在进行对冲时，远期利率协议的买方需要使得以上两个值相等，因此有：

$$合同数量 = 10 \times \frac{92/90}{(1 + \text{LIBOR} \times 92/365)}$$

当然，现在并不知道未来的 LIBOR 利率，但如果将其估计为 5.30%，就可以得到如下所示的表达式：

$$合同数量 = 10 \times \frac{92/90}{(1 + 0.053\ 0 \times 92/365)} = 10.087\ 46$$

因此，所需的对冲合同数量为 10 份。

案例 5.3

使用与案例 5.2 中相同的价格，给出 3×9 远期利率协议与 6×12 远期利率协议的价格。

如前所示，3×6 远期利率协议的价格为 5.30%。6×9 远期利率协议的合同期间为 9 月 20 日到 12 月 20 日，共计 91 天，其价格就是 9 月份的期货价格 5.35%，并使用 10 份期货合同进行对冲。只有在期货合同的交割日与远期利率协议的结算日完全相同时，这种对冲才是完美的对冲，但我们这里的精确度已经足够。3×9 远期利率协议可以剥离成 3×6 远期利率协议与 6×9 远期利率协议，由于无套利原则的存在，因此 3×9 远期利率协议的价格可以进行如下所示的计算：

$$[(1 + 0.053\ 0 \times 92/365) \times (1 + 0.053\ 5 \times 91/365) - 1] \times 365/182$$
$$= 5.389\ 87\%$$

6×12 远期利率协议的价格可以通过 6×9 远期利率协议和 9×12 远期利率协议（合同期间从 12 月 20 日到 3 月 20 日，共计 90 天）的价格进行计算，因为 6×12 远期利率协议可以剥离成 6×9 和 9×12 远期利率协议，因此 6×12 远期利率协议的价格可以进行如下所示的计算：

$$[(1 + 0.053\ 5 \times 91/365) \times (1 + 0.054\ 0 \times 90/365) - 1] \times 365/183$$
$$= 5.398\ 15\%$$

案例 5.4

本案例中再次使用案例 5.2 中所给出的价格，此时交易商希望出售 3×8 的远期利率协议（从 6 月 20 日到 11 月 20 日，共计 153 天）和 6×11 的远期利率协议（从 9 月 20 日到 2 月 20 日，共计 153 天），则这两种合同的价格分别是多少？

3×8 远期利率协议的利率就是 3 个月之后的 5 个月期资金的隐含利率，但我们并没有可以准确计算这种 FRA 利率所需的即期利率或期货利率，因此必须对现有的利率进行插值操作，经过插值可以得到如下所示的表达式：

$$3\times6\text{远期利率协议的利率}+(3\times9\text{远期利率协议的利率}-3\times6\text{远期利率协议的利率})\times\frac{3\times8\text{远期利率协议的天数}-3\times6\text{远期利率协议的天数}}{3\times8\text{远期利率协议的天数}-3\times6\text{远期利率协议的天数}}$$

$$=5.35\% + (5.39-5.35)\times(153-92)/(182-92)$$

$$=5.3771\%$$

案例 5.5 现有远期利率协议的估值

为了估计远期利率协议的价值，必须将该远期利率协议分解为不同的组成部分，即一笔等价贷款和存款，然后就可以估计贷款和存款的现值，而远期利率协议的价值就是贷款和存款的净现值。例如，一个 6×9 的远期利率协议就相当于一个 6 个月期的资产和一个 9 个月期的负债的组合。如果假设 6 个月期的利率为 5%，9 个月期的利率为 6%，并且名义本金金额为 1 000 000 英镑，则远期利率协议的价值如下表所示：

价值	期限（年）	利率（%）	PV
1 000 000 英镑	0.493 2	5.00	976 223 英镑
1 000 000 英镑	0.739 7	6.00	957 814 英镑

因此，远期利率协议的价值就是 18 409 英镑。

案例 5.6 对冲远期利率协议头寸

某远期利率协议做市商出售一份 1 亿欧元的 3×6 远期利率协议，也就是说该做市商同意在 3 个月之后进行一笔为期 3 个月的名义存款（不涉及本金的交换），所使用的利率为 7.52%。该做市商面临以下风险，即在 3 个月之后进行结算时利率上升的风险。

日期	12 月 14 日
3×6 远期利率协议的利率	7.52%
3 月期货的价格	92.50%
当前的即期利率	6.85%

采取的措施

该做市商首先需要计算精确的对冲比率，这共分为三步：

（1）计算 LIBOR 变化 1 个基点所引起的远期利率协议结算时支付金额变化的名义价值：

$$BPV = FRA_{\text{名义金额}}\times 0.01\% \times n/360$$

即：100 000 000 欧元×0.01% ×90/360 = 2 500 欧元。

（2）使用远期利率协议的利率和即期利率将上一个步骤中得到的数值贴现到交易

日，从而计算其现值：

1 个基点变化的现值 =

$$\frac{\text{基点的名义价值}}{\left(1+\text{即期利率}\times\frac{\text{对冲期间的天数}}{360}\right)\left(1+\text{FRA 利率}\times\frac{\text{对冲期间的天数}}{360}\right)}$$

即：

$$\frac{2\ 500}{(1+6.85\%\times 90/360)(1+7.52\%\times 90/360)}$$

（3）通过将上一个步骤中所得到的结果除以期货的点值（Tick value）来确定正确的对冲比率：

$$\text{对冲比率}=2\ 412/25=96.48$$

因此，对 1 亿欧元 3×6 远期利率协议进行对冲时所需的合同数量为 96 或 97，由于小数部分小于 0.5，故而应该是 96 份合同。为了对冲利率上升的风险，该做市商以 92.50 的价格卖出了 96 份 3 个月期的欧元期货合同，因此在对冲期间的任何利率上升都可以由期货合同价值的上升得到补偿。

结果

日期	3 月 15 日
3 个月期的 LIBOR	7.625%
3 月份的 EDSP（交易所交割结算价）	92.38

对冲取决于 3 月份期货合同的到期期限，在远期利率协议结算日，3 个月期的 LIBOR 已经上升到 7.625%，因此该做市商在远期利率协议头寸上的损失为 25 759 欧元（即 26 250 欧元以当前 LIBOR 利率针对远期利率协议的 3 个月期间进行贴现），计算过程如下所示：

$$\frac{(\text{LIBOR}-\text{FRA 利率})\times(\text{FRA 期间的天数}/360)\times\text{合同的名义金额}}{1+\text{LIBOR 利率}\times(\text{FRA 期间的天数}/360)}$$

因此有26 250*/（1+7.625% ×90/360）=25 759欧元。

* 即0.105% ×90/360 ×1 000万欧元。

期货的利润或损失为：

$$12\text{ 点}\times(92.50-92.38)\times 25\text{ 欧元}\times 96\text{ 份}=28\ 800\text{ 欧元}$$

结论

在进行对冲时，远期利率协议头寸 25 759 欧元的损失可以由期货头寸28 800欧元的利润进行补偿。

如果该做市商卖出 100 份合同，则其期货头寸的利润就是 30 000 欧元，这是一个相对不是很精确的对冲。对冲头寸的超额利润主要来源于做市商的套利，即做市商是以7.52%的利率卖出远期利率协议，实际上在期货市场上是以92.50的价格或7.50%的利率出售期货而将该远期利率协议买回，因此可以获得2点（Tick）的利润。

期限较长的远期利率协议

到期期限在1年以上的远期利率协议也存在流动性市场。对于这种金融工具，远期利率协议利率的计算有所不同，因为定价公式必须考虑到现货市场中复利的影响。计算期限在一年以上的远期利率协议利率的正确方法是计算相关期限的零息贴现因子，并且假设存在一个与合同期间相同的现货贷款，然后使用这些信息对定价公式进行调整。下面使用一个假设的案例解释这一点，这个案例是计算15×18远期利率协议的价格。

一个英镑货币市场的现货交易商面临如下所示的利率：

12个月期的利率为6.75%

15个月期的利率为6.875%

18个月期的利率为6.937 5%

12个月期的贴现因子为1/（1+0.067 5）=0.936 77。

与远期利率协议等价的现货交易是进行为期15个月的存款，同时进行为期12个月的贷款，这种交易的现金流如下所示：

贷款的现金流：(−100)+(6.875×0.936 77) = −93.559 71

存款的现金流：100+(6.875×91/365)=101.714 04

因此，15个月期的贴现因子为93.559 71/101.714 04，即0.919 831。而进行为期18个月的存款和12个月的贷款所产生的现金流为：

贷款的现金流：(−100)+(6.937 5×0.936 77) = −93.501 16

存款的现金流：100+(6.937 5×183/365)=103.478 25

因此，18个月期的贴现因子就可以进行如下所示的计算，即93.559 71/103.478 25或0.904 148 6，则15×18远期利率协议的利率为：

$$r_{FRA} = \left(\frac{1/0.904\ 148\ 6}{1/0.919\ 831} - 1\right) \times \frac{365}{92} = 6.881\ 40\%$$

如果希望对远期利率协议作进一步的研究，可以参考Galitz（1995），

Galitz（1995）对远期利率协议作了出色而详细的阐述。

彭博公司系统

彭博公司系统提供了很多银行和经纪商的远期利率协议利率的信息。图 5.3 显示了 2004 年 6 月 16 日 BBVA 系统中的利率页面，该页面中包括欧元远期利率协议的利率以及欧元 EONIA 和 EURIBOR 掉期的利率。所有使用者都可以获得 BBVA 系统的输出结果，这种情况很少见，也十分受用户的欢迎，因为大部分银行仅将其系统提供给注册客户。

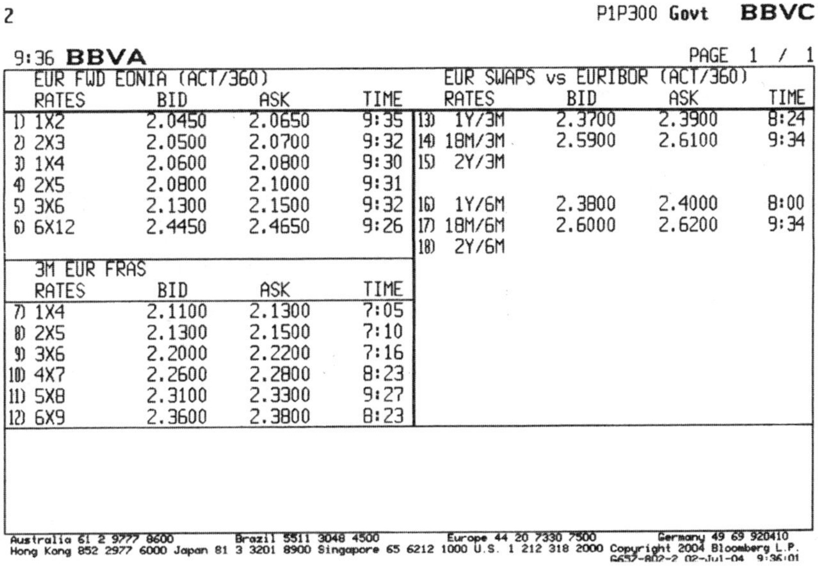

2　P1P300 Govt　BBVC

9:36 BBVA　PAGE 1 / 1

EUR FWD EONIA (ACT/360)

	RATES	BID	ASK	TIME
1)	1X2	2.0450	2.0650	9:35
2)	2X3	2.0500	2.0700	9:32
3)	1X4	2.0600	2.0800	9:30
4)	2X5	2.0800	2.1000	9:31
5)	3X6	2.1300	2.1500	9:32
6)	6X12	2.4450	2.4650	9:26

3M EUR FRAS

	RATES	BID	ASK	TIME
7)	1X4	2.1100	2.1300	7:05
8)	2X5	2.1300	2.1500	7:10
9)	3X6	2.2000	2.2200	7:16
10)	4X7	2.2600	2.2800	8:23
11)	5X8	2.3100	2.3300	9:27
12)	6X9	2.3600	2.3800	8:23

EUR SWAPS vs EURIBOR (ACT/360)

	RATES	BID	ASK	TIME
13)	1Y/3M	2.3700	2.3900	8:24
14)	18M/3M	2.5900	2.6100	9:34
15)	2Y/3M			
16)	1Y/6M	2.3800	2.4000	8:00
17)	18M/6M	2.6000	2.6200	9:34
18)	2Y/6M			

Australia 61 2 9777 8600　Brazil 5511 3048 4500　Europe 44 20 7330 7500　Germany 49 69 920410
Hong Kong 852 2977 6000 Japan 81 3 3201 8900 Singapore 65 6212 1000 U.S. 1 212 318 2000 Copyright 2004 Bloomberg L.P.

图 5.3　2004 年 6 月 16 日 BBVA 所显示的欧元 FRA 利率

此外，所有使用者还可以得到经纪商系统的输出结果。图 5.4 展示了彭博系统 2004 年 8 月 17 日 Tullet&Tokyo 的美元远期利率协议利率页面。注意，该图中最长的期限是 12 ×24 的远期利率协议。

彭博公司系统中的 FRA 估值页面是 BCFR，该页面展示在图 5.5 中。可以看出，该页面曾经用于计算具有以下条款的 2 ×5 远期利率协议的价值：

交易日　　2004 年 8 月 17 日

结算日　　2004 年 8 月 19 日

开始日　　2004 年 10 月 19 日

结束日　　2005 年 1 月 19 日

金额　　1 000 000 美元

1　　N2N121 Govt　TTFR

Screen Printed

11:21 TULLETT & TOKYO　　PAGE 1 / 1

	USD FRAs	Bid	Ask	Time		USD FRAs	Bid	Ask	Time
1)	1 X 4	1.902	1.932	10:55	16)	12 X 18	3.189	3.219	11:16
2)	2 X 5	2.081	2.111	11:10	17)	1 X 10	2.231	2.261	11:16
3)	3 X 6	2.165	2.195	11:10	18)	2 X 11	2.339	2.369	11:16
4)	4 X 7	2.228	2.258	11:10	19)	3 X 12	2.444	2.474	11:16
5)	5 X 8	2.273	2.303	11:16	20)	6 X 18	2.913	2.943	11:16
6)	6 X 9	2.412	2.442	11:16	21)	12 X 24	3.467	3.497	11:09
7)	7 X 10	2.527	2.557	11:16					
8)	8 X 11	2.623	2.653	11:16					
9)	9 X 12	2.725	2.755	11:16					
10)	1 X 7	2.070	2.100	11:09					
11)	2 X 8	2.182	2.212	11:16					
12)	3 X 9	2.285	2.315	11:16					
13)	4 X 10	2.384	2.414	11:16					
14)	5 X 11	2.457	2.487	11:16					
15)	6 X 12	2.584	2.614	11:16					

Australia 61 2 9777 8600　Brazil 5511 3048 4500　Europe 44 20 7330 7500　Germany 49 69 920410
Hong Kong 852 2977 6000 Japan 81 3 3201 8900 Singapore 65 6212 1000 U.S. 1 212 318 2000 Copyright 2004 Bloomberg L.P.
2 17-Aug-04 11:21:35

图 5.4　2004 年 8 月 17 日 Tullet & Tokyo 美国美元 FRA 利率页面

<HELP> for explanation, <MENU> for similar functions.　N217 Govt　BCFR

Screen Printed

FORWARD RATE AGREEMENT VALUATION

Settlement 8/19/04　CALCULATE 1
1-Premium
2-Contract Rate

1 LEND
Start 10/19/04 2 X 5
End 1/19/05
Crncy US
Amount 1,000,000
Rate 2.00106
Day Count ACT/360 Days: 92

FV at Contract Rate 5,113.82
FV at Mkt Rt (2.00106%) 5,113.82

PRICING
Premium 0.0000
Market Value 0.00
Risk 0.2513 Duration 0.256

Cash Rates

1-Day	2-Day	1-Wk	2-Wk
1.5625	1.5625	1.5500	1.5500
1-Mth	2-Mth	3-Mth	4-Mth
1.6000	1.6600	1.7200	1.7825

Futures Rates
Stub Rate 1.8833
Stub Days 57 Days

Contract: ED
U4 1.89
Z4 2.19
H5 2.49
M5 2.80

Australia 61 2 9777 8600　Brazil 5511 3048 4500　Europe 44 20 7330 7500　Germany 49 69 920410
Hong Kong 852 2977 6000 Japan 81 3 3201 8900 Singapore 65 6212 1000 U.S. 1 212 318 2000 Copyright 2004 Bloomberg L.P.
0 17-Aug-04 11:21:40

图 5.5　彭博系统的 FRA 估值页面 BCFR

为了获得该远期利率协议的价值，应将 2.001 06% 的远期利率协议利率作为输入量。在使用时，FRA 估值页面默认当前的现货利率和期货利率，同时也展示了具有相同到期日的必要的期货合同价格。在我们的例子中，显示了 2004 年 9 月、2004 年 12 月、2005 年 3 月以及 2005 年 6 月的欧洲美元期货合同。

远期合同

远期合同是一种场外工具，这种合同规定在未来的某个时点交割某种标的资产。也就是说，远期合同在当下确定了在未来某个时点交割的资产的价格和条件。由于每份远期合同都是针对使用者的要求量身定制，因此远期合同的流动性低于在交易所进行交易并具有标准条款的期货合同。

根据大部分理论文献的说法，远期合同的价格就是标的资产的即期价格加上与持有这种资产直至远期合同到期有关的融资成本，而到期日就是该标的资产进行交割的日期。我们将远期合同的价格表示为如下所示的形式（其中标的资产不支付红利，如零息债券），见等式（5.5）：

$$P_{fwd} = P_{spot} e^{rn} \tag{5.5}$$

其中，

P_{spot} 是远期合同中标的资产的价格，

r 是到期期限为 n 时的连续无风险复利利率，

n 是远期合同到期期限的天数。

无套利定价原则表明等式（5.5）肯定成立。如果 $P_{fwd} < P_{und} e^{rn}$，则交易商就会购买更便宜的金融工具，即远期合同，同时卖出标的资产。卖空标的资产所产生的收益能以利率 r 进行为期 n 天的投资。在到期时，标的资产空头的价格就是远期价格 P_{fwd}，并且交易商将产生等于 $P_{und} e^{rn} - P_{fwd}$ 的利润。如果出现相反的情况，即 $P_{fwd} > P_{und} e^{rn}$，则交易商就会持有标的资产的多头，以无风险利率 r 获得为期 n 天的融资，同时卖出远期合同。在到期时，根据远期合同的条款以远期价格卖出资产，并使用卖出标的资产所获得的收益支付最初为购买该资产所进行的融资。此时，也会产生一定的利润，而且利润的金额等于两种价格之间的差额。

市场参与者可以使用这里所描述的关系，假设短期利率期货合同价格中所隐含的远期利率就等于具有相同期限的远期合同的远期利率。虽然这种假设对于期限不超过3年或4年的期货合同成立，但不适用于期限更长的远期合同和期货合同，这一点在Choudhy（2004）探讨凸度偏差的部分中进行了考察。

短期利率期货

描述

期货合同是指买卖双方按现在确定的价格，在未来某一时点进行交割的契约。金融期货是确定利率、债券以及股票等的价格，但其交易方式与商品期货合同相同。期货合同都是标准合同，在指定的交易所中交易。在伦敦，主要的期货交易所就是伦敦国际金融期货交易所（LIFFE），尽管其他期货也在国际原油交易所和伦敦金属交易所等交易所内交易。货币市场也交易短期利率期货，这种期货旨在为将在未来某个特定期间交易的固定期限的名义货币存款（期限通常为90天或3个月）确定利率。短期利率期货的金额是名义金额，因为在买卖期货时并没有进行实际的货币存款，并且短期利率期货为表外工具。买进短期利率期货合同就相当于进行名义上的存款，而卖出短期利率期货合同就相当于借入一笔名义金额。

3个月期的利率期货是对冲利率风险时最常用的金融工具。

伦敦国际金融期货交易所交易主要货币的短期利率期货，这些主要货币包括英镑、欧元、日元以及瑞士法郎。表5.1对在伦敦国际金融期货交易所进行交易的短期英镑合同条款进行了总结。

表5.1　LIFFE短期英镑期货合同的描述

名称	90天英镑LIBOR利率期货
合同金额	500 000英镑
交割月份	3月、6月、9月、12月
交割日期	最后交易日之后的第一个工作日
最后交易日	交割月份的第三个星期三
价格	100减去利率
点数	0.005
点值	6.25英镑
交易时间	LIFFE CONNECT™ 0805~1800 hours

最初的期货合同与实物商品有关，这就是在表示金融期货合同的到期日时使用“Delivery”一词的原因。在伦敦国际金融期货交易所等交易所进行交易的期货将每个季度的最后一个月作为交割月份。短期英镑合同就是进行现金存款，因此其价格就是指这种存款的利率，而且合同的价格就是 $P = 100 - r$，其中 P 是合同的价格，r 是期货合同在到期时所隐含的利率。这意味着如果合同的价格上升，隐含利率就会下降，反之亦然。例如，1999 年 6 月短期英镑期货（即 Jun99 或 M99，其中 H、M、U 和 Z 分别表示合同在 3 月、6 月、9 月和 12 月到期）的价格在 1999 年 3 月 13 日进行交易时为 94.880，其所隐含的在 6 月该合同到期时的 3 个月期 LIBOR 利率为 5.12%。如果一个交易商以这个价格买进 20 份合同，然后在当天快闭市时将这些合同卖出，卖出时的价格已经上升到 94.96，该价格所隐含的利率为 5.04%，该交易商就可以获得 16 个点的利润，即 2 000 英镑。也就是说，如果 20 份合同多头的价格向上移动 16 个点，所实现的利润就相当于 2 000 英镑，计算过程如下所示：

$$利润 = 赚得的点数 \times 点值 \times 合同的数量$$
$$损失 = 损失的点数 \times 点值 \times 合同的数量$$

短期英镑合同的点值非常容易计算，如果知道合同的金额为500 000英镑，价格变化的最小单位是 0.005%，并且该合同的到期期限为 3 个月，因此就可以得到如下所示的表达式：

$$点值 = 0.005\% \times 500\,000 英镑 \times 3/12 = 6.25 英镑$$

本例中，该交易商所获得的利润非常合乎逻辑，因为如果买进短期英镑期货，就相当于进行名义上的存款，如果期货的价格上升，意味着利率已经下降。之所以可以获得利润，是因为事先以较高的利率进行了存款。如果预期英镑的利率将会上升，我们就会卖空英镑期货，这就相当于借入资金，并将贷款利率锁定在一个较低的水平上。

应注意，买进和卖出利率期货的概念与远期利率协议有所不同，如果买进远期利率协议，就相当于借入名义金额的资金，但如果买进利率期货合同，就相当于存入名义金额的资金。如果持有利率期货合同中的头寸直至到期，该合同在到期时就会进行实际交割。

其他货币的短期利率期货合同与短期英镑合同非常相似，并且也都是在交易所内进行交易，如位于法兰克福的德意志交易所和位于巴黎的法国国际期货及期权交易所。

利率期货的定价

3个月期利率期货合同的价格就是在合同到期时该货币的隐含3个月期利率。因此，在期货价格、远期利率协议利率（根据期货价格进行推导）以及现货市场利率之间存在非常密切的关系。在到期日，期货价格就等于在该天所确定的LIBOR利率，这就是所谓的交易所交割结算价格（EDSP），它可以用于计算交割金额。在合同的期限内，合同的价格与当前3个月期的实际LIBOR利率关系不是很大，但与到期时的远期利率的关系非常密切。

等式（5.2）和等式（5.3）是计算货币市场到期远期利率的基本远期利率公式，可以对其进行调整，使其能应用于远期利率协议价格的计算。如果包含一些额外的条件以涵盖交易日，该等式也可以用于计算期货的价格。因此，我们进行如下规定：

T_0 表示交易日，

T_M 表示合同的到期日，

T_{CASH}表示在 T_0 时刻进行交易的现货市场存款的起息日，

T_1 表示在 T_M 时刻进行交易的现货市场存款的起息日，

T_2 表示在 T_M 时刻进行交易的3个月期现货市场存款的到期日。

然后根据等式（5.3）推导计算持有至到期日的期货合同的价格公式：

$$P_{fut} = 100 - \frac{r_2 n_2 - r_1 n_1}{n_f\left(1 + r_1 \frac{n_1}{365}\right)} \tag{5.6}$$

其中，

P_{fut}是期货价格，

r_1 是直至 T_1 时刻现货市场的利率，

r_2 是直至 T_2 时刻现货市场的利率，

n_1 是从 T_{CASH}到 T_1 的天数，

n_2 是从 T_{CASH}到 T_2 的天数，

n_f 是从 T_1 到 T_2 的天数。

该公式使用每年为365天的计算惯例，这也是英镑货币市场的天数计算惯例。如果所在的市场将每年作为360天，公式中也应作相应替换。

实际中，合同在任何时点的价格都将非常接近于理论上的价格，而理论价格由上面的等式（5.6）进行确定。由于市场供求问题以及 LIBOR 以 1/16 或 0.062 5 为单位进行报价，实际价格与理论价格间会存在差异。远期利率协议价格和期货价格紧密相关，实际上银行通常是使用期货对远期利率协议定价，并使用期货对冲远期利率协议的风险。如果使用期货对冲远期利率协议所面临的风险，这种对冲将非常精确，因为这两种金融工具的价格几乎可以精确到点对点[①]。然而，期货合同的点值是固定的，并使用 3/12 作为基础，而远期利率协议的结算价值使用 360 天或 365 天作为天数计算基础。远期利率协议的交易商在进行对冲时需要意识到这个问题。

有关远期利率的比较出色的讨论都会强调，远期利率是市场在现有信息的基础上对未来利率的判断。由于可以利用的信息在不断更新，远期利率也会相应变化。然而，不应将远期利率看作是市场对未来利率的预计，而应看作是银行以未来价值确定的当前交易票据的利率，确定时需要用到直至票据签发时刻为止的所有已知信息。当然，期货现在的价格不太可能与期货合同到期时的实际 3 个月期利率保持一致，这就是为什么期货价格和实际现货利率在任何一个特定日期都不相同的原因。直至到期日，期货价格都是一种隐含远期利率，当然在该远期利率与当前的现货市场利率之间永远会存在一定的差异。现货价格与期货价格之间的缺口就是所谓的基差，并且可以将其定义为如下所示的形式：

$$基差 = 现货价格 - 期货价格$$

在期货合同最后结算日（在最后结算日，期货利率和现货利率会趋同）之前的任何时点，当前现货市场利率和期货价格隐含的利率之间通常存在一定的差异，也就是上文解释过的差异。实际上，当前 3 个月期银行间存款隐含价格和期货价格之间的差异就是所谓的简单基差，市场参与者通常直接将其称为基差。简单基差包含两个独立的组成部分，即理论基差和价值基差。理论基差就是当前 3 个月期银行间存款利率隐含价格与理论公平期货价格所隐含的价格之间的差异，而期货的公平价格是根据现货市场远期利率并使用以上所示的等式（5.6）进行计算的。理论基差可能为正，也可能为负，这取决于收益率曲线的形状，案例 5.7 对理论基差与收益率曲线之间的关系进行了解释。

---

① 也就是说，可以将基差风险降到最小。

案例 5.7 理论基差

下面考察收益率曲线形状和理论基差之间的关系，假设现在的日期为 3 月 14 日。

1. 斜率为负的收益率曲线和同样为负的理论基差。

3 个月期的 LIBOR	6.50%
6 个月期的 LIBOR	6.375%
9 个月期的 LIBOR	6.25%
1 年期的 LIBOR	6.1875%

现货价格（100 - LIBOR）	合同	期货的公平价格	理论基差
93.5	6 月	93.85	-0.35
	9 月	94.19	-0.69
	12 月	94.27	-0.77

2. 平坦的收益率曲线和为负的理论基差。

3 个月期的 LIBOR	6.50%
6 个月期的 LIBOR	6.50%
9 个月期的 LIBOR	6.50%
1 年期的 LIBOR	6.50%

现货价格（100 - LIBOR）	合同	期货的公平价格	理论基差
93.50	6 月	93.60	-0.10
	9 月	93.70	-0.20
	12 月	93.80	-0.30

3. 斜率为正的收益率曲线和为正的理论基差。

3 个月期的 LIBOR	6.50%
6 个月期的 LIBOR	6.75%
9 个月期的 LIBOR	6.937 5%
1 年期的 LIBOR	7.125%

现货价格（100 - LIBOR）	合同	期货的公平价格	理论基差
93.50	6 月	93.11	0.39
	9 月	92.93	0.57
	12 月	92.69	0.81

以上是一个非常简单的案例，从中可以看出，收益率曲线的陡峭程度和形状将会影响到以上所给出的假设。

价值基差就是理论公平期货价格与实际期货价格之间的差异，它度量的是与其公平价值相比期货合同价格被高估或低估的程度。价值基差反映了期货合同并不总是以其数学上计算的理论价格进行交易这一事实，这是因为市场情绪以及供求关系的影响。理论基差和价值基差的变化相互独立，并且是对不同影响因素做出的反应。然而，这两种基差在最后交易日都会收敛于零，因为在这一天将对期货合同进行最终的现金结算。

实际中，期货合同并不能为在当下锁定未来发生的交易的现货市场利率提供一个精确的工具，尽管这是期货合同在理论上的设计目的。期货确实可以使银行锁定在未来发生的交易的利率，而这种利率就是远期利率。基差是当前的现货市场利率和未来特定日期的远期利率之间的差异。随着期货合同临近到期日，期货价格和现货市场价格将会趋同，这个过程就是所谓的收敛。如前所述，以下的事实可以证明这种收敛过程，即两个价格或利率在到期时将会完全相同。

利率期货交易

"交易"这个术语包含很多行为。向市场参与者进行双向报价的做市商可能需要提供客户服务，确定零售和机构投资者的购买数额，或者获得一定的利润，并使得资本的回报最大化。市场的性质也会影响到交易时所采用的方法。在一个高度透明和具有流动性的市场中，如美国的国债市场和英国的金边国债市场，价格利差相当小，尽管需求的增加在某种程度上使两个市场中的价格利差有所上升。这意味着由于个别证券的错误定价而带来的盈利机会将会非常少，尽管不是完全没有这种机会。对于这种市场中的交易商来说进行相对价值交易非常正常，例如个别证券之间的收益率利差或者对收益率曲线未来的预期形状进行交易，这也称为利差交易。很多衍生交易的目的都是为了进行对冲，但投机交易也非常普遍。通常，债券和利率交易商会基于他们对市场走向的认识使用期货或期权合同。但具有讽刺意味的是，业务水平较低的做市商为了弥补其交易过于单调的缺陷，倾向于对期货交易进行投机，并往往会导致不幸的结果。这些做市商业务水平较低的原因，可能是因为它们刚刚加入这个市场，或者是源于历史原因，也可能是因为它们具有风险厌恶特性，认为为了提高业务水平，承担一定的风险非常必要。

进行投机性交易是基于交易商、交易部门或相关负责人的认识，而这种认识可能只是一种内部观点，如经济学家或研究部门的集体观点，或者个别交易商的观点，这些观点的形成都是进行基本面分析和技术分析的结果。基本面分析是评估宏观经济，以及不仅影响具体债券市场，而且影响整个经济的宏观经济因素。进行公司债券交易的交易商还非常重视具体的部门、公司及其外部环境，因为公司发行债券的信用利差以及形成信用利差的原因对这种债券的业绩非常重要。技术分析是一种自成体系的分析手段，具有相应的用途和支持者。技术分析或图表分析基于资产价格在长期内的连续时间序列模式将会自行重复。因此，发现这种时间序列模式就可以合理预期资产价格在未来的表现。很多交易商都同时使用基本面分析和技术分析，尽管图表制作分析师通常认为技术分析非常有效，应是交易商所采用的唯一方法。

本书作者的另一本书《债券和货币市场：战略、交易及分析》（The Bond and Money Markets：Strategy，Trading，Anaylisis）中的第 63 章对技术分析进行了详细的考察。

本章将介绍一些常用方法和技术，以及一些虽然并不常用，但固定收益交易商可能会用到的一些方法。

期货的交易

为了进行投机或对冲，人们往往更偏好于衍生交易而不是现货市场交易，这主要是因为衍生市场极具流动性，便于开展交易且交易成本较低。期货交易的本质特征是波动性和杠杆作用。在交易所建立期货头寸时，所需要的保证金水平占交易合同名义金额的比例非常低。在投机时，交易商通常进行没有担保的交易，这种交易实际上是关于市场走向的赌博。因此，如果一个交易商认为短期英镑利率将会下降，该交易商就会在伦敦国际金融期货交易所内买进短期英镑期货合同，交易商可能持有这种头寸一天（如果当天合同价格上涨，该交易商就能获利），也可能持有这种头寸一个较长的时间，这取决于该交易商对市场走向的认识。短期英镑期货合同的点值是12. 50 英镑，如果该交易商以 92. 75 的价格（即 100 – 92. 75 或 7. 25%）买进，并且在该天结束时以 98. 85 的价格卖出，该交易商每手交易就可以获得 125 英镑的利润，当然还需要除去相关的经纪费。这种交易可以使用任何期货合同进行。现货市场产品或远期利率协议等金融工具的交易也具有相似的原理，但流动性、较小的价格利差以及较低的交易成本使得这种交易在期货交易所中更易进行。然而，根据两种不同合同的利率差异进行利差交易更为有趣。下面的图 5. 6 和图 5. 7 将 2004 年 3 月 25 日伦敦国际金融期货交易所的短期英镑期货合同价格联系了起来。

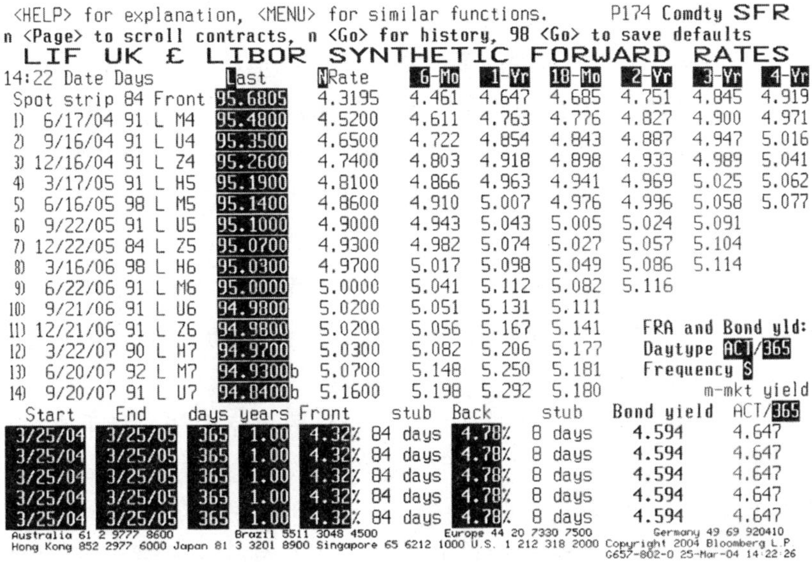

图 5.6　2004 年 3 月 25 日 LIFFE 短期英镑合同分析

资料来源：Bloomberg L. P. Used with permission。

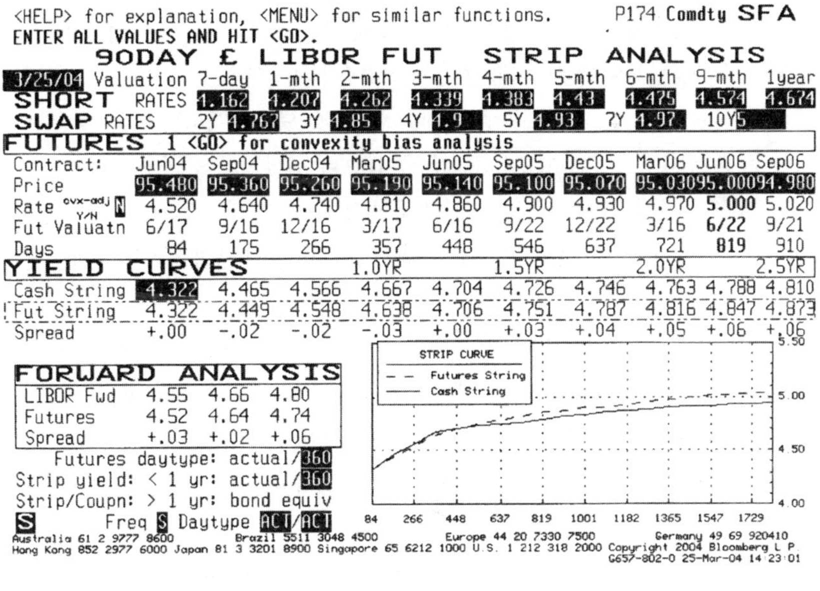

图 5.7　2004 年 3 月 25 日 LTFFE 短期英镑远期利率分析

资料来源：Bloomberg L. P. Used with permission。

期货交易所使用 H、M、U 和 Z 分别表示在 3 月、6 月、9 月以及 12 月进行交易的期货合同。因此，2004 年 6 月的合同就可以表示为“M4”。从第 6 章的讨论中我们可以知道，远期利率就是当天的未来价格，也是该价格所隐含的利率。“Stub”（非完整期间或畸零天期）就是从现在到第一份期货合同到期时的利率期限，第一份期货合同称为即期月份合同（本例中即期月份合同就是 2004 年 6 月的合同），并且期间的天数为 84 天。图 5.7 列出了从即期交割日到 6 个月或 1 年之后的远期利率。可以进行一个期货迭期交易以复制任何期限，直至合同的最长到期日，对冲或投机时都可以进行这种复制。注意，从图 5.7 中可以看出，现货市场收益率曲线与期货收益率曲线之间存在一个利差。交易商可以根据期货交易持有现货头寸，但只有在期货交易所中才可以相对容易地进行交易。

短期货币市场利率的行为通常独立于整体收益率曲线。货币市场交易商可能会意识到现货市场的趋势，例如在曲线特定点上借款的频率将会增大，以及其他市场认知，比如认为曲线上的某一点相对于其他点将会上升或下降。利用这种认知的一种方式就是根据期货合同持有存单等现货头寸，即进行基差交易。

然而，利用这种认知的最好方式是进行利差交易，即持有一种合同的空头同时持有另一种合同的多头。考虑图 5.6，如果认为 2004 年 6 月的 3 个月期利率将会低于当前期货价格所隐含的利率，但 2004 年 9 月的利率将会较高，我们就会买进 M4 合同，同时持有 U4 合同的空头。这不是一个市场走向交易，而是对两种合同之间的相对利差进行交易。在进行这种交易时，两种合同的权重必须相等，例如，同时持有 100 手 6 月的合同和 100 手 9 月的合同。如果利率的变化方向与交易商的预期相一致，该交易商就会获利。对图 5.7 进行分析也可以发现类似的交易可能性，但这取决于对远期利率的认识。

利差交易比未进行对冲的开口头寸具有更低的保证金要求，因为利差交易中不具有市场走向风险。而且，在不同的交易所进行期货合同交易还可能实现套利。如果某种交易是持有期限较短合同的空头并持有期限较长合同的多头（与上例中的情况相反），就是所谓的买进利差，此时交易商认为利差将会扩大。相反的情况是卖空利差，在交易商认为利差将会缩小时使用。注意，两种价格水平之间的差异具有一定的限度，因为期货合同的理论价格将会限制利差或基差的上限。此外，利差或基差不能超过持有成本，也就是现在买进现货证券并在合同到期时在期货市场进行交割的净成本。短期利率合同也适用相同的原则，其净成本就是为了买进证券而进行借款的利息成本与该证券在交割之前所累积收益之间的差额。短期英镑利差交易的两个相关成本是买进一种合同和卖出另外一种合同时的名义借款和贷款利率。如果交易商认为持有成本将会下降，就会根据这种认识卖出利差。

交易商所需的时间期限可能非常长，并根据短期利率合同与长期债券期货之间的利差进行交易。这种交易通常只有坐盘交易部门才能进行，因为单个人不能同时交易 3 个月期的利率与 10 年期的利率（或 20 年期的利率，这取决于合同的规定）。这种利差交易的一种常见形式就是收益率曲线交易。如果交易商认为英镑收益率曲线在 3 个月期和 10 年期之间将会变得更为陡峭或更为平坦，就可以利用伦敦国际金融期货交易所的短期英镑合同和长期金边国债合同买进或卖出利差。然而，为了消除第一层风险，这种交易必须进行久期加权，因为一个短期英镑合同并不等价于一个金边国债合同。金边国债合同的名义金额为 100 000 英镑，短期英镑合同中定期存款的金额为 500 000 英镑，但金边国债合同的点值为 10 英镑。使用等式（5.7）计算对冲比率，其中金边国债合同价值变化 1% 的价值为 1 000 英镑，而短期英镑合同价值变化 1% 的价值为 1 250 英镑。

$$h=\frac{(100\times tick)\times P_b\times D}{(100\times tick)\times P_f}\tag{5.7}$$

其中，

$tick$ 是合同的点值，

D 是长期债券合同中债券的久期，

P_b 是债券期货合同的价格，

P_f 是短期存款合同的价格。

名义到期期限不同的长期债券会存在一个利差，例如某长期金边国债的息票率为 8.75%、到期期限为 13 年。实际中人们总是使用最便宜交割债券的久期。

蝴蝶形利差交易就是涉及三个合同的利差交易，在三个交易合同间存在两个利差。当中期合同相对于其他两个合同存在错误定价时，就会执行蝴蝶形利差交易。交易商可能认为期限较短和期限较长的合同中至少有一个与中期合同的变化方向有关。如果交易商认为期限较短和期限较长的两个合同中只有一个合同与中期合同相关，并且交易商不能确定应对哪一个合同进行调整，就会进行蝴蝶形利差交易。例如，再次考察图 5.6，前三个合同的价格分别为95.48、95.35 和95.26，交易商可能认为9 月份合同的价格过低，因为该合同与6 月份合同之间的利差为 13 个基点，与 12 月份合同之间的利差为 9 个基点。该交易商认为 9 月份合同的价格偏低，但结果是 6 月份和 12 月份合同的价格将会下降，还是 9 月份合同的价格将会上升呢？交易商不必回答这个问题，交易商只需认为 6 月份和 9 月份合同之间的利差将会扩大，而 9 月份和 12 月份合同之间的利差将会缩小就可以了。根据这种认识，该交易商就会进行蝴蝶形利差交易，该交易中的利差就等于 9 月份和 12 月份合同之间的利差减去 6 月份和 9 月份合同之间的利差，而且该交易商预期蝴蝶形利差将会缩小。因此，该交易商就会买进 6 月份和 9 月份合同之间的利差，并卖出 9 月份和 12 月份合同之间的利差，这也称为卖出蝴蝶形利差。

案例 5.8　欧洲美元期货合同

欧洲美元期货合同在芝加哥商业交易所交易，但也可以在 SIMEX（新加坡国际金融交易所）和 GLOBEX 进行 24 小时不间断的全球交易。这种合同的标的资产就是在美国本土之外的银行进行的美国美元存款，该合同使用的利率是 90 天期的美元 LIBOR。欧洲美元期货是在交割月份第三个星期三之前的第二个工作日使用现金进行结算，此时使用的是伦敦的工作日惯例。最终的结算价格可用于确定合同的价格，如下所示：

$$10\,000 \times (100 - 0.25r)$$

其中，r 是当时所报出的欧洲美元利率，该利率是实际的 90 天欧洲美元存款利率。

期限最长的欧洲美元合同的到期期限为 10 年。市场假设期货价格与远期价格相等，附录 5.1 表明如果所有到期期限的无风险利率都保持不变，该假设正确。实际中，这种假设对于短期期货合同也同样成立，但是对于长期期货合同不是非常精确。因此，使用到期期限大于 5 年的期货合同计算零息利率或隐含远期利率就会产生错误，在利用这些推导利率给掉期等其他金融工具定价时需要考虑到这个问题。图 5.8 展示了彭博系统中描述欧洲美元合同的页面。

使用利率期货进行对冲

很多银行使用利率期货对冲现金和表外金融工具的利率风险。债券交易人员通常也使用期货对冲到期期限不超过两年或三年的债券头寸，因为能交易的期货合同的到期期限不超过三年。远期月份（Far month）合同的流动性显著低于近期月份（Near month）合同和即期月份（Front month）合同（针对最近到期月份的当前合同）。在对冲到期期限为两年的债券头寸时，交易商将使用期货迭期，期货迭期的到期日应与债券的到期日尽可能匹配。

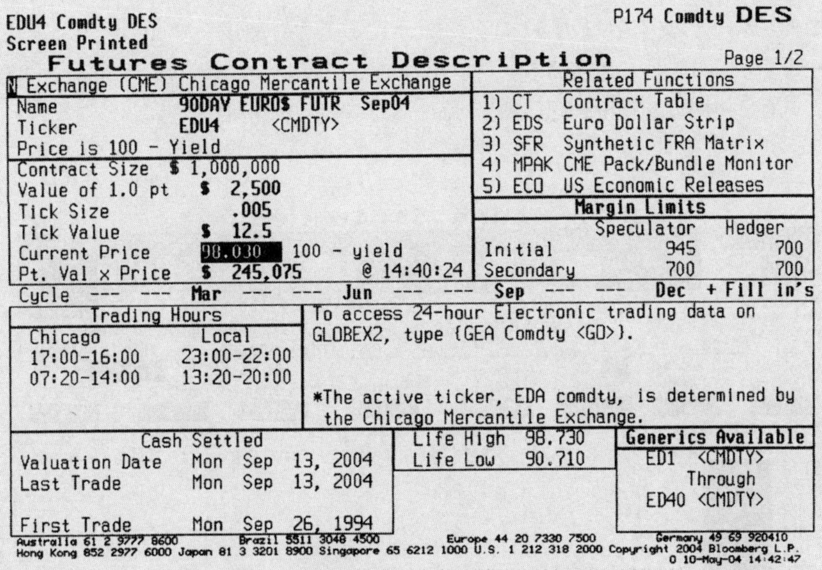

图 5.8　彭博系统的欧洲美元合同 DES 页面

对冲的目的是为了保护当前或预期现货市场头寸以及 OBS（表外）头寸的价值不致因为利率的不利变化而下降。对冲者将尽量使用对冲工具价值的变化抵销利率变化对现货头寸价值的影响。如果对冲非常精确，在主头寸上的损失就可以通过对冲工具头寸所获得的利润进行补偿。如果交易商预期利率将会下降，并希望对利率的这种下降提供保护，他们就会买进期货，即进行多头对冲；如果他们希望对利率的上升提供保护，他们就会卖出期货，即进行空头对冲。

债券交易商还使用 3 个月期的利率合同对冲短期债券头寸，例如，一个短期债券做市商将会发现使用短期期货而不是长期债券期货合同对其账户进行对冲更为合适。如果使用短期期货进行对冲，精确计算对冲所需使用的期货合同数量就非常重要。为了构建债券对冲交易，必须使用期货迭期，这样就能确保期限最长的期货合同可以涵盖债券的到期日。对冲比率的计算需要确定每笔现金流对于每个相关远期利率变化的敏感性。而且，每笔现金流是单独进行计算，然后将对冲价值加总，并得出最为接近的整数期货合同数额。

图 5.9 是彭博公司终端 TED 页面的复制，该页面计算了短期债券的迭期对冲①。所

① 该系统在 1995 年引入，作者甚至能回忆起在该系统投入使用之前与彭博公司在普林斯顿就该系统展开的讨论。

显示的案例是使用短期英镑期货合同对冲息票率为 8.5%、到期期限为 2005 年的金边国债头寸，结算日为 2003 年 11 月 11 日。该页面显示了为对冲该头寸必须购买（或出售）的每种期货合同的数量，在该例中所持有债券的金额为 1 000 万英镑。“Stub”（畸零天期）要求通过使用近期月份合同得到了满足。总共需要 165 份期货合同。

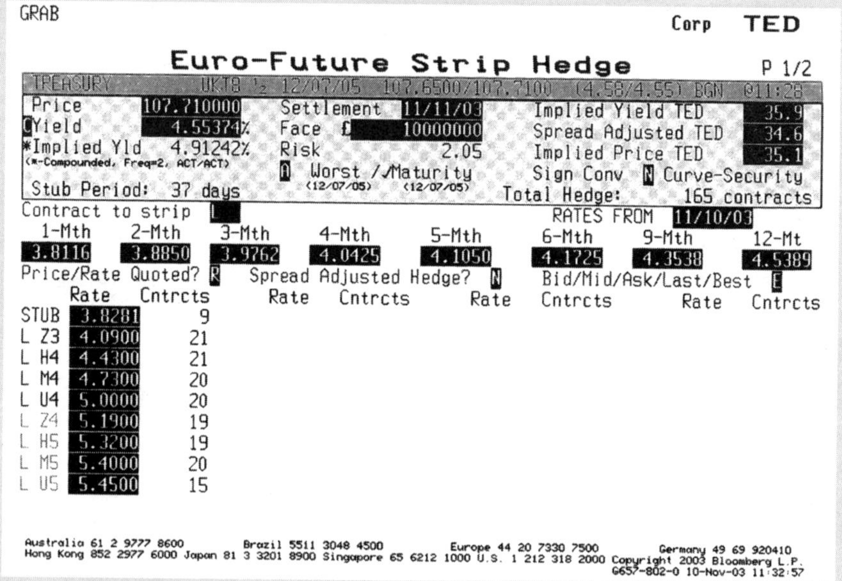

图 5.9　2003 年 11 月 11 日彭博系统的 TED 页面，该页面用于计算息票率为 8.5%、到期期限为 2005 年的金边国债的对冲要求

© Bloomberg L. P. Used with permission.

下面的案例解释了如何使用短期利率期货合同进行对冲。

案例 5.9　3 个月远期贷款的对冲

6 月 1 日，某公司财务人员预期在 3 个月后（即 9 月 1 日）将会有金额为 1 000 万英镑的现金流入，该公司将对这部分现金流入进行为期 3 个月的投资。该财务人员预期利率在接下来的几个星期之内将会下降，并希望对利率的下降提供保护以免受其影响。可以通过使用短期英镑期货合同做到这一点，并且 6 月 1 日的市场利率如下所示：

3 个月期的 LIBOR	6.5% 英镑
9 月期货价格	93.220 英镑

该财务人员以 93.220 的价格买进了 20 份 9 月短期英镑期货合同，合同金额加起来正好等于 1 000 万英镑。假设不存在买卖价利差，该公司就可以将远期贷款利率锁定在 6.78%。

预期贷款利率 = 期货价格所隐含的利率
= 100 − 93.220
= 6.78%

在 9 月 1 日，市场利率如下所示：

3 个月期的 LIBOR	6.25%
9 月期货价格	93.705 英镑

该财务人员以这个价格卖出了这些期货合同。

期货的利润/损失 = +97点(93.705 − 93.220)或0.485%

有效贷款利率 = 3 个月期的 LIBOR + 期货的利润
= 6.25% + 0.485%
= 6.735%

该财务人员非常接近于实现其 6.78% 的目标贷款利率，并且对冲保护了LIBOR利率从 6.5% 下降到 6.25% 的风险，这是因为期货交易获得了利润。

在现实世界中，现货市场的买卖价利差将会影响对冲交易的利润或损失金额。通常，期货在交易和结算时更接近于市场利率中的卖价（LIBOR），而贷款利率（公司提供的贷款）将更接近于 LIBID（买价）利率。

案例 5.10　6 个月远期借款的对冲

某国债自营商在 3 个月之后（9 月 16 日）需要进行为期 6 个月、金额为3 000万欧元的借款。该自营商预期利率在 9 月 16 日之前至少会上升 0.5%，因此希望可以锁定未来的借款利率，这种情形下的详细情况如下所示：

日期	6 月 16 日
3 个月期的 LIBOR	6.062 5%
6 个月期的 LIBOR	6.25%
9 月份期货合同的价格	93.66 欧元
12 月份期货合同的价格	93.39 欧元

为了对冲期限为 6 个月、金额为 3 000 万欧元的风险敞口，该自营商需要使用 60 份期货合同，每个期货合同的名义价值为 100 万欧元，而且每个期货合同对应于一个为期 3 个月的名义存款期间。该自营商决定卖出 30 份 9 月期货合同以及 30 份 12 月期货合同，即进行迭期对冲。这种对冲策略预期可以实现的远期借款利率 rf 可以进行如下所示的计算：

$$1 + rf \times \frac{\text{期间内的天数}}{360} = \left(1 + 9\text{月份合同的隐含利率} \times \frac{9\text{月份合同期间内的天数}}{360}\right)$$
$$\times \left(1 + 12\text{月份合同的隐含利率} \times \frac{12\text{月份合同期间的天数}}{360}\right)$$

因此可以得到：

$$1+r\times\frac{180}{360}=\left(1+0.063\,4\times\frac{90}{360}\right)\times\left(1+0.066\,1\times\frac{90}{360}\right)$$

$$rf=6.53\%$$

有时，利率 rf 也称为迭期利率。而且，该对冲在 9 月份期货合同的到期日解除。

假设现在的利率为：

3 个月期的 LIBOR	6.437 5%
6 个月期的 LIBOR	6.812 5%
9 月份期货合同的价格	93.56 欧元
12 月份期货合同的价格	92.93 欧元

期货合同所获得的利润或损失为：

9 月份期货合同	+10 点
12 月份期货合同	+46 点

因此，3 个月期的期货利润为 56 点，也就是 0.56%；而 6 个月期的期货利润为 0.28%。有效借款利率就是 6 个月期的 LIBOR 减去 6 个月期的期货利润，即：

$$6.812\,5\%-0.28\%=6.532\,5\%$$

在这种情况下，对冲非常有效，因为自营商实现的借款利率为 6.532 5%，该利率非常接近于 6.53% 的迭期利率目标。

如果在 9 月份期货合同的到期日从市场中购回 12 月份的期货合同，该自营商仍会面临基差风险。例如，如果期货的购回价格是 92.73 欧元，则有效借款利率就仅为 6.432 5%，并且该自营商将会获利。当然，另一种情况可能是，期货合同的交易价格上涨了 20 个点数，即借款利率为 6.632 5%，该利率高于目标利率 10 个基点。如果发生后面这种情况，自营商就可能在现货市场中借入为期 3 个月的资金，并继续持有 12 月份的期货合同直至 12 月份的期货合同到期，同时将这些借款进行滚动。12 月份期货合同的利润或损失可以补偿此时 3 个月期利率的任何变化。

提炼对冲比率

期货对冲比率的计算可以用要对冲的金额除以相关期货合同的名义价值，然后再针对对冲的久期作出调整。如果风险非常大和/或对冲期间非常长，这样做就会产生一些不精确性，除非提炼对冲比率以补偿期货对冲现金流与标的风险敞口现金流之间的时机不匹配。利率的任何变化都会以日追加保证金的形式直接影响对冲，但是只能影响到期的标的现货头寸，也就是贷款或存款的到期利息支付。换句话说，期货头寸的对冲损益是在对冲期间内实现，而现货市场的损益会被递延。期货利得可以进行再投资，而期货损失需要进行融资。

通常，需要将基本的对冲比率进行提炼以抵销这种时机不匹配的影响，这个过程有时称为“追踪”。

TED 利差

自 1981 年引入欧洲美元合同以来，交易商通常认为欧洲美元收益率和美国国债收益率之间存在一定的利差。欧洲美元隐含收益率与美国国债收益率之间的这种差异称为 TED 利差。从本质上来说，TED 利差是一种信用利差，因为国债收益率没有任何风险，而欧洲美元收益率是 3 个月期 LIBOR 的隐含远期利率。因此，TED 利差是反映银行间信用质量的一个很好的指标，并且通常具有顺经济周期性。与 TED 利差有关的主要交易涉及到对两种收益率曲线的形状和斜率的变化作出主观判断。例如，如果交易商预期二者之间的利差将会扩大，就会持有 TED 利差的多头，即买进欧洲美元并卖出国债，如果交易商预期二者之间的利差将会缩小，就会持有 TED 利差的空头。

正如 Burghardt（2004）所报告的，交易最为活跃的 TED 利差是欧洲美元同 3 个月期短期国债之间的利差，该利差是在期货合约到期日，市场预期的 3 个月期 LIBOR 与 3 个月期短期国债期货利率之间的差额。由于短期国债期货（在芝加哥期货交易所交易）和欧洲美元合约的点值都是 25 美元，因此不需要进行非常复杂的对冲比率计算。

TED 利差就是欧洲美元与期限较长的国债利率之间的利差，实施 TED 利差交易必须计算对冲比率。对冲比率的计算并不总是那么直接，因为尽管国债收益率有标准的计算方法，但欧洲美元合约的收益率却有不止一种计算方式。Burghardt（2004）指出了计算欧洲美元合约收益率的两种常用方法：

- 未加权欧洲美元剥离收益率，该收益率的计算使用的是零息利率。
- 加权欧洲美元剥离收益率，即将期货利率转化为附息债券的收益率。

未加权 TED 利差需要计算欧洲美元债券等价收益率，计算过程如下所示，其中面值为 1 美元的零息债券的价格 P_{ED} 为：

$$P_{ED} = \frac{1}{\left[1 + rs\left(\frac{T_{spot}}{360}\right)\right]\left[1 + rf_1\left(\frac{T_1}{360}\right)\right]\left[1 + rf_2\left(\frac{T_2}{360}\right)\right] \times \cdots \times \left[1 + rf_N\left(\frac{T_N}{360}\right)\right]} \tag{5.8}$$

其中，

rs 是现在的即期利率，

rf_i 是欧洲美元期货利率，

T_i 是每个相关期间的天数。

等式（5.8）赋予每个利率大致相等的权重，因为每个期货合约的到期期限都是91天，对此的一个例外就是从现在（即期交割日）到第一个合约到期的期间，该期间称为“Stub”期间①（非完整期间或畸零天期）。这意味着TED利差受期限结构的影响，也就是说所计算的TED利差对收益率曲线斜率的变化非常敏感。

为使TED利差值仅取决于信用利差的变化，而不会受到期限结构的影响，我们将使用加权欧洲美元剥离收益率，这里有两种方式。

隐含欧洲美元收益率

为了计算隐含欧洲美元收益率，可以确定如果由一个具有LIBOR信用质量的银行发行中期国债，这些国债的收益率应该是多少。这就是隐含欧洲美元收益率，并且是通过使用LIBOR和欧洲美元剥离曲线所给出的贴现因子获得该国债的现值。然后，根据这个现值计算出收益率。这个收益率和实际收益率之间的差额就是隐含TED利差。

与欧洲美元利率之间的固定基点利差

这种方法是计算为了获得中期国债的当前价格，应从欧洲美元期货利率中减去多少基点。

当然，三种方法将产生不同的结果。例如，根据伯格哈特（Burghardt）的观点，在2004年8月10日使用这三种方法得出了与基准2年期和5年期国债之间的利差，如表5.2所示。

表5.2　2004年8月10日的TED利差

期限	欧洲美元（剥离）	隐含欧洲美元	固定利差基点
2年	18.9	17.4	18.2
5年	39.7	36.8	36.0

① 有关如何处理“Stub”期间的详细阐述，请参见Burghardt（2004）的209～211页。

这些差异来自于后两种指标的加权本质。欧洲美元剥离收益率指标可以得到比隐含欧洲美元收益率更高的利差，但这并非不可预期，因为在斜率为正的收益率曲线环境中，收益率曲线终端的较高利率将会产生一个偏差效应，这与人们在根据斜率为正的平价收益率曲线构建零息收益率曲线时所观察到的效应非常相似（参见《货币市场业务管理》第 1 章）。

使用 Excel 表格核对市场远期利率[①]

短期利率期货的价格反映了在期货合约到期时，市场对 3 个月期 LIBOR 利率的预期。正如《货币市场业务管理》第 1 章中将要讲到的，远期利率可以根据无套利情况下的市场即期利率进行计算。短期英镑合约或欧洲美元合约在任何时点的价格都应反映这种无套利利率。

如果使用现货市场利率计算远期利率，可以使用如下所示的等式（5.9）：

$$r_f = \left\{ \frac{\left[1 + r_l\left(\frac{n_l}{360}\right)\right]}{\left[1 + r_s\left(\frac{n_s}{360}\right)\right]} - 1 \right\} \frac{360}{n_f} \tag{5.9}$$

其中，

r_f 是远期利率，

r_l 是长期存款利率，

r_s 是短期存款利率，

n_l 是长期期限中所包含的天数，

n_s 是短期期限中所包含的天数，

n_f 是远期期限中所包含的天数。

实际利率与根据现货市场的 LIBOR 利率计算所得到的远期利率间将存在一定的差异，这是因为以下原因：

- 供求关系。
- 期货市场可以驱动现货市场的价格，但现货市场并不能驱动期货市场的价格。

① 这部分内容是与伦敦比联金融产品公司的斯图亚特·特纳（Stuart Turner）合写，其中斯图亚特·特纳负责文中所附带的 Excel 电子数据表格。

- 所考虑的实际期间的期限存在一些差异。

如果市场参与者认为以上原因不能解释任何利率差异，该参与者就会按照自己的观点进行交易。

表 5. 3 展示了一个 Excel 电子数据表格，该表格可以用来检查 2004 年 10 月 1 日欧洲美元合约的市场价格。该日美国美元的 LIBOR 利率显示在表 5. 4 中，图 5. 10 展示了欧洲美元期货的价格。

表 5. 3　　现货市场无套利远期利率与欧洲美元隐含远期利率的比较

$$rf_{3\times6}=\left\{\frac{\left[1+0.0235\left(\frac{270}{360}\right)\right]}{\left[1+0.0220\left(\frac{180}{360}\right)\right]}-1\right\}\frac{360}{90}=2.62\%$$

X 个月后的 3 个月期利率

期限	天数	LIBOR		远期利率
3 个月	90	2. 027 50%	3 个月后的 3 个月期利率	2. 360 535 038%
6 个月	180	2. 200 00%	6 个月后的 3 个月期利率	2. 621 167 161%
9 个月	270	2. 350 00%	9 个月后的 3 个月期利率	2. 854 686 156%
12 个月	360	2. 488 75%		

使用插值利率

期限	天数	LIBOR		远期利率
3 个月	75	1. 971 88%	3 个月后的 3 个月期利率	2. 344 664 706%
6 个月	166	2. 167 33%	6 个月后的 3 个月期利率	2. 624 926 233%
9 个月	257	2. 328 33%	9 个月后的 3 个月期利率	3. 087 962 132%
12 个月	355	2. 481 46%		

使用外推利率

期限	天数	LIBOR		远期利率
3 个月	95	2. 046 04%	3 个月后的 3 个月期利率	2. 373 676 917%
6 个月	185	2. 211 67%	6 个月后的 3 个月期利率	2. 629 924 385%
9 个月	275	2. 358 33%	9 个月后的 3 个月期利率	3. 030 861 846%
12 个月	370	2. 503 33%		

插值/外推期限	355	
第 1 个已知利率	2. 44%	
第 2 个已知利率	2. 49%	
第 1 个期限	330	
第 2 个期限	360	2. 481 50%

表 5.4　　2004 年 10 月 1 日美国美元的 LIBOR

	LIBOR 利率（%）	期限（天）
1 个月期	1.840 0	30
2 个月期	1.916 2	60
3 个月期	2.027 5	90
4 个月期	2.080 0	120
5 个月期	2.130 0	150
6 个月期	2.200 0	180
7 个月期	2.250 0	210
8 个月期	2.300 0	240
9 个月期	2.350 0	270
10 个月期	2.397 5	300
11 个月期	2.445 0	330
12 个月期	2.488 8	360

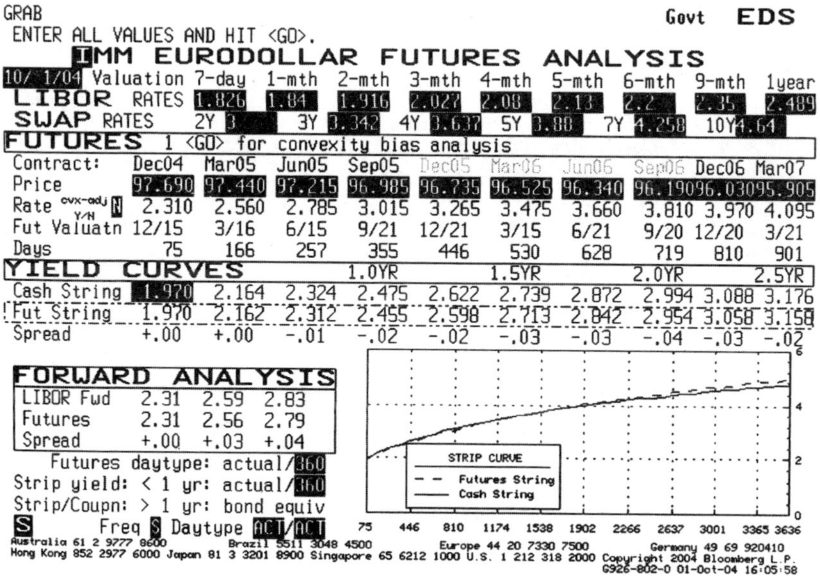

图 5.10　2004 年 10 月 1 日彭博系统 EDS 页面所显示的欧洲美元期货价格

表 5.5　显示公式的 Excel 远期利率计算

单元格	A	B	C	D
1	LIBOR 利率		期限(天)	
2	1 个月期	1.840 0%	30	
3	2 个月期	1.916 2%	60	
4	3 个月期	2.027 5%	90	
5	4 个月期	2.080 0%	120	
6	5 个月期	2.130 0%	150	
7	6 个月期	2.200 0%	180	
8	7 个月期	2.250 0%	210	
9	8 个月期	2.300 0%	240	
10	9 个月期	2.350 0%	270	
11	10 个月期	2.397 5%	300	
12	11 个月期	2.445 0%	330	
13	12 个月期	2.488 8%	360	
14				
15				
16	X 个月后的 3 个月期利率			
17				
18				
19	期限	天数	LIBOR	远期利率
20	3 个月	90	= B4	3 个月后的 3 个月期利率　= {[1 + $C$21 * (B21/360)]/[1 + $C$20 * (B20/360)] - 1} * (360/90) * 100
21	6 个月	180	= B7	6 个月后的 3 个月期利率　= {[1 + $C$22 * (B22/360)]/[1 + $C$21 * (B21/360)] - 1} * (360/90) * 100

续表

22	9 个月	270	= B10	9 个月后的 3 个月期利率	= {[1 + $C$23 * (B23/360)]/[1 + $C$22 * (B22/360)] - 1} * (360/90) * 100
23	12 个月	360	= B13		
24					
25					
26					
27	使用插值利率				
28					
29	期限	天数	LIBOR	远期利率	
30	3 个月	75	= $B3 + ($B$4 - $B$3) * [($B30 - D$3)/($D$3 - $D$2)]	3 个月后的 3 个月期利率	= {[1 + $D32 * (C32/360)]/[1 + $D31 * (C31/360)] - 1} * (360/90) * 100
31	6 个月	166	= $B$6 + ($B$7 - $B$6) * [($B31 - $D$6)/($D$7 - $D$6)]	6 个月后的 3 个月期利率	= {[1 + $D33 * (C33/360)]/[1 + $D32 * (C32/360)] - 1} * (360/90) * 100
32	9 个月	257	= $B$9 + ($B$10 - $B$9) * [($B32 - $D$9)/($D$10 - $D$9)]	9 个月后的 3 个月期利率	= {[1 + $D34 * (C34/360)]/[1 + $D33 * (C33/360)] - 1} * (360/90) * 100
33	12 个月	355	= $B$12 + ($B$13 - $B$12) * [($B33 - $D$12)/($D$13 - $D$12)]		
34					
35					
36					
37	使用外推利率				
38					
39	期限	天数	LIBOR	远期利率	
40	3 个月	95	= $C4 + ($C$5 - $C$4) * [($C41 - E$4)/($E$4 - $E$3)]	3 个月后的 3 个月期利率	= {[1 + $D42 * (C42/360)]/[1 + $D41 * (C41/360)] - 1} * (360/90) * 100
41	6 个月	185	= $C$7 + ($C$8 - $C$7) * [($C42 - $E$7)/($E$8 - $E$7)]	6 个月后的 3 个月期利率	= {[1 + $D43 * (C43/360)]/[1 + $D42 * (C42/360)] - 1} * (360/90) * 100

续表

42	9 个月	275	= $C$10 + ($C$11 − $C$10) * [($C43 − $E$10)/($E$11 − $E$10)]	9 个月后的 3 个月期利率	= {[1 + $D44 * (C44/360)]/[1 + $D43 * (C43/360)] − 1} * (360/90) * 100
43	12 个月	370	= $C$13 + ($C$14 − $C$13) * [($C44 − $E$13)/($E$14 − $E$13)]		
44					
45	插值/外推的期限		355		
46					
47	第 1 个已知利率	2.44%			
48	第 2 个已知利率	2.49%			
49	第 1 个期限	330			
50	第 2 个期限	360			
51				= $C51 + ($C52 − $C51) * ($C49 − $C53)/($C54 − $C53)	

可以看出，根据 LIBOR 利率计算所得的远期利率与图 5.10 中所显示的欧洲美元期货价格所隐含的远期利率并不匹配。

如果输入与每个欧洲美元合约相关的精确期限并使用这些期限内的LIBOR插值，就可以得到非常近似的结果，这显示在表 5.3 电子数据表格的第二套结果中。该电子数据表格的最后显示了使用外推利率计算的结果。

表 5.5 是一个显示有公式的电子数据表格，根据这些公式，读者就可以参照 LIBOR 利率复制任何利率合约的结果。

利率掉期和隔夜指数掉期

本节探讨利率掉期，该掉期交易的一方（交付方或接收方）与隔夜利率相关联，这种利率掉期就是所谓的隔夜指数掉期或 OIS。这些掉期交易的到期期限不超过两年，货币市场交易商往往利用这些掉期作为对冲和投机工具。长期传统利率掉期是债务资本市场或债券市场的一个重要组成部分，但不是货币市场的一部分，这里介绍利率掉期旨在为以后的讨论提供背景。

利率掉期

掉期是一种合成证券，它包括两个或更多的利率基础或其他组成部分。目前，市场中交易的大部分掉期都涉及现货市场证券的各种组合，如固定利率证券与浮动利率证券或货币交易的组合。然而，市场中还存在包括期货或远期在内的掉期以及包括期权的掉期。掉期交易的市场由国际掉期和衍生产品协会（ISDA）进行管理和组织。

案例 5.11　比较优势和利率掉期结构

当为了实施对冲或改变利率负债基础而进入掉期市场时，我们需要一个与当前的现金流特征相反的交易标的。假设某房屋所有者进行了可变利率抵押贷款，因此该房屋所有者在利率上升时就会面临一定的风险，这将导致其支付较高的利息。该房屋所有者希望保护自己免受这种利率变动的影响，由于他支付的是浮动利率，因此就需要在掉期中接收浮动利率，并在掉期中支付固定利率。浮动利率支付可以相互抵销，因而该房屋所有者现在持有的就是固定利率负债。在对冲交易中也存在相同的情况：债券持有人从债券发行人处获得固定利率的息票，为对冲利率上升的风险（利率上升会导致债券价格下降），债券持有人可以达成一笔掉期交易，该掉期交易与债券头寸具有相同的基点价值，交易中债券持有人支付固定利率、接收浮动利率。从理论上来说，在掉期中支付固定利率类似于借款人的利率支付，尽管真正的借款人是债券发行人，债券持有人在掉期交易中所支付的固定利率与从债券发行人处所接收的固定利率息票正好相互抵销，因此就可以对头寸进行对冲。

假设两个公司借入了金额为5 000万英镑、期限为5年的资金。

- A公司：该公司可以支付8.75%的固定利率，或者支付浮动的LIBOR利率，该公司希望支付的利率为浮动利率。
- B公司：该公司可以支付10%的固定利率，或者支付LIBOR+100个基点的浮动利率，该公司希望支付的利率为固定利率。

如果不进行掉期：

A公司将进行固定利率的借款，并且支付的利率为8.75%。

B公司将进行浮动利率的借款，并且支付的利率为LIBOR+100个基点。

现在假设这两个公司决定达成掉期交易，其中A公司进行浮动利率的借款，并从B公司处获得固定利率的支付，5年期掉期的固定利率为8.90%。而B公司已进行利率为LIBOR+100个基点的借款，在掉期中将支付固定利率而获得以LIBOR利率计算的支付。最终，A公司将以浮动利率进行支付，而B公司将以固定利率进行支付，如图5.11所示。

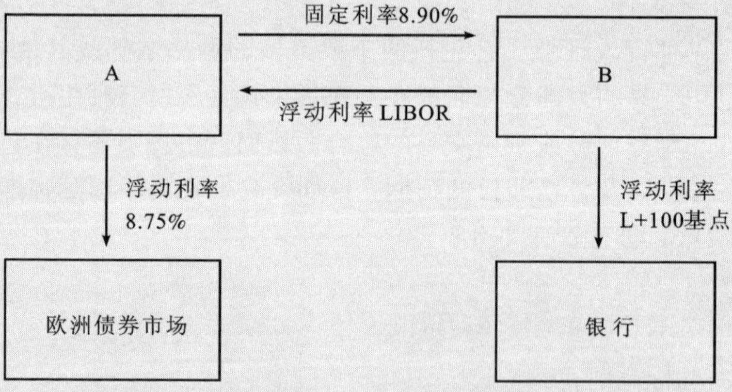

图5.11 利率掉期

进行掉期后的结果为：

A公司支付的利率为8.75%+LIBOR-8.90%=LIBOR-15个基点

B公司支付的利率为LIBOR+100个基点+8.90%-LIBOR=9.90%

A公司节省了15个基点的利率（支付（L-15个基点），而不是L），而B公司节省了 10 个基点的利率（支付 9.90%，而不是 10%）。

双方都会从这种比较优势中获益，因为 A 公司在固定利率市场中具有比较优势，而 B 公司在浮动利率市场中具有比较优势，即在固定利率市场中 B 公司愿意支付的利率高于 A 公司愿意支付的利率 125 个基点，而在浮动利率市场中 B 公司愿意支付的利率高于 A 公司愿意支付的利率 100 个基点。最初的掉期交易中银行只不过充当经纪人的角色，由于撮合双方而向双方同时收取一定的费用。本例中，A 公司是直接与 B 公司进行交易，尽管有中介银行的参与这种情况更为常见。随着市场的发展，银行已成为掉期交易的主要参与方并直接与交易对手进行交易，这就消除了必须匹配交易对方的需求的必要。

掉期的机制

利率掉期就是两个交易对手之间签订的协议，双方约定在掉期期限内根据预先规定的日期和名义本金额度定期向对方支付利息。其中一方是固定利率的支付方，该固定利率在掉期交易达成时即已约定，另一方是浮动利率的支付方，该浮动利率根据掉期期限内的特定市场指数确定。掉期交易中并不实际交换本金或名义金额，因此掉期是一种表外交易，但在计算应付利息时需要用到本金或名义金额。固定利率的支付方获得浮动利率的利息，并被称为掉期的“多头”或“买进”掉期。从理论上来说，掉期的多头方是购买了一个浮息票据，因为他获得了浮动利率的利息；并发行了一个固定息票率的债券，因为他必须定期支付固定利率的利息。也就是说，从理论上来说掉期的多头方是借入了资金。浮动利率的支付方被认为是掉期的“空头”或“卖出”了掉期。从理论上来说，掉期的空头方是购买了一个附息债券，因为他获得了固定利率的利息；并发行了一个浮息票据，因为他支付了浮动利率的利息。

因此，利率掉期就是：

- 双方之间的一个协议。
- 目的是为了交换一系列的现金流。
- 现金流用约定利率乘以名义金额进行计算。
- 是根据不同的利率基础进行计算。

例如，在 A 银行和 B 银行进行的交易中，A 银行可能同意根据 100 万英镑的本金金额每半年支付一次息票率为 10% 的固定利息，作为交换，A 银行将获得 B 银行根据相同本金金额以当前 6 个月期的英镑 LIBOR 利率进行的支付。已知的现金流就是每 6 个月 A 银行向 B 银行支付的 5 万英镑。

与其他金融工具一样，利率掉期也是在二级市场中进行交易。掉期的价值随市场利率变化，变化方式与债券完全一样。如果 5 年期的利率掉期现在以 5% 的利率进行交易，随后 5 年期利率下降到了 4.75%，则掉期对于固定利率支付方的价值就会下降，而对于浮动利率支付方来说其价值会上升，因为浮动利息支付会减少。如果 5 年期利率上升到

5.25%，就会发生相反的情况。为什么会出现这种情况呢？利率掉期中的固定利率支付方是资金的借入方，如果他固定了5年期贷款所应支付的利率，而随后利率开始下降，则固定利率的支付方是否会因此而受益呢？当然不会，因为他现在所支付的利率高于市场利率。因此，如果利率下降，对于固定利率支付方来说掉期的价值就会下降。而浮动利率支付方会因此受益，因为他可以利用新的利率并支付较低的利息。因此，如果利率下降，对于浮动利率支付方来说掉期的价值就会上升。

掉期头寸的利润/损失特征如表5.6所示。

表5.6　　掉期头寸的利润/损失特征

	利率下降	利率上升
固定利率支付方	亏损	盈利
浮动利率支付方	盈利	亏损

银行掉期交易的总净利率头寸取决于其当前参与的所有掉期交易。总净利率头寸在期限结构的所有点上都具有一定的利率风险，直到期限最长的掉期的到期日。在每天结算交易时，账户中的所有掉期都是根据该天所报出的利率决定的市值计价，并且该账户中所获得的利润和损失与表5.6中所显示的特征一致。

可从两个角度看待掉期交易，一是将其作为远期合同或期货合约的组合，另一种角度将掉期交易视为来自于现货市场金融工具的买卖而产生的现金流组合。假设有一组选期期货合约，这些合约在三年之内每3个月或每6个月到期一次，这在理论上非常类似于3年期的利率掉期。然而，根据本书作者的观点，最好将掉期视为来自于现货市场金融工具的现金流组合。

假设账户中只有两种头寸：

- 3年期浮息票据的1亿英镑多头，该票据每6个月支付一次息票，息票率为6个月期的LIBOR，并以面值进行交易。
- 3年期金边国债的1亿英镑空头，该金边国债的息票率为6%，也以面值交易。

持有债券的空头就等于借入资金。假设上述头寸可以持有至到期日，则所产生的现金流如表5.7所示。

表5.7　　三年的现金流

FRN多头和金边国债空头所产生的现金流

期间(6个月)	FRN	金边国债	净现金流
0	-1亿英镑	+1亿英镑	0
1	+(LIBOR×100)/2	-3	+(LIBOR×100)/2-3.0

续表

期间(6个月)	FRN	金边国债	净现金流
2	+(LIBOR×100)/2	-3	+(LIBOR×100)/2-3.0
3	+(LIBOR×100)/2	-3	+(LIBOR×100)/2-3.0
4	+(LIBOR×100)/2	-3	+(LIBOR×100)/2-3.0
5	+(LIBOR×100)/2	-3	+(LIBOR×100)/2-3.0
6	+[(LIBOR×100)/2]+100	-103	+(LIBOR×100)/2-3.0

采用确定日的6个月期 LIBOR 利率

交易开始时，并没有现金的净流入或净流出，因为购买浮息票据的 1 亿英镑现金流出正好等于销售金边国债的 1 亿英镑现金流入。在这 3 年中所产生的现金流显示在表 5.4 的最后一栏中，这种净头寸与利率掉期中固定利率支付方的头寸完全相同。与交易开始时一样，在到期日也没有现金的流入或流出。对于浮动利率支付方来说，现金流正好可以反映固定利率债券的多头和浮息票据的空头。因此，掉期中的固定利率支付方就是持有债券市场的空头或者是资金的借入方，而掉期中的浮动利率支付方就是持有债券市场的多头。

市场术语

实际上，几乎所有的掉期交易都需要使用一些法定术语，同时满足由 ISDA 标准文件所规定的一些条件。

掉期的交易日，顾名思义，就是进行掉期交易的日期。掉期交易术语包括固定利率、到期日、名义金额以及交易双方的支付基础。确定浮动利率支付的日期就是确定日，确定日也可能是交易日。虽然可能使用包括美国最优惠利率、EURIBOR、短期国债利率以及商业票据利率等在内的其他参考利率，但大部分掉期都是将浮动利率确定为 LIBOR。与远期利率协议和欧洲存款一样，该利率是在利息期间开始前两个工作日进行确定。第二个（以及随后的）确定日是第二个（以及随后的）掉期期间开始前两个工作日。有效日就是开始计算掉期利息的日期，并且通常是交易日后两个工作日。在未来日期开始的掉期其有效日就是未来的某个时点，并且会在掉期条款中进行规定。每个期间的浮动利率在该期间开始时进行确定，因此双方的利息支付额度会提前确定（固定利率在整个掉期期间都是已知的）。

虽然为了解释掉期的结构，我们说双方都需要支付一定的利息和获得一定的利息，但实际中在每次利息支付期结束时只交换这两笔支付金额之间的净差异。这就减少了与掉期相关的管理工作，并降低了每笔掉期的现金流数量。在每个期间结束时需要进行净支付的交易对手将向对方支付。第一个支付日期就是第一个利息期间结束时，随后的支付日期将是随后的利息期间结束时。最后的支付日期就是掉期的到期日。利息可以使用下面的等式（5.10）进行计算：

$$I = m \times r \times \frac{n}{B} \tag{5.10}$$

其中，I 是利息金额，M 是掉期的名义金额，B 是掉期的天数计算基础。以美元和欧元标明面值的掉期使用“实际天数/360”惯例，这与以这两种货币标明面值的其他货币市场工具相似，而以英镑标明面值的掉期使用“实际天数/365”惯例。

图 5.12 展示了普通利率掉期的现金流，该图采用的是一般做法，即现金流入用向上的箭头表示，现金流出用向下的箭头表示。然而，掉期的交易双方仅仅支付现金流的净额，因此在每个利息支付日仅有一笔实际的现金转移，并由净支付方进行支付，如图 5.12（Ⅲ）所示。

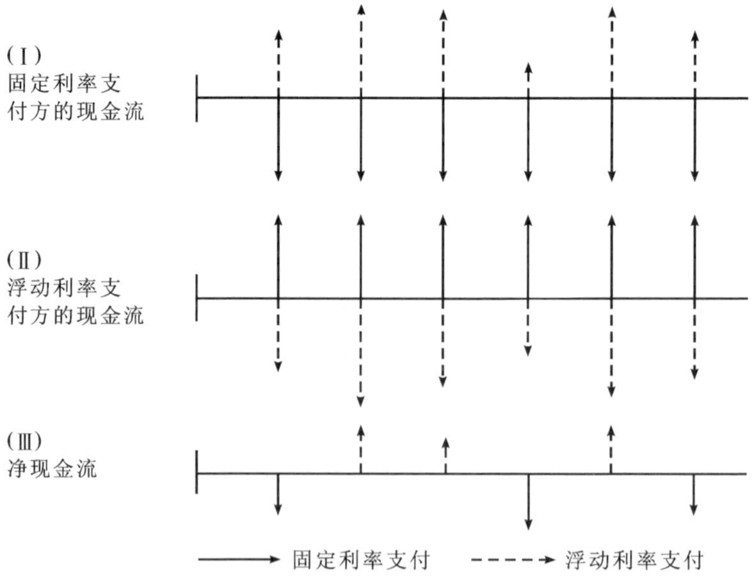

图 5.12　典型利率掉期的现金流

普通利率掉期案例

以下掉期现金流是支付固定利率而获得浮动利率，具体条款如下所示：

交易日：　1999 年 12 月 3 日
有效日：　1999 年 12 月 7 日
到期日：　2004 年 12 月 7 日
插值方法：　线性插值
固定利率支付方的天数计算惯例：半年，实际天数/365
浮动利率支付方的天数计算惯例：半年，实际天数/365
名义金额：　1 000 万英镑
期限：　5 年
固定利率：　6.73%

为了计算现金流，我们构建一个零息曲线，并使用该曲线估计掉期的价值（本章稍后会讨论零息定价）。表 5.8 对掉期的细节进行了总结，时间为 2000 年 1 月 20 日。使用传统掉期的计算方法，就可以获得掉期支付方和收到方的以下现金流，如表 5.9 所示。

表 5.8　掉期条款小结

交易日	03 - 12 - 99
有效日	07 - 12 - 99
到期日	07 - 12 - 04
保证金	0.00%
固定利率	6.73%
名义金额	10 000 000 万英镑
现值	4 179.52 英镑
久期	2.625 9
修正久期	2.539 5
凸度	9.599 1

利息支付日就是每年的 6 月 7 日和 12 月 7 日，而且基准金边国债的息票支付日也是这些日期，因此虽然掉期是在传统的日期进行交易，但认为该掉期是对冲金边国债的多头也非常合理。所支付的固定利息并不总是相同，因为根据“实际天数/365”进行的计算将会稍微有些差异。表5.8中还显示了固定利率支付方进行的净支付，同时还展示了每笔现金流的现值。而经过贴现后的净现金差异就是掉期的当前价值，如表 5.9 所示。现值是使用即期收益率

表 5.9 利率掉期的现金流量表

开始日期	结束日期	利息期间（天数）	利率	名义金额（英镑）	利息（英镑）	贴现因子	利息现值（英镑）
支付方							
07－12－99	07－06－00	183	6.73%	10 000 000	337 421.92	0.970 787	327 564.98
07－06－00	07－12－00	183	6.73%	10 000 000	337 421.92	0.934 890	315 452.27
07－12－00	07－06－01	182	6.73%	10 000 000	335 578.08	0.903 668	303 251.27
07－06－01	07－12－01	183	6.73%	10 000 000	337 421.92	0.873 975	294 898.27
07－12－01	07－06－02	182	6.73%	10 000 000	335 578.08	0.843 748	283 143.40
07－06－02	09－12－02	185	6.73%	10 000 000	341 109.59	0.814 353	277 783.70
09－12－02	09－06－03	182	6.73%	10 000 000	335 578.08	0.787 777	264 360.77
09－06－03	08－12－03	182	6.73%	10 000 000	335 578.08	0.762 992	256 043.24
08－12－03	07－06－04	182	6.73%	10 000 000	335 578.08	0.739 486	248 155.28
07－06－04	07－12－04	183	6.73%	10 000 000	337 421.92	0.717 683	242 161.99
收到方							
07－12－99	07－06－00	183	5.87%	10 000 000	294 554.79	0.970 787	285 950.11
07－06－00	07－12－00	183	7.66%	10 000 000	383 979.03	0.934 890	358 978.04
07－12－00	07－06－01	182	6.93%	10 000 000	345 496.21	0.903 668	312 213.97
07－06－04	07－12－01	183	6.78%	10 000 000	339 751.52	0.873 975	296 934.29
07－12－01	07－06－02	182	7.18%	10 000 000	358 242.71	0.843 748	302 266.64
07－06－02	09－12－02	185	7.12%	10 000 000	360 960.68	0.814 353	293 949.50

续表

09 – 12 – 02	09 – 06 – 03	182	6.77%	10 000 000	337 354.53	0.787 777	265 760.22
09 – 06 – 03	08 – 12 – 03	182	6.51%	10 000 000	324 848.55	0.762 992	247 856.70
08 – 12 – 03	07 – 06 – 04	182	6.37%	10 000 000	317 864.09	0.739 486	235 056.03
07 – 06 – 04	07 – 12 – 04	183	6.06%	10 000 000	306 795.95	0.717 683	218 029.20

净支付：	42 867.13
	46 557.11
	–9 918.13
	–2 329.60
	–22 664.63
	–19 851.09
	–1 776.45
	10 729.53
	17 713.99
	33 625.97

曲线进行计算，而该收益率曲线又是使用货币市场收益率和政府债券收益率进行计算。但是，该表中并没有显示用来估计掉期价值的整合贴现函数。

如果5年期掉期的利率发生变化，掉期的现值也会发生变化。掉期的固定利率为6.73%，因此市场利率的下降将导致按市值计价的掉期的固定利率支付方发生损失，浮动利率支付方将产生利润。如果市场利率上升，就会发生相反的情况。表5.10展示了对掉期进行的估值，其中5年期利率已经上升到7.00%，该掉期的现值就相应地上升为144 103英镑，因此按市值计价会产生一些利润。

表5.10　　重新估值后的利率掉期

交易日	03－12－99
有效日	07－12－99
到期日	07－12－04
保证金	0.00%
市场利率	7.00%
固定利率	6.73%
名义金额	10 000 000 英镑
现值	144 103.67 英镑
久期	2.471 7
修正久期	2.408 1
凸度	9.508 9

上面所描述的掉期是一种普通掉期，即只有一个固定利率支付方和一个浮动利率支付方，而且浮动利率恰好是在相关的利率期间之前进行确定，并在该期间结束时进行支付。注意，掉期的支付双方具有相同的利息支付日和天数计算基础，并且掉期的到期期限正好是5年。当然，也可以根据客户的具体要求设定掉期，例如掉期交易双方支付的可能都是浮动利率，或者名义本金在掉期的期限之内可能有所变化。特殊的利率掉期非常普遍，并且银行随时准备确定那些为客户量身定制的掉期的价格。最常见的变化就是，固定利率支付方和浮动利率支付方具有不同的利息支付日、不同的天数计算基础以及掉期的到期期限不是一个整年数。

掉期利差和掉期收益率曲线

在市场中，银行将采取双向报价方式报出掉期的利率，这种报价可以通过电子屏幕、电话报价或 Reuters（路透社）等交易系统进行。经纪商在将价格通报给市场方面也非常积极。掉期做市商在该市场中的一般做法是将浮动利率设定为 LIBOR，然后报出该到期期限所适用的固定利率。因此，对于 5 年期的掉期来说，银行的掉期交易部门将进行如下所示的报价：

浮动利率支付方：支付的利率为 6 个月期的 LIBOR，收到的固定利率为 5.19%

固定利率支付方：支付的固定利率为 5.25%，收到的利率为 6 个月期的 LIBOR

在这种情况下，银行所报出的卖价利率为 5.25%，即固定利率支付方将要支付的利率，并且作为回报，固定利率支付方收到的利率为 LIBOR。该银行所报出的买价利率为 5.19%，也就是浮动利率支付方将获得的固定利率支付。买卖价利差为 6 个基点。所报出的固定利率总是高于政府债券收益率曲线一个利差。在此假设 5 年期金边国债的收益率为 4.88%，则这种情况下的 5 年期掉期买价利率高于该收益率 31 个基点。因此，银行的掉期交易商在报价时可以采用高于基准债券收益率曲线的一定利差的形式，如 37 ~ 31，这称为掉期利差报价。这意味着银行愿意进行的掉期交易为：支付的固定利率高于基准收益率曲线 31 个基点，获得的利率为 LIBOR，或者收到的固定利率高于基准收益率曲线 37 个基点，支付的利率为 LIBOR。彭博公司或路透社系统所展示的该银行的报价页面可能与表 5.11 相似，该表给出了掉期利率以及其利率高于政府债券基准的当前利差。

表 5.11　　掉期的报价

1 年	4.50	4.45	+17
2 年	4.69	4.62	+25
3 年	4.88	4.80	+23
4 年	5.15	5.05	+29
5 年	5.25	5.19	+31
10 年	5.50	5.40	+35

实际的利率掉期显示页面如图 5.13 所示，该图是彭博系统 2003 年 11 月 10 日所显示的 Garban ICAP（一定货币市场及债券经纪商）的美国美元掉期页面。

GRAB Corp **ICAP**

11:33 **Intercapital** PAGE 1 / 2

USD Swap Rates vs 3 Month Libor vs. LIBOR	Ask	Bid	Time	USD Swap Spreads	Ask	Bid	Time
1) 1 Year	1.576	1.546	10:35	16) 1 Year			
2) 2 Year	2.367	2.338	10:35	17) 2 Year	37.2	34.2	8:02
3) 3 Year	3.000	2.971	10:35	18) 3 Year	55.8	52.8	10:12
4) 4 Year	3.480	3.451	10:43	19) 4 Year	55.0	52.0	8:02
5) 5 Year	3.850	3.821	10:43	20) 5 Year	44.2	41.2	8:02
6) 6 Year	4.137	4.108	10:43	21) 6 Year	52.8	49.8	8:02
7) 7 Year	4.372	4.343	10:43	22) 7 Year	56.0	53.0	8:02
8) 8 Year	4.565	4.536	10:43	23) 8 Year	54.8	51.8	8:02
9) 9 Year	4.725	4.696	10:43	24) 9 Year	50.8	47.8	8:06
10) 10 Year	4.862	4.833	10:43	25) 10 Year	44.0	41.0	8:02
11) 12 Year	5.072	5.043	10:43	26) 12 Year	65.8	62.8	8:02
12) 15 Year	5.305	5.276	10:43	27) 15 Year	68.2	65.2	8:02
13) 20 Year	5.500	5.471	10:43	28) 20 Year	67.2	64.2	8:02
14) 25 Year	5.552	5.523	10:43	29) 25 Year	52.2	49.2	8:02
15) 30 Year	5.558	5.529	10:44	30) 30 Year	32.8	29.8	8:02

Page Forward for USD IRS vs 1Mth LIBOR

Day Count: ANN ACT/360
EDU2↑ 93.125 --
TYU2 0-00 --
USU2 0-00 --

Australia 61 2 9777 8600 Brazil 5511 3048 4500 Europe 44 20 7330 7500 Germany 49 69 920410
Hong Kong 852 2977 6000 Japan 81 3 3201 8900 Singapore 65 6212 1000 U.S. 1 212 318 2000 Copyright 2003 Bloomberg L.P.
G657-802-0 10-Nov-03 11:33:35

图 5.13 2003 年 11 月 10 日 Garban ICAP 经纪商的美国美元掉期页面

该页面显示了掉期的买卖价利率，这些掉期的到期期限从 1 年到 30 年不等。买卖价利率显示在该图中的左侧，掉期利率高于基准政府债券收益率的利差显示在该图的右侧。

影响掉期利差的因素与影响其他金融工具高出政府债券的利差的因素相同。对于久期较短的掉期（如三年以内）来说，在进行比较时也可以使用其他收益率曲线，如现货市场的收益率曲线或根据期货价格所得出的曲线。对于期限较长的掉期来说，利差主要由公司债券市场中当前的信用利差决定。由于可以将掉期视为固定和浮动利率债券的多头和空头的组合，因此决定掉期利差的是这两个市场的信用利差。这非常合乎逻辑，从本质上来说与公司贷款相关的更高信用风险溢价决定了掉期利率必须高于具有相同到期期限的政府债券收益率。技术性因素是造成掉期利率每日波动的主要原因，如公司债券的供给水平以及对掉期的需求水平，另外还有掉期交易商对冲其掉期头寸的成本。

利率掉期与远期利率协议之间的关系

从理论上来说，远期利率协议迭期与利率掉期非常相似，这是因为远期利率协议旨在锁定开始于未来某个时点的期间利率，因此连续远期利率协议迭期可以锁定一个连续期间的利率。远期利率协议迭期所隐含的利率将等于掉期所支付的利率，这样就可以避免套利机会的出现。为了理解这一点，假设一个以 LIBOR 为基础每 3 个月滚动一次的借款安排，同时进行一个掉期交易，该掉期交易每季度获得 3 个月期的 LIBOR 并支付固定利率。这种交易组合与以下情况相同，即以 3 个月为基础进行借款，并采用一系列滚动远期利率协议以锁定利息成本，最初是一个 3×6 的远期利率协议，然后是一个 6×9 的远期利率协议，以此类推。如果掉期利率和远期利率协议利率不能相互匹配，就有可能持有两种工具的相反头寸，并以套利利润的形式获得其中的差价。例如，如果两年期掉期的利率过低，就有可能进行支付固定利率而获得浮动利率的掉期交易，同时卖出一个远期利率协议迭期以抵销掉期交易。

案例 5.12　1 年期掉期利率的计算

假设英镑远期利率协议具有如下所示的利率：

3 个月期的现金：	7.625%
3v6 远期利率协议：	6.875%
6v9 远期利率协议：	6.125%
9v12 远期利率协议：	5.75%

如果假设现金的期间为 92 天，远期利率协议的期间是 91 天，远期利率协议的结算发生在期间结束时而不是期间开始时，则可以使用现金利率和远期利率协议的利率计算 1 年期掉期的利率，如下所示：

$$(1+0.07625\times92/365)\times(1+0.06875\times91/365)\times(1+0.0615\times91/365)\times(1+0.0575\times91/365)=6.761\%$$

这意味着 1 年期现金借款的固定成本为 6.761%，也就是现在进行的 1 年期掉期交易的理论价格。由于掉期将每个季度支付一次，因此可以将该年利率转化为等价的季度利率，也就是：

$$[(1+0.06761)^{1/4}-1]\times4=6.596\%$$

实践中会使用一个稍微不同的程序，稍后在有关掉期定价的内容中会探讨这种程序。

本例中，我们使用最后到期期间距离现在为 1 年时间的远期利率协议。远期利率就是远期利率协议交易时所使用的利率，该利率的存在使我们可以计算掉期利率。计算的结果就是所谓的零息掉期利率，下文将对其进行考察。由于远期利率协议的利率是根据利率期货的价格进行计算，其到期期限最多为两年或三年，因此使用债券的收益率计算期限较长掉期的利率。市场惯例是计算零息债券收益率，并使用这些收益率给掉期定价。使用这种方法计算的掉期利率就是所谓的平价掉期利率，它是掉期支付的固定利率，掉期的浮动利率是 LIBOR。

零息掉期定价

很多银行使用适用于所有掉期的标准定价方法，这种方法称为零息掉期定价。如果一个债券仅具有一笔现金流，即仅在到期日进行赎回支付（即该债券不会支付息票），因此债券持有人就不会有再投资风险。如果剥离型国债等零息债券是以特定的收益率购买并持有至到期日，则剥离型国债持有人的回报就等于购买时的收益率。因此，零息利率或即期利率就是特定零息债券到期期限的真实利率。在零息掉期定价中，银行将所有的掉期视为一系列的现金流，即使最为复杂的掉期也是如此。掉期中每笔现金流所适用的零息利率可以用来计算这些现金流的价值。因此，为了计算掉期的价值并对其定价，应使用已知的即期利率将掉期的每笔现金流进行贴现，而这些现值的总和就是掉期的价值。

在掉期交易中，可以提前知道所支付的固定利率，因此将固定利率现金流进行贴现就非常简单。浮动利率支付的现值通常分两个阶段进行估计，第一步是使用如下所示的等式（5.11）计算隐含远期利率：

$$rf_i = \left(\frac{v_i}{v_{i+1}} - 1\right)N \tag{5.11}$$

其中，

rf_i 是远期利率，
i 是息票支付的总次数（一般债券），
v 是相关现金流日的贴现因子，
N 是每年支付息票的次数。

注意，虽然本书中的其他地方是使用 $d(n)$ 或 df 表示贴现因子，但本章使

用 v 表示贴现因子，而且这种表示方法在与收益率曲线和期权定价模型有关的学术文献中非常普遍。

由于不能事先知道所支付的浮动利率，因此掉期银行将使用每个支付日所适用的远期利率预测这些浮动利率，这些远期利率是即期利率当前所隐含的利率。在估计了浮动利率支付的大小之后，就可以使用即期利率进行贴现。固定利率支付方和浮动利率支付方的总价值就是所有现值的总和，因此总掉期价值就是固定利息支付和浮动利息支付的净现值。

零息掉期定价中的假设

虽然使用零息利率表示不支付息票且只有一次现金流（到期现金流）的贴现型金融工具所适用的利率，但为了构建零息收益率曲线并不必需要一个零息债券市场。在《货币市场业务管理》第 1 章中将会看到，有可能根据其他的现货市场工具推导出理论上的零息利率，这些现货市场工具包括附息债券。现实中，大部分金融定价模型都是使用以下金融工具的组合来构建零息收益率曲线：

- 货币市场存款。
- 利率期货。
- 远期利率协议。
- 政府债券。

通常，这些金融工具的到期期间需要有一些重叠。远期利率协议的利率通常根据利率期货进行计算，因此远期利率协议和期货利率两者中只需知道一个即可。

在推导出零息收益率曲线或期限结构之后，就可以将其用于确定未来现金流的价值，这可以是在期限结构上的任何时点到期的未来现金流，也可以用于确定掉期的价值。为给利率掉期定价，使用零息利率计算每笔现金流的现值，然后将这些现金流的现值加总。如前所述，虽然固定利率支付可以提前确定，但浮动利率支付必须使用零息收益率曲线所隐含的远期利率进行估计。掉期的净现值就是固定利率支付与浮动利率支付现值之间的净差额，前面的表 5.8 对此已有说明。

贴现函数

任何期间 n 的贴现因子如等式（5.12）所示：

$$PV_n = FV_n \times v_n \tag{5.12}$$

其中，v_n 是在 n 时刻发生的现金流的贴现因子。为了根据零息利率计算贴现因子，可以使用等式（5.13）和等式（5.14），等式（5.13）适用于货币市场到期期限。

$$v_n = \frac{1}{(1 + rs_n t_n)} \tag{5.13}$$

$$v_n = \frac{1}{(1 + rs_n)^{t_n}} \tag{5.14}$$

其中，t_n 是到期期间，rs_n 是相关期间的零息利率或即期利率。

表 5.12 展示了一组离散期间即期利率的贴现因子[①]。贴现因子的连续集合就是贴现函数，如图 5.14 所示。

表 5.12　零息利率和相关贴现因子

期限	即期利率	贴现因子
1 个月	6.250%	0.994 888 93
3 个月	6.500%	0.984 052 90
6 个月	6.125%	0.970 680 10
1 年	6.375%	0.940 070 51
2 年	6.625%	0.885 813 15
3 年	6.750%	0.822 046 43
4 年	6.875%	0.766 470 58
5 年	7.000%	0.712 986 18
7 年	7.250%	0.612 659 11
10 年	7.500%	0.485 193 93

为了计算所有可能的网格点（Grid point）的贴现因子，银行通常是在两个已知的利率之间进行线性插值操作，在掉期市场中，网格点的范围从 1 天到 14 600 天（即 40 年）不等。插值方法可以用来计算位于两个点之间的零息利率或位于两个点之间的贴现因子。然而，在收益率曲线上的两个点之间进行线性插值并不是一种完美的方法，因为它假设曲线上的这两个点之间存在线性关系。根据《货币市场业务管理》第 1 章中对收益率曲线的讨论，我们

① 这里的贴现因子是使用“实际天数/365”进行计算。

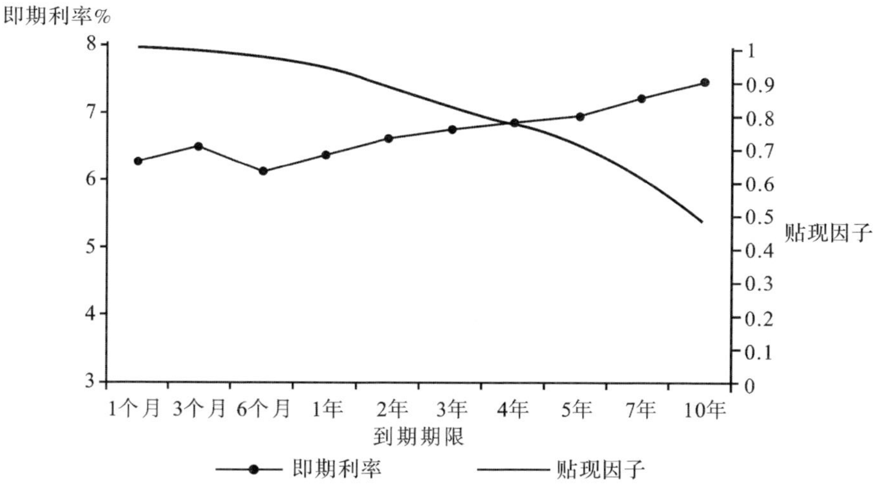

图5.14　即期收益率曲线和贴现函数

可以知道线性关系是一个不太现实的假设。另一方面，贴现函数服从指数关系，并且根据等式（5.13）和等式（5.14），可以将这种指数关系表示如下：

$$e^{-nt} \tag{5.15}$$

因此，可以在该函数的两个点之间进行插值，而不需要有关曲线性质的假设。Choudhry（2001）的附录38.2中给出了这方面的证明。在贴现函数的两个点之间进行的插值操作就是所谓的指数插值，具体如等式（5.16）所示：

$$v_t = v_1^{\left[\frac{t_n(t_2-t_n)}{t_1(t_2-t_1)}\right]} v_2^{\left[\frac{t_n(t_2-t_n)}{t_1(t_2-t_1)}\right]} \tag{5.16}$$

其中，

v_t 是在期间1和期间2之间的期间 t 的贴现因子。期间1和期间2的贴现因子分别用 v_1 和 v_2 表示。

如果希望在第一个已知的贴现因子之前或在最后一个已知的贴现因子之后进行插值，可以使用如下所示的等式（5.17）：

$$v_n = v_s^{\left[\frac{t_n}{t_s}\right]} \tag{5.17}$$

其中，

v_n 是待求日期 n 的贴现因子，

v_s 是在日期 s 所知道的第一个贴现因子或最后一个贴现因子，

t_s 是从现在到日期 s 的期间，

t_n 是从现在到日期 n 的期间。

根据即期利率贴现因子计算远期利率

前面提到过，可以将掉期视为固定息票债券的多头头寸，该债券是以 LIBOR 利率进行融资，也可将掉期作为浮动利率债券的空头。这种安排的现金流将支付浮动利率并获得固定利率。在前面的安排中，固定利率债券的多头是用浮动利率贷款进行融资，并且本金的现金流会相互抵销，因为本金的现金流金额相等且方向相反，此时假设债券在购买时的价格就等于债券的面值。故而，只有反映利率掉期的现金流，该掉期支付的是浮动利率，而获得的是固定利率。由于利率掉期的固定利率就等于以面值定价的债券的息票率和收益率，因此利率掉期固定利率的计算就与以面值发行的债券的息票率的计算完全相同。

每半年支付一次息票的债券价格可以使用等式（5.18）进行计算，将该等式变形就可以得到一个计算息票率 r 的公式，这样就可以确定平价收益率，进而计算掉期利率 r，如等式（5.19）所示：

$$P = \frac{r_n}{2}v_1 + \frac{r_n}{2}v_2 + \cdots + \frac{r_n}{2}v_n + Mv_n \qquad (5.18)$$

其中，r_n 是 n 个期间的债券的息票率，该债券共支付 n 次息票，并且在到期日支付的金额为 M。

$$r_n = \frac{1 - v_n}{\frac{v_1}{2} + \frac{v_2}{2} + \cdots + \frac{v_n}{2}} = \frac{1 - v_n}{\sum_{i=1}^{n} \frac{v_i}{2}} \qquad (5.19)$$

对于每年支付一次息票的债券来说，贴现因子中没有分母。而对于以频率 F 支付息票率的债券来说，我们是将分母 2 替换为 F①。使用息票支付频率 F，可以将等式（5.19）变形，这样就可以得到用来计算 n 期掉期利率的第 n

① 该表达式同样假设使用“实际天数/365”的天数计算方法。如果使用其他天数计算惯例，$1/F$ 因子就必须替换为一个由实际天数作为分子、由每年的天数作为分母的分式。

个贴现因子的公式，如等式（5.20）所示：

$$v_n = \frac{1 - r_n \sum_{i=1}^{n-1} \frac{v_i}{F}}{1 + \frac{r_n}{F}} \tag{5.20}$$

等式（5.21）是第 6 章中步步为营法的一般表达式。从本质上来说，为了计算第 n 年的贴现因子，我们使用的是从第 1 年到第 $n-1$ 年的贴现因子以及第 n 年的掉期利率或零息利率。如果知道任何期间的贴现因子，就可以将等式（5.20）变形以确定同一期间的零息利率，如等式（5.21）所示：

$$rs_n = t_n \sqrt{\frac{1}{v_n}} - 1 \tag{5.21}$$

还可以使用即期利率的贴现因子计算远期利率。根据等式（5.13）有：

$$v_1 = \frac{1}{\left(1 + \frac{rs_1}{F}\right)} \tag{5.22}$$

时间期间 t_1 用 $1/F$ 代替。贴现因子就是分子除以 1 加零息利率。如果知道远期利率，就可以使用远期利率计算第二个贴现率，如等式（5.23）所示：

$$v_2 = \frac{v_1}{\left(1 + \frac{rf_1}{F}\right)} \tag{5.23}$$

其中，rf_1 是远期利率。等式（5.23）本身并没有任何意义，然而我们可以从中推导出一个表达式，该表达式可以根据期间 n 的贴现率和远期利率计算期间 $n+1$ 的贴现因子，如等式（5.24）所示。将等式（5.24）变形，就可以得到计算远期利率的一般表达式，如等式（5.25）所示：

$$v_{n+1} = \frac{v_n}{\left(1 + \frac{rf_n}{F}\right)} \tag{5.24}$$

$$rf_n = \left(\frac{v_n}{v_{n+1}} - 1\right)F \tag{5.25}$$

等式（5.26）给出了根据之前期间的远期利率计算 n 期贴现率的一般表达式：

$$v_n = \frac{1}{\left(1 + \frac{rf_{n-1}}{F}\right)} \times \frac{1}{\left(1 + \frac{rf_{n-2}}{F}\right)} \times \cdots \times \frac{1}{\left(1 + \frac{tf_0}{F}\right)} \quad (5.26)$$

$$v_n = \prod_{i=0}^{n-1}\left[\left(\frac{1}{1 + \frac{rf_i}{F}}\right)\right]$$

根据以上的讨论，可以将等式（5.19）和等式（5.25）合并，这样就可以获得计算 n 期掉期利率和零息利率的一般表达式，如等式（5.27）和等式（5.28）所示：

$$r_n = \frac{\sum_{i=1}^{n} \frac{rf_{i-1}v_i}{F}}{\sum_{i=1}^{n} \frac{v_i}{F}} \quad (5.27)$$

$$1 + rs_n = {}^{t_n}\sqrt{\prod_{i=0}^{n-1}\left(1 + \frac{rf_i}{F}\right)} \quad (5.28)$$

掉期利率 r_n 在等式（5.27）中表示为远期利率的加权平均，这种表达方式并不令人感到奇怪。回到案例 5.12，即 1 年期掉期的例子中来。在该案例中，我们使用远期利率协议迭期的利率计算 1 年期掉期的利率，使用的是算术平均值。这正是我们所预期的，因为掉期利率所对应的连续期间可由远期利率协议迭期涵盖，因此远期利率协议利率的均值就是正确的掉期利率。由于远期利率协议的利率就是远期利率，因此可以得到等式（5.27）中的关系，等式（5.28）表明 n 期掉期利率就是从 rf_0 到 rf_{n-1} 这 n 个远期利率的均值。为求准确，必须对远期利率进行加权平均，权重就是每个期间的贴现因子。应注意的是，虽然掉期利率是通过远期利率进行推导，然而掉期在正常情况下是在利息期间的期末支付利息，而远期利率协议是在该期间开始时支付利息，因此必须对掉期利息进行贴现。

等式（5.28）表明，零息利率是根据远期利率（加 1）的几何平均进行计算，这一点在《货币市场业务管理》第 1 章的案例研究中非常明显。n 期远期利率是使用第 n 期和第 $n-1$ 期的贴现因子进行计算。整个期间的贴现因子是将单个贴现因子相乘进行计算，使用整个期间的零息利率也能得到相同的贴现因子①。

一般利率掉期的定价

刚刚达成交易的利率掉期的利率就是使得其净现值为零的利率。如果根据当前的市场利率按市值给掉期计价，就可以用“掉期估值”这个术语表示计算现有掉期的净现值的流程。因此，在对掉期定价时，我们将其净现值设定为零，而在对掉期估值时，我们将其固定利率设定为市场利率，并计算其净现值。

为了解释其中的基本原理，我们对一个普通的利率掉期定价，该掉期的条款如下所示。

名义本金	10 000 000 英镑
固定利率	6. 896 3%
固定利息的天数计算惯例	实际天数/365
浮动利息的天数计算惯例	实际天数/365
支付固定利息的频率	每年
支付浮动利息的频率	每年
交易日	2000 年 1 月 31 日
有效日	2000 年 2 月 2 日
到期日	2005 年 2 月 2 日
期限	5 年

为简化起见，虽然实际中支付的固定年利息在不同的年份中有所不同，但我们假设每年所支付的固定利息都相等。同样，我们还假设已经具备了零息收益率曲线，如表 5. 13 所示。我们使用零息利率计算贴现因子，再根据贴现因子计算远期利率，所使用的公式是等式（5. 24）。然后使用这些远期利率预测在每个利息期间应支付的浮动利息金额。最后，将以固定利率支付的利息和以浮动利率支付的利息以合适的零息利率进行贴现，这样就可以计算出掉期的净现值。

---

① 零息利率和远期利率还以另外一种方式联系在一起。如果将零息利率 rs_n 和远期利率 rf_i 改变为等价的连续复利，即 $\ln(1+rs_n)$ 和 $\ln(1+rf_i)$，就可以得到计算连续复利零息利率的表达式，并且该利率就是连续复利远期利率的简单平均，如下所示：$rs'_n=\frac{1}{t_n}\sum_{i=0}^{n-1}\frac{rf'_i}{F}$。

该掉期的固定利率是使用等式（5.19）进行计算，计算结果为：

$$\frac{1-0.71298618}{4.16187950}=0.068963$$

即，该掉期的固定利率为6.8963%。

该掉期的详细情况如表5.13所示。

表5.14展示了微软Excel的计算公式。毫不奇怪，净现值为零，因为我们是使用零息曲线推导贴现因子，再使用贴现因子推导远期利率，最后使用远期利率对掉期估值。与其他任何金融工具一样，掉期的公平价值就是其收支平衡价格或对冲成本，在这种情况下，对表5.13中的5年期掉期定价的银行就可以使用以表5.13中所示的远期利率进行交易的一系列远期利率协议来对冲该掉期。如果银行在掉期中是收到浮动利率而支付固定利率，则市场利率上升时，掉期对于该银行的价值就会上升，在市场利率下降时，掉期对于该银行的价值就会下降。相反，如果银行收到固定利率而支付浮动利率，则在利率上升时，掉期对于该银行的价值就会下降，反之亦然。

这种方法可以用来对任何利率掉期进行定价，包括特种掉期。为解释这一点，考虑表5.15中所示的3年期本金递增型掉期，该掉期是支付固定利率，并收到远期利率加25个基点的浮动利率。此外，固定利率必须进行相应的调整，在该表中显示为6.475%。计算中所采用的零息利率环境与上例中一样。

为了计算利率掉期中所支付的固定利息的现值，使用等式（5.29）。为了计算利率掉期中所支付的浮动利息的现值，使用等式（5.30）。如下所示：

$$PV_{fixed} = r_n \sum_{i=1}^{n} M_i \frac{d_i}{B} V_i \qquad (5.29)$$

$$PV_{floating} = \sum_{i=1}^{n} r^{f_{i-1}} M_i \frac{d_i}{B} v_i \qquad (5.30)$$

其中，

r_n 是掉期所支付的固定利率，

M_i 是从 $i-1$ 到 i 期间的名义本金金额，

rf_i 是从 $i-1$ 到 i 期间的远期利率，

d_i 是在利率期间中的天数（从 $i-1$ 到 i 期间），

v_i 是时刻 i 的贴现因子，

B 是每年所包含的天数，即360天或365天。

表 5.13　一般利率掉期

期间	零息利率(%)	贴现因子	远期利率(%)	支付的固定利息(英镑)	支付的浮动利息(英镑)	固定利息的现值(英镑)	浮动利息的现值
1	5.5	0.947 867 298	5.5	689 625	550 000	653 672.985 8	521 327.014 2
2	6	0.889 996 44	6.502 369 605	689 625	650 236.960 5	613 763.794 9	578 708.58
3	6.25	0.833 706 493	6.751 770 257	689 625	675 177.025 7	574 944.840 2	562 899.470 2
4	6.5	0.777 323 091	7.253 534 951	689 625	725 353.495 1	536 061.436 6	563 834.020 8
5	7	0.712 986 179	9.023 584 719	689 625	902 358.471 9	491 693.094	643 369.119 4
		4.161 879 501				**2 870 137**	**2 870 137**

表 5.14　一般利率掉期(Excel 公式)

单元格	C	D	E	F	G	H	I	J
21			10 000 000					
22								
23	期间	零息利率(%)	贴现因子	远期利率(%)	支付的固定利息(英镑)	支付的浮动利息(英镑)	固定利息的现值(英镑)	浮动利息的现值(英镑)
24	1	5.5	0.947 867 298	5.5	689 625	“(F24 * 10 000 000)/100	“G24/1.055	“H24/(1.055)
25	2	6	0.889 996 44	“[(E24/E25) - 1] * 100	689 625	“(F25 * 10 000 000)/100	“G24/(1.06)^2	“H25/(1.06)^2
26	3	6.25	0.833 706 493	“[(E25/E26) - 1] * 100	689 625	“(F26 * 10 000 000)/100	“G24/(1.062 5)^3	“H26/(1.062 5)^3
27	4	6.5	0.777 323 091	“[(E26/E27) - 1] * 100	689 625	“(F27 * 10 000 000)/100	“G24/(1.065)^4	“H27/(1.065)^4
28	5	7	0.712 986 179	“[(E27/E28) - 1] * 100	689 625	“(F28 * 10 000 000)/100	“G24/(1.07)^5	“H28/(1.07)^5
			“SUM(E24:E28)				2 870 137	2 870 137

表 5.15　　**本金递增型利率掉期**

期间	零息利率(%)	贴现因子	远期利率(%)	本金(英镑)	差价	支付的固定利息(英镑)	支付的浮动利息(英镑)	固定利息的现值(英镑)	浮动利息的现值(英镑)
1	5.50	0.947 867 30	5.500 000	5 000 000	LIBOR +25	323 728	287 500	306 851	272 512
2	6.00	0.889 996 44	6.502 370	8 000 000	LIBOR +25	517 965	540 192	460 987	480 769
3	6.25	0.833 706 49	6.751 770	10 000 000	LIBOR +25	647 456	700 180	539 788	583 745
		2.671 570 23						1 337 626	1 337 025
	掉期利率	0.062 245 606							
		6.224 6	6.474 6						

使用最后到期时的贴现因子进行估值

对利率掉期中浮动利息支付进行估值的一条捷径是使用最后到期期间的贴现因子。这是因为，出于估值的目的，在掉期开始时和结束时进行的本金交换从理论上来说与浮动利息支付相同。上述结论之所以成立，是因为在交换本金时，初始本金投资所获得的利息支付不确定，因为它们是按照浮动利率进行计算，而在到期时将偿还初始本金，其净结果就是收到的利息是以浮动利率进行计算，这与掉期中所支付的浮动利息非常相似。为了估计本金的价值，我们仅需要知道最后到期时的贴现率。

为解释这一点，考虑表5.13，其中掉期所支付的固定利息和浮动利息的现值都是2 870 137 英镑。使用5 年期的贴现因子也可以得到相同的结果，如下所示：

$$PV_{\text{floating}} = (10\ 000\ 000 \times 1) - (10\ 000\ 000 \times 0.712\ 986\ 18) = 2\ 870\ 137$$

上述表达式中的第一项是本金乘以贴现因子1，这是因为在进行交易后立即对本金贴现所得到的现值不会发生任何变化，或者可以说此时的贴现因子为1.000 0。

因此，如果希望对掉期估值，可以使用掉期的本金金额。当然，这仅对于掉期的估值成立，因为在掉期中没有本金的实际交换。

定价原则小结

如前所述，掉期定价的第一步就是推导直至到期时的即期利率，然后使用这些即期利率贴现掉期的所有现金流，而浮动利息支付的现金流是使用由即期利率推导出的远期利率进行估计。掉期的固定利率可以通过从当前日期至最后到期期间的所有即期利率的贴现因子进行计算。前面所描述的方法可用于掉期的定价和估值。市场惯例是在试图找到使得新发行掉期的净现值为零的固定利率时使用“定价”这个术语，而“估值”这个术语用来描述计算现有掉期的净现值的过程，该现有掉期的固定利率已经确定。

案例5.13　按市值估价

以下的掉期根据1999 年2 月26 日的市值估价，该掉期接收固定利率，支付浮动利率。

名义金额	1 000 万美元
有效日	1998 年 6 月 21 日
到期日	2001 年 6 月 21 日
固定利率	7.40%
固定利率支付基础	每年支付一次，实际天数/360
浮动利率	LIBOR
浮动利率支付基础	每半年支付一次，实际天数/360
上一个浮动利率	从 1998 年 12 月 21 日到 1999 年 6 月 21 日为 9.30%

直至估值日的贴现因子为：

1999 年 6 月 21 日	0.970 312
1999 年 12 月 21 日	0.924 923
2000 年 6 月 21 日	0.882 531
2000 年 12 月 21 日	0.841 539
2001 年 6 月 21 日	0.801 009

使用这些贴现因子就可以计算远期利率，然后使用远期利率估计浮动利息支付。远期利率如下所示：

1999 年 12 月 21 日	9.604%
2000 年 6 月 21 日	9.556%
2000 年 12 月 21 日	9.691%
2001 年 6 月 21 日	10.001%

因此，掉期的现金流为：

日期	净现金流（美元）	现值（美元）
1999 年 6 月 21 日	+272 417	+264 326
1999 年 12 月 21 日	-490 866	-454 002
2000 年 6 月 21 日	+259 546	+229 049
2000 年 12 月 21 日	-487 227	-410 002
2001 年 6 月 21 日	+234 384	+187 742

掉期的净现值也就是按市值估价的结果为 -182 887 美元。

隔夜利率掉期和 SONIA 掉期

一般将利率掉期合同视为资本市场工具，利率掉期是交易双方之间签订的协议，其中一方以固定利率支付利息，另一方以浮动利率支付利息，并且是在掉期的期限内以一定的时间间隔根据掉期的名义金额计算利息。掉期可以看作是一系列连续的远期利率协议合同，其中每一个远期利率协议都在上一个协议到期时开始。浮动利率的参考基础在交易开始时作为合同条款的一个组成部分进行确定。传统的掉期是使浮动利率与 LIBOR 相关联，然而最近在货币市场上，一个令人兴奋的发展是隔夜平均利率掉期或隔夜指数掉期（OIS）。本部分将回顾 OIS 和 SONIA（英镑隔夜平均指数）掉期，英镑市场中的银行大量使用后一种掉期。

SONIA 是伦敦批发性短期借贷经纪人协会成员之间在每天 15∶30 之前进行的银行间（无担保）隔夜英镑存款交易的平均利率。根据交易量的大小对所记录的利率进行加权平均。SONIA 掉期就是其中一方支付固定利率（也就是掉期利率），而另外一方支付的利率等于合同期间所记录的隔夜利率的几何平均值。利息支付发生在掉期到期时。SONIA 掉期可以用于在英镑收益率曲线的期限较短处进行利率投机或利率对冲，也就是说，SONIA 掉期可以用于对冲隔夜利率风险[①]。SONIA 掉期的到期期限一般从一个星期到一年不等，虽然市场上也有两年期的 SONIA 掉期交易。

传统掉期利率都根据政府债券收益率曲线计算，并且代表了因银行间违约风险而存在的高于政府债券收益率的信用溢价。从本质上来说，掉期利率代表的是远期利率的均值，而远期利率根据政府债券即期（零息）收益率曲线推导而来。SONIA 掉期中所报出的固定利率就是市场参与者在掉期期限内所预期的隔夜利率平均水平。实际中，该固定利率是英格兰银行回购利率的函数。英格兰银行的回购利率是该银行与银行交易对手进行逆回购交易时的两周利率，这种逆回购交易是英格兰银行公开市场操作的一部分。换句话说，该回购利率是英格兰银行的基准利率。从理论上来说，人们将预期 SONIA 利率与回购利率非常接近，因为隔夜存款的信用风险非常低。然而在实际中，SONIA 利率与英格兰银行回购利率之间的利差极具波动性，出于这个原因，人们使用 SONIA 掉期对冲隔夜利率风险。

SONIA 掉期的日交易量显著低于金边国债回购等现货市场工具的交易量以及短期英镑期货等更为成熟的衍生工具，金边国债回购以及短期英镑期货的日交易量分别为 200 亿英镑和 450 亿英镑，然而 SONIA 掉期现在已成为英

---

① 传统上，隔夜利率每天都在一个很宽的范围内波动，这取决于该天的资金缺口。虽然这种波动性在引入金边国债回购市场后已经大大降低，但有时这种波动性仍然不可预测。

镑市场的一个重要组成部分。大部分 SONIA 掉期交易的到期期限都在一个星期和三个月之间，并且英格兰银行公布的买卖价利差约为两个基点，而短期英镑期货交易的利差只有一个基点。

图 5. 15 给出了在 1999 年和 2000 年期间 SONIA 指数的月平均值减去英格兰银行回购利率的结果，其中 1999 年 12 月较大的利差反映了市场对千年虫问题的担忧。

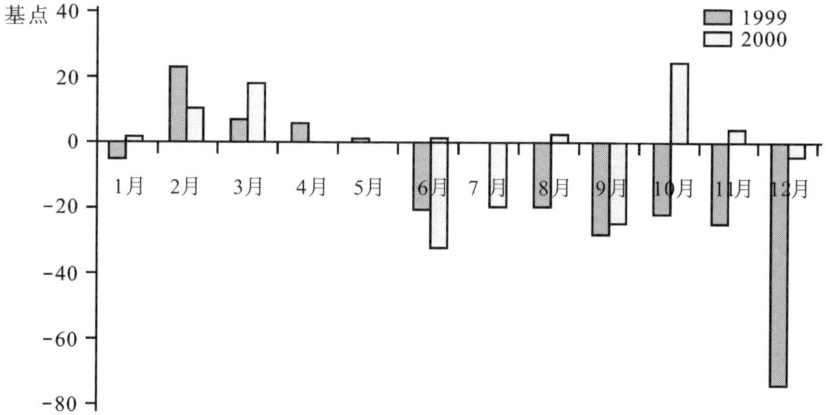

图 5. 15　SONIA 平均利率减去英格兰银行的回购利率

资料来源：英格兰银行。

案例 5. 14　使用 OIS 掉期对冲融资要求

一家投资银行的结构化对冲基金衍生产品部门以参与对冲基金的基金利益分红形式向其客户提供了一种杠杆化的投资产品。客户的部分投资资金由投资银行提供，投资银行对这部分资金所收取的利率按隔夜LIBOR加上一个利差计算。

这种投资产品的预期期限至少为两年，可能更长。作为其日常资产负债管理的一部分，投资银行的资金部门通过每天以隔夜利率借款为这种需求融资。现在，该投资银行希望通过匹配资产的期限结构与负债的期限结构以满足这种产品的融资要求。假设这种产品为该银行创造了 10 亿美元的融资要求。

图 5. 16 展示了当前市场的存款利率，因此银行的资金部门使用如下所示的方式为这种需求融资：

资产	10 亿美元，期限大于一年
	收到隔夜 LIBOR 加上一定利差的利率
负债	3. 5 亿美元的 6 个月期贷款，

支付的利率为 1. 22%；

3. 5 亿美元的 1 年期贷款，

支付的利率为 1. 50%；

3 亿美元的 15 个月期贷款，

支付的利率为 1. 70%（没有显示在图 5. 16 中）。

GRAB M-Mkt TTDE

11:37 TULLETT & TOKYO PAGE 1 / 1

USD Cash Non-Japanese Deposits	Bid	Ask	Time
1) Spot	1.0000	1.0200	9:33
2) T/N	1.0100	1.0300	11/07
3) 1 Week	1.0300	1.0500	9:33
4) 2 Week	1.0300	1.0500	9:33
5) 3 Week	1.0300	1.0500	9:33
6) 1 Month	1.0400	1.0500	9:33
7) 2 Month	1.1200	1.1400	9:33
8) 3 Month	1.1300	1.1500	9:33
9) 4 Month	1.1400	1.1700	9:33
10) 5 Month	1.1600	1.1900	9:33
11) 6 Month	1.2000	1.2200	9:33
12) 7 Month	1.2300	1.2500	9:33
13) 8 Month	1.2700	1.2900	9:33
14) 9 Month	1.3300	1.3600	9:33
15) 10 Month	1.3800	1.4100	9:33
16) 11 Month	1.4500	1.4800	9:33
17) 12 Month	1.5000	1.5300	9:33

USD Cash Japanese Deposits	Bid	Ask	Time
18) T/N	1.0000	1.0300	11/07
19) 1 Week	1.0400	1.0600	9:33
20) 2 Week	1.0500	1.0700	9:33
21) 3 Week	1.0600	1.0800	9:33
22) 1 Month	1.0800	1.1000	9:33
23) 2 Month	1.1800	1.2100	9:33
24) 3 Month	1.1900	1.2200	9:33
25) 4 Month	1.2000	1.2300	9:33
26) 5 Month	1.2100	1.2400	9:33
27) 6 Month	1.2300	1.2600	9:33
28) 7 Month	1.2700	1.3000	9:33
29) 8 Month	1.3100	1.3400	9:33
30) 9 Month	1.3800	1.4100	9:33
31) 10 Month	1.4600	1.4900	9:33
32) 11 Month	1.5300	1.5600	9:33
33) 12 Month	1.5500	1.5800	9:33

Australia 61 2 9777 8600 Brazil 5511 3048 4500 Europe 44 20 7330 7500 Germany 49 69 920410
Hong Kong 852 2977 6000 Japan 81 3 3201 8900 Singapore 65 6212 1000 U.S. 1 212 318 2000 Copyright 2003 Bloomberg L.P.
G657-802-0 10-Nov-03 11:37:50

图 5. 16 2003 年 11 月 10 日 Tullett **美国美元存款利率**

ⓒTullett International ⓒBloomberg L. P. Used with permisson.

上述安排将资产的结构很好地与负债的期限结构进行了匹配，然而却形成了利率基础的不匹配，因为该投资银行现在是收到以隔夜 LIBOR 为基础的收益，但需要支付定期的负债。为了消除这种不匹配，该投资银行的资金部门进行了一个 OIS 掉期交易，这样就可以匹配每笔贷款交易的金额和期限，因为该掉期是以隔夜浮动利率支付利息，而收到以固定利率计算的利息。图 5. 17 展示了不同期限的 OIS 掉期利率，该图展示了到期时间最长为两年的 OIS 掉期的双向报价。因此，对于 6 个月期的 OIS 来说，对冲者是以 1. 085% 的利率收到固定利息，而对于 1 年期的 OIS 来说对冲者是收到 1. 40% 的利率。掉期中收到的利率与定期贷款支付利率之间的差额就是消除利率基础不匹配的成本，而且这种成本从根本上反映了 OIS 相对于存款利率的一个基本特征，即存款利率与 LIBOR 相关，而美国美元的 OIS 利率由联邦基金利率确定。平均来说，联邦基金利率大约低于美元存款利率 8 ~ 10 个基点，有时这种利差可能扩大到 15 个基点。

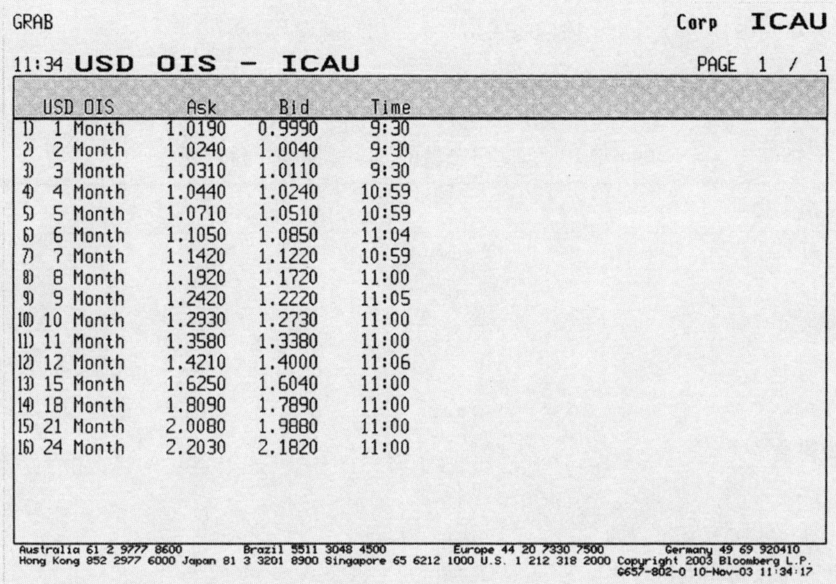

GRAB　　Corp　ICAU

11:34 **USD OIS - ICAU**　　PAGE 1 / 1

	USD OIS	Ask	Bid	Time
1)	1 Month	1.0190	0.9990	9:30
2)	2 Month	1.0240	1.0040	9:30
3)	3 Month	1.0310	1.0110	9:30
4)	4 Month	1.0440	1.0240	10:59
5)	5 Month	1.0710	1.0510	10:59
6)	6 Month	1.1050	1.0850	11:04
7)	7 Month	1.1420	1.1220	10:59
8)	8 Month	1.1920	1.1720	11:00
9)	9 Month	1.2420	1.2220	11:05
10)	10 Month	1.2930	1.2730	11:00
11)	11 Month	1.3580	1.3380	11:00
12)	12 Month	1.4210	1.4000	11:06
13)	15 Month	1.6250	1.6040	11:00
14)	18 Month	1.8090	1.7890	11:00
15)	21 Month	2.0080	1.9880	11:00
16)	24 Month	2.2030	2.1820	11:00

Australia 61 2 9777 8600　Brazil 5511 3048 4500　Europe 44 20 7330 7500　Germany 49 69 920410
Hong Kong 852 2977 6000 Japan 81 3 3201 8900 Singapore 65 6212 1000 U.S. 1 212 318 2000 Copyright 2003 Bloomberg L.P.
G657-802-0 10-Nov-03 11:34:17

图 5.17　2003 年 11 月 10 日 Garban ICAP **美国美元** OIS **利率**

这种方法可以对冲利率基础不匹配，同时资金部门还可以使得负债的特征与资产的特征相匹配。资金部门的净成本就是其对冲成本。

图 5.18 对这种交易进行了解释。

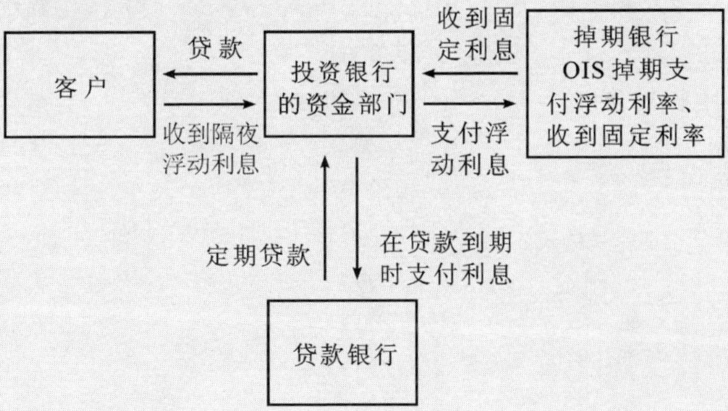

图 5.18　使用 OIS **工具对冲利率基础不匹配的示例**

案例 5.15　OIS 的现金流

表 5.16 展示了有效日为 2003 年 10 月 17 日为期 6 个月的 OIS 每日的利率，该掉期的固定利率为 1.03%，掉期的名义金额为 2 亿美元。

从表5.16中可以看出，该期间联邦基金的平均利率为0.999 52%，因此固定利率支付方在结算日支付的净结算金额为30 480美元。

表5.16　　2003年10月17日交易的OIS掉期的支付计划

隔夜指数掉期		
有效日	17-10-03	
到期日	19-04-04	
名义金额	2亿美元	
固定利率	1.030%	
浮动利率	联邦基金隔夜利率	
	实际天数/360	
固定利率支付方支付金额	USD 1 030 000	
浮动利率支付方支付金额	999 520美元	
结算金额	30 480美元	
确定日	到期日	利率
10/17/2003	10/20/2003	0.98
10/20/2003	10/21/2003	1.02
10/21/2003	10/22/2003	1.02
10/22/2003	10/23/2003	0.99
10/23/2003	10/24/2003	0.99
10/24/2003	10/27/2003	1.02
10/27/2003	10/28/2003	1.01
10/28/2003	10/29/2003	0.98
10/29/2003	10/30/2003	0.98
10/30/2003	10/31/2003	0.97
10/31/2003	11/3/2003	1.02
11/3/2003	11/4/2003	1.02
11/4/2003	11/5/2003	1.02
11/5/2003	11/6/2003	0.98
11/6/2003	11/7/2003	0.98
11/7/2003	11/10/2003	0.98
11/10/2003	11/12/2003	0.98
11/12/2003	11/13/2003	0.99
11/13/2003	11/14/2003	1
11/14/2003	11/17/2003	0.99

续表

确定日	到期日	利率
11/17/2003	11/18/2003	1.04
11/18/2003	11/19/2003	1.04
11/19/2003	11/20/2003	0.98
11/20/2003	11/11/2003	1
11/21/2003	11/24/2003	1
11/24/2003	11/25/2003	0.98
11/25/2003	11/26/2003	0.98
11/26/2003	11/28/2003	1.02
11/28/2003	12/1/2003	1.01
12/1/2003	12/2/2003	1.03
12/2/2003	12/3/2003	0.97
12/3/2003	12/4/2003	0.97
12/4/2003	12/5/2003	0.98
12/5/2003	12/8/2003	0.98
12/8/2003	12/9/2003	0.98
12/9/2003	12/10/2003	0.99
12/10/2003	12/11/2003	0.97
12/11/2003	12/12/2003	0.99
12/12/2003	12/15/2003	0.99
12/15/2003	12/16/2003	0.99
12/16/2003	12/17/2003	1.04
12/17/2003	12/18/2003	0.99
12/18/2003	12/19/2003	0.99
12/19/2003	12/22/2003	0.98
12/22/2003	12/23/2003	0.98
12/23/2003	12/24/2003	1.02
12/24/2003	12/26/2003	1
12/26/2003	12/29/2003	0.97
12/29/2003	12/30/2002	0.97
12/30/2003	12/31/2003	0.98
12/31/2003	1/2/2004	0.93
1/2/2004	1/5/2004	0.94
1/5/2004	1/6/2004	1.01
1/6/2004	1/7/2004	0.97

续表

确定日	到期日	利率
1/7/2004	1/8/2004	0.94
1/8/2004	1/9/2004	0.94
1/9/2004	1/12/2004	0.99
1/12/2004	1/13/2004	0.99
1/13/2004	1/14/2004	1
1/14/2004	1/15/2004	0.99
1/15/2004	1/16/2004	1.04
1/16/2004	1/20/2004	0.98
1/20/2004	1/21/2004	1.02
1/21/2004	1/22/2004	1
1/22/2004	1/23/2004	1.02
1/23/2004	1/26/2004	1
1/26/2004	1/27/2004	1
1/27/2004	1/28/2004	1.08
1/28/2004	1/29/2004	1.02
1/29/2004	1/30/2004	0.99
1/30/2004	2/2/2004	1.03
2/2/2004	2/3/2004	1.01
2/3/2004	2/4/2004	1.01
2/4/2004	2/5/2004	0.97
2/5/2004	2/6/2004	1
2/6/2004	2/9/2004	1.01
2/9/2004	1/10/2004	0.99
2/10/2004	2/11/2004	1
2/11/2004	2/12/2004	1
2/12/2004	2/13/2004	1.02
2/13/2004	2/17/2004	1.02
2/17/2004	2/18/2004	1.02
2/18/2004	2/19/2004	1
2/19/2004	2/20/2004	1
2/20/2004	2/23/2004	0.99
2/23/2004	2/24/2004	0.99
2/24/2004	2/25/2004	1
2/25/2004	2/26/2004	0.99
2/26/2004	2/27/2004	1.02
2/27/2004	3/1/2004	1.04

续表

确定日	到期日	利率
3/1/2004	3/2/2004	1.04
3/2/2004	3/3/2004	1.04
3/3/2004	3/4/2004	1
3/4/2004	3/5/2004	0.99
3/5/2004	3/8/2004	0.99
3/8/2004	3/9/2004	1
3/9/2004	3/10/2004	0.99
3/10/2004	3/11/2004	0.99
3/11/2004	3/12/2004	1
3/12/2004	3/15/2004	0.99
3/15/2004	3/16/2004	1.05
3/16/2004	3/17/2004	1.05
3/17/2004	3/18/2004	1
3/18/2004	3/19/2004	1
3/19/2004	3/22/2004	0.99
3/22/2004	3/23/2004	1.01
3/23/2004	3/24/2004	1.01
3/24/2004	3/25/2004	0.99
3/25/2004	3/26/2004	0.99
3/26/2004	3/29/2004	1.02
3/29/2004	3/30/2004	1
3/30/2004	3/31/2004	1
3/31/2004	4/1/2004	0.98
4/1/2004	4/2/2004	1.05
4/2/2004	4/5/2004	1.03
4/5/2004	4/6/2004	1.01
4/6/2004	4/7/2004	1.01
4/7/2004	4/8/2004	1
4/8/2004	4/9/1004	1
4/9/2004	4/12/2004	1.02
4/12/2004	4/13/2004	1.01
4/13/2004	4/14/2004	1
4/14/2004	4/15/2004	1
4/15/2004	4/16/2004	1.01
4/16/2004	4/19/2004	0.99
	平均利率	0.999 52

附　录

附录 5.1　期货迭期利率和隐含掉期利率的计算

期货迭期就是在每个合同月中都包含一个期货合同的情况，例如 1999 年 8 月的一年期短期英镑迭期就包含 1999 年 9 月、1999 年 12 月、2000 年 3 月和 2000 年 6 月等各种合同。两年期迭期不仅包含上述这些合同，还包含 2000 年 9 月、2000 年 12 月、2001 年 3 月以及 2001 年 6 月的合同。这些合同价格中所隐含的 3 个月期远期利率以及 Stub 期间（即畸零天期）的初始现货市场存款利率就可以用来计算在现在进行投资的未来价值，计算公式如等式（a5.1）所示：

$$FV_N = \left[1 + r_0 \times \left(\frac{d_0}{B}\right)\right] \times \left[1 + rf_1 \times \left(\frac{d_1}{B}\right)\right] \times \cdots \times \left[1 + rf_n \times \left(\frac{d_n}{B}\right)\right] \quad (a5.1)$$

其中，

FV_N 是现在进行的 1 英镑投资在 N 年后的未来价值（终值），

r_0 是从现在到第一个期货合同到期日期间的现货市场存款利率（LIBOR），

rf_1 是第一个期货合同的价格所隐含的远期利率，

rf_n 是该序列中最后一个期货合同的价格所隐含的远期利率，

d_i 是每个期货合同期间所包含的天数，其中 $i=0, 1, \cdots, n$，

B 是每年中所包含的天数，即 360 天或 365 天。

可以使用以期货利率进行投资的未来价值计算隐含零息债券收益率。连续复合收益率 r_{cc} 的计算公式如等式（a5.2）所示，而到期期限为 N 年的零息债券的价格 $P_{零息}$ 的计算公式如等式（a5.3）所示：

$$r_{cc} = \ln\left(\frac{FV_N}{N}\right) \quad (a5.2)$$

$$P_{零息} = \frac{1}{FV_N} \quad (a5.3)$$

期货合同序列所隐含的远期利率可以用来计算隐含掉期利率。正如前面

在普通利率掉期中所看到的一样，在计算普通利率掉期的价格时，从理论上来说是将其视为一个固定息票率债券的空头和一个浮动利率债券的多头，也就是一个支付固定利率并收到浮动利率的掉期。因此，理论上的掉期利率就是期货迭期所给出的远期利率的平均值，即从 rf_1 到 rf_N 的平均值，其中 N 是掉期的到期期限。进行这种计算的最简单方式是使用每个即期利率的贴现因子，而不是使用远期利率，这些内容已在本章的正文中进行过讨论。

第 6 章　货币市场收益率曲线

与持有债务市场资产相关的主要回报率指标是到期收益率或毛赎回收益率。在发达国家市场以及一些新兴的经济体中，通常有很多债券在同时交易，而且这些债券具有不同的收益率和不同的到期期限。投资者和交易商往往会考察同一类型债券收益率之间的关系，并用图表展示仅在到期期限上有差异的债券的收益率，所绘制出来的收益率图表就是收益率曲线。收益率曲线是一种重要的指示器和信息来源，它可以揭示债务资本市场的状态。有时，收益率曲线也称为利率期限结构，但是严格来讲这种说法并不正确，因为利率期限结构这种说法仅适用于零息收益率曲线。本章将对货币市场收益率曲线展开详细的讨论。

资本市场中的很多分析和定价行为都是围绕着收益率曲线进行，收益率曲线描述了特定赎回收益率和债券到期日之间的关系。以期限结构为横坐标绘制债券的收益率就可以得到收益率曲线。在绘制收益率曲线时只能使用由同一类型发行人所发行的债券或具有相同流动性的债券，这一点非常重要，例如可以绘制英国金边国债的收益率曲线或 AA 级欧洲债券的收益率曲线，但不能绘制上述两种债券的混合收益率曲线，因为金边国债和欧洲债券的发行人属于不同的类型。在任何国内资本市场中，主要的收益率曲线都是政府债券的收益率曲线，例如在美国市场中是美国国债的收益率曲线。随着欧元区的出现，从理论上来说任何欧元区的政府债券都可以用来构建一个欧元收益率曲线。但现实中，在绘制收益率曲线时只能使用由同一个国家发行的债券，由于多种原因，不同欧元区国家的债券具有不同的收益率。

除了政府债券市场的收益率曲线之外，还可以绘制货币市场工具、表外金融工具的收益率曲线。事实上，可以绘制所有债务市场工具的收益率曲线。货币市场工具仅以收益率为基础进行交易，因为从本质上来说现金市场的证券都是一次性支付本息的证券。因此，货币市场的收益率曲线在绘制时非常简单。货币市场的 LIBOR 曲线就是货币市场回报率的主要指标，并且从理论上来说其到期期限最长只能为一年。实际上，货币市场衍生工具的到期期限经常为 18 个月，有时甚至可以达到两年。图 6.1 和图 6.2 中展示了彭博系统

1　　P3007a Govt　**BBAM**

Screen Printed

BRITISH BANKERS' ASSOCIATION　　Page 1 of 4

05/10　13:34 GMT　[BRITISH BANKERS ASSOCIATION LIBOR RATES]　3750

[10/05/04]　RATES AT 11:00 LONDON TIME 10/05/2004　10/05 11:18 GMT

CCY	USD	GBP	CAD	EUR	JPY	EUR 365
O/N	1.05250	4.27875	2.07000	2.00125	SN0.03250	2.02905
1WK	1.08000	4.32813	2.06833	2.04613	0.03375	2.07455
2WK	1.08125	4.37500	2.07000	2.05063	0.03500	2.07911
1MO	1.10000	4.40500	2.07500	2.06263	0.03750	2.09128
2MO	1.16000	4.43875	2.08500	2.08038	0.04313	2.10927
3MO	1.24000	4.47188	2.10833	2.08950	0.04750	2.11852
4MO	1.34000	4.52750	2.13167	2.10613	0.05075	2.13538
5MO	1.43750	4.59500	2.15833	2.12275	0.05525	2.15223
6MO	1.53000	4.65625	2.20000	2.14038	0.05975	2.17011
7MO	1.62000	4.70750	2.23833	2.16150	0.06250	2.19152
8MO	1.71250	4.76375	2.27500	2.19150	0.06750	2.22194
9MO	1.81000	4.82125	2.32667	2.22363	0.07188	2.25451
10MO	1.89375	4.86875	2.37000	2.25275	0.07750	2.28404
11MO	1.98125	4.91625	2.41000	2.27788	0.08438	2.30952
12MO	2.07000	4.95875	2.46333	2.31538	0.08875	2.34754

Australia 61 2 9777 8600　Brazil 5511 3048 4500　Europe 44 20 7330 7500　Germany 49 69 920410
Hong Kong 852 2977 6000 Japan 81 3 3201 8900 Singapore 65 6212 1000 U.S. 1 212 318 2000 Copyright 2004 Bloomberg L.P.
0 10-May-04 14:34:11

图 6.1　2004 年 5 月 10 日彭博系统 BBAM 页面中所显示的每日 LIBOR

ICAU2　　P1P300 Govt　**ICAU**

Screen Printed

14:34 **USD OIS － ICAU**　　PAGE 1 / 1

	USD OIS	Ask	Bid	Time
1)	1 Month	1.0230	1.0030	14:12
2)	2 Month	1.0670	1.0470	14:12
3)	3 Month	1.1350	1.1150	14:26
4)	4 Month	1.2430	1.2230	14:31
5)	5 Month	1.3220	1.3020	14:31
6)	6 Month	1.4030	1.3830	14:31
7)	7 Month	1.4920	1.4720	14:31
8)	8 Month	1.5810	1.5600	14:34
9)	9 Month	1.6680	1.6470	14:34
10)	10 Month	1.7490	1.7290	14:34
11)	11 Month	1.8280	1.8070	14:34
12)	12 Month	1.9120	1.8920	14:34
13)	15 Month	2.1590	2.1390	14:34
14)	18 Month	2.3900	2.3690	14:34
15)	21 Month	2.6120	2.5920	14:34
16)	24 Month	2.8010	2.7810	14:34

Australia 61 2 9777 8600　Brazil 5511 3048 4500　Europe 44 20 7330 7500　Germany 49 69 920410
Hong Kong 852 2977 6000 Japan 81 3 3201 8900 Singapore 65 6212 1000 U.S. 1 212 318 2000 Copyright 2004 Bloomberg L.P.
0 10-May-04 14:34:21

图 6.2　2004 年 5 月 10 日彭博系统 ICAU2 页面中所显示的经纪商 Garban ICAP 美国美元 OIS 掉期价格

的 LIBOR 页面和一个经纪商（Garban ICAP）的美国美元 OIS 掉期页面，这两个图中所显示的货币市场收益率曲线的最大可接受到期期限为两年。另一种货币市场收益率曲线，事实上也是市场参与者使用最为广泛的收益率曲线，就是在交易所进行交易的短期存款期货曲线，如欧洲美元的收益率曲线或短期英镑的收益率曲线。该曲线被认为是预期货币市场利率的最为可靠的指标。图 6.3 展示了 2004 年 5 月 10 日的欧洲美元收益率曲线。

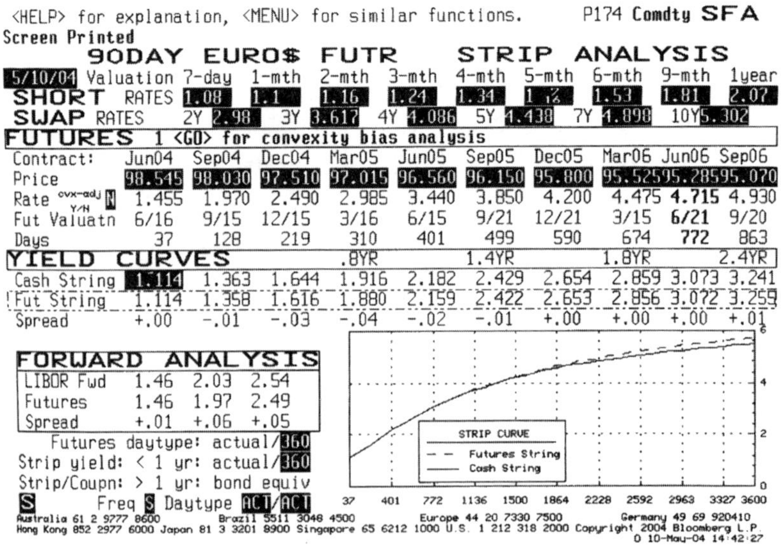

图 6.3　2004 年 5 月 10 日的欧洲美元收益率曲线

货币市场收益率曲线背后的基本原则与长期债券市场收益率曲线背后的基本原则完全相同。本章将考察到期收益率的收益率曲线以及如何根据当前的赎回收益率曲线推导出即期收益率和远期收益率。

收益率曲线的用途

在具体分析收益率曲线之前，首先考察收益率曲线的主要用途。债务资本市场的所有参与者都对收益率曲线的当前形状和水平非常感兴趣，同时也对收益率曲线的当前形状和水平所隐含的未来信息非常感兴趣。收益率曲线的主要用途有以下几个方面：

- 确定所有债务市场金融工具的收益率。从本质上来说，收益率曲线确定了到期日结构的资金价格。根据从到期期限最短的金融工具至到期期限最长的金融工具所绘制的政府债券收益率曲线为该市场中所有其他债务工具的收益率设定了一个基准，据此就可以对所有的债务型金融工具作出分析。债务发行人或其发行代理银行可以使用收益率曲线为债券以及所有其他债务型金融工具定价。一般使用零息收益率曲线为新发行的证券定价，而不是使用赎回收益率曲线进行定价。
- 可以作为未来收益率水平的指示器。收益率曲线的形状能从一定程度上反映市场对未来利率的预期。为了确定市场利率的走向，债券市场的参与者通常分析收益率曲线的当前形状。这可能是收益率曲线一个最为重要的功能，而且这种分析与其说是一种科学，还不如说是一门艺术。不仅债券交易商和基金经理会分析收益率曲线中所包含的信息内容，公司财务人员也将收益率曲线分析作为其项目评估的一个组成部分。中央银行和财政部也分析收益率曲线所表示的意义，并且不仅分析收益率曲线在远期利率方面的意义，还分析收益率曲线在通货膨胀方面的意义。
- 度量和比较不同到期期限投资的回报率。投资组合经理使用收益率曲线评估不同到期期限投资的相对价值。收益率曲线表明了在不同到期时点可以获得的回报率，因此对于固定收益基金经理非常重要，因为固定收益基金经理可以使用收益率曲线评估曲线中的哪个点相对于其他点来说提供的回报率最高。
- 可以揭示具有相似到期期限的不同债券的相对价值。收益率曲线分析可以表明曲线中哪些债券比较便宜，哪些债券比较昂贵。将各种债券与零息收益率曲线进行比较，就可以突出应买进哪些债券或卖出哪些债券，以及是应将债券的买卖作为一种独立的交易还是将其作为债券利差交易的一部分。
- 为利率衍生证券定价。衍生证券的定价以收益率曲线为基础。在收益率曲线中到期期限较短的部分，远期利率协议等产品是根据期货曲线进行定价，因为期货的利率反映了市场对远期 3 个月期现金存款利率的观点。在到期期限较长的部分，利率掉期是根据收益率曲线进行定价，可转换和可提前赎回债券等包含期权特征的混合型金融工具也可以反映当前的收益率曲线水平。无风险利率是期权定价中的一个重要参数，它是短期国债利率或短期政府债券的回购利率，国债利率和短期政府债券的回购利率都是货币市场收益率曲线的重要组成部分。

图 6.4 展示了 2004 年 9 月 6 日，彭博系统 MMCV 页面货币市场收益率曲线所揭示的港元、新加坡元和澳大利亚元的银行间存款利率。

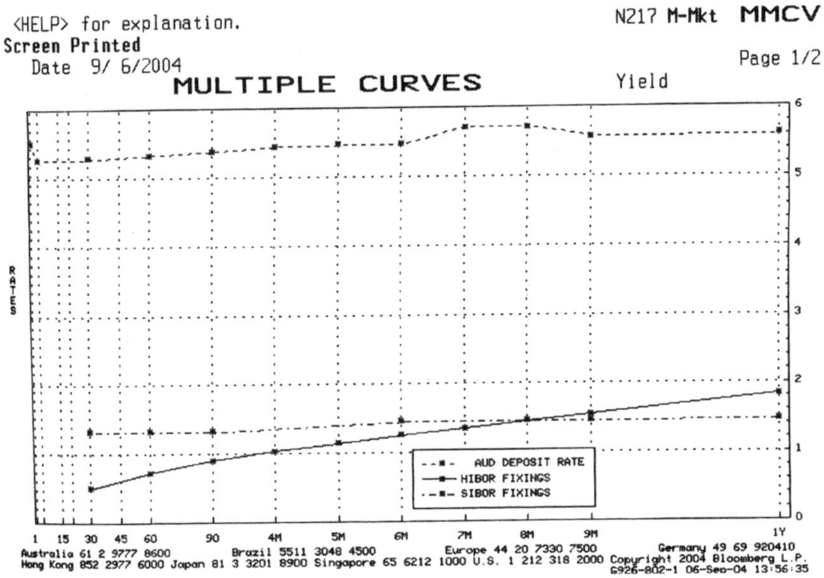

图 6.4　2004 年 9 月 6 日彭博系统 MMCV 页面所显示的 HKD 和 SGD 以及 AUD 的银行间存款利率

各种收益率曲线

到期收益率曲线

最常见的收益率曲线是到期收益率曲线，该曲线的横坐标是同一类型中具有不同到期期限的债券，纵坐标是这些债券的到期收益率。构建该曲线时所使用的债券距离赎回的时间很少有整年的情况，而通常所看到的收益率曲线是根据 X 轴上的整年绘制的收益率，这是因为在将一种债券作为该期限的基准之后，其收益率就是代表性的收益率。到期收益率曲线是最为常见的收益率曲线，这仅仅是因为到期收益率是使用最为广泛的回报率指标。各种日报的商业版面通常都会给出债券的收益率，并且通常是给出债券的到期收益率。

正如我们可预期到的一样，考虑到构建到期收益率曲线的数据来源，到期收益率曲线必然具有一些不准确的地方。到期收益率指标的一个主要缺陷是，该指标假设在债券的期限之内具有不变的息票率，并且该息票率就等于赎回收益率。由于市场利率在长期内会发生一些波动，因此不可能做到假设的这种情况，也就是说存在再投资风险。只有零息债券持有人才可以避免再投资风险，因为零息债券不支付息票。

到期收益率曲线没有区分不同的支付模式，而支付模式的不同可能是因为债券具有不同的息票率。也就是说，这种曲线没有考虑到以下事实，即与具有相同到期期限并且息票率较高的债券相比，息票率较低的债券现金流的较大部分是在较晚的日期进行支付。到期收益率曲线假设所有的债券在支付现金流时都非常平均。因此，在这种情况下，对于构建收益率曲线时所使用的债券来说，并不是以合适的利率将其现金流进行贴现。为了解决这个问题，债券分析师有时可能会构建一个“相同息票率债券的收益率曲线”，这种曲线的横坐标是具有相同息票率的债券的到期期限，纵坐标是这些债券的到期收益率。这种曲线在债券组合包含息票率较高的债券时可能非常有用，息票率较高的债券在交易时往往相对于曲线来说比较便宜，即与具有相同到期期限但息票率较低的债券相比，息票率较高的债券具有较高的收益率。这往往是因为存在再投资风险，在包含英国在内的一些市场中还可能是因为税收的原因。

由于存在上述原因，在到期收益率曲线不合适时，市场参与者就会使用其他类型的收益率曲线进行分析。

平价收益率曲线

在二级市场交易中不会经常遇到平价收益率曲线这一概念，然而在发行新证券或在一级市场中，公司财务人员和其他人员通常都会用到这种曲线。平价收益率曲线的横坐标是当前以面值交易的债券的到期期限，而纵坐标就是这些债券的到期收益率①。因此，对于那些价格等于面值或非常接近于面值

① 债券的平价价格几乎总是表示为100%，也有一些特定债券将其平价价格定义为1 000‰。

的债券来说，其平价收益率就等于息票率，因为这些债券的到期收益率等于其息票率。一级市场的参与者将使用平价收益率曲线确定新发行的平价债券所需要的息票率。这是因为投资者更愿意购买价格不超过面值的新发行债券，因此债券的息票率应使其价格等于或略低于其面值。

例如，考察一年期、两年期以及三年期的债券，这些债券的平价收益率分别为5%、5.25%和5.75%。这意味着如果新发行的两年期债券的价格等于其面值，则该债券所需要的息票率就是5.25%，如果新发行的三年期债券的价格等于其面值，则该债券所需要的息票率就是5.75%。因此有以下关系：

$$100=\frac{5.75}{1.0575}+\frac{5.75}{(1.0575)^2}+\frac{105.75}{(1.0575)^3}$$

上述表达式表明，如果债券的价格等于其面值，则该债券的到期收益率就等于其息票率。

如果债券的价格等于其面值或非常接近于其面值，就可以直接根据债券的收益率推导出平价收益率曲线。如果市场中交易的债券价格严重偏离其面值，则所得到的收益率曲线就是一个扭曲的曲线。此时，就必须根据即期收益率曲线进行迭代推导。观察可知，对任何特定到期期限来说都很少遇到以面值进行交易的债券。因此，债券市场是使用实际的非面值交易的普通债券收益率曲线推导零息收益率曲线（参见后面的内容），然后在假定存在平价债券交易的情况下构建假设的平价收益率曲线。

零息（或即期）收益率曲线

零息（或即期）收益率曲线的横坐标是到期期限，纵坐标是零息收益率或即期收益率。零息收益率就是零息债券现在的收益率。首先，如果存在具有流动性的零息债券市场，并且希望构建这种曲线，则可以根据这些零息债券构建零息收益率曲线。然而，为了构建零息收益率曲线，并不是必须具备零息债券，因为可以根据附息债券的收益率曲线或平价收益率曲线推导出零息收息率曲线。事实上，由于很多市场中都不存在具有流动性的零息债券，因此都是根据传统的到期收益率曲线推导即期收益率曲线。当然，使用这种方法推导出的零息收益率曲线只是理论上的收益率曲线，这不同于市场即期曲线或观察到的即期曲线，因为后者可以使用在市场中实际交易的零息债券的收益率进行构建。

即期收益率必须满足以下所示的等式（6.1），该等式假设每年支付一次息票，并且是在息票支付日进行计算，因此应计利息为零。

$$P_d = \sum_{n=1}^{N} \frac{C}{(1+rs_n)^n} + \frac{M}{(1+rs_T)^N} = \sum_{n=1}^{N} C \times Df_n + M \times Df_N \quad (6.1)$$

其中，

rs_n 是到期期限为 t 年的债券的即期收益率或零息收益率，

$Df_n \equiv 1/(1+rs_n)^t$，即相应的贴现因子，

P_d 是债券的全价，

C 是债券的息票，

M 是债券在到期时支付的金额，即100。

在等式（6.1）中，rs_1 是当前的一年期即期收益率，rs_2 是当前的两年期即期收益率，以此类推。从理论上来说，特定到期期限的即期收益率与具有相同到期期限的零息债券收益率相同，这就是为什么将即期收益率称为零息收益率的原因。

上述最后一点是一个非常重要的结论。即期收益率可以根据赎回收益率进行推导，而赎回收益率可以在市场中观察到，稍后将会探讨这种推导背后的数学原理。

与赎回收益率曲线一样，市场中也经常使用即期收益率曲线。即期收益率曲线被视为真正的利率期限结构，因为即期收益率中不包含再投资风险，即该收益率就等于实际上的年回报率。也就是说，可以将到期期限为 n 年的零息债券收益率作为真正的 n 年期利率。由于不能将在市场中观察到的政府债券赎回收益率曲线作为真实的利率，因此分析师通常构建一个理论上的即期收益率曲线。从本质上来说，通过将每个观察到的附息债券划分为一笔笔现金流就可以做到这一点，这些现金流就是一系列具体的零息债券。例如，名义金额为100英镑、息票率为5%、到期期限为两年并且每年支付一次息票的债券就等价于以下两个债券的组合，其中一个是名义金额为5英镑的一年期零息债券，另外一个是名义金额为105英镑的两年期零息债券。

现在假设市场中有30个债券，这些债券都是每年支付一次息票。第1个债券的到期期限为1年，第2个债券的到期期限为两年，以此类推，直到第30个债券的到期期限为30年。我们知道每个债券的价格，并希望确定这些价

格所隐含的市场对未来利率的估计。很自然地，我们预期利率会随着时间的变化而波动，而且在同一天进行的所有支付都是使用相同的利率计算支付金额。对于1年期的债券来说，我们知道其当前的价格和在当年年末将收到的支付金额（包括支付的息票和赎回收益），因此就可以计算第一年的利率，此时假设一年期债券的息票率为5%。如果该债券的价格等于其面值，并且现在的投资金额为100英镑，则在一年之后将会收到105英镑，因此该年的利率很明显就是5%。对于两年期的债券来说，我们使用这个利率即5%计算两年期债券的当前价格在一年之后的终值，也就是在一年期债券中投资相同金额可以收到的金额。然而，两年期债券在第一年年末时支付一次息票，如果从当前价格的一年期终值中减去所支付息票的金额，所得到的净额就是为了获得另外一次支付在一年之后所必须放弃的金额。根据这些数字，就可以计算出第二年的利率。

假设两年期债券所支付的息票率为6%，并且其价格为99.00英镑。如果这99.00英镑以所计算出的一年期利率（5%）进行投资，在一年之后就会累积产生103.95英镑，其中99英镑为投资金额，4.95英镑为利息。在一年之后的支付日，一年期债券就会到期并且两年期债券所支付的息票率为6%。如果每个人都预期此时两年期债券的价格将高于97.95（即103.95减去6.00），就不会有投资者购买一年期的债券，因为购买两年期的债券并在一年之后将其卖出将更为有利，这样可以获得较高的回报率。同样，如果价格小于97.95，则没有投资者会购买两年期的债券，因为购买期限更短的债券并使用该债券到期时的收益购买期限较长的债券更为划算。因此，两年期债券的价格在一年之后必须正好等于97.95。为了使得这97.95英镑增长到106.00英镑（即两年期债券的到期收益，包括赎回支付和息票支付），第二年的利率必须等于8.20%。可以使用前面所介绍的现值计算公式验证这一点。由于存在这样的两个利率，因此就可以说这两个债券等价。

这是一个非常重要的结果，它表示在收益率曲线上不存在套利机会。使用现在可以利用的利率，购买两年期债券的回报必须等于购买一年期债券然后再将其到期收益滚动（再投资）一年所得到的回报。这就是所谓的收支平衡原则。

使用三年期债券的价格和息票率，可以用相同的方法计算出第三年的利率。依次使用每种债券的价格和息票率，可以求出每年所隐含的一年期利率直至期限最长债券的到期期限，这个过程称为步步为营法。给定期间利率的“均值”就是这段期间的即期收益率，在上面所给出的例子中，第一年的利率为 5%，第二年的利率为 8.20%。以这些利率投资 100 英镑在两年之后将得到 113.61 英镑，即这笔投资在两年之后的总增长比例为 13.61%，或每年增长 6.588%，注意此时的平均增长比例不是简单地将 13.61% 除以 2，而是再次使用前面所介绍过的现值关系，即通过求取“1 加利率”的平方根，然后再减去 1 进行计算。因此，一年期的收益率为 5%，第二年的收益率为 8.20%。

现实市场并不总是像上面所讨论的那样简单和直接，例如在有些日期可能有很多债券到期，而且这些债券具有不同的息票率，而在其他日期可能没有债券到期。最不可能的情况是，各个债券的到期日之间正好间隔一年。基于以上原因，分析师通常使用一个软件模型计算隐含即期利率的集合，而且计算的结果可以很好地与债券的市场价格相拟合。例如，如果存在若干个一年期的债券，并且每个债券的价格所隐含的利率都有所不同，因此就应选择使得平均价格误差最小的利率。在现实中，可以使用所有债券的价格确定第一年的利率，所有期限长于一年的债券都可以用来确定第二年的利率，依此类推。零息收益率曲线还可以直接根据附息债券的收益率曲线进行计算，而且所使用的方法与上面所描述的方法非常相似。在这种情况下，附息债券必须按面值定价，并且其息票率必须等于平价收益率。

在推导隐含远期利率（稍后会探讨）以及确定利率的期限结构时，使用零息收益率曲线非常合适。在确定市场上交易债券的相对价值以及为新发行的债券定价时，无论相对价值是便宜还是昂贵以及新债券的息票率为多少，零息收益率曲线都是最好的曲线。然而，零息收益率曲线并不是平均市场收益率的准确指示器，因为大部分债券都不是零息债券。

在介绍了零息收益率曲线的概念之后，就可以更为正式地解释其中所涉及的数学知识。在根据赎回收益率推导即期收益率时，我们认为传统债券由年金和零息债券组成，年金就是固定的息票支付，零息债券只在到期日赎回时进行支付。为了推导零息利率，可以使用等式（6.1），并设定 $P_d = M = 100$，$C = rm_N$，如下面的等式（6.2）所示。此时，附息债券的交易价格等于其面值，因此息票率就等于其收益率。

$$\begin{aligned}100 &= rm_N \times \sum_{n=1}^{N} Df_n + 100 \times D_N \\ &= rm_N \times A_n + 100 \times D_N\end{aligned} \tag{6.2}$$

其中，rm_N 是到期期限为 N 年的债券的平价收益率，而贴现因子 Df_N 就是面值为 1 英镑、到期期限为 N 年的零息债券的公平价格，并且

$$A_N = \sum_{n=1}^{N} Df_n = A_{N-1} + Df_N \tag{6.3}$$

A_N 是到期期限为 N 年的每年 1 英镑年金的公平价格，此时一般有 $A_0 = 0$。将等式（6.3）代入到等式（6.2）中并将其变形，就可以得到计算 N 年贴现因子的如下公式，如等式（6.4）所示：

$$Df_N = \frac{1 - rm_N \times A_{N-1}}{1 + rm_N} \tag{6.4}$$

假设交易价格等于面值的一年期、两年期和三年期债券的赎回收益率分别为 5%、5.25% 和 5.75%，根据这些信息就可以得到贴现因子如下所示的解：

$$Df_1 = \frac{1}{(1 + 0.005)} = 0.952\ 38$$

$$Df_2 = \frac{[1 - (0.052\ 5)(0.952\ 38)]}{(1 + 0.052\ 5)} = 0.902\ 61$$

$$Df_3 = \frac{[1 - (0.057\ 5)(0.952\ 38 + 0.902\ 61)]}{(1 + 0.057\ 5)} = 0.844\ 76$$

通过将这些贴现因子代回到等式（6.2）中，可以验证这些贴现因子的正确性，并且还可以得到一年期、两年期和三年期平价债券的以下结果，这些债券的息票率分别为 5%、5.25% 和 5.75%。

$$100 = 105 \times 0.952\ 38$$

$$100 = 5.25 \times 0.952\ 38 + 105.25 \times 0.902\ 61$$

$$100 = 5.75 \times 0.952\ 38 + 5.75 \times 0.902\ 61 + 105.75 \times 0.844\ 76$$

既然已经知道正确的贴现因子，使用等式（6.1）计算即期收益率就非常简单，如下所示：

$$Df_1 = 1/(1 + rs_1) = 0.952\ 38 \Rightarrow rs_1 = 5.0\%$$

$$Df_2 = 1/(1 + rs_2)^2 = 0.902\ 61 \Rightarrow rs_2 = 5.269\%$$

$$Df_3 = 1/(1 + rs_3)^3 = 0.844\ 76 \Rightarrow rs_3 = 5.778\%$$

等式（6.1）是通过相应的 n 年期即期收益率将 n 年期现金流贴现，该现金流包括支付的息票以及赎回时的本金。换句话说，rs_n 就是以时间为权重对 n 年期债券的回报率进行加权平均。因此，正如前面所讨论过的一样，即期收益率曲线是为任何现金流进行定价或估值的合适方法，这些现金流也包括不规则的现金流，因为使用即期收益率曲线能获得合适的贴现因子。也就是说，这种方法是将每笔现金流与适用于该现金流支付期间的贴现率相匹配。可以将这种方法与上面讨论到期收益率时所使用的方法进行比较，后一种方法是使用相同的到期收益率对所有现金流进行贴现。这很好地解释了为什么将 n 年期零息利率作为 N 年期债券的真实利率。

上述表达式是用传统方式进行代数求解，希望使用微软公司 Excel 等电子数据表格的人员可以将每个公式的组成部分输入到具体的单元格中，并使用这些电子数据表格的“工具”和“单变量求解”等功能进行计算。

案例 6.1　零息收益率

考虑如下所示的零息市场利率：

1 年期	5.000%
2 年期	5.271%
3 年期	5.598%
4 年期	6.675%
5 年期	7.213%

计算以下债券的零息贴现因子、价格以及收益率：（1）息票率为 6% 的两年期债券；（2）息票率为 7% 的五年期债券。假设这两个债券都是每年支付一次息票。

零息贴现因子为：

1年期	$1/1.05$	$=0.95238095$
2年期	$1/(1.05271)^2$	$=0.90236554$
3年期	$1/(1.05598)^3$	$=0.84924485$
4年期	$1/(1.06675)^4$	$=0.77223484$
5年期	$1/(1.07213)^5$	$=0.70593182$

然后，使用现金流的现值就可以计算息票率为 6% 的两年期债券的价格，如下所示：

$$(6\times0.95238095)+(106\times0.90236554)=101.365$$

到期收益率为 5.263%，并且是使用微软 Excel 等电子数据表格中的单变量求解或 Hewlett Packard（HP）计算器进行计算。

息票率为 7% 的五年期债券的价格为：

$$\begin{aligned}&(7\times0.95238095)+(7\times0.90236554)+(7\times0.84924485)\\&+(7\times0.77223484)+(107\times0.70593182)\\&=99.869\end{aligned}$$

因此，到期收益率为7.032%。

公式小结

案例1.1表明，如果n年期的零息贴现因子为Df_n，并且N年期的平价收益率为rp，则等式（6.5）中的表达式永远正确：

$$
\begin{aligned}
&(rp \times Df_1) + (rp \times Df_2) + \cdots + (rp \times Df_N) + (1 \times Df_N) = 1 \\
&\Rightarrow rp \times (Df_1 + Df_2 + \cdots + Df_N) = 1 - Df_N \\
&\Rightarrow rp = \frac{1 - Df_N}{\sum_{n=1}^{N} Df_n}
\end{aligned}
\tag{6.5}
$$

远期收益率曲线

远期收益率

市场中的大部分交易都是立即进行交割，这就是所谓的现货市场，尽管一些市场也使用“即期市场”这种表达方式，但“即期市场”这种表述在外汇市场中更为常见。现货市场交易的结算非常简单，其中债券的购买者有权自结算日起收取一定的利息①。远期交易的市场规模非常大，远期交易是在当下进行交易而在远期日期进行结算。对于在远期结算的金融交易来说，交易双方当下同意在未来某个日期以证券交换现金，而且交换的价格是在当下进行确定。因此，债券所适用的远期利率就是在该远期日期债券的即期收益率。也就是说，远期收益率就是所购买的在该远期日期结算的零息债券的收益率，远期收益率在当下使用当前的收益率曲线数据进行推导，因此使用远期利率预测远期日期的即期利率就不太正确。

远期利率可以根据即期利率进行推导，这就是所谓的隐含远期利率，因为这些利率隐含在即期利率的当前范围之内。在远期（或远期对远期）收益率曲线中，横坐标是到期期限，纵坐标是远期利率。远期利率满足如下所示的等式（6.6）：

$$P_d = \frac{C}{(1 + {}_0rf_1)} + \frac{C}{(1 + {}_0rf_1)(1 + {}_1rf_2)} + \cdots + \frac{M}{(1 + {}_0rf_1)\cdots(1 + {}_{N-1}rf_N)}$$

① 我们将其称为“立即”结算，尽管在交易日和结算日之间存在一些延迟，这种延迟可以从1天到7天不等，在一些市场中还可能更长。最常见的结算日还是即期结算，即在两个工作日之内进行结算。

$$= \sum_{n=1}^{N} \frac{C}{\prod_{i=1}^{n}(1 + {}_{i-1}rf_i)} + \frac{M}{\prod_{i=1}^{N}(1 + {}_{i-1}rf_i)} \tag{6.6}$$

其中，

${}_{n-1}rf_n$ 是在第 n 年到期的一年期债券所隐含的远期利率或远期对远期利率。

由于远期收益率或远期对远期收益率隐含在即期利率中，因此远期利率就是远期的零息利率。

将等式（6.1）和等式（6.6）进行比较，就可以看出即期收益率就是远期利率的几何平均值，如等式（6.7）所示：

$$(1 + rs_n)^n = (1 + {}_0rf_1)(1 + {}_1rf_2)\cdots(1 + {}_{n-1}rf_n) \tag{6.7}$$

等式（6.7）表明，即期利率和远期利率之间存在以下关系，如等式（6.8）所示：

$$(1 + {}_{n-1}rf_n) = \frac{(1 + rs_{n-1})}{(1 + rs_{n-1})^{n-1}} \tag{6.8}$$

$$= \frac{Df_{n-1}}{Df_n}$$

使用前面讨论中所计算出的即期收益率，就可以根据等式(6.8)推导隐含远期利率。例如，两年后和三年后的一年期远期利率为：

$$(1 + {}_1rf_2) = \frac{(1 + 0.052\,69)^2}{(1 + 0.05)} = 5.539\%$$

$$(1 + {}_2rf_3) = \frac{(1 + 0.057\,78)^3}{(1 + 0.052\,69)} = 6.803\%$$

使用上面所得到的表达式，就可以计算出 ${}_0rf_1$ 等于 5%，${}_1rf_2$ 等于 5.539%，${}_2rf_3$ 等于 6.803%，这意味着可以根据一年期、两年期和三年期债券的赎回收益率计算当前的即期收益率（假设债券价格等于面值），然后市场就可以预期三年后的一年期债券的收益率为 6.803%，也就是说三年后的一年期远期债券利率为 6.803%。

赎回收益率、即期收益率以及远期收益率（利率）之间的关系显示在表 6.1 中：

表 6.1 附息债券收益率、即期收益率和远期利率

年	附息债券收益率（%）	即期收益率（%）	远期利率（%）
1	5.000	5.000	5.000
2	5.250	5.269	5.539
3	5.750	5.778	6.803

图 6.5 用图示方法展示了前文对三种收益率曲线进行讨论的结果，该图还揭示了三种收益率曲线之间关系的另外一个重要性质，即由于开始时附息债券的收益率曲线向上倾斜，因此即期和远期收益率曲线就位于附息债券收益率曲线之上，本章稍后会对这个重要性质进行更为深入的讨论。

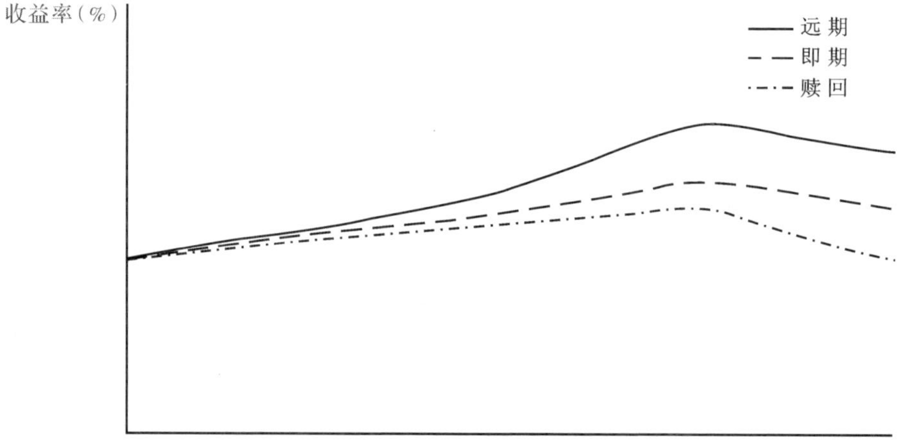

图 6.5 赎回收益率曲线、即期收益率曲线和远期收益率曲线

现在考虑下面的案例，假设一个两年期债券在第一年年末时的现金流为 5.25 英镑，在第二年年末时的现金流为 105.25 英镑，并且该债券的交易价格等于其面值，因此其赎回收益率（平价收益率）为 5.25%，这个债券也就是表 6.1 中所给出的债券。根据前面所讨论的零息收益率相关内容和收支平衡原则，为使纯零息债券或贴现债券在两年之后所进行的一次性支付（零息债券在第一年年末没有现金流）与附息债券的支付等价，要求回报率为 5.269%，这就是即期收益率。也就是说，为了使得同样的 100 英镑投资在到期时的价值为110.82$[100\times(1+0.05269)^2]$英镑，所需的回报率为 5.269%。

这解释了为什么零息收益率曲线对于从事新债券发行的公司财务人员非

常重要的原因。如果知道即期收益率，就可以计算在这种利率环境下将以面值发行的三年期债券所需的息票率，其计算过程如下所示：

$$100 = \frac{C}{(1.05)} + \frac{C}{(1.05269)^2} + \frac{(C+100)}{(1.05778)^3}$$

使用传统代数方法可以求解得到 C 等于5.75%。

即期收益率与远期利率之间的关系显示在等式（6.7）中，可以对这种关系进行如下解释。如果即期收益率是平均回报率，就可以将远期利率解释为边际回报率。如果第二年和第三年的边际回报率从5.539%增加到6.803%，则平均回报率就从5.269%增加到三年期的即期收益率，即5.778%，如下所示：

$$\{[(1.05269)^2(1.06803)]^{1/3} - 1\} = 0.0577\,786\,8$$

由计算结果可知，三年期的即期收益率为5.778%，如表6.1所示。

公式总结

从利息期间 a 到期间 b，零息远期利率可以表示为等式（6.9）：

$$_{a}rf_{b} = \left[\frac{(1+rs_b)^b}{(1+rs_a)^a}\right]^{\left(\frac{1}{b-a}\right)} - 1 \qquad (6.9)$$

其中，rs_a 和 rs_b 分别是期间 a 和期间 b 的即期利率。从期间 a 到期间（$a+1$）的远期利率可以使用等式（6.10）进行表示：

$$_{a}rf_{a+1} = \frac{(1+rs_{a+1})^{a+1}}{(1+rs_a)^a} - 1 \qquad (6.10)$$

根据远期利率计算即期利率

前面说明了即期利率和远期利率之间的关系，因此正如可以基于这种关系根据即期利率推导出远期利率一样，也可以将这个过程反过来，即根据远期利率计算即期利率。如果已经根据一系列单个期间的远期利率构建了远期收益率曲线，就可以使用该曲线构建一个即期收益率曲线。等式（6.8）展示了即期利率和远期利率之间的关系，将该等式变形就可以得到计算即期利率的等式（6.11）：

$$rs_n = [(1 + {}_0rf_1) \times (1 + {}_1rf_2) \times (1 + {}_2rf_3) \times \cdots \times (1 + {}_{n-1}rf_n)]^{1/n} - 1 \quad (6.11)$$

其中，${}_0rf_1$、${}_1rf_2$ 和${}_2rf_3$ 是零期对一期、一期对二期、二期对三期的远期利率，直到第（$n-1$）期对第 n 期的远期利率。

如果是计算不同利息期间存款的远期利率，必要时应对等式(6.11)作出调整。如果计算的是当前六个月期的即期利率和隐含的六个月期远期利率，则这些利率与第 n 期即期利率之间的关系显示在等式（6.8)中，并且其计算方式与当前一年期即期利率和隐含一年期远期利率的处理方式完全相同。

案例 6.2（Ⅰ）

一年期现货市场的收益率为 5.00%，市场预期一年后的一年期利率为 5.95%，两年后的一年期利率为 7.25%，则当前三年期的即期利率是多少，以上这些远期利率预期才正确?

为进行计算，假设现在以远期利率进行投资，并计算这种投资的回报率。三年之后的回报率由终值关系确定，在这种情况下为：

$$1.05 \times 1.0595 \times 1.0725 = 1.1931$$

因此，三年期的即期利率就可以通过以下方式进行计算：

$$\left(\frac{1.1931}{1}\right)^{1/3} - 1 = 6.062\%$$

案例 6.2（Ⅱ）

当六个月的即期利率为 4.000 0% 时，考虑如下所示的六个月隐含远期利率：

${}_0rf_1$	4.000 0%
${}_1rf_2$	4.451 6%
${}_2rf_3$	5.153 2%
${}_3rf_4$	5.658 6%
${}_4rf_5$	6.094 7%
${}_5rf_6$	7.112 9%

某投资者正在以下两个方案中犹豫不决，其中一个方案是以每 100 英镑名义金额 72.794 81 英镑的价格购买三年期的零息债券，另外一个方案是购买六个月期的零息债券，然后在三年之内每六个月将其滚动投资一次。如果该投资者能以现在的实际远期利率每隔六个月将其收益进行再投资，则在三年之后该投资者可以得到多少收益?

以 4% 的即期利率进行金额为 72.794 81 英镑的投资，然后以远期利率在接下来的三年中将其收益进行再投资，最终可以得到的价值为：

$$72.79481 \times (1.04)(1.044516)(1.051532)(1.056586)(1.060947)(1.071129) = 100\text{英镑}$$

这正好反映了上面所讨论的即期利率和远期利率之间的关系，因为如果所有的远期利率都可以实现，72.79 英镑的投资所产生的最终价值将与投资于以三年期即期利率定价的三年期零息债券最后所得到的价值相等。这个结果解释了三年期即期利率、六个月期即期利率以及隐含的六个月远期利率之间的关系。那么，三年期零息债券的交易价格是多少呢？使用等式(6.8)就可以进行如下所示的求解：

$$rs_6 = [(1.04)(1.044516)(1.051532)(1.056586)(1.060947)(1.071129)]^{1/6} - 1 = 5.4346\%$$

可以得到，三年期即期利率 rs_6 为 5.434 6%。当然，也可以使用传统的零息债券价格/收益率公式求解得到三年期的即期利率 rs_6，然而上述的计算解释了即期利率和远期利率之间的关系。

即期利率与远期利率之间的关系

在任何时点存在的远期利率都反映了直到这个时点关于市场的一切认识。一些市场参与者可能认为远期利率曲线是对未来即期利率曲线的很好预测，这是无偏预期假设中所隐含的观点，稍后将对无偏预期假设进行深入的讨论。事实上，在远期利率曲线与即期利率曲线之间没有任何的直接关系，如果希望获得这方面的详细信息，请参考 Jarrow（1996）。例如，远期利率曲线向上倾斜的同时，短期即期利率曲线可能向下倾斜。

将远期利率曲线作为对未来利率的预测是对远期利率的一种错误使用。远期利率的推导过程反映了当前所有已知的市场信息。假设所有发达国家的金融市场至少是一种半强式市场①，为了保持市场的均衡，对应于一个给定的即期利率曲线只能有一个远期利率集合，然而这并不意味着远期利率是对即期利率的预测，因为在远期利率的计算完成之后会立即出现新的市场信息，而这些信息可能改变市场对未来利率的认识，并因此引起远期利率曲线的变化。

远期利率非常重要，因为在确定未来的交易价格时需要使用远期利率。

① 参见 Choudhry（2001）的前言。

例如，一家银行的公司客户可能希望现在确定贷款的利率，而这笔贷款开始于一年以后，则银行应报出什么样的利率呢？在报出现在进行的交易价格时，做市商也会使用远期利率，因为在给定现在已知的所有市场信息时，远期利率是对未来利率的最好预期，但远期利率并不是对未来即期利率的预测。如果银行知道内部信息，将会发生什么情况呢？例如银行可能知道中央银行的基准利率在不久之后将发生改变，掌握这种信息的银行（忽略职业道德方面的问题）不会根据即期利率曲线报出远期利率，而是会报出能够反映其内部信息的利率。

使用远期利率对债券估值

在即期利率和隐含远期利率之间存在一定的关系，尽管这种关系不是非常直接，但理论上这种关系告诉我们无论使用即期利率还是远期利率对传统债券进行估值不会产生很大的差异。在期间 n 所收到的现金流 C 的现值使用远期利率进行贴现就是：

$$PV_C = \frac{C}{(1+rs_1)(1+{}_0rf_1)(1+{}_1rf_2)\cdots(1+{}_{n-1}rf_n)} \tag{6.12}$$

因此，可以根据等式（6.12）总结使用隐含远期利率对 N 期债券进行估值的表达式，这种债券的息票为 C。注意，根据债券是每年支付一次息票还是每半年支付一次息票的不同，我们使用的是六个月期或一年的即期利率以及六个月期或一年的隐含远期利率。下面的等式（6.13）假设在到期日之前的利息期间为整数。

$$P_d = \frac{C}{(1+rs_1)} + \frac{C}{(1+rs_1)(1+{}_0rf_1)} + \frac{C}{(1+rs_1)(1+{}_0rf_1)(1+{}_1rf_2)} + \cdots + \frac{C+M}{(1+rs_1)(1+{}_0rf_1)(1+{}_1rf_2)\cdots(1+{}_{N-1}rf_N)} \tag{6.13}$$

尽管债券分析师可能使用即期利率或隐含远期利率对现金流进行贴现，但无论使用哪种利率，最后所得到的价值都相等。

期限结构

前面已讨论了收益率曲线或利率的期限结构。严格来讲，只有即期收益率曲线才可以称为期限结构，但人们有时会遇到同时使用这两个术语的情况。在

任何时刻 t，都存在很多具有不同到期期限和现金流的附息债券和/或零息债券。还有一些特定的到期期限不能使用市场中实际存在的债券作为代表，另一方面，在同一个赎回日期可能有很多债券同时到期。正是由于曲线的特定部分只有很少的数据，这使得有时拟合期限结构非常困难。本节将通过期限结构拟合中的步步为营法解释这一点。

使用贴现因子的步步为营法①

本节将描述如何根据附息债券收益率获得零息利率和远期利率，所使用的方法是步步为营法。在美国国债市场等政府债券市场中，政府债券被认为没有违约风险。从政府债券收益率曲线中所推导出的利率描述了市场中现在可以获得的无风险回报率，这些利率也隐含着未来期间的无风险回报率。这些隐含的未来利率就是所谓的隐含远期利率或简单远期利率，它可以使用步步为营法根据给定的贴现函数或即期收益率曲线进行推导。这种期限结构反映了以下事实，即计算出的每个即期利率都可以用来确定下一个期间的即期利率，并且这个过程可以重复。

下面将使用贴现因子解释步步为营法。正如前面在描述贴现因子、即期利率以及远期利率之间的关系时所看到的那样，在获得贴现曲线之后，确定即期利率曲线就非常简单。

一个 t 期贴现因子就是在 t 期期末时所支付的 1 美元的现值。从本质上来说，贴现因子反映的是一种现值关系。如果使用 $d(t)$ 表示 t 年的贴现因子，并且贴现率为 6%，则五年期的贴现因子就如下所示：

$$d(5)=\frac{1}{(1+0.06)^{6}}=0.747\ 258$$

从 1 天到 30 年（或更长时间）这一时间期间的所有贴现因子的集合称为贴现函数。贴现因子可以用于任何具有未来现金流的金融工具的定价。例如，如果六个月的贴现因子为 0.987 56，则息票率为 7%、每半年支付一次息票的附息债券在六个月后所支付金额的当前价值就是 0.987 56 × 103.50，即 102.212。

此外，贴现因子还可以用来计算任何当前投资的终值。根据上面所给出

---

① 对于初学者而言，可以参考本书附录中对贴现因子的介绍。

的案例，0.987 56 美元在六个月之后的价值就是 1 美元，因此根据同样的道理，现在的 1 美元在六个月之后的价值为：

$$1/d(5) = 1/0.98756 = 1.0126$$

本章前面的内容表明，贴现因子和即期利率之间的相互关系意味着可以根据当前的债券价格计算贴现因子。假设一组附息债券每半年支付一次息票，这些债券的价格如表 6.2 所示，进一步假设第一个债券正好在六个月之后到期，并且所有其他债券的到期日都是间隔六个月。

表 6.2　　假设的债券组合和债券价格

息票率	到期日	价格（美元）
7%	7/6/2001	101.65
8%	7/12/2001	101.89
6%	7/6/2002	100.75
6.50%	7/12/2002	100.37

对于第一个债券来说，该债券正好在六个月之后到期，其最终的现金流为 103.50 美元，其中包括 3.50 美元最终支付的息票以及 100 美元的赎回支付。从市场中可以观察到，这种债券的价格为 101.65 美元，这样就可以计算六个月的贴现因子：

$$d(0.5) \times 103.50 = 101.65 \text{美元}$$

因此，$d(0.5)$ 就等于 0.982 13。

从这一步开始，可以计算下一个六个月期间的贴现因子。表 6.2 中的第二个债券息票率为 8%，在 2001 年到期，因此其现金流为：

- 六个月之后 4 美元。
- 一年之后 104 美元。

该债券的价格为 101.89 美元，这是该债券的现值，并且也是债券总现金流的现值之和。因此，就有以下所示的表达式：

$$101.89 = 4 \times d(0.5) + 101 \times d(1)$$

我们已经知道 $d(0.5)$ 等于 0.982 13，因此上面的表达式中只有一个未知数，求解上述表达式就可以得到 $d(1)$ 等于 0.969 92。

使用上面所得到的两个贴现因子将这个程序继续应用于其他两个债券，

就可以得到贴现因子的完整组合，如表6.3所示。图6.6展示了两年期贴现函数的连续形式。

表6.3　使用步步为营法计算的贴现因子

息票率	到期日	期限（年）	价格（美元）	$d(n)$
7%	7/6/2001	0.5	101.65	0.982 13
8%	7/12/2001	1	101.89	0.969 92
6%	7/6/2002	1.5	100.75	0.922 11
6.50%	7/12/2002	2	100.37	0.882 52

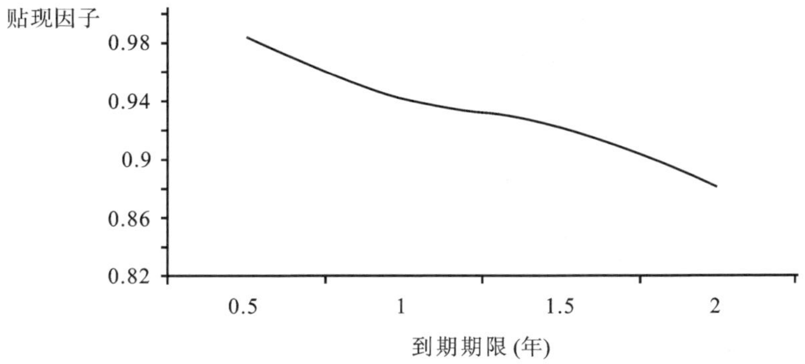

图6.6　贴现函数

在获得贴现函数之后，就可以计算零息利率以及远期利率。因此，可以根据贴现函数拟合收益率曲线。

这里所讲的步步为营法从理论上来说非常完美，但实际应用时会遇到一些困难，因为并不总能找到一组到期日正好间隔六个月的债券。此外，与具体债券有关的流动性问题也可能引起一些意想不到的麻烦。然而，熟悉并掌握这种方法仍然非常有用。

上面所描述的理论方法非常完美，并且极具吸引力，但现实中存在很多问题，这些问题使得根据债券收益率计算零息利率的努力非常复杂。其中主要的问题就是，找到一组到期日正好间隔六个月（或一个利息期间）的债券并且这些债券正好是以面值定价非常困难，甚至几乎不可能。此外，我们还要求这一计算程序拟合尽可能光滑的收益率曲线。将附息债券的价格设定为面值简化了我们在解释步步为营法时进行的分析，因此现实中需要使用一种更为复杂的方法。Choudhry（2004）描述了如何获取零息债券价格的基本方法。

案例 6.3 远期利率：收支平衡原则

考虑以下所示的即期收益率：

1年 10%

2年 12%

假设某银行客户希望现在锁定在一年之后进行一年期借款的成本，则银行的解决方法以及银行向该客户报价的机制就是以10%的利率筹集一年期的资金，然后将这些资金以12%的利率进行为期两年的投资。正如第5章中所讲到的，无套利原则意味着从固定利率和再投资策略中所获得的回报率应该相等。

事实上，可以将这个问题看作两个相互替代的投资策略，这两个策略必须提供相等的回报。

策略1：以12%的利率将资金进行为期两年的投资。

策略2：以10%的利率将资金进行为期1年的投资，然后将所获得的收益以现在计算的远期利率再进行为期一年的投资。

策略2中的远期利率就是银行向该客户报出的利率。使用现值的计算公式，就可以知道策略1中可以获得的收益为：

$$FV=(1+r_2)^2$$

而从策略2中可以获得的收益为：

$$FV=(1+r_1)\times(1+R)$$

根据无套利原则，这两种策略所获得的收益应该相等，因此就有以下所示的表达式：

$$(1+r_2)^2=(1+r_1)(1+R)$$

$$R=\frac{(1+r_2)^2}{(1+r_1)}-1$$

这使得我们可以计算远期利率，也就是银行向该客户报出的利率，如下所示：

$$(1+0.12)^2=(1+0.10)\times(1+R)$$

$$(1+R)=(1+0.12)^2/(1+0.10)$$

$$(1+R)=1.140\,36$$

$$R=14.04\%$$

该利率就是一年期的远期利率，或者称为隐含远期利率。

案例 6.4

一个评级非常高的客户要求你确定其在三年之后发行两年期零息美元欧洲债券时可以使用的收益率，此时美国国债的零息利率为：

1 年	6.25%
2 年	6.75%
3 年	7.00%
4 年	7.125%
5 年	7.25%

(1) 忽略高于这些基准收益率的借款利差，作为一个做市商你可以通过以零息基础借入五年期的资金并且在将这些资金贷给客户之前在市场中进行为期三年的投资。假设年复利如下所示（即使在贷款期限内并没有发生实际的支付）：

为期五年的借款利率为 0.072 5。

三年期的贷款利率为 0.070 0。

(2) 主要的套利关系为：

融资的总成本等于投资的总回报，即：

$$(1+R_5)^5 = (1+R_3)^3 \times (1+R_{3\times5})^2$$

因此，使得收支平衡的远期收益率为：

$$(1+R_{3\times5})^2 = \frac{(1+0.072\,5)^5}{(1+0.070\,0)^3}$$

$$(1+R_{3\times5}) = \sqrt{\left[\frac{(1+0.072\,5)^5}{(1+0.070\,0)^3}\right]}$$

$$R_{3\times5} = \sqrt{\left[\frac{(1+0.072\,5)^5}{(1+0.070\,0)^3}\right]} - 1$$

$$= 7.63\%$$

案例 6.5　货币市场条件下的远期利率

考虑以下两种头寸：

- 从 1998 年 11 月 5 日开始以 5.875% 的利率进行为期 30 天的借款，借款金额为 1 亿英镑。
- 从 1998 年 11 月 5 日开始以 6.125% 的利率进行为期 60 天的贷款，贷款金额为 1 亿英镑。这两个头寸具有 30 天远期的 30 天利率风险，即面临 30 天对 60 天的远期利率风险敞口。因此，这种头寸通常可以看作是利率缺口头寸。如果交易商希望对冲这种风险，则应使用的远期利率是多少呢?

30 天对 60 天的远期利率可以使用如下所示的公式进行计算：

$$rf_i = \left\{\left[\frac{1+\left(rs_L\% \cdot \frac{n_L}{B}\right)}{1+\left(rs_S\% \cdot \frac{n_S}{B}\right)}\right]-1\right\}\times\frac{B}{n_L-n_S}$$

其中，rf_i 是远期利率，

$rs_L\%$ 是长期期限利率，

$rs_S\%$ 是短期期限利率，

n_L 是长期期限中的天数，

n_S 是短期期限中的天数，

B 是每年中所包含的天数，即 360 天或 365 天。

使用这个公式就可以得到 30 天对 60 天的远期利率为 6.344 3%。

这种利率风险可以使用利率期货或远期利率协议等金融工具进行对冲，这两种方法都是非常有效的对冲机制，但交易商必须意识到以下两个问题：

- 在现货市场利率以及期货和远期利率协议所隐含的远期利率之间存在基差风险。
- 期货合同到期日与现货市场交易的到期日之间存在日期上的不匹配。

案例 6.6 近似计算方法

(1) 给定如下所示的零息收益率曲线，则平价收益率曲线的形状如何（表 6.4 和图 6.7)？

表 6.4 利用零息收益率曲线推导平价收益率曲线

期限	零息收益率（%）	平价收益率（%）	
1 年	4.500 0	4.5	
2 年	4.780 0	4.77	
3 年	5.125 0	5.1	
4 年	5.364 0	5.32	
5 年	5.821 0	5.74	
		贴现因子	
1 年	1/（1.045）	0.956 938	
2 年	1/（1.047 8）^2	0.910 842	
3 年	1/（1.051 25）^3	0.860 760	
4 年	1/（1.053 640）^4	0.811 393	
5 年	1/（1.058 210）^5	0.753 600	
1 年期的平价收益率			4.50%
2 年期的平价收益率	1 -0.910 842/（0.956 939 +0.910 842）	0.047 734 718	4.77%

续表

		贴现因子	
3 年期的平价收益率	1 -0. 860 76/（0. 956 938 +0. 910 842 +0. 860 76）	0. 051 030 954	5. 10%
4 年期的平价收益率	1 -0. 811 393/（0. 956 938 +0. 910 842 +0. 860 76 +0. 811 393）	0. 053 279 822	5. 32%
5 年期的平价收益率	1 -0. 753 600/（0. 956 938 +0. 910 842 +0. 860 76 +0. 081 139 3 +0. 753 600）	0. 057 388 635	5. 74%

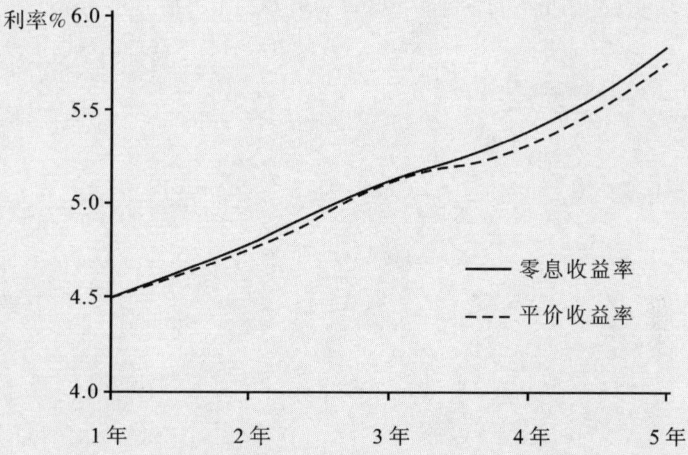

图 6. 7　利用零息收益率曲线推导年价收益率曲线

（2）假设零息收益率曲线如图 6. 7 所示，则 1 年期对 2 年期、2 年期对 3 年期、3 年期对 4 年期以及 4 年期对 5 年期的远期对远期收益率分别为多少？

零息贴现因子保持不变。推导过程如表 6. 5 表示。

表 6. 5　利用零息收益率曲线推导远期对远期的收益率

期　限	零息收益率（%）	贴现因子（%）
1 年	4. 500 0	0. 956 938
2 年	4. 780 0	0. 910 842
3 年	5. 125 0	0. 860 760
4 年	5. 364 0	0. 811 393
5 年	5. 821 0	0. 753 600
1 年期对 2 年期的远期对远期收益率 =（0. 956 938/0. 910 842）-1	0. 050 608 119	5. 06%
2 年期对 3 年期的远期对远期收益率 =（0. 910 842/0. 860 760）-1	0. 058 183 466	5. 81%

续表

期　限	零息收益率（%）	贴现因子（%）
3 年期对 4 年期的远期对远期收益率 = （0. 860 760/0. 811 393） －1	0. 060 842 28	6. 08%
4 年期对 5 年期的远期对远期收益率 = （0. 811 393/0. 753 600） －1	0. 076 689 225	7. 67%

（3）假设 1 年期的市场利率为 4. 50%，市场预期 1 年期的利率在下一年将上升到 5. 00%，在接下来的一年将上升到 5. 50%。假设市场参与者都普遍这样认为，则当前的 2 年期和 3 年期零息收益率应为多少？

2 年期零息收益率 = $(1.045 \times 1.05)^{1/2} - 1 = 0.47497 = 4.75\%$

3 年期零息收益率 = $(1.045 \times 1.05 \times 1.055)^{1/3} - 1 = 0.049992 = 5.00\%$

第 7 章　资产负债管理

作为对货币市场讨论的一部分，本章将探讨银行业务活动的一个主要组成部分，即资产负债管理。资产负债管理与银行主要业务紧密相关，从本质上说，资产负债管理是风险管理和资本管理的一种形式。尽管日常的资产负债管理活动在操作层面上完成，但资产负债管理的总体方向需由银行的最高管理层决定。银行业务中所面临的风险具有多维性，例如，这些风险包括利率风险、汇率风险、流动性风险、信用风险以及操作风险。利率风险是市场风险的一种。与利率变动和流动性水平[①]有关的风险是指因市场利率和银行融资成本的变化而导致盈余水平发生不利波动的风险。根据定义，银行的盈余水平对利率和批发市场资金成本的变化高度敏感。资产负债管理不仅涵盖了所有利率风险和流动性风险管理方法，还涉及银行资产负债表的结构，而资产负债表的结构又明显受到融资、监管约束以及盈利能力目标的影响。

本章将考察资产负债表管理的概念、资产负债管理部门的作用以及流动性风险和到期日缺口风险。此外，我们还将考察一个基本的缺口报告，并介绍对证券化日益广泛的使用以及资产负债管理部门在提高资产负债表中资产回报率方面的作用。本章最后的参考文献为那些希望进一步学习的读者列出了一些精选的文章和专著。

引　言

对于初次接触这个主题的读者来讲，应好好地读一下《经济学家》（The Economist）中一篇题为《银行业务》（The business of banking）[②] 的文章，这篇文章介绍了银行业的主要业务。本节在探讨资产负债管理这一主题之前，

① 本章中，“流动性”这个术语是指融资的流动性。

② The Economist, 30 October 1999.

首先对银行的主要业务进行一个大致的介绍。

银行的一个主要决策领域与资产和负债的到期日有关。通常，长期利率高于短期利率，因此收益率曲线中期限较短的部分（比如0—3年这一期间）通常向上倾斜。为了利用收益率曲线的这个特点，银行的大部分资金一般都是以较低的利率筹集的短期资金，然后以长期贷款的形式将这些资金以较高的利率发放出去。借款利率和贷款利率之间的利差从理论上来说就是银行的利润。实施这种战略的一个明显风险就是短期利率水平在贷款期间可能上升，因此当银行为贷款进行再融资时，其利润就会下降，甚至可能变为净亏损。对这种风险进行管理是资产负债管理部门的一个主要职能。除了对利率风险本身进行管理之外，银行还会将资产与负债相匹配，这样就可以锁定利润。并且，为了降低经济中的特定行业的风险，银行还会将其贷款组合进行多样化。

另一个风险因素就是流动性。从银行业和政府财政部门的角度来看，“流动性”这个术语意味着融资的流动性或资金的可利用性。流动性最高的资产就是现金形式的货币。银行面临几种相互关联的流动性风险，包括没有足够的资金应对存款者提款要求的风险、不能在市场中以合理利率筹集资金的风险以及可利用资金不足以发放贷款的风险。银行通常只以现金形式保留很小一部分的资产，因为现金不能为银行赚取回报。实际上，在满足了最低的现金水平要求之后，银行就会以其他形式的金融工具持有其资产，而现金水平的最低要求由国际监管机构确定，我们将在下一章中讲述这个问题。因此，满足存款提取要求的能力取决于银行在市场中的融资能力。市场和公众对银行财务状况的认知会显著影响银行的流动性。如果市场和公众对银行的财务状况抱有负面认知，银行可能就无法筹到资金，因此将无法满足客户的提款要求和贷款需求。流动性管理旨在维持市场和公众对银行财务状况的信心。对以短期国债和清算银行存单等近似现金工具的形式持有的银行资产的管理必须考虑到这些金融工具的流动性。持有这些金融工具的账户有时也称为流动性账户。

资产负债表

首先，应在资产负债表的情境中认识在管理银行的传统业务时需要进行的资产负债管理以及交易。从本质上来说，银行的资产负债表就是以下各种业务的组合：

- 国债和银行交易。
- 存款的收集和贷款的发放。
- 金融资产。
- 长期资产以及资本（权益和长期债务）。

表 7.1 中给出了一个简化的资产负债表。

表 7.1　　银行的资产负债表

资产	负债
现金	短期债务
贷款	存款
金融资产	金融资产
固定资产	长期债务
	权益资本
表外资产 （或有资产）	表外负债 （或有负债）

财务会计准则委员会将资产定义为由银行"获得或控制的可能的未来经济收益"，资产作为银行交易的结果而出现。该委员会将负债定义为"由现在的义务而导致的银行可能失去的未来经济收益"，负债也是银行交易的结果，由于负债的存在，银行必须将资产转移给其他实体。资产可以进一步划分为流动资产和长期资产，流动资产就是现金或者在一年之内可以转化为现金的资产，长期资产是预期在一年以上的时间内为银行提供收益的资产。同样，也可以根据相似的定义将负债细分为流动负债和长期负债。

银行资产负债表中每种成分的相对份额取决于该银行所进行的业务类型。商业银行具有较高份额的吸储和贷款业务，这些业务活动记录在银行账户中。兼有商业活动和投资活动的综合银行集团以及投资银行具有较高份额的资本市场交易，如债券交易、股票交易、外汇交易以及衍生产品交易等，这些业务活动记录在交易账户中。银行的风险管理主要关注于对资产负债表的融资行为和对冲行为。因此，考虑到银行所进行的业务，以上列出的四种交易具有非常明显的区别。

银行账户

传统的资产负债管理主要关注于银行账户，因此资产负债管理的传统方法也是针对银行账户，即贷款和吸储交易。核心银行业务在吸收的存款超过银行向外贷出的资金时将产生额外的资金，当相反的情况发生时就会造成资金的不足。这种资金的不匹配可以通过在批发市场中进行金融交易予以平衡。银行账户将产生利率风险和流动性风险，资产负债管理部门负责对这些风险进行监控和管理。利率风险是由于市场利率的不利变动而遭受的风险，流动性风险是银行在需要时不能获得足够资金的风险，最严重的流动性风险就是发生挤兑事件，致使银行无法筹集到足够的资金以满足存款人的提款要求。

注意，银行账户的资产方，也就是贷款组合，还可能产生信用风险。

资产负债管理部门非常关注风险管理，而这种风险管理主要是对银行账户内在的流动性风险和利率风险进行定量管理。资产负债管理主要包括以下几点：

- 度量和监控流动性风险及利率风险。包括设定利润目标和交易金额，以及设定和监控利率风险的限额。
- 针对资产负债表的任何约束提供融资和控制。包括流动性约束、举债政策以及资本充足率和偿付能力。
- 对流动性风险和利率风险进行对冲。

资产负债管理部门

资产负债管理部门是一个非常特殊的业务部门，它负责履行多种职能。该部门通常是财务部门的一部分。资产负债管理部门的角色涉及多个层次，下面逐一进行分析。

如果资产负债管理部门的利润目标为零，则它就像一个成本中心，负责将运营成本最小化。此时，所采用的战略可能强调将商业银行业务作为该银行的核心业务，并且资产负债管理政策完全关注于如何对冲流动性风险和利率风险。

下一个层次就是，资产负债管理部门负责将融资成本最小化。这允许该部门根据其对未来利率水平的看法来管理利率风险敞口。如前所述，核心银行业务将导致资金的过剩或不足。为对冲资金的过剩或不足，同时消除利率风险，银行必须承担一定的机会成本，因为这种对冲也同时消除了由于利率变动而带来的任何潜在获利机会。当然，如果不进行完全的对冲，仍会存在利率风险。资产负债管理部门负责监控和管理这种风险，另外，考虑到因这种风险而导致的资金成本，资本负债管理部门还能实现一些成本节约。这种成本节约可以认为是完全对冲政策的融资成本与资产负债管理部门实际采用政策的融资成本之间的差额。资产负债管理部门实际采用的政策中将设定利率风险限额，该部门还同时负责确保银行的运营不会违反这些限额。

开发资产负债管理职能的下一个步骤就是将该部门转化为一个利润中心，并在特定的限额内负责优化融资政策。这种限额可以设定为缺口限额、风险价值（VAR）限额或其他指标，如利润的波动率水平。在这种情况下，资产负债管理部门就负责管理所有的金融风险。

开发资产负债管理职能的最后一个步骤就是使该部门发挥更为积极的作用。上文描述了开发资产负债管理职能的三个阶段，这三个层次都与传统方法有所不同。从业人员现在认为，资产负债管理已经超越了风险管理领域，并已开始负责增加银行净财富的价值，所采用的方法是对银行业务进行前瞻性的定位，从而能对银行的资产负债表进行很好的定位。也就是说，除了管理流动性风险和利率风险等传统职能之外，资产负债管理还应对银行的监管资本进行管理，并对资产负债表进行积极定位以最大化利润。资产负债管理职能方面的最新进展意味着，与传统的银行账户资产负债管理相比，一些金融机构正在进行更为复杂的资产负债管理操作。

下文将探讨传统的资产负债管理职能以及资产负债管理职能的最新发展。

传统的资产负债管理

一般来说，银行的资产负债管理在过去主要是对与银行账户有关的风险进行管理。称之为“传统的资产负债管理”并不意味着这种职能已经过时，而是意味着资产负债管理部门又增加了一些新的职能。有很多金融机构采用的还是传统方法，这是因为它们的运营性质不允许它们采取其他方法。传统资产负债管理部门的作用可以总结如下：

- 利率风险管理。这里指与银行账户相关的利率风险，包括对净利息收入进行敏感性分析和银行业务对收益率曲线平行移动的敏感性分析，其中净利息收入的敏感性分析主要是通过到期日缺口和久期缺口分析进行。资产负债管理部门负责根据限额及其对市场的认识监控风险和金融交易的头寸。小型银行或银行在海外的分支机构通常不具有利率风险，也就是说在其业务中不存在短期缺口。否则，这些银行或分支机构的资产负债管理部门就应负责对冲利率风险或根据其对市场的认识合理定位银行的业务。

- 流动性和融资管理。监管要求指出了银行资产中应持有的短期金融工具的比例。银行的流动性账户负责记录短期金融工具投资组合。然而，该账户的构成是资产负债管理部门的责任，并取决于资产负债管理部门关于市场利率的认识以及该部门关于一种资产与另一种资产相对价值的观点。例如，资产负债管理部门可能决定将某些资产变换为短期政府债券（高于短期政府债券的正常持有比例），同时减少持有的高质量存单，或者，该部门也可以进行相反的操作。
- 报告风险对冲情况。资产负债管理部门还负责通过定期报告银行的风险敞口状况以为高级管理层提供信息，这种报告可以是每周一次的硬拷贝报告，也可以通过其他一些媒介进行报告。
- 设定风险限额。资产负债管理部门负责设定风险限额、实施该限额以及对实施情况进行监督，尽管通常由独立的“中台”风险职能部门监控风险限额的遵循情况。
- 资本要求报告。这种职能包括编制关于资本用途的报告，以及将头寸限额作为资本的一定比例，此外还包括向监管当局进行汇报。

所有的金融机构都将履行上述活动。

缺口分析

到期日缺口分析度量的是资产与负债绝对价值之间的现金差异或缺口，这些资产和负债对于利率的变动都非常敏感。因此，这种分析度量的是资产和负债的相对利率敏感性，并确定了银行在利率变化方面的风险特征。缺口比率的计算公式如下所示：

$$\text{缺口比率} = \frac{\text{利率敏感性资产}}{\text{利率敏感性负债}} \tag{7.1}$$

上述公式度量的是，与利率敏感性负债相比，利率敏感性资产是否更多。例如，如果缺口比率大于1，则表明利率的上升将增加账户的净现值，因为利率上升使得资产回报增加的比例大于融资成本的上升。此外，这种情况还将导致收益利差的扩大。如果缺口比率小于1，则表明融资成本正在增加。

久期缺口分析度量的是利率变化对银行净财富的影响，所使用的方法是关注资产或负债市场价值的变化。这是因为久期度量的是证券标的收益率变化一个百分点所引起的单一证券市场价值变化的百分点（严格来讲，这种久期是修正久期）。久期缺口的定义如下：

$$久期缺口 = 资产的久期 - w(负债的久期) \tag{7.2}$$

其中，w 是通过负债进行融资的资产比例。因此，久期缺口度量的是对银行净财富变化的影响。如果久期缺口较高，则表明具有较大的利率风险。由于久期仅仅度量利率线性变化的影响，即只能度量收益率曲线平行移动的影响，因此如果银行的投资组合中包含大量的期权型金融工具，如可提前赎回债券、资产支持证券以及可转换债券，则经常使用凸度度量风险，因为使用久期度量收益率的较大变化不太准确。

资产负债管理的最新发展

很多金融机构正在通过增加资产负债管理职能的责任提升其风险管理职能，这些措施包括提升财务部门负责人和资产负债委员会（ALCO）的作用、使用期权调整利差和风险价值等其他风险指标，以及将传统的利率风险管理、信用风险管理和操作风险管理进行整合。对信用衍生产品越来越多的使用促成了风险管理的这种整合。

资产负债管理部门额外增加的职能可能包括：

- 使用风险价值工具评估风险。
- 整合市场风险与信用风险。
- 使用新的风险调整回报率指标。
- 优化投资组合的回报率。
- 对资产负债表进行主动管理，包括资产证券化（即从资产负债表中消除这些资产）、使用信用衍生产品对冲信用风险以及主动提高流动性账户的回报率，如进行证券借贷和回购。

根据定义，资产负债管理职能的扩展将提升财务部门和资产负债委员会的作用，因此财务部门可能成为主动管理银行账户的“投资组合经理”。资产负债委员会传统上由银行的风险经理以及资产负债管理部门或流动性管理部门的高级经理组成，其职责是协助财务部门负责人和财务总监进行风险管理。为了履行这些新增加的职能，财务人员需要采用更具战略性的方法，因为很多同银行整体投资组合运作相关的决策与银行的总体发展方向紧密相关，这些决策应由董事会制定。

流动性风险和利率风险

流动性缺口

流动性风险的产生是因为银行的投资组合中包含具有不同规模和不同到期日的资产及负债。当资产的数量大于运营所能提供的资源时，就会存在融资缺口，这种缺口需要在批发市场中融资以得到弥补。如果发生相反的情况，就必须将过剩的资源投资到市场中。资产和负债之间的差异就称为流动性缺口。例如，如果银行由于交易而产生的长期承诺大于其所拥有的资源，并且与长期承诺相比，这些资源具有较短的到期期限，则银行在当前和未来都会存在一些赤字。在任何时候，银行的流动性风险都是因为没有足够的资源或者在市场中没有可资利用的资金以平衡自身的资产。

流动性管理有几个目标，其中最重要的目标可能就是确保在所有可预见的情境中都可以对赤字进行融资，并且不会导致很大的成本。此外，还存在一些监管方面的要求，这些监管要求迫使银行设置一定的限额，并要求短期资产超过短期负债，这样做是为了确保银行拥有高度流动性的净资产。流动性管理还关注赤字的融资以及盈余的投资，采取的方式是对资产负债表进行管理并使其增长，以及确保银行的运营遵守监管部门的要求和内部限额的规定。本节将考察与流动性风险和利率风险有关的主要问题。

流动性缺口就是在未来任何时期银行投资组合中资产和负债之间的差异，而且缺口将产生流动性风险。如果负债的数量大于资产，就会存在过剩的资金。当然，过剩并不会产生流动性风险，但会产生利率风险，因为账户的现值对市场利率的变化非常敏感。如果资产的数量大于负债，就会存在融资赤字，且银行的一些长期承诺无法通过现有的运营提供融资。流动性风险是指银行在未来某个日期需要资金以匹配资产。银行可以通过锁定到期日以消除任何流动性风险，当然流动性风险的消除在长期内会产生一些成本①。

① 此时假设收益率曲线向上倾斜。

缺口风险和限额

流动性缺口度量的是资产和负债之间的差异。在任何时点，资产和负债之间的正缺口都代表一种赤字，并且可以使用现金额度进行度量。边际缺口就是在某一个给定的期间内，资产变化和负债变化之间的差异。如果边际缺口为正，就意味着资产价值的变化大于负债价值的变化。随着在长期内新资产和负债的增加，缺口的特征也会发生一些变化，而新资产和负债的增加是正常业务的内在组成部分。

缺口特征是一个主要的风险指标，并应每天编制缺口特征表格或图表。表7.2给出了一个缺口报告，该缺口报告是一家英国银行机构提供的真实案例。该表显示了根据到期日对资产和负债进行的分类，以及每种类型的资产和负债的金额，因此是对当时风险状况的一个写照，并且表明了该银行在未来的到期期间内的融资要求。

表7.2　缺口特征

	总计		时间期间 0—6个月		6—12个月		1—3年		3—7年		7年以上	
		%		%		%		%		%		%
资产	40 533	6.17	28 636	6.08	3 801	6.12	4 563	6.75	2 879	6.58	654	4.47
负债	40 533	4.31	30 733	4.04	3 234	4.61	3 005	6.29	2 048	6.54	1 513	2.21
净额	0	1.86%	(2 097)		567		1 558		831		(859)	
总资产的净利息率:		2.58%										
总资产平均净利息率:		2.53%										

表7.2中是一些总结性的数字，因为到期日缺口的范围非常广泛。为了进行风险管理，各种类型的资产和负债范围应非常窄，例如可以将0—12个月这个期间划分为12个不同的到期期间。表7.3中展示了一个划分更为详细的缺口报告，该案例来源于另一个英国银行机构。注意，该银行的总净头寸为零，因为这是一个资产负债表，因此最终达到平衡一点都不令人感到奇怪。然而，沿着不同到期期间或不同网格点，仍存在一些净头寸，因此需要对这

些缺口进行管理。

银行账户的限额可以根据缺口限额设定。例如，一家银行可能将 6 个月期的缺口限额设定为 1 000 万英镑，因此在 6 个月内到期的资产和负债之间的净头寸就不能超过 1 000 万英镑。表 7.4 展示了一份缺口限额报告，图中给出了每个到期期限的实际净缺口头寸和缺口限额。表 7.4 中的案例同样来源于一家英国银行机构的实际限额报告。

为了更直观地展示净暴露（Net exposure），可以将到期日缺口绘制成一个图形，如图 7.1 所示。图 7.1 根据一家英国银行机构的实例绘制。在一些公司的报告中，会显示每个到期期限点的资产和负债，但图 7.1 仅展示了资产和负债的净头寸，这种净头寸就是到期期限点的缺口风险。第二个案例（图 7.2）中是一家中东商业银行的海外分支机构，该银行在银行间市场中没有融资额度，不具有负缺口。图 7.3 展示了一家英国高街银行的缺口报告。注意图 7.3 中标注有“没有利息”的到期期限下较大的负缺口，这表示“无息负债”，即流动性账户中的资金（支票或支票活期账户）没有利息，并且从理论上来说这种资金的期限非常短，因为这种资金是活期存款，可以随时提取。

正缺口表示在所有日期需要进行的累积融资，但累积融资并不必然等于在任何期间需要进行的新融资，因为在以前各个期间所发行的债务并不必然在接下来的期间进行摊销。例如，在 3 月和 4 月之间需要进行的新融资并不是在 2 月和 4 月之间的累积赤字，因为在 3 月份签订的债务合同并不必然在 4 月份进行摊销。边际缺口可以定义为需要进行的新融资或该期间的新过剩资金，这些资金应在市场中进行投资。注意，所有的报告都是对一个固定时点的写照，这些报告综合起来就是一个连续期间的缩影。实际中，银行的流动性状况不能由任何给定日期的缺口特征进行刻画，在衡量账户状况时必须使用缺口的整体特征。

流动性部门可能决定使用其负债匹配其资产，这就是现金匹配，并且通常发生在资产和负债的时间特征相同时。通过这种匹配，银行就可以锁定融资利率和贷款利率之间的利差，并获得一个保证利润。在现金匹配下，流动性缺口将为零。现金匹配是在整体层面进行，也就是说现金匹配并不意味着存款必须总是与贷款相匹配。虽然单次购买的存单可以使用一笔等额贷款进行匹配，但这种匹配非常困难，因为存款和贷款都由客户的需求引起。不管怎样，在知道了资产和负债的净头寸之后，银行就可以使得资产和负债相匹配，并使账户在任何时刻都保持匹配状态。然而，银行很少采用现金匹配策略。

表 7.3

详细的缺口特征

资产	总计 单位:百万英镑	≤1个月	1~3个月	3~6个月	6个月至1年	1~2年	2~3年	3~4年	4~5年	5~6年	6~7年	7~8年	8~9年	9~10年	10年以上
现金和银行间贷款	2 156.82	1 484.73	219.36	448.90	3.84	0.00	0.00	0.00	0.00	0.00	0.00	0.00	0.00	0.00	0.00
购买的存单	1 271.49	58.77	132.99	210.26	776.50	92.96	0.00	0.00	0.00	0.00	0.00	0.00	0.00	0.00	0.00
购买的浮息票据	936.03	245.62	586.60	12.68	26.13	45.48	0.00	0.00	19.52	0.00	0.00	0.00	0.00	0.00	0.00
银行票据	314.35	104.09	178.36	31.90	0.00	0.00	0.00	0.00	0.00	0.00	0.00	0.00	0.00	0.00	0.00
其他贷款	13.00	0.00	1.00	0.00	0.00	7.00	0.00	1.00	0.00	0.00	2.00	2.00	0.00	0.00	0.00
债务证券/金边国债	859.45	0.00	25.98	7.58	60.05	439.06	199.48	26.81	100.50	0.00	0.00	0.00	0.00	0.00	0.00
固定利率抵押贷款	4 180.89	97.72	177.37	143.13	964.98	1 452.91	181.86	661.36	450.42	22.78	4.30	3.65	3.10	2.63	14.67
可变利率和利率上限抵押贷款	14 850.49	14 850.49	0.00	0.00	0.00	0.00	0.00	0.00	0.00	0.00	0.00	0.00	0.00	0.00	0.00
商业贷款	271.77	96.62	96.22	56.52	0.86	2.16	1.12	3.64	8.85	1.06	0.16	0.17	0.16	4.23	0.00
无担保贷款和租赁	3 720.13	272.13	1 105.20	360.03	507.69	694.86	400.84	195.19	79.98	25.45	14.06	10.03	10.44	10.82	33.42
其他资产	665.53	357.72	0.00	18.77	5.00	0.00	0.00	0.00	0.00	0.00	0.00	0.00	0.00	0.00	284.03
流动资产小计	29 239.95	17 567.91	2 523.06	1 289.77	2 345.05	2 734.43	783.31	888.00	659.26	49.28	20.53	15.85	13.71	17.68	332.12
掉期	9 993.28	3 707.34	1 462.32	1 735.59	1 060.61	344.00	146.50	537.60	649.00	70.00	5.32	200.00	75.00	0.00	0.00
远期利率协议	425.00	0.00	50.00	0.00	220.00	5.00	150.00	0.00	0.00	0.00	0.00	0.00	0.00	0.00	0.00
期货	875.00	0.00	300.00	0.00	175.00	400.00	0.00	0.00	0.00	0.00	0.00	0.00	0.00	0.00	0.00
总计	40 533.24	21 275.24	4 335.38	3 025.36	3 800.66	3 483.43	1 079.81	1 425.60	1 308.26	119.28	25.84	215.85	88.71	17.68	332.12
负债	单位:百万英镑														
银行存款	3 993.45	2 553.85	850.45	233.03	329.06	21.07	1.00	0.00	5.00	0.00	0.00	0.00	0.00	0.00	0.00
发行的存单	1 431.42	375.96	506.76	154.70	309.50	60.00	20.00	3.50	1.00	0.00	0.00	0.00	0.00	0.00	0.00
商业票据	508.46	271.82	128.42	108.21	0.00	0.00	0.00	0.00	0.00	0.00	0.00	0.00	0.00	0.00	0.00
次级债	275.00	0.00	0.00	0.00	0.00	0.00	0.00	0.00	0.00	0.00	0.00	200.00	75.00	0.00	0.00
欧洲美元及其他	2 582.24	768.75	1 231.29	121.94	53.86	9.77	13.16	150.43	150.53	0.00	7.51	0.00	0.00	0.00	75.00
客户存款	17 267.55	15 493.65	953.60	311.70	340.50	129.10	6.60	24.90	0.00	7.50	0.00	0.00	0.00	0.00	0.00
其他负债	3 181.83	1 336.83	0.00	0.00	741.72	0.00	0.00	0.00	0.00	0.00	0.00	0.00	0.00	0.00	1 103.28
流动负债小计	29 239.96	20 800.86	3 670.52	929.58	1 774.64	219.93	40.76	178.83	156.53	7.50	7.51	200.00	75.00	0.00	1 178.28
掉期	9 993.28	1 754.70	1 657.59	1 399.75	1 254.24	1 887.97	281.44	905.06	770.52	15.76	6.48	7.27	8.13	13.06	31.30
远期利率协议	425.00	0.00	150.00	70.00	55.00	150.00	0.00	0.00	0.00	0.00	0.00	0.00	0.00	0.00	0.00
期货	875.00	0.00	0.00	300.00	150.00	425.00	0.00	0.00	0.00	0.00	0.00	0.00	0.00	0.00	0.00
总计	40 533.24	22 555.56	5 478.11	2 699.33	3 233.89	2 682.90	322.20	1 083.90	927.05	23.26	13.99	207.27	83.13	13.06	1 209.58
净头寸	0.00	-1 351.09	-1 234.54	265.58	583.48	929.10	803.46	341.70	404.88	104.28	11.85	8.58	5.57	4.62	-877.45

表 7.4 缺口限额报告

时间期间														
具体	0—1	1—3	3—6	6—12	1—2	2—3	3—4	4—5	5—6	6—7	7—8	8—9	9—10	10 年以上
累积	←0—6 个月→			←→	←1—3 年→		←3—7 年→				←7—10 年→			
当前缺口														
具体	0	0	0	710	−520	771	417	484	104	7	4	2	2	
累积	←−1 864→			←→	←251→		←1 011→				←9→			−117
限额														
具体（+/−）				+/−1 250	−2 000	+/−1 000	+1 000 −200 +1 000 −200 + 250 −100 +200 −75				+/−50	+/−25	+/−25	
累积	←+500 至 −2 500→			←→	+750 至 −1 000		←2 000→				←+100→			−125
超额	0				0		0				0			

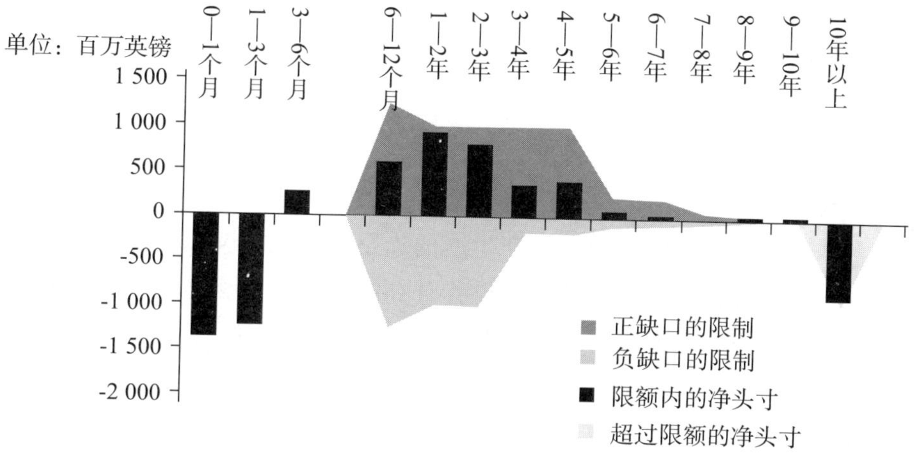

图 7.1　图形形式的到期日缺口特征

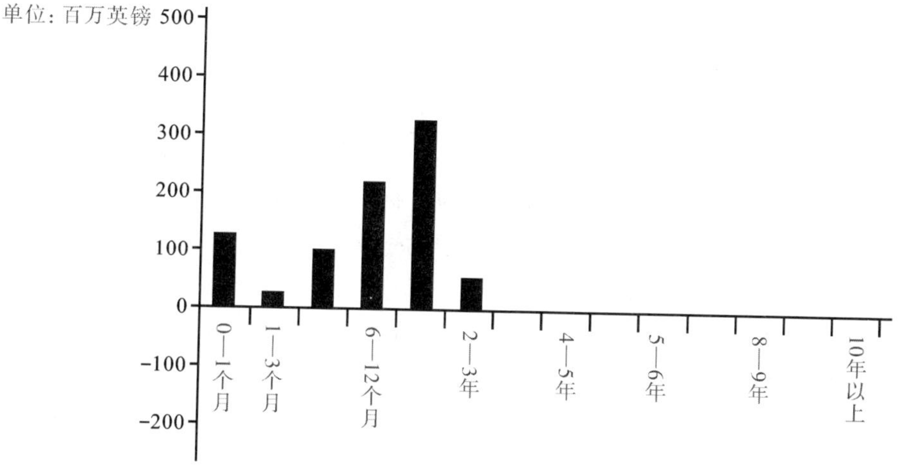

图 7.2　没有负缺口的到期日缺口特征

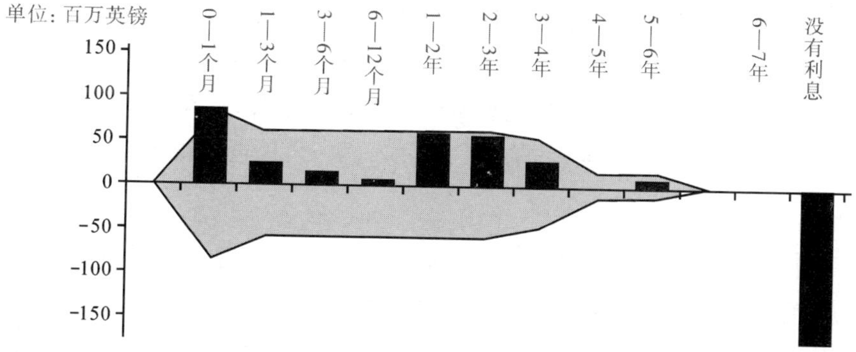

图 7.3　英国高街银行的到期日缺口特征

流动性管理

筹集新的资金或将盈余资金进行投资是一个连续的过程，这个过程就是所谓的流动性管理。如果仅考虑当天缺口的融资或投资需要，并根据该缺口平衡资产和负债，但第二天又会产生新的赤字或盈余，又需要进行融资或投资。流动性管理方面的决策必须能够弥补在接下来的一天的缺口，同时根据银行对市场利率的看法安排好未来日期的账户头寸。通常，为了界定债务的到期日结构，需要首先界定资源的目标特征。这可以采取多种方式。如果资产负债管理的目标是使用银行的资源复制资产的特征，则进行的新融资应能使资源的特征接近于资产的特征，也就是说能够使账户更匹配，而且这是一种风险最低的选择。银行的另一个目标特征可能是流动性限制，当银行在市场中具有借款限额时就可能存在这种流动性限制，这样银行每周或每月在市场中的融资额度就有限。例如，如果某个银行在一周内可以融资的最大限额为1 000万英镑，则银行在这个期间的最大流动性缺口就限制在1 000万英镑。资产负债管理部门会根据所采用的目标特征对账户进行管理，目标特征要求资产负债管理部门在给定的时间期间内满足特定的标准。

银行账户的流动性管理是一个动态过程，因为虽然可以知道在任何给定时点的贷款和存款，但新业务的发生具有连续性，因此账户的特征必须进行连续的重新平衡以使其保持在目标特征之内。有几个因素可以影响这个动态过程，下面将考察其中最为重要的因素。

活期存款

随时可提取的存款如活期存款账户（在美国称为支票活期账户）没有明确的到期期限，因此在客户需要时银行应随时提供资金。从技术层面来说，这些存款是没有利息的负债，因为这些存款不支付或只支付很低的利率，因此这些存款实际上就是无息资金。虽然实际中这些资金的余额非常稳定，但这些余额在一天之中可能增加或下降，并且事先没有任何提示。银行可以选择很多方式处理活期存款余额，比如：

- 将所有未偿付余额归入一个未来的到期日，而且这个日期是银行非常有可能偿付这些余额的日期，这样就可以使得这些存款不具有缺口特征。由于这种方法使得活期存款账户余额不具有缺口特征，因此该方法被认为不太现实，但这是一种使用非常广泛的方法。

- 根据假设的摊销比例对这些余额进行摊销，例如每年 5% 或 10%。
- 将这些存款划分为稳定和不稳定两种类型，并将核心存款划分为永久性余额。核心存款金额由银行根据长期内对总余额波动模式的研究予以设定。然后，将超过核心余额的部分作为期限非常短的负债。这种方法可以比较合理地贴近现实，因为该方法是基于对历史的观察。
- 根据与未偿付存款余额相关的可观察变量进行预测。例如，该变量可以是基于经济增长水平加上一个误差因子，误差因子的确定可以以增长模式的短期波动为依据。

预先设定意外情况

银行都是事先设定信用限额，而这些限额的使用取决于客户的需求。意外情况可能导致银行的资金流出，根据定义这就是不确定性，因为它取决于一些特定事件的发生，例如借款人使用预先设定的信用限额的意愿。银行处理这些不可预见的波动的常用方式是使用基于历史观察值的统计数据预测未来的业务水平。

现有资产的提前还款期权

如果根据贷款确定到期日安排，可能仍会存在一些不确定性，因为存在提前还款期权，这与抵押贷款支持证券的提前还款风险非常相似。提前还款风险导致贷款的实际到期日特征具有一些不确定性，因此银行通常根据提前还款的统计数据计算有效的到期日安排，而不是采用理论上的到期日安排。此外，还可以使用一些提前还款模型，其中最简单的一个模型使用常数提前还款比率评估投资组合的平均期限。更为复杂的模型包含更多的参数，例如有模型根据贷款利率与当前市场利率之间的利率差异计算提前还款比率，或根据贷款已发放的时间长短计算提前还款比率。

利率风险指标

货币市场金融工具的利率风险通常使用基于久期或修正久期指标的方法进行度量①。该指标本身称为基点价格值（PVBP）、基点价值（BPV）或者更

① 这并没有降低风险价值（VAR）作为风险指标的重要性，银行和其他金融机构都在大量使用风险价值这个指标。但是，货币市场部门通常还使用更早的以久期为基础的方法度量风险，这也是我们在这里希望讨论的方法。如果读者希望获得风险价值方面的信息，可以参考很多金融文献，作者推荐 Cormac Butler 的 Mastering Value-at-Risk（FT Prentice Hall 1999），如果希望获得更为专业性的讲解，还可以参考 Glynn Holton 的 Value-at-Risk（Butterworth Heinemann 2003）。

为常见的 DV01，这些名称都是指由利率变化一个基点所引起的头寸市场价值的变化①。

例如，伦敦一家经纪自营商的资金部门将其账户的 DV01 限额设定为 3 万美元，并将这个值应用到该账户中所有到期期限大于 30 天的市场工具上。表 7.5 展示了 2004 年 9 月 3 日该金融机构一些头寸的 DV01 值。

表 7.5 2004 年 9 月 3 日伦敦一家经纪自营商的 DV01 值

金融工具	头寸	DV01（美元）
欧洲美元期货		
2005 年 3 月	+600	14 983
OIS 掉期		
到期日 14/10/2004	−200 000 000	2 327
交易利率 1.36%，交易日 14/10/2003		
定期贷款		
2004 年 12 月 15 日到期的 3 个月期贷款，交易日为 2004 年 3 月 15 日，交易利率为 1.33%	−350 000 000	10 020
2005 年 3 月 28 日到期的 6 个月期贷款，交易日为 2004 年 4 月 27 日，交易利率为 1.81%	−200 000 000	11 401
2005 年 10 月 4 日到期的 12 个月期贷款，交易日为 2004 年 8 月 4 日，交易利率为 2.63%	−100 000 000	10 937
		19 982（净 DV01）
2004 年 9 月 3 日的 LIBOR 利率		
3 个月期 1.80%		
6 个月期 1.98%		
12 个月期 2.26%		
2004 年 9 月 3 日的 OIS 利率		
1 个月期 1.609%		
2 个月期 1.672		

表 7.5 展示了交易账户的一部分，包括欧洲美元期货、OIS 掉期以及 3 个月定期贷款的头寸。OIS 掉期支付固定利率，收到浮动利率，浮动利率为隔夜联邦基金利率，因此与定期贷款一样具有相同的利率风险。

① 可转换债券领域的一些人员（此时不管其期权特征）认为 DV01 是指“rho”，但由于我们是在讨论货币市场，因此我们仍然将其称为“DV01”。

欧洲美元期货合同的 DV01 值很容易进行计算，因为合同的点值被固定为 25 美元，因此粗略计算的 600 手头寸为 15 000 美元，可以看到计算出的实际价值为 14 983 美元。然后，我们还可以知道 OIS 掉期和定期贷款的 DV01 值。净 DV01 值为 19 982 美元，远远低于限额。显而易见，欧洲美元头寸是为了对冲该账户的 DV01 风险。

贷款或存款在发放或存入的当天进行估值，并且其利润/亏损头寸为零。此后，贷款或存款就会根据其到期期限内的利率（比如 LIBOR 利率）进行估值，而利率变化一个基点所导致的贷款或存款价值的变化就是其 DV01。实际上，经纪自营商的资金部门将会根据其 DV01 限额对利率风险进行管理。

DV01 指标是基于修正久期。下面将考察久期和修正久期。

久期

普通附息债券在其期限之内将会支付一定比例的回报，这种回报的形式就是息票。普通附息债券的到期日不能为我们提供任何关于在期限内支付多少回报的信息，也不能提供任何关于现金流时机和金额的信息，以及回报对市场利率变化的敏感性的信息。例如，如果比较两个具有相同到期日但息票率不同的债券，则与息票率较低的债券相比，息票率较高的债券将以息票收入的形式提供更大比例的回报，并且息票率较高的债券能以较快的速度提供回报，因此从理论上来说息票率较高的债券其价值受到随后利率波动的影响较小。

我们可能希望计算收到债券现金流的平均时间，并将该指标作为更现实的到期日指标。然而，在债券期限内的现金流在价值上并不相等，因此一个更加准确的指标可能就是将收到债券现金流的平均时间根据现金流的现值进行加权平均，这实际上就是久期。可以度量债券支付的速度，并通过度量债券现金流的平均期限从而确定该债券相对于具有相同到期期限的其他债券的价格风险。债券分析师使用“久期”度量这种性质，有时这种久期也称为麦考雷久期，因为该久期由麦考雷于 1938 年引入[①]。久期就是收到债券现金流的加权平均时间，其权重就是各个现金流的现值，久期用“年”作单位。在麦考雷引入久期理论的时候，他是将久期指标作为债券投资距到期日的剩余

① Macaulay, F., Some theoretical problems suggested by the movements of interest rates, bond yields and stock prices in the United States since 1865, National Bureau of Economic Research, NY 1938.

时间长度的一个替代指标。

下面用一个简单的案例解释麦考雷久期，该案例中使用的是一个假设的5年期债券，该债券距离到期日的时间正好5年，息票率为8%。假设该债券的价格就等于其面值，即其到期收益率为8%，则该债券的现金流如表7.6所示。

表7.6 久期计算的例子：息票率为8%的5年期债券

现金流	现值*	时期（t）	$PV \times t$
8.00	7.41	1	7.41
8.00	6.86	2	13.72
8.00	6.35	3	19.05
8.00	5.88	4	23.52
108.00	73.50	5	367.51
	100.00		**431.21**

*计算公式为 $C/(1+r)^t$

每笔现金流的现值使用常规方式进行计算，因此第二个期间8英镑现金流的现值就是$8/(1.08)^2$，即6.859英镑。

然后，就可以使用如下所示的公式计算久期：

$$D = \frac{\sum(\text{现金流的现值} \times \text{现金流的时期})}{\sum(\text{现金流的现值})} \tag{7.3}$$

从数学上来说，可以将上述公式改写为如下形式[①]：

$$D = \frac{(1)PVC_1 + (2)PVC_2 + (3)PVC_3 + \cdots + (n)PVC_n}{\sum_{n=1}^{n}(PVC_n)} \tag{7.4}$$

其中，

D 是麦考雷久期，

PVC_n 是第 n 个期间现金流的现值，使用的贴现率为当前的到期收益率，

n 是利息期间的数量。

① 此时假设该债券距离到期日的时间正好为利息期间的整数倍，如果不满足这个条件，可以四舍五入取最接近的整数值。

注意，由于上述公式中的分母是所有现金流现值的总和，因此实际上就是该债券的价格。

对于每半年支付一次息票的债券来说，现金流是以当前到期收益率的一半进行贴现。等式（7.4）将麦考雷久期表示为利息期间的函数，我们将其除以每年中利息期间的数量（如果每年支付一次息票，就除以1；如果每半年支付一次息票，就除以2）就可以得到以年为单位计算的麦考雷久期。

在上述息票率为8%的5年期债券中，久期是431.21/100，即等于4.31年。这意味着收到该债券现金流的平均时间为4.31年。

对于零息债券来说，由于在其期限内不支付息票，因此所支付息票的现值为零，则麦考雷久期就等于在债券期限内剩余利息期间的个数。如果该债券是在每年支付一次息票的债券市场中进行交易，则麦考雷久期就等于直至到期日的剩余年数，这可以从零息债券的定义以及等式（7.4）中看出来，即 $C = 0$ 并且 $P = M/(1+r)^T$。

久期计算公式通常写为如下所示的形式：

$$D = \frac{\sum_{n=1}^{N} \frac{nC_n}{(1+r)^T}}{P} \tag{7.5}$$

其中，C 是在时刻 n 债券的现金流。

商业票据、银行承兑票据以及短期国债等大部分货币市场金融工具都可以视为短期零息债券。因此，这些金融工具的久期就等于其到期期限。

有时，等式（7.5）还具有如下所示的形式：

$$D = \frac{C}{P}\sum_{n=1}^{N} \frac{n}{(1+r)^n} + \frac{M}{P}\frac{N}{(1+r)^N} \tag{7.6}$$

其中，

n 是直至收到第 n 次现金流的年数，

N 是直至到期日的年数。

显然，上述两个公式等价，但等式（7.6）中的表达式在结构上稍有调整。

通常，市场还使用债券价格对利率变化敏感性的指标，这个指标就是所谓的修正久期①。如果将等式（7.4）中计算麦考雷久期的表达式代入等式

① 请参考"利率的敏感性"或"利率风险"。

（7.6）中，就可以得到近似计算价格变化比例的等式（7.7）：

$$\frac{dP}{dr}\frac{1}{P} = -\frac{D}{(1+r)} \tag{7.7}$$

这就是修正久期的定义，如下所示：

$$MD = \frac{D}{(1+r)} \tag{7.8}$$

很明显，修正久期与久期有关，但修正久期是一个更为有用的指标，因为修正久期揭示了债券的利率风险敏感度。也就是说，修正久期可以表明当收益率发生一定变化时债券价格的变化程度。但是，修正久期只能给出这种敏感度的近似值，因为它是用线性指标表示凸性关系，即债券价格和收益率之间的关系（参见 Choudhry 2004）。尽管如此，修正久期仍是一个使用广泛的利率风险指标。

债券交易商和货币市场交易商将久期进行了修改，其目的是为了度量收益率的给定变化将导致债券的价格变化多少。

可以通过将等式（7.8）代入等式（7.7）解释这一点，这样就可以得到如下所示的等式（7.9）：

$$\frac{dP}{dr}\frac{1}{P} = -MD \tag{7.9}$$

稍后将更加详细地考察修正久期。

等式（7.10）是计算现金流由年金和赎回支付组成的债券的价格公式，其方法是将这两个现金流的现值加总，这里假设附息债券每年支付一次息票，其定价日距离到期日的时间正好是整数年，此外该债券没有应计利息。

$$P = C\left[\frac{1-\frac{1}{(1+r)^n}}{r}\right] + \frac{M}{(1+r)^n} \tag{7.10}$$

对等式（7.10）一阶求导，然后将其除以债券的当前价格 P，所得到的结果就是计算修正久期的另外一个公式，如等式（7.11）所示：

$$MD = \frac{\frac{C}{r^2}\left[1-\frac{1}{(1+r)^n}\right] + \frac{n\left(M-\frac{c}{r}\right)}{(1+r)^{n+1}}}{P} \tag{7.11}$$

前面曾提到过，修正久期和久期之间具有一定的关系，为了从等式

(7.11)中获得计算麦考雷久期的表达式，我们将其乘以（1 + r），如案例 7.1 所示，该案例中使用的假想债券是息票率为 8%、到期期限为 2009 年的金边国债。

案例 7.1

使用等式（7.11）计算息票率为 8%、到期期限为 2009 年的金边国债的修正久期：

息票率	8%，每年支付一次息票
收益率	7.634%
n（期间）	10
价格	102.497

将上述条件代入等式（7.11）中，就可以得到：

$$MD = \frac{\frac{8}{(0.07634)^2}\left[1 - \frac{1}{(1.07634)^{10}}\right] + \frac{10\left(100 - \frac{8}{0.07634}\right)}{(1.07634)^{11}}}{102.497}$$

$MD = 6.76695$

为了获得麦考雷久期，将上面得到的结果乘以（1 + r），即1.07634，就可以得到麦考雷久期为 7.28354 年。

修正久期

尽管市场新手通常直观上认为修正久期与麦考雷久期非常相似，并将久期作为表示债券距离到期日的时间长度的指标，但这种解释忽视了久期的一个主要功能，即久期是度量价格波动率或利率风险的指标。

使用债券价格函数泰勒展开式[①]中的第一项，就可以揭示出在价格波动率和久期指标之间存在如下所示的关系：

$$\triangle P = -\left[\frac{1}{(1+r)}\right] \times 麦考雷久期 \times 收益率的变化 \qquad (7.12)$$

其中，r 是每年支付一次息票的债券的到期收益率，对于每半年支付一次息票的债券来说，应使用 r 的一半。如果将等式（7.12）右边的前两项

① 参见 Choudhry（2001）第 36 章附录中的解释。

结合在一起，就可以得到修正久期的定义。等式（7.12）表明，价格的变化比例近似地等于修正久期乘以收益率的变化。前面已讲到过如何调整麦考雷久期的计算公式以获得债券的修正久期。这两个指标之间存在非常明显的关系。根据债券的麦考雷久期就可以推导出其修正久期，而修正久期表明了债券价格对于收益率细小变化的敏感性。正如我们所看到的，修正久期和久期之间的关系可以进行如下表示：

$$MD = \frac{D}{1+r} \tag{7.13}$$

其中，MD 是以年为单位的修正久期。对于每半年支付一次息票的债券来说，该公式就是：

$$MD = \frac{D}{1+(1/2)r} \tag{7.14}$$

这意味着在修正久期和债券价格之间存在如下关系：

$$\triangle P = MD \times \triangle r \times P \tag{7.15}$$

案例 7.2 使用修正久期

一个息票率为 8% 的附息债券以面值进行交易，其久期为 2.74 年。如果收益率从 8% 上升到 8.50%，则债券价格下降的数额为：

$$\begin{aligned}\triangle P &= -D \times \frac{\triangle(r)}{1+r} \times P \\ &= -(2.74) \times \left(\frac{0.005}{1.080}\right) \times 100 \\ &= -1.2685 \text{ 英镑}\end{aligned}$$

也就是说，债券现在的价格为 98.731 5 英镑。

如果一个债券的久期为 2.74 年，收益率为 8%，则其修正久期就是：

$$MD = \frac{2.74}{1.08}$$

即修正久期为 2.537 年。

在上面到期期限为 5 年、久期为 4.31 年的债券例子中（参见表 7.6 所示的例子），也可以计算该债券的修正久期，计算结果为 3.99 年。这告诉我们，如果到期收益率变化 1%，债券的价格将变化 3.99%，且二者变化的方向相反。

可以使用修正久期近似计算给定收益率变化时的债券价格，即使用如下所示的表达式进行计算：

$$\triangle P = -MD \times (\triangle r) \times P$$

对于修正久期为3.99年并以面值进行交易的债券来说，收益率每上升1个基点（100个基点=1%）将导致债券的价格下降：

$$\triangle P = (-3.99/100) \times (+0.01) \times 100.00$$
$$\triangle P = 0.039\,9 \text{ 英镑}$$

在这种情况下，0.039 9英镑就是该债券的基点价值，即在债券收益率变化1个基点时债券价格变化的数量。债券的基点价值可以使用等式(7.16)进行计算，稍后将对基点价值进行详细的考察。

$$BPV = \frac{MD}{100} \cdot \frac{P}{100} \tag{7.16}$$

使用修正久期

债券的修正久期指标通常用来确定在收益率发生给定变化时债券价格变化的近似比例。但对于那些收益率变化较大的情况，修正久期指标明显不准确。然而，如果知道债券的修正久期、初始价格以及收益率的基点变化，使用同样的方式可以确定债券现金价格的近似变化。这种指标也称为债券的价格久期，在美国市场中又称为美元久期。从本质上来说，美元久期这个术语与基点价值等价，而基点价值这一说法在非美元市场中更为常见。收益率变化1个基点时的美元久期如下所示：

$$\text{美元久期} = \frac{MD \times P}{10\,000} \tag{7.17}$$

为了进行解释，使用案例7.1中的债券，该债券的息票率为8%、到期期限为2009年，交易价格为102.497英镑，即其到期收益率为7.634%，使用该债券的修正久期6.766 95年计算美元久期，如下所示：

$$\text{美元久期} = \frac{6.766\,95 \times 102.497}{10\,000}$$

如前所述，美元久期的最普遍应用就是计算1个基点的价格价值，或称为基点价值，也就是上面计算的息票率为8%、到期期限为2009年的债券的价值，它是指当收益率变化1个基点时，该债券的面值将变化0.069 36英镑。

当然，这是一个近似值。一些市场中的惯例有所不同，这些市场中的美元久期是指收益率变化 100 个基点时所引起的价格变化的价值。在我们的例子中，这种美元久期的价值就是 6.936 英镑。

修正久期指标是一种近似值，并且只在收益率发生较小变化时才具有合理的准确性，这是因为价格/收益率之间的关系具有凸性性质。因此，美元久期的值也是一种近似值，并且对于收益率的较大变化也不准确。

基点价值

基点价值（BPV）就是由于债券收益率变化 1 个基点而引起的债券价格的变化，基点价值也称为基点的价格价值（PVBP）或基点的美元价值（DV01）[①]。BPV 是指以货币表示的债券价格变化，因此可能表示为英镑、美元、欧元或其他货币。基点价值并不意味着债券价格会与收益率的变化成比例变化。对于收益率的很小变化而言，债券价格的变化都非常相似，并且与收益率变化的方向无关。然而，债券价格与收益率之间存在的凸性关系意味着除了收益率的很小变化之外，收益率向上变化或向下变化的基点价值会有所不同。基点价值是一个非常重要的风险指标，债券和货币市场交易部门使用这种指标度量其利率风险的范围，而且银行还会根据整体层面的基点价值确定交易账户的风险限额。

虽然基点价值是以货币形式度量债券价格的变化，但也可以使用该指标计算由于收益率变化而导致的价格比例变化，其计算公式如下所示：

$$\text{价格变化比例} = \frac{\text{BPV}}{\text{债券的初始价格}} \tag{7.18}$$

值得注意的是，债券的基点价值是一个掠影式的指标，也就是说该指标并不是一个静态指标，而且该指标还是一个近似值。此外，在收益率向上变化或向下变化时基点价值也有所不同，但期限较短的债券除外。由于基点价值是一个近似值，因此不推荐将其作为收益率发生较大变化时的风险估计指标。然而，从业人员通常使用基点价值估计收益率发生较大变化时的价格风险，例如收益率变化 10 个基点时。在这种情况下，仅将基点价值乘以收益率的变化就可以得到基点变化较大时的价格价值。然而，这种指标的现实价值

① PVBP 也是基点现值的缩写，当然也就与基点现值具有相同的意义。在货币市场中使用“基点现值”这个术语也许更为普遍，而债券市场中是使用“价格价值”这种表述方法。

很小，因为除了期限非常短的债券之外，这种指标的准确性很小。

价格变化引起的收益率变化值

在一些市场中，投资组合经理使用另外一个指标度量债券的风险，这种指标就是价格变化引起的收益率变化值，该指标度量的是价格变化给定时债券收益率的变化。为此，我们需要计算价格变化后债券收益率的具体值。但现实中的市场并不是采用这种做法，实际上是使用“基点的收益率价值”这样的术语，该术语是指债券价格变化 0.01 个货币单位时收益率的变化。然而，我们也不推荐采用这种指标，因为市场的通常做法是使用“基点”这种表述作为收益率的度量单位，而不是价格单位。

案例 7.3　息票率为 8%、到期期限为 2009 年的债券的基点收益率价值

某债券的价格为 99.500 英镑，收益率为 8.074 77%，则如果该债券的价格下降到 99.490 英镑，其收益率为多少？

如果该债券的价格为 99.49 英镑，则其新的收益率为 8.076 27%。因此，每个基点的收益率价值为 0.001 5 或一个基点的 0.15。

使用基点价值进行对冲

前面已提到过，修正久期和基点价值是度量债券利率风险的指标，然而交易商和基金经理如何将这些指标作为其风险管理的一部分呢？固定收益工具的价格和收益率之间的关系说明了债券的利率风险状况，如果市场收益率上升，该债券所需的收益率也会上升，因此该债券的价格就会下降，而债券持有人就会遭受一些资本损失。因此，在交易环境中，交易商和基金经理可能希望对冲其头寸以保护自己免遭资本损失的风险[①]。注意，对冲的目的是为了防止损失，它并不能改善头寸的盈利前景，也无法使头寸持有人获得价格上升所带来的利得。完美的对冲就是，从进行对冲的那一天开始，每天所产生的利润和损失和为零。

① 如果债券在购买后一直持有至到期，则不必每天都按照市值确定债券的价格，也就是说在债券价格变化时不必记录相应的利润或损失。然而，交易商和基金经理的一般做法是每天都按市值给头寸计价。

为了对冲债券头寸，需要持有对冲工具的相反头寸。因此，如果持有的是10年期债券的多头，则为了对冲该头寸，可能需要卖空一个相似的10年期债券。同样，债券的空头可以通过购买相同金额的对冲工具进行对冲。市场中有很多可以利用的对冲工具，这些工具有的属于资产负债表内，有的是表外工具，本书稍后会对这些工具进行详细的讨论。在进行对冲之后，主头寸的任何损失从理论上来说都应该可以通过对冲头寸的利得进行抵销，反之也成立。那么，应买进或卖出多少数量的对冲工具呢？此时，就需要使用基点价值。对冲的目标是为了确保主头寸的价格变化等于对冲工具的价格变化。如果使用另一个债券对所持有的头寸进行对冲，就可以使用每种债券的基点价值计算所需对冲工具的金额，这一点非常重要，因为每个债券都具有不同的基点价值，因此假设需要对冲30年期债券的100万英镑多头并不意味着只需要卖出100万英镑的另一个30年期债券，因为几乎可以肯定的是这两种债券的基点价值并不相等。而且，可能并不存在另外一个与所持有债券相对应的特定30年期债券。那么，能否使用一个10年期的债券进行对冲呢？所需要的该10年期债券的名义金额又是多少呢？

为计算所需对冲工具的名义金额，首先需要确定由等式（7.19）所给出的比率。

$$\frac{BPV_p}{BPV_h} \tag{7.19}$$

其中，

BPV_p 是初始债券（即需要对冲的头寸）的基点价值，

BPV_h 是对冲工具的基点价值。

等式（7.20）给出了对冲比率，在计算对冲头寸的大小时需要用到该比率。

$$\frac{BPV_p}{BPV_h} \times \frac{\text{主债券头寸收益率的变化}}{\text{对冲工具收益率的变化}} \tag{7.20}$$

等式（7.20）中的第二个比率就是收益率贝塔值。

案例7.4解释了如何使用对冲比率。

案例7.4　使用基点价值计算对冲金额

某交易商持有息票率为8%、到期期限为2019年的债券多头100万英镑，该债券的修正久期为 11.146 92 年，其价格为 129.875 96。因此，该债券的基点价值就是 0.144 77。为确保利率上升时自己的利益不会受到损失，该交易商决定使用息票率为 0%、到期期限为 2009 年的债券对上述债券头寸进行对冲，而对冲债券的基点价值为 0.055 49。如果假设收益率贝塔值为 1，则为了对上述头寸进行对冲，该交易商需要卖出多少名义金额的零息债券？

$$对冲比率 = \frac{0.144\ 77}{0.055\ 49} \times 1 = 2.608\ 94$$

因此，为了对 20 年期债券的 100 万英镑头寸进行对冲，该交易商需要持有金额为 2 608 940英镑的零息债券空头。如果使用各自的基点价值考察收益率上升 1 个基点的净效应，多头的损失将近似等于对冲工具头寸的利得。

对冲比率还可以使用价格变化的收益率价值进行计算，调整等式(7.20)中所给出的比率，就可以使用每个债券的收益率价值代替基点价值进行计算。

案例 7.5　使用基点价值进行对冲

假设某做市商账户中的头寸为 40 000 000 英镑的 5 年期债券，该交易商预期 5 年期债券的收益率将很快上升 10 个基点，因此决定使用另一种债券对所持有的头寸进行对冲。各种债券的基点价值如下所示：

债券	基点价值
3 年期	0.022 898
5 年期	0.041 583
10 年期	0.059 404

该交易商预期期限较短的债券收益率的上升更高，因此决定卖空 3 年期的债券，请计算持有的新头寸的名义价值。

当前头寸的基点价值 = 0.041 583　　对冲比率 = 1.816

新头寸的基点价值 = 0.022 898

因此，对冲头寸就是卖空 72 640 000 英镑的 3 年期债券（= 40 000 000 英镑乘以 1.816）。

非平行移动

假设收益率曲线的形状发生改变，即 5 年期债券的收益率上升 10 个基点，而 3 年期债券的收益率上升 8 个基点，计算基金经理由于持有 3 年期债券头寸而产生的利得，并将该利得与持有 5 年期债券头寸而遭受的损失进行比较。

所持有头寸的利润或损失可以使用如下方式进行计算：

$$\frac{\text{基点价值} \times \text{基点} \times \text{名义金额}}{100}$$

因此，3 年期债券头寸的利得为：

$$\frac{0.022\ 898 \times 8 \times 72\ 640\ 000}{100} = 133\ 065 \text{ 英镑}$$

持有 5 年期债券头寸的损失为：

$$\frac{0.041\ 583 \times 10 \times 40\ 000\ 000}{100} = 166\ 332 \text{ 英镑}$$

平行移动

假设整个收益率曲线向上平移 10 个基点，使用基点价值法计算该账户头寸的净利润或损失。当收益率曲线发生平行移动时，该交易商的风险头寸会发生哪些变化呢？

持有 5 年期债券多头的损失与以前一样，即 166 332 英镑。

持有 3 年期债券新头寸的利得为：

$$\frac{0.022\ 898 \times 10 \times 72\ 640\ 000}{100} = 166\ 331 \text{ 英镑}$$

可以看出，5 年期债券多头由于收益率曲线发生平行移动而导致的风险已经被对冲。债券的基点价值仅仅是某一瞬间的缩影，并且将随着价格、收益率以及久期的改变而波动。

修正久期和基点价值

假设一个息票率为 10% 的英镑欧洲债券在 2009 年 2 月 10 日到期，如果在 1999 年 2 月 10 日进行结算，其结算价格为 118.00，麦考雷久期为7.46年，收益率为 7.535%。请计算：

（1）修正久期。

$$MD = \frac{\text{麦考雷久期}}{(1 + \text{收益率})} = \frac{7.46}{1.075\ 35} = 6.937$$

（2）基点价值。

$$\text{基点价值} = \frac{MD}{100} \times \frac{PV}{100} = \frac{6.937 \times 1.18}{100} = 0.081\ 9$$

（3）如果该债券的收益率下降 1 个基点，则该债券的价格将是多少？在收益率下降 1 个基点时，价格将会上升，并且新价格为 118.00 + 0.081 9，即 118.08。

（4）如果该债券的价格上升为 120.00，并且将因此导致收益率下降为 7.294%，麦考雷久期上升为 7.49 年，则该债券的新基点价值为多少？由以上条件可知，新的修正久期为 7.49/1.072 94，即 6.981 年。使用同样的公式可以计算新的基点价值为 0.083 8。随着收益率的下降，基点价值将会上升，并且在其他条件保持不变时利率风险也将更高。

利息现金流

资产和负债会产生利息的现金流入和现金流出，正如本金的摊还也会产生现金流入和流出一样。因此在缺口特征的分析中也应包含利息支付。

利率缺口

利率缺口是度量银行账户利率风险的标准指标。给定期间的利率缺口就是固定利率资产和固定利率负债之间的差异，也可以定义为利率敏感性资产和利率敏感性负债之间的差异。如果总资产等于总负债，则这两种差异的值相等，如果资产负债表不平衡，则这两个差异的值就不相等。这种情况仅仅发生在对某个到期日缺口尚未进行融资时。市场的一般做法是将利率缺口作为资产和负债之间的差异，并根据到期期间对缺口进行定义。

缺口计算惯例非常重要。如果资产和负债的数量相等，则固定利率缺口（Fixed-rate gap）就是可变利率缺口（Variable-rate gap）的相反数。如果资产和负债不匹配并且存在很多参考利率，则固定利率缺口和可变利率缺口就会有所不同。如果存在赤字，则固定利率缺口就与使用利率未知的负债为缺口进行融资的假设相一致。这种融资就会形成一笔可变利率的负债，并成为银行的风险，除非事先将利率锁定。如果银行具有现金盈余并且未来任何期间的利率都未知，则适用同样的假设。给定时间段的缺口头寸对于该期间的利率非常敏感。

缺口是在每个离散的时间段进行计算，因此对于 0—1 个月、1—3 个月等时间段就存在净暴露。贷款和存款除了在发放和存入之初，都不具有准确的到期期限，因此应根据其相对权重将其归入一个时间段。例如，对在 20 天之后到期的 1 亿英镑存款，银行会将该存款的大部分余额归入三个星期的时间段，同时也会将一小部分余额归入两个星期的时间段。利率风险是根据存款现值的变化进行度量，并且是在每个网格点进行度量，度量时假设利率变化为 1 个基点。因此，1 000 万英镑的 1 个月期存单如果在购买时的利率为 6. 50%，并且在第二天 1 个月期的利率下降 1 个基点，该存单的现值就会上升。

利率变化 1 个基点时的现值净变化是度量银行账户利率风险的主要指标，并且通常作为“缺口报告”使用。然而，严格来讲，利率变化 1 个基点时的现值变化并不是缺口报告。表示这种报告的正确术语是 PVBP 或 DV01 报告，PVBP 和 DV01 分别是“基点现值”和“1 个基点的美元价值”的缩写。利率敏感性的计算假设收益率曲线发生平行移动，即期限结构上的每个到期日点都是在同一个方向上发生相同数量的变化（这里是 1 个基点的变化）。表 7. 7

表 7.7　　银行账户 PVBP 报告　　单位:英镑

	1 天	1 周	1 个月	2 个月	3 个月	6 个月	12 个月	2 年
英镑	8 395	6 431	9 927	8 856	(20 897)	(115 303)	(11 500)	(237 658)
美元	1 796	(903)	10 502	12 941	16 784	17 308	(13 998)	(18 768)
欧元	1 026	1 450	5 105	2 877	(24 433)	(24 864)	(17 980)	(9 675)
总计	11 217	6 978	25 534	24 674	(28 546)	(122 859)	(43 478)	(266 101)

	3 年	4 年	5 年	7 年	10 年	15 年	20 年	30 年
英镑	(349 876)	(349 654)	5 398	(5 015)	(25 334)	(1 765)	(31 243)	(50 980)
美元	(66 543)	(9 876)	(1 966)	237	2 320	(5 676)	(1 121)	0
欧元	(11 208)	(3 076)	1 365	1 122	3 354	(545)	(440)	(52)
总计	(427 627)	(362 606)	4 797	(3 656)	(19 660)	(7 986)	(32 804)	(51 032)

英镑总计:(1 160 218);美元总计:(56 963);欧元总计:(75 974);总计:(1 293 155)

所有数字的单位都已转换为英镑。

给出了 PVBP 报告的一个例子，该报告按不同的货币账户划分，但已将所有值都转换成了英镑。

缺口报告中的基本概念就是银行账户的净现值（NPV）。PVBP 报告度量的是银行账户中资产和负债市场价值之间的差异。为了计算 NPV，我们需要一个贴现率，这代表银行账户的逐日结算。所使用的贴现率通常是根据政府债券收益率曲线推导出的零息利率，虽然为了兼容个别的金融工具需要对该贴现率进行一些调整。

缺口可以计算为某一个给定日期未偿付余额的差异，也可以计算为这些余额在一个时间期间内变化的差异。根据资产和负债的变化计算所得到的缺口数值就是所谓的边际缺口。给定时间期间内累积边际缺口，加上该期间开始时资产和负债之间的差异，就等于在该期间期末时资产和负债之间的缺口。

在很多细节方面，利率缺口都不同于流动性缺口，比如：

- 流动性缺口涵盖所有的资产和负债，而利率缺口仅包括那些利率固定的资产和负债。
- 由于存在固定利率/可变利率差异，除非确定一个期间，否则就无法计算利率缺口。利率缺口取决于到期期限以及开始日期。

编制缺口报告的主要目的是为了确定利差对利率变化的敏感度。如前所述，缺口的度量总是落后于曲线，因为缺口是对历史的反映。实际缺口是一个动态变化的值，因为银行日常业务的开展是一个持续的过程。

投资组合的修正久期缺口

投资组合净值的久期缺口是一个度量金融工具投资组合利率敏感度的指标，它是指资产和负债加权平均久期之间的差异，并且需要根据任何表外金融工具的净久期进行调整。该指标度量的是利率变化1%时投资组合净值预期变化的比例。

投资组合净值就是账户的净现值，它是资产 A 的市场价值减去负债 L 的市场价值，然后加上或减去表外金融工具的市场价值 OBS，如等式（7.21）所示：

$$NPV = A - L \pm OBS \tag{7.21}$$

为了计算净现值的久期缺口，我们需要得到投资组合中每种金融工具的修正久期，然后以每种金融工具的市场价值占投资组合净值的比例作为权重对修正久期进行加权平均。对资产、负债以及表外工具都应计算其修正久期。

投资组合的修正久期为：

$$MD_{NPV} = MD_A - MD_L \pm MD_{OBS} \tag{7.22}$$

净现值的修正久期可以用来估计投资组合市场价值在利率发生一定变化时的预期变化，如等式（7.23）所示：

$$\Delta NPV = NPV \times -MD_{NPV} \times \Delta r \tag{7.23}$$

获得银行账户中每种金融工具市场价值的准确值往往非常困难，现实中在无法获得市场价值时，通常是使用账面价值计算久期缺口。如果实际市场价值与账面价值之间存在很大的差异，这样做就可能导致不准确的结果。

与久期缺口分析相关的其他要点包括：

- 该分析使用修正久期计算净现值的变化，因此能准确估计金融工具价格对利率微小变化的敏感度。对于利率变化超过50个基点的情况，使用修正久期度量敏感度可能会产生重大的误差。
- 与到期日缺口模型一样，久期缺口分析假设利率是平行移动，而这明显与现实不符。

与到期日缺口分析一样，久期缺口分析在资产负债管理中非常受欢迎，因为久期缺口非常容易理解，并且以一个非常方便的数字涵盖了银行账户中的所有利率风险。

对传统方法的批评

传统上，资产负债管理方法主要是关注银行贷款和存款账户的利率敏感度及净现值敏感度。常见的利率敏感度报告就是到期日缺口报告，前文对此已有简单的考察。然而，到期日缺口报告并不是非常完美，甚至可以说具有如下所示的缺陷：

- 进行缺口分析时对重新定价间隔的选择具有非常大的任意性，并且在重新定价间隔期间可能会存在重大不匹配。例如，常见的重新定价间隔期是1年期缺口和1—3年期缺口，因此有些不匹配情况该模型不能发现。假设一个完全由负债组成的银行账户每个月重新定价一次，而具有相同现金价值的资产每11个月重新定价一次，则该账户（假设没有其他头寸）的1年期缺口就为零，即净利息收入不存在风险。然而实际上，在上述情景中，当利率上升时净利息收入存在很大的风险。

- 到期日缺口模型假设利率变化的幅度和方向都一致。然而，对于一般利率水平的任何给定变化，不同到期日的利率变化会有不同的幅度，也就是说非平行移动更为现实。
- 到期日缺口模型假设本金的现金流在利率变化时并不发生改变，因此就不可能有效地包含内嵌在一些金融工具中的期权的影响。抵押贷款支持证券和可转换债券等金融工具不能准确地进行缺口分析，因为缺口分析仅考虑到这些金融工具的第一层风险。

尽管具有这些缺陷，但缺口模型在商业银行和抵押贷款行业中还是得到了广泛的应用，因为这种模型容易理解，其应用并不需要掌握非常复杂的金融建模技术。

融资成本

银行可以选择将其资金部门作为一个成本中心，也可以将其作为一个利润中心。截至目前的大部分讨论都是将资金部门作为一个利润中心，即由资金部门负责货币市场工具的操作，按照银行的资产负债管理要求在货币市场进行交易并获得一定的利润。一些机构的资金部门仅需要满足本机构的融资要求，因此并不需要该部门产生利润。

在这种安排中，由于资金部门向公司的业务线提供了融资，因此资金部门会向这些业务线收取一定的费用，这就会导致一个问题，即资金部门应收取多少费用。假设某经纪自营商运营如下所示的业务线：

- 公司债券市场的造市交易。
- 股票衍生产品的交易。
- 持有资产支持证券（ABS）、抵押贷款支持证券（MBS）以及债务担保证券（CDO）等中期投资组合。
- 一项业务，该业务在杠杆基础上向那些希望投资于基金的对冲基金客户提供结构化的衍生产品。

这些业务线中的每一个都具有不同的融资要求，例如造市交易部门可能预期其投资组合会频繁转手，并因此预期其流动性期限会非常短。因此，它将通过短期借款进行融资，这些借款的期限从不到一个星期至一个月期不等，并且大部分融资的期限都是隔夜到一个星期。客户业务的资产期限可能较长，因此应使用短期、中期和长期资金组合进行融资。假设收益率曲线的斜率为正，期限结构效应意味着客户业务具有较高的资金成本。然而，资金部门不是对每个业务线分别进行融资，尽管资金部门可以这样做，但这样做的效率较低并且是对资源的极大浪费。那么，资金部门应为提供的资金收取多少费用呢？

现实中，大部分银行都是使用加权平均资金成本，有时这种成本也称为混合利率或池利率，该利率适用于整个银行。

借款成本

贷款的转移定价有两种方法。第一种方法是参考现有资产和负债，并向每笔贷款收取一定的利率。第二种方法更为常用，它是确定最优融资方案，并使用该方案作为资金成本，实践中，这个成本是一个混合利率。

使用现有资源的优点是简单，然而这会导致前文曾提到过的问题，因为每种类型的资源具有不同的成本。我们可以为所有资产确定一个到期期限，并将每笔定期贷款与相同到期期限的资产相匹配。但是，在现实中这样做不太有效。例如，如果可以确定一项资产的准确到期期限特征，就可以对其进行融资并使到期日相匹配，此时可以使用一笔贷款或一系列滚动贷款（直至最后的到期日）。但是，对于每一项资产都这样做不太现实。

因此，我们使用一个称为加权平均资本成本（WACC）的指标。

资金的混合成本

对于利率固定的贷款来说，资金成本非常明显，但如果同时发放多个贷款，融资成本就取决于所借款项的混合比例以及各自的到期日。例如，考虑一笔金额为 100 美元的融资安排，其构成如下所示：

- 期限为两年、金额为 40 美元的贷款。
- 期限为一年、金额为 60 美元的贷款。

相关利率就是一年期和两年期贷款的零息利率。整体融资 100 美元在第一年中所使用的转移价格就是这两笔贷款的平均资金成本，实际上就是使每笔贷款未来价值的现值等于初始贷款金额的贴现率。当然，未来价值就是到期时的金额，即初始本金加上利息。为了更加准确，假设这些贷款都是零息贷款，并且所收取的利率为零息利率。

以上融资安排在未来的现金流分别为：

一年期贷款为 $60(1+r_1)$；

两年期贷款为 $40(1+r_2)^2$。

因此，加权平均资本成本 rw 为：

$$100 = 60(1 + r_1)/(1 + rw) + 40(1 + r_2)^2/(1 + rw)^2$$

很明显，该贴现率位于 r_1 和 r_2 之间。稍作简化，可以计算该等式的线性近似值，即：

$$100 = 60(1 + r_1 - rw) + 40(1 + 2r_2 - 2rw)$$

$$rw = (60 \times r_1 + 40 \times 2 \times r_2)/(60 + 2 \times 40)$$

利率 rw 就是 r_1 和 r_2 这两个利率的加权平均值，而 r_1 和 r_2 分别是一年期和两年期的零息利率。这里所使用的权重就是每笔贷款金额与总金额的比例及其到期日。其中存在一个大致的规则，即在两年期间内进行滚动的一年期利率的权重是两年期利率的两倍。如果 r_1 是 4.00%，r_2 是 5.00%，则此时的 rw 就更加接近于 r_2，因为 r_2 表示期限较长的贷款，但另一方面，案例中的一年期贷款的金额较大。

实际中，即使规模非常大的商业银行和投资银行也都是计算加权平均资本成本，将每笔未偿付贷款每天的利息支付加总，再除以所有贷款的总名义金额。

表 7.8 以实例的形式解释了加权平均资本成本的概念。该表将 5 亿美元的融资要求安排为三笔贷款，即：

- 金额为 2 亿美元、利率为 1.05% 的隔夜贷款。
- 金额为 2 亿美元、利率为 1.07%、期限为一个星期的贷款。
- 金额为 1 亿美元、利率为 1.15%、期限为三个月的贷款。

表 7.8 展示了如何采用一种更为科学的方法计算加权平均资本成本，这比上面讲到的线性近似值方法更为合理，因为表 7.8 中考虑到了贷款的期限结构效应，即随着期限结构上的到期期限越来越长，支付的利率也越来越高。然而，这种方法所得到的结果非常接近于上面的简化方法。如表 7.8 所示，这三笔贷款的加权平均资本成本为 1.146%。

表 7.9 给出了表 7.8 中各个单元格的计算公式。

表 7.8　三笔假设贷款的加权平均借款成本计算　　单位：美元

WACC 的计算										
				0.002 777 778	0.019 444 44	0.25				
				利息金额(应计利息)						
				1	7	90				
				隔夜	1 个星期	3 个月				
期限(天)			利率% (LIBOR)	利息金额						
1	隔夜	200 000 000	1.05%	5 833.3	–	–		1	0	0
7	1 个星期	200 000 000	1.07%	5 944.44	41 611.11	–		1	1	0
90	3 个月	100 000 000	1.15%	3 194.44	22 361.11	287 500.00		1	1	1
		500 000 000		1.078%	1.097%	1.150%		500 000 000.00	300 000 000.00	100 000 000.00
				14 972.22	63 972.22	287 500.00	366 444.44			
			期间	1	6	83				
				0.003 0%	0.018 3%	0.265 1%	0.286 4%			
			资金的总成本—WAC 指标		1.146%					
			利息总额	1 432 055.56						
				0.002 777 778	0.019 444 44	0.25				
				利息金额(应计利息)						

续表

同样的计算，但使用资金的有效成本

				1	7	90				
				隔夜	1 个星期	3 个月				
期限（天）			WAC 利率	利息金额						
1	隔夜	200 000 000	1.145 6%	6 364.69	–	–		1	0	0
7	1 个星期	200 000 000	1.145 6%	6 364.69	44 552.84	–		1	1	0
90	3 个月	100 000 000	1.145 6%	3 182.35	22 276.42	286 411.11		1	1	1
		500 000 000		1.146%	1.146%	1.146%		500 000 000.00	300 000 000.00	100 000 000.00
				15 911.73	66 829.26	286 411.11	369 152.10			
			期间	1	6	83				
				0.003 2%	0.019 1%	0.264 1%	0.286 4%			
			资金的总成本	1.146%						
				1 432 055.56						

表 7.9　Excel 表格中计算 WACC 的公式　单位：美元

单元格	B	C	D	E	F	G	H	I	J	K	L	M
3					= F4/360	= G5/360	= H5/360					
4					利息金额（应计利息）							
5					1	7	90					
6					隔夜	1 个星期	3 个月					
7	期限（天）	利率 %	利息金额（LIBOR）									
8	1	隔夜	200 000 000	1.05%	= $E8 * (F$5/360) * $D8 * IF(F$5 > $B8,0,1)	= $E8 * (G$5/360) * $D8 * IF(G$5 > $B8,0,1)	= $E8 * (H$5/360) * $D8 * IF(H$5 > $B8,0,1)			= IF(F8 < >0,1,0)	= IF(G8 < >0,1,0)	1
9	7	1 个星期	200 000 000	1.07%	= $E9 * (F$5/360) * $D9 * IF(F$5 > $B9,0,1)	= $E9 * (G$5/360) * $D9 * IF(G$5 > $B9,0,1)	= $E9 * (H$5/360) * $D9 * IF(H$5 > $B9,0,1)			= IF(F9 < >0,1,0)	= IF(G9 < >0,1,0)	1
10	90	3 个月	100 000 000	1.15%	= $E10 * (F$5/360) * $D10 * IF(F$5 > $B10,0,1)	= $E10 * (G$5/360) * $D10 * IF(G$5 > $B10,0,1)	= $E10 * (H$5/360) * $D10 * IF(H$5 > $B10,0,1)			= IF(F10 < >0,1,0)	= IF(G10 < >0,1,0)	1
11												
12			= SUM(D8: D10)		= (SUM(F$8: F$10)/K12) * 360/F$5	= (SUM(G$8: G$10)/L12) * 360/G$5	= (SUM(H$8: H$10)/M12) * 360/H$5			= SUMPRODUCT (K8: K10, $D$8: $D$10)	= SUMPRODUCT (L8:L10, $D$8: $D$10)	= SUMPRODUCT (M8: M10, $D$8: $D$10)
13					= SUM(F8: F10)	= SUM(G8: G10)	= SUM(H8: H10)	= SUM(F13: H13)				
14				期间	= F5 – E5	= G5 – F5	= H5 – G5					
15												
16					= F12 * F14/360	= G12 * G14/360	= H12 * H14/360	= SUM(F16: H16)				
17												
18		资金的总成本—WAC 指标			= 116 * 360/90							
19												
20				利息总额	= F18 * 90/360 * D12							
21												
22					= F24/360	= G24/360	= H24/360					
23					利息金额（应计利息）					1	7	90
24	同样的计算，但使用的是资金的有效成本											
25					隔夜	1 个星期	3 个月					
26	期限	（天）		WAC 利率	利息金额							
27	1	隔夜	200 000 000	= $F$18	= $E27 * (F$5/360) * $D27 * IF(F$5 > $B27,0,1)	= $E27 * (G$5/360) * $D27 * IF(G$5 > $B27,0,1)	= $E27 * (H$5/360) * $D27 * IF(H$5 > $B27,0,1)			1	1	1

续表

28	7	1 个星期	200 000 000	= $F$18	= $E28 * (F$5/360) * $D28 * IF(F$5 > $B28,0,1)	= $E28 * (G$5/360) * $D28 * IF(G$5 > $D28,0,1)	= $E28 * (H$5/360) * $D28 * IF(H$5 > $B28,0,1)		1	1	1
29	90	3 个月	100 000 000	= $F$18	= $E29 * (F$5/360) * $D29 * IF(F$5 > $B29,0,1)	= $E29 * (G$5/360) * $D29 * IF(G$5 > $B29,0,1)	= $E29 * (H$5/360) * $D29 * IF(H$5 > $B29,0,1)		1	1	1
30											
31			500 000 000		= (SUM(F27: F29)/K31) * 360/F$5	= (SUM(G27: G29)/L31) * 360/G$5	= (SUM(H27: H29)/M31) * 360/H$5		= SUMPRODUCT (K27: K29, $D$8: $D$10)	= SUMPRODUCT (L27: L29, $D$8: $D$10)	= SUMPRODUCT (M27: M29, $D$8: $D$10)
32					= SUM(F27: F29)	= SUM(G27: G29)	= SUM(H27: H29)	= SUM(F32: H32)			
33				期间	= F24 - E24	= G24 - F24	= H24 - G24				
34											
35					= F31 * F33/360	= G31 * G33/360	= H31 * H33/360	= SUM(F35: H35)			
36											
37				资金的总成本	= 135 * 360/90						
38											
39					= F37 * 90/360 * D31						

证 券 化

银行的资产负债管理部门通常负责进行更为主动的资产负债表管理，证券化就是一个非常好的例子。证券化是银行所采用的一种手段，目的是实现资产负债表中所持有资产的额外价值以及将这些资产完全从资产负债表中清除出去，这样就可以释放贷款限额。从本质上来说，证券化是指向第三方投资者出售资产负债表中的资产。实际中，这个过程非常简单，因为所出售的资产在未来会产生一些现金流，这些现金流可以为购买这些证券化资产的投资者提供回报。为了控制投资者所面临的风险，应对与特定资产现金流有关的不确定性进行控制或设计，为做到这一点，银行可以选择多种方式。

对于资产负债表的管理来说，证券化的一个主要好处就是可以通过资产的出售节省或降低资本要求。当然，另外一个好处就是这个过程可以为发行银行提供额外的回报。因此证券化不仅是一种节省资本要求的方法，还是一种可以使银行增加其资本回报的工具。

证券化的过程

如果读者希望了解关于资产支持金融工具的详细讨论，可以参考近年来所发表的一些文献，如 Fabozzi and Choudhry（2004）。下面将从资产负债管理的角度考察证券化的意义。

证券化的基本原则就是向投资者出售资产，一般是通过一个名为特殊目的载体（SPV）的媒介或其他一些中介结构进行出售，并向投资者提供以固定或浮动利率计算的资产回报，初始资产的现金流被用于提供这种回报。对于投资者来说，直接购买这些资产虽说不是完全不可能，但是这种情况很少见，相反都是使用一些证券代表这些资产，然后投资者购买这些证券。进行证券化的最常见资产类型包括抵押贷款、汽车贷款以及信用卡贷款。从理论上来说，任何资产，只要其产生的现金流可以预测或可以建模，该资产就可以证券化。所使用载体的构建应使得基于这些资产发行的证券具有风险—回报特征，而且这些特征应对目标投资者具有一定的吸引力。

为了获得多样化的好处，通常是将一些资产类型集中到一起，这个资产池可以产生利息支付、本金偿还以及本金的提前偿还。由于支付和提前还款模式具有不确定性以及贷款违约和支付延期的可能性，因此现金流的准确性质就具有不确定性。然而，大量贷款的聚集意味着可以在很大程度上熨平现金流的波动，并使得根据这些贷款发行票据成为可能。资产池所产生的现金流通过一个专门的结构安排支付给投资者，而且通常要求一个或多个私人信用评级机构对所发行的证券进行信用评级。大部分资产支持证券都拥有投资级别的信用等级，这些证券的评级通常为AAA或AA级，这主要是因为已经建立了很多信用保险便利以对标的资产的业绩或其现金流提供担保。证券化结构将原始现金流质量与投资者所获得的现金流质量进行了分离。在很多情况下，初始借款人并没有意识到已经进行了证券化这个过程，也不会注意到其贷款处理方式之间的差别。证券化的信用评级并不影响发起银行（出售贷款的银行）的评级，而且两种评级通常并不相同。

证券化的好处

资产的证券化可以为发行银行带来双重好处。将资产出售给投资者可以为银行节省所需的资本成本，因为这些资产已经不在银行的资产负债表上，因此银行的资本要求就会降低。其次，如果所发行证券的信用评级高于发起银行的信用评级，银行就可以获得潜在的融资成本利得。例如，如果所发行的证券为AAA级，而银行的信用为AA级，则该银行利用这些证券进行融资的成本就会较低。相比直接从市场中借入这些款项，银行可以从支付较低的融资成本中受益。例如，证券化已使美国市场中一些专门的信用卡银行获得了强劲增长，包括第一资本金融公司（Capital One）、美国第一银行（First USA）以及美国MBNA银行，这些银行已从AAA级的融资评级以及较低的资本要求中受益。如果没有进行证券化，这些银行是否可以实现如此迅速的增长，就非常值得怀疑。虽然资产证券化会产生一些相关的成本，但证券化的收益远大于这些成本，与资产证券化相关的成本包括直接发行成本以及运行支付结构的成本。

证券化的主要好处就是可以降低融资成本。融资成本的降低与以下几个因素相关：

- 由于发行证券的信用级别提高，因此资金成本就会降低。这种利得的大小取决于市场中的当前利差以及发起银行的当前评级，并将随市场条件的变化而波动。

- 由于资产负债表中的资产规模减少，因此可以节省一些资本要求，这就可以降低为了确保向股东提供充足回报而需要的最低盈余，并且可以因此改善资本回报率。

证券化过程的成本包括：

- 与建立发行结构有关的成本，以及与随后将现金流支付给投资者所需的支付机制有关的成本。这些成本取决于初始资产的结构和风险，初始资产的风险越高，为保证向投资者的支付所需的成本就越高。
- 发起的法律成本、运营成本和服务成本。

从证券化中获得的融资成本降低应大大高于证券化过程本身的成本。为了确定证券化是否可行以及证券化对资本回报率的影响，发起银行会在开始证券化之前进行成本收益分析，这种分析往往是资产负债管理部门的责任。

案例 7.6 证券化交易

下面使用一个假设的案例解释资产负债表的证券化所带来的影响，该案例中涉及的银行为 ABC 银行。该银行有 1 亿英镑的抵押贷款，这种资产的监管资本权重（Regulatory weight）为 50%，因此，资本要求就是 400 万英镑，即 8% ×0.5 ×1 亿英镑。该资本由权益和次级债组成，权益的成本估计为 25%，次级债的成本估计为 10.2%。直接债务的成本为 10%。资产负债管理部门分析了将资产的 10% 即 1 000 万英镑进行证券化后的效应。该贷款账户的固定久期为 20 年，但由于再融资和提前还款，有效久期估计为 7 年。此外，该贷款账户的净回报率为 10.2%。

资产负债管理部门决定使用的证券化结构由两种类型的证券组成，即次级票据和优先票据。由于次级票据具有较高的风险，因此其信用评级为 A 级，优先票据的评级为 AAA 级。假设在这样的评级下，次级票据所需的回报率为 10.61%，优先票据所需的回报率为 9.80%。优先票据的成本比当前资产负债表中债务的成本低，资产负债表中债务的成本为 10%。

为了获得级别为 A 的评级，次级票据的金额至少需要占证券化资产总额的 10%。

与该交易有关的成本就是初始发行成本以及每年的服务成本，这些成本大概占证券化资产总额的 0.20%，表 7.10 中总结了这些信息。

表 7.10 ABC 银行的抵押贷款账户和证券化方案

ABC 银行	
流动性融资	
权益成本	25%

续表

ABC 银行	
流动性融资	
次级债成本	10. 20%
债务成本	10%
抵押贷款账户	
净收益率	10. 20%
久期	7 年
未偿付余额	1 亿英镑
建议的结构	
证券化金额	1 000 万英镑
优先票据:	
成本	9. 80%
比例	90%
到期期限	10 年
次级票据:	
成本	10. 61%
比例	10%
到期期限	10 年
服务成本	0. 20%

银行的融资成本就是其使用的所有资金的平均成本。案例中融资结构的资本要求为 4%，其中 2% 为权益，成本为 25%，另 2% 为次级债，成本为 10. 20%。其余的 96% 为债务，成本为 10%。因此其加权融资成本 F 为:

$$F_{资产负债表} = 96\% \times 10\% + (8\% \times 50\%) \times [(25\% \times 50\%) + (10.20\% \times 50\%)]$$
$$= 10.30\%$$

该平均利率与开始时给定的 25% 的税前权益回报率一致。如果这些资产不能产生该回报水平，收到的回报就会相应地变化，因为该回报是银行盈利能力的最终反映。由于现在资产所产生的回报率仅为 10. 20%，因此其当前业绩就低于股东的期望。股东实际获得的回报率应能使资金的平均成本等于资产回报率 10. 20%。股东实际获得的回报率的计算如下所示:

$$资产回报率 = 10.20\%$$
$$= (96\% \times 10\%) + 8\% \times 50\% \times (roe \times 50\% + 10.20\% \times 50\%)$$

求解该表达式，就可以得到权益回报率 *roe* 为 19. 80%，该回报率低于股东的期望。从理论上来说，该银行将发现不可能在市场上发行新的股票，因为这些股票的业绩不能补偿股东因持有银行股票所产生的风险。因此，银行发起的任何资产都必须进行证券化，预期证券化能够增加股东的回报。资产负债管理部门可以进行证券化，发行900万英镑的优先票据和100万英镑的次级票据。这些票据由一个投资银行发行，该投资银行有很多机构投资者。该贷款账户的未偿付余额从1亿英镑下降到了9 000万英镑，加权资产（50%）因此为4 500万英镑，该贷款账户的资本要求现在是360万英镑（4 500万英镑×8%），比刚开始时的资本要求下降了40万英镑（400英镑－360万英镑），这笔节省下来的资金可以用于另一个领域的扩张。表7.11对上述结论进行了总结。

表7.11　　证券化对资产负债表的影响

未偿付余额	价值（百万英镑）	资本要求（百万英镑）
初始贷款账户	100	4
证券化的金额	10	0.4
优先票据	9	出售
次级票据	1	出售
新的贷款账户	90	3.6
总资产		90
总加权资产	45	3.6

证券化的好处就是可以降低融资成本。由于证券化而产生的融资成本是优先票据和次级票据的加权成本以及每年的服务成本。优先证券的成本是9.80%，次级票据的成本是10.61%，为简化起见，这里忽略这两种债券久期和摊还特征之间的任何差异，因此计算过程为：

$$(90\% \times 9.80\%) + (10\% \times 10.61\%) + 0.20\% = 10.08\%$$

这个总成本低于直接通过资产负债表所计算的目标融资成本，该目标融资成本为10.30%，这就是证券化过程所产生的定量好处。注意，证券化之后的融资成本低于贷款账户的收益率，因此可以将初始贷款出售给证券发行机构以实现一些利得。

案例7.7　头寸管理

假设在某一天开始时的头寸为持平头寸，一个货币市场银行间交易部门进行了如下交易：

（1）以6.375%的利率借入从1999年9月16日到1999年10月7日为期三个星期的1亿英镑。

（2）以6.25%的利率借入从1999年9月16日到1999年10月16日为期一个月的6 000万英镑。

（3）以 6.45% 的利率发放从 1999 年 9 月 16 日到 1999 年 10 月 18 日为期 32 天的 1.1 亿英镑贷款。

该部门检查了其现金头寸，考察了再融资及头寸在利率风险方面的意义，同时还考虑到了以下因素：

- 银行间隔夜拆借的限额为 4 000 万英镑（净额）。
- 与市场中的其他经济学家相比，该银行的经济学家对利率的上升持有更为乐观的态度，并且刚刚举办了一个内部研讨会，讨论的内容是由于英国平均利润水平上升而可能导致的通货膨胀风险。
- 目前，有关当局发布了一些非常重要的数字，包括通货膨胀数据（RPI）。如果现在的 RPI 数据超过了市场预期，该自营商就会预期货币政策将立即紧缩至少 0.50%。
- 经纪商估计未来几个星期之内市场的每日流动性将处于低度短缺状态，几乎不需要中央银行的干预，并将因此降低隔夜利率的波动性和利率大小。
- 经纪商的计算机系统显示了如下条款的回购利率：

  隔夜　6.350% ~6.300%
  一周　6.390% ~6.340%
  两周　6.400% ~6.350% 一个月6.410% ~6.375%
  两个月　6.500% ~6.450%
  三个月　6.670% ~6.620%

- 1×2 远期利率协议的利率为：

  1×2 FRA　6.680% ~6.630%

- 三个星期之后的 11 天远期借款利率报价（21×32 利率）为 6.50%（买价）。因此该账户的风险为：

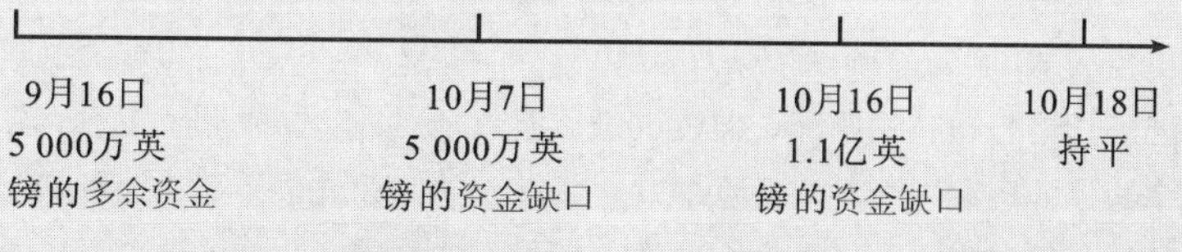

考虑到每天晚上需要对这些头寸进行轧平，则该部门可以采取哪些措施？

可能的解决方案

将早期盈余进行投资

从现金管理的角度来看，该部门从 1999 年 9 月 16 日到 10 月 7 日之间具有 5 000 万英镑的多余资金，因此需要将其进行投资。投资时，可能与市场协商达成利率为 6.31% 的隔夜贷款，或者达成利率为 6.35% 的一周定期存款或利率为 6.38% 的一个月期定期存款。

以隔夜利率进行滚动投资具有最大的灵活性，但所获得的利率也最低，而且如果该部门预期由于隔夜资金需求不多，隔夜利率将保持在较低水平，则进行这样的投资可能就不是最好的选择。

然而，从利率风险的角度来看，这样做可能具有意义。如果该部门与银行的经济学家持有相同的观点，就可以从以较高的利率进行滚动投资中受益，可能在接下来的三个星期之中就可以受益。因此，该部门现在可能并不希望锁定定期存款的利率，而选择以隔夜利率进行滚动投资。但是，如果经济学家的观点错误，隔夜滚动投资就会使该部门面临较低利率的风险，并限制了该部门所能获得的正融资利差。市场本身对下个月利率的变化持中性立场，但似乎认为随后会出现利率的上升。

远期“缺口”

下面考察远期的情况，该账户在1999年10月7日会超过4 000万英镑隔夜头寸限额，此时的再融资要求是5 000万英镑。这种情况在1999年10月16日将进一步恶化(持续两天)，因为此时的再融资要求是1.1亿英镑。因此该部门需要在这些日期之前确定一个定期交易并一直持有该定期交易头寸直到1999年10月18日，因为到10月18日，融资头寸又复位为零。从1999年10月7日到10月18日借入5 000万英镑能使隔夜头寸要求回到限额之内。

然而，如果利率上升，该部门是否应一直等到10月7日才进行这笔交易（借入5 000万英镑)？如果该部门对利率走势有明确的看法，当然没必要等到10月7日。在利率上升0.50%之后，该部门最终可能需为这5 000万英镑的融资支付6.91%或更高的利率。因此，现在进行一个可以覆盖这段期间的远期回购交易可能更为合适，这样就可以锁定从现在的收益率曲线上可以获得的收益。21×32天的回购市场利率报价为6.50%，这反映了市场对利率将在大约一个月之后上升的一致看法。然而，该部门自己预期利率将会更大幅度地上升，因此按照这一逻辑应进行远期贷款交易。如果该部门的观点正确，就能从这种策略中受益，因为该策略限制了融资损失的程度。

单纯防范利率风险的另一种方法就是以6.68%的利率买进1×2远期利率协议，这种做法不能确切地与缺口相匹配，但能够进行有效地对冲。如果利率上升，账户就可以从远期利率协议的利润中受益。注意，现金头寸仍然需要轧平。那么该部门是应在公布通货膨胀信息之前进行交易还是应在公布之后进行交易呢？当然，该部门应自己进行判断，但是如果可能，大部分自营商都宁愿在公布关键经济数据之前静观其变。

第8章　银行监管资本

金融机构的资本配置要求决定了整个银行业的战略选择。资产配置决策很大程度上受该决策对银行资本状况的意义的影响。衍生产品较低的资本要求很大程度上解释了银行和公司为什么使用衍生产品而不是现货产品的原因，这也是货币市场和债券市场使用衍生产品的原因。因此，一本关于全球货币市场的书必须涵盖银行业务本身，否则这本书就不够完整。不理解银行业务的一个主要方面，即监管资本，就不可能理解银行业务。

例如，货币市场一个很大的组成部分就是证券化的产品，如资产支持商业票据。证券化背后的一个主要动力就是降低资本要求的需要，这导致了抵押贷款、应收账款以及其他资产的证券化。可以看出，理解资本成本的意义非常重要。此外，第2章中所介绍的资本成本问题还必须考虑到监管资本对交易部门的资产配置的意义。货币市场参与者必须了解监管资本问题，无论这些参与者是交易存单、短期国债、回购协议、浮息票据或资产支持商业票据，他们都应知道监管资本的意义，否则他们就不能完全理解其资本的成本，因此也无法理解资本回报率。

引　　言

银行业务及其产生的回报反映了该银行的资产配置政策和由此导致的资本成本。资本成本取决于银行必须留出以涵盖各项贷款的资本金额，贷款的发放可能是通过短期贷款、回购协议、存单、银行票据或更长期的金融工具等进行。确定资本构成以及各个构成部分的比例时所采用的是国际清算银行（BIS）发布的指导原则，也就是著名的巴塞尔协议（Basel rules）。国际清算银行本身并不是监管实体，其声明也不具有法律效力，然而各国的监管当局非常乐意表现出在最低限度上遵守巴塞尔协议的意愿，这样做的目的是为了维持投资者和公众的信心。

本章将考察巴塞尔协议的主要组成部分，该协议一直在不断更新。货币市场参与者应了解巴塞尔协议的基本原则，以实现资产配置和对冲政策的最优化。例如，衍生产品所需要分配的资本大大低于现货产品，这正是将衍生产品而不是现货产品作为对冲工具的一个主要原因（另一个原因源于衍生产品的流动性），尽管交易中存在基差风险。此外，银行交易对手的信用质量也会极大地影响资本要求水平，并且监管规则还会影响银行的贷款政策和对交易对手限额的设定。所有的银行都有一些内部规则，这些内部规则针对所有货币市场产品，设定了面向交易对手的信贷水平。资本配置、目标回报率（取决于资本成本）以及交易对手的风险厌恶程度等决定了可以向各种信用级别的交易对手提供信贷的程度。由于这个原因，货币市场部门需要非常清醒地认识到资本配置的合适范围。

本章将考察资本原则的主要方面，并介绍巴塞尔协议Ⅱ中的要求以及信用风险如何决定资本配置的程度，此外还将讨论货币市场部门与长期交易商之间的相互作用，长期交易商所需的资本配置更大。这使得货币市场参与者必须根据银行业的具体规定和资本市场的一般要求来开展交易。

银行监管资本要求

银行和金融机构面临各种监管和控制，其中一个主要方面就是与银行持有的资本水平有关的监管，这种资本水平应足以为银行所从事的业务提供有效的缓冲。通常，金融机构将受到国内监管者的监管，但也可能受到跨国监管者的监管，如欧盟的资本充足率指导委员会①。由国际清算银行下属的一个中央银行委员会于 1988 年提出的资本要求方案已被世界上大多数国家的银行普遍采用，这就是国际清算银行的监管要求或巴塞尔资本比率，这一名称根据国际清算银行所在的瑞士小镇巴塞尔而得名②。根据巴塞尔委员会的要求，银行投资组合中的所有现货工具和表外工具都应赋予一定的风险权重，风险权重根据每种工具已感知到的信用风险决定，风险权重决定了这些金融工具必须保留的最低资本水平。

银行资本最简单的形式就是其资产负债表中资产与负债之间的差异，也就是银行所有者的财产，这些资本可以用来弥补银行的任何运营损失，如果

① 在英国，银行监管现在由金融服务局负责，该局于 1998 年从英格兰银行手中接管了这项职责。在美国，银行监管由美国联邦储备委员会负责。由中央银行负责一国内部的银行监管比较常见。

② 国际清算银行巴塞尔银行条例和监管委员会于 1988 年发布《统一资本计量和资本标准的国际协议》。

运营损失高于可以利用的资本金额，银行在偿还债务方面就会遇到困难，这可能会导致银行的破产。然而，从监管目的来看，资本的定义有所不同，此时最简单的监管资本形式由存在于资产负债表中并且可以用于计算资本比率的要素组成。监管者认为资本比率的水平应足以保护银行的存款人。监管资本包括股票、优先股、次级债以及一般准备金，它们的共同特征就是都可以“吸收损失”，这种吸收可以是持续地吸收，也可以是在发生流动性不足事件时吸收。资本比率对监管者来说非常重要，因为监管者非常关注银行在发生破产事件时存款人和优先债权人能否得到充分偿付。

关于监管资本的巴塞尔原则制定于 20 世纪 80 年代，此时人们广泛关注于开展跨境业务的大型银行的资本充足率问题。10 国集团的监管当局建立了巴塞尔银行监管委员会，巴塞尔委员会于 1988 年制定了关于银行监管的文件《统一资本计量和资本标准的国际协议》，该文件规定了后来被世界各国监管当局所采用的巴塞尔原则。巴塞尔协议规定了风险计算方法，并按照借款人及其定居地的类型对资产进行加权。巴塞尔比率[①]规定的最低资本要求是风险加权资产的 8%。

巴塞尔原则于 1992 年生效，国际清算银行于 2004 年 6 月发布了新版的 Basel Ⅱ，并规定该版本于 2008 年开始实施。

资本充足率要求

资本充足率要求的诞生源于银行监管当局对加强全球银行系统的稳定性以及协调国际监管的愿望。1988 年所达成的巴塞尔协议是银行监管方面的一个重大进步，它为全球银行的资本充足率设定了一个正式的标准。随后，该协议被世界上 100 多个国家的监管者采用。尽管各国的监管当局都将巴塞尔原则作为最低标准，但它并没有监管的效力，这就意味着基本的巴塞尔原则在全球范围内存在着细微的差别，其中欧盟的资本充足率指导委员会就是一个很好的例子。

Basel Ⅰ中的原则

根据国际清算银行的原则，资本最少应占资产价值的 8%。资产根据其风

① 也称为库克比率，彼德·库克是当时巴塞尔委员会的主席。

险进行界定，最低资本要求是风险加权资产的8%。每种类型的资产都会被赋予一个风险权重，例如一些国家的政府债券等无风险资产的权重就是0%，而特定公司贷款等风险较高的资产其权重可以达到100%。因此，银行间贷款的权重可能为20%，而相同金额公司贷款的权重最高的可能为100%。

国际清算银行对资本类型作出了划分，国际上的监管惯例以及英国本身的实践确定了银行的以下资本类型：

- 一级资本：一级资本就是永久性资本，这种资本能够通过不支付股利而吸收损失，如股东权益以及股利不进行累积的优先股。
- 高级二级资本：这种类型的资本也是永久性资本，但需要向其他债权人进行偿还，例如高级二级资本可能包括永续债券，如建房互助协会发行的PIBS，以及其他不可赎回的次级债务。
- 低级二级资本：这种资本是指需要向其他债权人进行偿还的资本，如长期次级债券。

资本要求水平的计算公式如下所示：

$$\frac{\text{一级资本}}{\text{风险调整资产}} > 4\%$$
$$\frac{\text{一级资本} + \text{二级资本}}{\text{风险调整资产}} > 8\% \qquad (8.1)$$

因此，公式（8.1）中的比率是必须达到的最低水平。银行的风险调整资产就是风险调整的现货资产以及风险调整的表外总资产。对于银行账户中的现货产品而言，资本要求的计算公式为：

$$\text{本金金额} \times \text{风险权重} \times \text{资本比率（8\%）}$$

而且，上述公式是根据每种金融工具进行计算。

然后，将这些风险调整资产加总。此外，银行可以使用净额结算或投资组合建模以降低本金的总额。

表外金融工具的资本要求通常较低，因为这些金融工具的本金很少面临风险。远期利率协议等到期期限小于一年的利率衍生产品根本就没有资本要求，而长期货币掉期所需的资本仅占本金名义金额的0.08%到0.2%。

国际清算银行将位于银行账户中的交易与位于交易账户中的交易进行了区分，其中位于银行账户中的交易是零售和商业银行等主要的存贷款金融机构进行的交易，而位于交易账户中的交易是由投资银行和证券公司进行的交易。有时，银行账户和交易账户的资本要求有所不同。例如，回购交易位于交易账户中，需对该交易确定一个资本要求，计算公式如下所示：

$$CA = max\{[(C_{mv} - S_{mv}) \times 8\% \times RW], 0\} \quad (8.2)$$

其中，

C_{mv}是现金收益的价值，

S_{mv}是证券的市场价值，

RW 是交易对手的风险权重，为一个百分比值。

案例 8.1

计算具有以下特征的回购交易所需保留的资本：

担保证券的净价	100
应计利息	0
5 000 万英镑名义本金的现金到款	50 000 0000 英镑
交易对手	OECD 银行
交易对手的风险权重	20%

$CA = max\{[(50\,000\,000 - 50\,000\,000) \times 8\% \times 20\%], 0\}$

$= 0$

具有相同金额的贷款/存款交易所需保留的资本为：

无担保贷款	50 000 0000 英镑
交易对手	OECD 银行
交易对手的风险权重	20%

$CA = max[(50\,000\,000 \times 8\% \times 20\%), 0]$

$= 800\,000$英镑

市场中各种金融工具的风险权重如表 8.1 所示。

在最初的巴塞尔原则中，资产可以定义为属于银行账户或其交易账户中的项。从本质上来说，银行账户包括传统的吸储和放贷业务，并且这些资产是以成本记账，且不会重新评估其价值。交易账户中的资产包括衍生产品，应每天根据市值确定这些资产的价值，并每天记录未实现的利润或损失。交易账户资产的风险权重与表 8.1 中的资产有所不同，交易账户资产的风险权重包括市场风险和信用风险，其中市场风险使用风险价值（VAR）等方法进行估计，而信用风险取决于资产类型。相比银行账户资产，计算交易账户资产的资本要求更为复杂。

表 8.1　**Basel Ⅰ中典型银行账户资产的风险权重**

权重	资产类型	备注
0%	• 现金。 • 对于自己国家和 A 类国家及其中央银行的求偿权。 • 对于 B 类主权发行人的求偿权，发行的证券以该国国内（即各个 B 类国家）货币标明面值。	A 类国家是经合组织的成员以及与国际货币基金组织签订有特殊贷款安排的国家。B 类国家包含所有的其他国家。 在一些监管体制中，持有其他 A 类国家的政府债券会被赋予 10% ~ 20% 的权重，并且 B 类国家的政府债券必须以本国（即各个 B 类国家）货币进行融资，这样其权重才能为零，否则就会被赋予 100% 的权重。
20%	• 对于多边开发银行的求偿权。 • 对于地区政府或本国及 A 类国家的地方政府的求偿权。 • 对于本国或由 A 类国家银行机构提供担保的优先求偿权。 • 对于 B 类国家银行机构并且原始到期期限在一年以内的优先求偿权。	在一些监管体制中，对 B 类国家银行机构且剩余到期期限在一年以内的求偿权也赋予 20% 的权重。
50%	• 以居民财产作为担保的求偿权。 • 抵押贷款支持证券。	
100%	• 所有其他求偿权。	

确定银行机构资本要求的过程包括量化其现有业务的风险，并将该风险与银行所需的监管资本水平进行比较，对不同的资产类型分别赋予 0%、20%、50% 或 100% 的风险权重。但是，这样严格的分类将导致资产定价的扭曲，因为风险权重的任何变化都将严重影响所需的资本以及所计算的资本回报率。随着时间的推移，人们对此提出了修正方案，这就是现在所提议的 Basel Ⅱ，修正后的 Basel Ⅱ于 2008 年生效。

表 8.2 总结了欧盟资本充足率指导委员会规定的监管资本的构成。一级资本是一些补充资本，通常以非累积优先股的形式发行，也就是美国市场中的优先股。各个银行建立一级资本准备金时通常是将其作为提高资本比率的手段以及对于降低纯权益比率的支持。一级资本现在包括与债务具有

相似特征的特定证券，因为这些证券的结构允许在税前支付利息而不是在税后支付利息，这意味着这些证券类似于优先股或普通股，并且可以提高银行监管资本的财务效率。这样的证券以及高级二级资本都包含利息递延条款，因此可以将这些证券作为优先股或普通股。

英国的资本监管在附录 8.1 中进行了总结。

表 8.2　欧盟监管资本原则

	限额	资本类型	扣减额
一级资本	• 对于一级资本没有限制 • 信托优先证券等专业化金融工具的限额为一级资本总额的 15%	• 权益股本，包括股票溢价账户 • 未分配利润 • 非累积型优先股以及其他混合资本证券	• 银行持有的自身的一级资本工具 • 商誉及其他无形资产 • 当年的未公布损失
二级资本	• 二级资本总额不能超过一级资本		
高级二级资本		• 永久性次级债，该债务可以吸收损失 • 累积型优先股 • 一般准备金 • 评估增值准备金	• 持有的其他银行的自有资金工具超过本行自有资本价值 10% 的部分 • 持有的另一家信贷机构的自有资金工具份额超过 10% 的部分 • 对于非合并子公司的特定投资 • 合格投资，即持有某公司 10% 以上股本的投资
低级二级资本	• 不能超过一级资本的 50% • 资本额度采用直线法在过去五年中摊销	• 固定期限的次级债务 • 永久性并且不能吸收损失的次级债务	
三级资本	• 用以覆盖市场风险的资本中，至少要有 28.5% 属于一级资本 • 三级资本只能覆盖交易账户的市场风险。所有信用风险必须由一级资本和二级资本覆盖	• 交易账户的利润 • 到期期限至少为两年的短期次级债务，在发生财务困难时，监管者可以中止该债务的利息或本金支付	• 交易账户的损失

续表

限额		资本类型	扣减额
其他	• 仅包括全部缴清股本的资本 • 资本的发行不能包括交叉违约或负抵押条款 • 低级二级资本的违约是指银行不支付利息或倒闭 • 资本发行文件中不包括抵销权 • 提前偿还债务必须经过银行监管者的批准 • 中间期利润必须进行审计，并且应减去预期的损失、税收和红利		

金融机构破产时监管者应采取的措施

监管资本制度的存在是为了保护金融系统，进而保护自由市场经济，其方式是确保信贷机构具有充足的准备金以应对交易对手风险。然而，如果某银行机构发现自身偿付能力不足，国内监管当局就会处于两难的境地，也就是说监管当局不知道应在何种程度上“挽救”该银行机构。如果该银行非常大，该银行的破产就可能对全国甚至全球经济造成不利影响，因为其他银行、企业甚至个人都会遭受损失，大型“高街”银行①就是一个很好的例子，因为这些银行非常重要以至于不能允许它们倒闭。然而，监管当局或一国政府不希望对这些银行的倒闭提供任何明确的担保，因为这些担保在降低损失风险的同时会导致道德风险②。此外，还有一些证据表明，如果银行可以从明确或不明确的担保中获益，该银行就能以低于市场成本的利率筹集资金，这会降低经济中最重要的一个部门，即金融部门的竞争程度。

观察表明，即使监管者不愿提供哪怕是隐性的担保，监管者也并不会平等地对待所有的银行。避免对经济造成的连锁效应以及保护金融系统的愿望意味着必须对大型银行进行拯救，而那些小型银行则可以任其倒闭，这样做就可以达到以下效果，即既可以维持有序的市场，又可以强调自律和进行有效风险管理的重要性。例如，英国的国际信贷商业银行（BCCI）和巴林银行

① 也就是在美国作为货币中心的银行。

② 道德风险是指，如果在遭受损失时可以获得担保，银行就不会谨慎交易而倾向于进行风险更大的交易，因为在风险策略使其处于财务困境时总能获得当局的帮助。

(Barings）被允许倒闭，因为它们的运营被认为只影响到相对较少的存款人，并且它们的倒闭也不会威胁到整个银行系统。在美国，美国大陆伊利诺国民银行（Continental Illinois）得到了政府当局的拯救。挪威银行也得到了本国政府当局的拯救，但是该国的两个较小的银行被允许倒闭，这两家银行就是 Norian 银行和 Oslobanken 银行。在日本，很多小型银行都已经被允许倒闭，如山一证券公司（Yamaichi Securities），而长期信用银行（Long Term Credit Bank）和债券信用银行（Nippon Credit Bank）得到了政府当局的拯救。

案例 8.2 使用一个假设的银行解释了简单资本充足率的计算。例如，考虑贷款账户中包含以下资产的银行：

- 1 亿英镑的金边国债。
- 3.15 亿英镑的公司贷款。
- 6 亿英镑的住房抵押贷款。

该银行投资组合的风险调整敞口为 $(0.0\times1.00)+(1.0\times3.15)+(0.5\times6.00)$，即 6.15 亿英镑。因此，该银行所需要的最低一级资本水平为 2 460万英镑，也就是 4% ×6.15 亿英镑。如果用来支持贷款账户的可利用资本包括一级资本和二级资本，则所需的资本水平会更高，为 4 920 万英镑。

当然，维持资本水平会有相关成本，这就是市场越来越多地使用衍生产品（表外金融工具）以及进行证券化的一个主要原因。衍生金融工具的资本要求比现货工具低，因为衍生工具的本金并不进行实际交换，因此不具有风险，而证券化可以将资产从银行的资产负债表中剔除出去，因此可以降低银行的资本要求。

这里有必要讲一下表外金融工具的资本原则。对于远期利率协议和掉期等到期期限小于一年的特定金融工具来说，根本不存在资本要求，而长期利率掉期和货币掉期的风险权重为其名义价值的 0.08% ~0.20%，这比现货工具所需的资本水平低得多。例如，两个银行之间进行的金额为 5 000 万英镑的 10 年期利率掉期所需的资本仅为 4 万英镑，而同样金额的银行间贷款所需的资本为 80 万英镑，同样金额的公司贷款所需的资本水平更高，达 400 万英镑。

各种衍生产品所需资本的计算在细节上有所不同，这取决于进行交易的金融工具。例如，利率掉期的风险中包含一个附加因子，该附加因子是名义价值的一定比例，如表 8.3 所示。

表 8.3　　利率掉期的附加风险调整，即名义价值的一定比例

到期期限	普通掉期	浮动利率对浮动利率的掉期	货币掉期
1 年以内	0.0	0.0	1.0
1 年以上	0.5	0.0	5.0

案例 8.2　资本充足率计算的简单示例

表 8.4　　资本充足率计算案例：ABC 银行的资产负债表

资产	权重（%）	价值(百万英镑)	风险加权资本(百万英镑)
短期国债	0	250	0
现金	0	30	0
银行间贷款	20	790	158
抵押贷款账户	50	652	326
商业贷款账户	100	814	814
总计		2 536	1 298
资本要求（按 8%）			103.84
负债			
股东资金	100		
准备金	356	456	
长期债务	500		
存款	1 580	2 080	
		2 536	

ABC 银行的资产为 25.36 亿英镑，与之对应的是股东资金和长期借款以及该银行的存款基础。巴塞尔风险权重规则赋予不同类型资产一个特定的风险权重，使用该规则就可以计算出该银行的风险价值为 12.98 亿英镑，所需的资本就是该金额的 8%，即略高于 1.03 亿英镑。巴塞尔规则规定，该金额中至少 50% 应是一级资本。从表 8.4 中可以看出，一级资本的金额远高于所需的金额，一级资本和二级资本的和也远高于所需的最低金额。

Basel Ⅱ 协定

1988 年的巴塞尔资本协定在推出伊始就遭到学术界和实务界的激烈评论，其中主要的批评意见就是这种资本要求没有考虑到不同公司借款人的信用风险评级，并且在风险权重的应用中过于严格和刻板。当1999年6月3日国际清算银行公布其更新资本要求的方案时，承认了这些问题的存在。新指导原则的目的是“为了提升金融系统的安全性和合理性，以提供一个更加全面的风险解决途径，并促进公平竞争”。该方案旨在向世界上所有银行推广，而不是仅仅适用于那些跨国银行。

1988年的协定包含非常广泛的交易对手信用要求，尽管1996年增加的修正条款包含了对于交易账户的要求，但仍存在一些对于该协定缺乏灵活性的批评意见。新的Basel Ⅱ原则具有三个支柱，其目的是为了更好地反映特定信用风险水平，这三个支柱为：

- 支柱1：对于信用风险具有一个新的资本要求，并且对于新的操作风险范畴也要求保留一定的资本。
- 支柱2：如果与所持有的资本相比银行的风险较高，银行主管需要采取一定的措施。
- 支柱3：为了增强市场自律，要求银行进行更为认真和详细的披露。

自Basel Ⅰ推出以来，市场已日臻成熟，巴塞尔委员会也考虑到了很多与信用风险的决定因素有关的问题。本节将考察于2004年6月公布的Basel Ⅱ原则中的一些要点，并评估在讨论阶段，市场对Basel Ⅱ的反应。

新Basel Ⅱ原则的主要组成部分

新Basel协定被分为三种方法或三个支柱，本节将考察这三个方面。

支柱1：最低资本要求

（1）信用风险。资本要求以两种方法予以确定，即：

- 标准化方法。
- 内部评级方法（IRB）。内部评级方法分为初级方法和高级方法，高级方法赋予银行自行确定资本要求组成部分的更大自由。

标准化方法。在标准化方法中，银行将根据一个规定的矩阵计算风险加权资产，该矩阵根据正式的信用评级将资产进行了划分。表8.5展示了该矩阵的详细情况，其中新风险权重设定为标准8%比率的一定比例。

表 8.5 **Basel Ⅱ 的资本要求及风险权重比例**

资产	AAA 到 AA	A+到 A-	BBB+ 到 BBB-	BB+ 到 B-	B+到 B-	B-级 以下	没有 评级
主权国家	0%	20%	50%	100%	100%	150%	100%
银行							
选择 1（i）	0%	20%	50%	100%	100%	150%	100%
选择 2（ii）：							
<3 个月	20%	20%	20%	50%	50%	150%	20%
>3 个月	20%	50%	50%	100%	100%	150%	50%
公司	20%	50%	100%	100%	150%	150%	100%

（i）基于银行所在国家的风险权重。

（ii）基于对具体银行的评估。

资料来源：BIS。

Basel Ⅱ的最大不同体现在对 Basel Ⅰ中四个风险权重类别的改变上。修改后的版本为不同类型的贷款重新分配了所需的资本，并且增加了一个额外的类型，即评级非常低的资产。对于向主权国家发放的贷款来说，所需的资本比例为0%到8%之间的任何数值，而对于向公司发放的贷款来说这个范围就没有这么平滑。一个非比寻常的特征就是，级别较低的公司比没有进行评级的借款人需要更高的资本。对于向其他银行发放的贷款来说存在两个不同的选择，第一个选择是使用该银行母国的风险权重，并且该银行的评级低于其所在国家评级一个等级；第二个选择就是使用该银行自己的信用评级。无论选择使用哪个评级，主要的影响就是银行间贷款的资本要求都将大大增加，并且几乎增加到在Basel Ⅰ中的两倍。

各国的监管者将选择这两种方法中的一种来评估银行间风险的等级。在第一种选择中，将根据主权国家的信用评级对贷款进行分类，而第二种选择将根据银行自身的评级对贷款进行分类。如果使用后一种方法，则期限在3个月以下的资产能得到一个较高的评级。

向没有评级的借款人发放的贷款属于一个独立的范畴，其风险权重为100%，尽管国际清算银行要求，监管者应考察相关市场的历史违约记录并评估100%的风险权重是否足以涵盖该风险。如果向公司发放的短期信用便利尚未提取，则在 Basel Ⅱ中其权重就是20%，而在 Basel Ⅰ中其权重为零。

与 Basel Ⅰ相比，Basel Ⅱ更鼓励降低信用风险，并且主要通过抵押证券确认这种形式。以下资产可以作为抵押：

- 现金和政府证券，这与 Basel Ⅰ中的规定一样。
- 由主权国家或公共部门发行并且评级在 BB－及以上的证券。
- 评级在 BBB－及以上的证券。
- 包含在主要指数中的股票或者在一个公认交易所上市的股票。
- 黄金。

为了反映抵押证券价格的波动性，应将其市场价值进行一些折减。

内部评级方法。在内部评级方法中，银行的资产是根据其自身的内部风险评估进行分类。为了使用这种方法，银行必须具有被其相关监管实体认可的内部系统，并且该系统和程序必须至少存在三年，包括允许银行评估借款人违约概率的系统。采用内部评级方法，银行将使用其自身的内部评级将贷款根据违约可能性或 PD 进行分类。而且，PD 范围的数量可以由银行自行设定。国际清算银行编制了一个公式，银行使用该公式就可以根据其 PD 范围计算所需配置的资本。表 8.6 给出了在 Basel Ⅰ中的资本要求以及在 Basel Ⅱ标准化方法和内部评级方法下的资本要求。

表 8.6　特定 PD 范围的资本要求　单位：%

	PD 范围	Basel Ⅰ	标准化方法	IRB 方法
AAA	0.03	8.0	1.6	1.13
AA	0.03	8.0	1.6	1.13
A	0.03	8.0	4.0	1.13
BBB	0.20	8.0	8.0	3.61
BB	1.40	8.0	8.0	12.35
B	6.60	8.0	12.0	30.96
CCC	15.00	8.0	12.0	47.04

如果使用高级方法，银行可以在银行业监管实体批准之后，使用国际清算银行的公式计算资本时，确认任何形式的担保物并设定其自身的参数。在批准之后的前两年，资本配置中的信用风险部分不能低于初级方法下所分配金额的 90%，国际清算银行建议在两年之后对高级方法作出评估。

（2）操作风险。Basel Ⅱ中一个最大的争议就是为了涵盖银行操作风险所需的新资本。巴塞尔委员会认为可以使用三种方法计算操作风险所需的资本金额，这三种方法就是：

- 基本指标方法，其中总资本的20%将配置给操作风险。
- 标准化方法，在这种方法中银行的不同业务线将使用不同的风险指标，例如对于零售银行使用平均资产水平，对于基金经理来说就应使用代管理资金。巴塞尔委员会将按照每个国家的风险水平为每一个业务线规定所需的资本水平，总的操作风险是指所有业务线风险的总和。
- 在银行内部对每个业务线因操作风险所造成的预期损失进行评估，这里的操作风险是指由于欺诈、IT瘫痪、法律风险等造成损失的风险。

（3）最低的总资本。信用风险、操作风险以及银行交易账户三者所需的资本总和就是所需的最低总资本，这种资本要求将表示为8%的风险资产比率，这一点与Basel Ⅰ中的规则相同。

支柱2：监管方法

Basel Ⅱ协定的一个新的组成部分就是要求对资本配置进行监管，这种监管基于三个原则。第一个原则就是银行必须具有一个与其具体风险特征相一致的计算其资本要求的程序，这意味着银行不能仅仅满足支柱1中所规定的最低资本要求，银行应评估反映其自身业务活动的特定风险领域。例如，还应考虑银行账户中的利率风险，或者将提前还款风险作为抵押贷款业务的一部分加以考虑。而且，这个过程应由银行的监管当局进行经常性的检查。第二个原则是应将在支柱1中计算的风险加权资本要求仅作为最低的要求，银行应预留高于该最低水平的资本以保留一定的准备金，监管者应有权要求银行将其资本水平提高到规定的最低金额之上。最后一个原则就是，监管者应经常性地检查接受其监管的银行的资本水平，并在合适的时候进行检查以使银行的资本水平不会低于一个最低值，该最低水平应足以支持具体银行的业务活动。

支柱3：披露

Basel Ⅱ规定了银行应满足的核心披露方面的原则，并且监管者必须强制执行这些披露要求。此外还有一些与核心披露原则不同的补充披露原则。其主要不同之处在于，如果所披露的信息被认定为与银行特定的运营活动不相关或者不重要，银行在进行报告时就具有更大的灵活性。需要披露的方面包括：

- 资本。构成银行资本的各个要素，如构成一级资本和二级资本的金融工具的类型。

- 资本充足率。包括为了涵盖信用风险、市场风险以及操作风险等所需的资本数额，以及作为银行总资本一定比例的资本要求。
- 风险敞口。银行的风险包括信用风险、市场风险以及操作风险等。风险敞口与资产负债管理相关，如贷款账户的到期期限特征、利率风险、其他市场风险。从本质上来说，风险敞口就是由银行风险管理部门所度量和监控的所有风险之和。

作为支柱 3 的一部分，如果银行在计算其资本要求时使用的是内部评级方法，该银行就需要披露其内部政策和程序，因为这些政策和程序正是这种方法的一部分。

在制定 Basel Ⅱ时，巴塞尔委员会希望扩大资本要求以将其他风险领域涵盖在内，如市场风险和操作风险。巴塞尔委员会认为银行持有的资本应反映其自身投资组合的风险水平，且这种风险水平可以更好地由银行的内部模型进行估计，而不是由国际清算银行等实体所提供的任何标准化规则进行估计。不管怎样，巴塞尔委员会所提议的任何规则变更都招致了大量的评论和批评，并且这些规则最终所采取的形式与最初的提议已大相径庭。在从业人员之间已逐渐达成了一种共识，即或许应由市场本身承担更多的监管责任，而不是由监管者进行监管，例如缩小存款保险的范围①，或者通过要求银行发行特定类型的无保险债务，如由英国建房互助协会发行的 PIBS。这些次级债务的持有人更为关注银行的财务健康状况，因为他们的投资没有得到担保，同时他们对于高风险的投资策略没有兴趣，因为无论银行所获得的利润有什么变化，这些持有人每年所获得的回报都相同，也就是说他们所持有的债务是固定息票率的债券。因此，这些次级债务的收益率实际上就反映了市场对该银行风险的评估。哥伦比亚大学的一位学者②认为，监管者应为这些投资的收益率设置一个上限，这将迫使银行设定其风险水平的上限，但是该风险水平应由市场进行评估，而不是由监管当局进行评估。

与 Basel Ⅰ相比，Basel Ⅱ的一大进步就是它承认“一个单一的标准”并不适合于所有银行，以及在资本配置过程中需要更大的灵活性。内部评级方法资本水平应比标准化方法低，这样就可以鼓励银行开发风险管理系统。由

---

① 很多国家都有存款保险方案，该方案旨在银行倒闭时保护个人客户的存款。例如，在银行或建房互助协会宣布破产时，英国的个人存款者可以得到其存款金额 90% 的补偿，并且每个人所获得的最高补偿金额为 1.8 万英镑。

② Charles Calomiris, Better than Basle, *The Economist*, 19 June 1999.

于银行业务性质的不同，一些银行将比其他银行具有更大的风险，因此相比最低资本水平，这些银行需要采用更多的风险管理措施。这也是在三个支柱后所隐藏的道理，从理论上来说，支柱 2 赋予监管者在其认为银行所采取的措施不充分时进行干预的权力，这意味着将不仅仅要求银行增加其资本水平。支柱 3 对于整个风险管理过程来说也非常重要，因为它的目的是为了确保进行充分的披露，不仅仅是披露有关的风险，还应披露内部评级方法在计算资本要求时所使用的程序。

反应和批评

在 1999 年 6 月公布第一份草案之后，考虑到市场的反应和评论，巴塞尔委员会于 2000 年 1 月又公布了第二份草案。征求意见的时间延长了三年多，因此 Basel Ⅱ的最终实施是在 2008 年，在欧盟内部的实施在 2009 年。

市场的一般意见认为，Basel Ⅱ至少从本意上是关注新市场工具的经济意义和风险特征，而不是关注其结构形式。除了一两个非常明显的例外，银行将发现其资本配置的整体水平大体上仍然与以前（在 Basel Ⅰ 中）相似。内部评级方法分为初级方法和高级方法[①]，因此大部分银行都可以采用这种方法，而不是只有那些具备必要内部系统的大型银行才可以采用这种方法。

草案中最富争议的方面就是为了涵盖操作风险所需的资本，Basel Ⅱ允许使用三种方法确定该资本。第一种方法就是“基本指标法”，它使用一个简单的单一指标。第二种方法是针对不同业务线使用不同资本水平的标准化方法。第三种方法是一种内部度量机制，这种机制使得银行可以使用其自身的内部损失数据估计所需的资本。市场对这三种方法的一致反应就是，对于风险界定仍比较模糊的要素，这三种方法所给出的资本要求都过高。然而，不同的选择将产生不同的结果，并且在第二份草案中引入了一定的灵活性，因为市场对于第一份草案赋予操作风险统一的 20% 的资本要求作出了不太认同的反应。例如，某中型规模投资银行的一位高级副总裁认为使用第三种方法所给出的资本要求比 20% 的统一比率低 5 亿美元[②]。因此，各个银行可能都希望开发其内部系统和程序以便可以使用这种内部方法。然而，在当时，第二份草案能否以现有形式得到采用仍值得商榷。

---

① 相关内容在第二份草案中有介绍。

② RISK，2001 年 2 月第 27 页。

在巴塞尔委员会的提议中，可以通过抵押、银行担保以及信用衍生产品的使用降低资本要求。这将使得综合证券化的使用有所增加，如合成 CDO 交易，其目的是为了降低银行资产负债表的资本要求。Basel Ⅱ在草案中规定了一个应用于担保物并且与担保物信用质量相一致的扣减额 H，目的是为了防范市场风险，这一点并没有任何争议。担保物、非银行和非主权担保以及信用衍生产品还具有占原始资本要求 15% 的额外资本要求，也就是 w。w 是为了反映与这些金融工具相关的风险，如法律风险和文件风险。然而，信用衍生产品市场对该提议作出了负面反应，因为他们认为并不需要 w，而且 w 将影响到违约掉期市场的流动性。

Basel Ⅱ对新兴市场具有重大影响，并且受到这些市场中非主权发行人的欢迎，这是因为在 Basel Ⅱ下，银行对其他银行和公司借款人的评级可能高于这些银行和公司借款人母国的主权国家评级。在 Basel Ⅰ中，没有任何机构的评级能高于其所在国家的评级，因此，银行可能锁定评级较低的新兴市场经济体中信用状况较好的公司借款人。在 Basel Ⅱ的标准化方法中，公司的额外风险权重比例为 50% 和 150%，而 Basel Ⅰ下的权重为 20% 和 100%，这就使得 Basel Ⅱ对于风险更为敏感。表 8.7 总结了 Basel Ⅱ对特定国家或地区的银行风险权重的影响。评级较高的银行可能希望采用内部评级方法，而规模较小的银行可能希望采用标准化方法，直到建立起自己的内部风险管理系统。

表 8.7　Basel Ⅱ中部分亚太国家（地区）银行的风险权重

	国家（地区）评级/银行评级	Basel Ⅰ的风险权重（%）	Basel Ⅱ的风险权重（%）
澳大利亚	Aa2/AA +	20	20
中国	A3/BBB	100	100
印度	Ba2/BB	100	100
韩国	Baa2/BBB	20	100
马来西亚	Baa2/BBB	100	100
巴基斯坦	Caa1/B −	100	150
菲律宾	Ba1/BB +	100	100
新加坡	Aa1/AAA	100	20
中国台湾地区	Aa3/AA +	100	20
泰国	Baa3/BBB −	100	100

评级信息来源：Moody's/S&P。

Basel Ⅱ 框架

在经过6年多的争论和征求意见之后，国际清算银行于2004年6月公布了Basel Ⅱ监管资本框架的最终版本[①]。Basel Ⅱ的公布是风险管理发展过程中的一个重要里程碑。在Basel Ⅱ下，银行可以采用更为先进的风险度量方法和内部信用评级系统。Basel Ⅱ中的内部评级（IRB）框架将促使世界范围内的银行采用更强有力的风险管理政策、程序和控制措施。尽管并不是所有的银行都要求采用Basel Ⅱ，但在对特定银行进行信用评级时，信用评级机构通常将Basel Ⅱ的采用作为一个积极的因素。与Basel Ⅰ相比，市场一般观点认为Basel Ⅱ中的原则为评估与银行风险相关的资本充足率提供了一个更好的基准。

最终版本的Basel Ⅱ保留了第一份Basel Ⅱ草案中所提出的宏大目标，如下所示：

- 维持银行系统的资本水平。
- 改善世界范围内金融系统的安全性和严格性。
- 采用更为灵活的风险度量方法，并使得监管资本框架与银行自身的内部风险度量系统所计算出的结果保持更为紧密的一致。
- 形成一个能不断改善银行内部风险管理方法的环境。

前面所描述的三个支柱在最终版本中得到了保留，但最终版本对草案中三个支柱的内容作了修正，最重大的变化就是IRB方法的计算以及预期和非预期损失的处理。

本节将介绍最终版本的Basel Ⅱ。

最终的IRB框架

第一份草案中所提出的初级IRB框架在最终版本中仍得到了保留，但一个重大变化是最终版本决定资本要求仅针对所有资产类型的非预期损失，而非同时针对非预期损失和预期损失。换句话说，银行必须持有充足的准备金

① *International Convergence of Capital Measurement and Capital Standards, a Revised Framework*, Bank for International Settlements, June 2004.

以涵盖预期损失，否则就会面临资本方面的惩罚。最终版本采用仅针对非预期损失的风险加权安排，这有助于监管资本与银行的实际经济资本要求水平更为一致[①]。仅仅适用于非预期损失的框架将促使银行以不同的视角看待其资本基础，但总体资本水平应保持不变。风险加权资产的预期损失是总合格资本备抵的一部分，而合格资本备抵的不足部分将从一级资本和二级资本中扣减，一级资本和二级资本各承担50%的扣减比例。因此，在Basel Ⅱ中一级资本和二级资本的定义就有所变化，最后的框架没有将一般贷款损失准备金包含在二级资本中，并从所需的资本中排除了预期信贷损失。

注意，国际清算银行的本意是使系统中的资本保持在现有水平上，这意味着需要使用一个"比例因子"调节资本水平。然后，使用该比例因子计算风险加权资产的信用风险。

IRB方法的构成要素与Basel Ⅱ第一份草案中的规定相同，即具体资产信用风险水平的统计指标，这些指标包括：

- 违约概率（PD），即度量债务人在特定时间期间内违约可能性的指标。
- 违约时的损失（LGD），即发生违约时银行预期的损失金额。这是一个按具体资产度量的现金额度指标，它揭示了违约时的风险价值（VAR）。
- 违约风险敞口（EAD），该指标是指银行担保、信用限额以及流动性限额，即在违约时借款人所提取款项的预测金额。
- 资产的剩余到期期限（M），其基础是与期限较短的资产相比，剩余到期期限较长的资产将具有较高的违约概率或发生其他类似信用事件的可能性。

在高级IRB方法中，银行可以使用其自身的内部PD、LGD、EAD以及M等指标计算其资本要求，计算中需要用到银行的内部模型并使用每项资产的历史数据以及特定资产数据。Basel Ⅱ中描述了该计算方法，具体计算时需要银行提供这些资产的内部数据，包括置信水平数据。例如，IRB公式计算的结果具有99.9%的置信水平并且所采用的时间期间为一年，这意味着银行所持有的最低监管资本有99.9%的可能性可以涵盖其在接下来12个月中的经济损失。简而言之，这意味着从统计意义上说，假设银行的资本基础就是监管者所要求的最低水平，则银行损失完全侵蚀

---

① 例如，参见An Overview and impact assessment of the revised Basel Ⅱ framework, *Basel Alert*（Incisive Media）2004，以及*Demystifying Basel Ⅱ*（Fitch special report），25 August 2004.

其资本基础的可能性只有 1/1000。

实际上，IRB 计算中所包含的经济损失金额代表了银行的非预期损失。也就是说，经济损失金额并不代表银行的预期损失。预期损失金额由银行自己进行计算，并且必须由准备金予以涵盖。

Basel Ⅱ认为，不同资产类型的行为方式也有所不同，并且在这个方面比 Basel Ⅰ更为灵活。即使具有相同的信用评级，资产的经济损失水平也会因资产类型不同而有所差别。如以下资产：

- 向规模较大的公司发放的贷款。
- 向个人发放的贷款。
- 有担保的贷款。
- 债务人支付和偿还贷款的预期现金流。
- 定期贷款。
- 价值对于市场变动非常敏感的贷款。

可以预期，上述不同贷款的行为方式也会迥异。通过承认不同的资产类型具有不同的行为方式，Basel Ⅱ为银行账户中的以下四种资产类型提供了非常明确的资本计算公式，这四种资产是公司资产、商业资产、不动产和零售资产。

Basel Ⅱ承认不同资产类型的行为方式不同，并且在这个方面比 Basel Ⅰ更为灵活。在 Basel Ⅱ中，不同的资产类型具有不同的资本要求，图 8.1 展示了国际清算银行估计的 Basel Ⅱ相对于 Basel Ⅰ的资本要求的变化。

资产的相关性和多样性

Basel Ⅱ框架中的一个重要组成部分就是考虑到了资产的多样性，监管资本的计算公式假设了不同资产类型之间的相关系数。在这个方面，银行必须使用国际清算银行的相关系数，不能使用自己所计算的相关系数。在这个框架下，一个单一的风险因子被用于说明资产之间的相关性。国际清算银行制订了很多关于资产行为的假设，其目的是为了使用这个单一因子。

不足之处是，Basel Ⅱ框架并没有考虑到或涵盖集中度风险。例如，如果某银行在其资产账户中拥有很高比例的单一资产类型，并且仅仅分布于一个行业或一个地理区域之内，则假设其资产之间的相关性大大高于 Basel Ⅱ框架中所规定的水平就非常合理，而且此时就具有一定的风险，因为银行的资本可能不足以防范其信用风险。

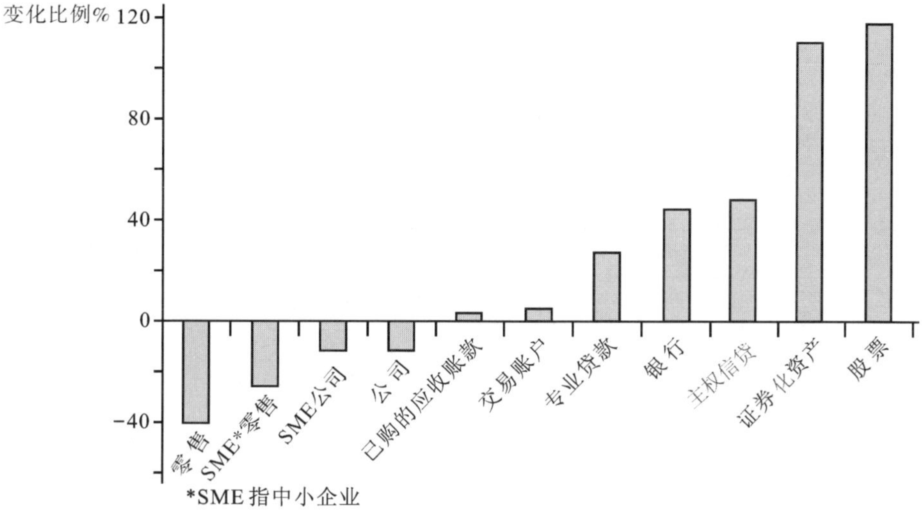

图 8.1 Basel Ⅱ**中不同资产类型的资本要求：与 Basel** Ⅰ**相比的变化比例**

资料来源：BIS。

证券化

市场最初预期 Basel Ⅱ将对证券化市场产生重大影响，但最后公布的版本对证券化市场并没有非常明显的影响。现在，IRB 方法中有一个常用的层次式方法可以确定证券化交易的风险权重。无论银行是否是证券化交易的发起人或投资者，这个方法都适用。对于资产支持商业票据渠道来说，存在一种内部评估方法（IAA），该方法可以用来计算内部评级。为了使用 IAA 方法，银行需要满足特定的要求，这些要求列示在 Basel Ⅱ中。

然而，从本质上来说可以对证券化交易采用统一的处理方式。在采用基于评级的方法时，可以使用一组合适的风险权重对证券化交易进行加权。

附　录

附录 8.1　英国的资本监管要求

	一级资本	高级二级资本	低级二级资本	三级资本
描述	* 普通股	* 评估增值准备金	* 标明日期的累积优先股	* 定期次级债务
	* 优先股（永久性非累积优先股）	* 一般备抵（最大值为被监管银行风险加权资产总额的 1.25%）	* 次级定期债务	* 由三级资本工具合并所产生的少数股权收益
	* 由保留盈余、股票溢价以及其他盈余所产生的准备金	* 由二级资本项目权益合并所产生的少数股权收益	* 标明日期的可转换债券	
	* 经过审计的上一年未分配利润	混合资本工具（永久性和累积型）		
	* 少数股权收益	* 财产准备金的资本化		
扣减额	* 银行持有自身的一级票据	* 参见“低级二级资本”	* 对于子公司和附属企业的选择性投资	
	* 商誉和其他无形资产		* 资本性控股公司和合格控股公司的关联贷款	
	* 当年的未公布损失		* 持有的所有由其他信贷机构和金融实体发行的资本工具	
	* 财产评估增值准备金的资本化		* 自有资本	

续表

	一级资本	高级二级资本	低级二级资本	三级资本
创新性的一级资本	* 允许			
到期日	* 未标明	* 未标明，没有监管者的批准不予偿还	* 距生效日至少为五年加一天	* 初始到期期限至少为两年
赎回特征	* 仅仅在五年之后 * 发行人可以任意赎回（两次赎回之间的间隔为五年） * 不能有要求在未来赎回的其他条款	* 一般在五年加一天之后	* 没有金融服务局的批准不能提前偿还 * 在五年加一天之前不能偿还	* 没有监管者的批准不能提前偿还
利率递增	* 仅仅在十年之后 * 最多为 100 个基点减去初始指数和递增后的指数间的掉期利差，或为初始信用利差的 50% 减去初始指数和递增后的指数间的掉期利差	* 在第一个十年最多为 50 个基点，在整个期限内最多为 100 个基点 * 附有利率递增条款的次级债在第一个五年之内不能包含在资本基础之内	* 参见"高级二级资本"	* 参见"高级二级资本"，但在五年之前不能有利息递增
应计利息	* 不能累积（但可能采用以股代息的形式支付）	* 可以累积，递延利息也可以生息，但所使用的利率不是惩罚性利率	* 不支付就构成违约	* 累积阻断条款：如果自有资金低于最低要求，则不支付本金和利息。如果资本充足率低于 10%，必须通知金融服务局。

续表

	一级资本	高级二级资本	低级二级资本	三级资本
递延利息	* 有	* 有，由发行人选择	* N/A	* 参见“高级二级资本”，但在五年之前没有递延利息
损失吸收	* 有	* 有，在开始时或认为合适时转换为普通股	* N/A	* 无
偿还优先级	* 优先级低于二级资本，但是标明日期的优先股除外，标明日期的优先股其偿还优先级同二级资本一样	* 一般低于“低级二级资本”	* 低于所有优先债权人 * 清盘时一般低于三级资本	* 清盘时一般高于“低级二级资本”
摊销			* 在最后的五年中摊销，每年摊销 20%	* 不摊销

资料来源：英国金融服务局。

附录

金融数学知识

单利和复利

单利

仅在到期日支付一次利息的贷款所使用的是单利。对于短期金融工具来说，通常只在到期日支付一次利息，因此在该金融工具到期时收到的是单利。以单利计算的投资的最终价值可以使用等式（A1.1）进行计算：

$$F = P(1 + r) \tag{A1.1}$$

其中，

F 是最终价值或终值，

P 是初始投资或现值，

r 是利率。

因此，如果 P 是 100 英镑，r 是 5%，并且投资期限为 1 年，则：

$$\begin{aligned} F &= 100 \times (1 + 0.05) \\ &= 105 \text{ 英镑} \end{aligned}$$

市场惯例是采用年度化的利率进行报价，即投资期限为 1 年时的利率。如果将 100 英镑存入银行 3 个月，并且假设存款利率为 6%。在这个例子中，该银行存款在这 90 天内所获得的利息将以 6% 的利率进行计算。由于使用年利率进行计算的利息为 6 英镑，投资者预期会收到该金额的一定比例，其计算过程如下所示：

$$6.00 \times \frac{90}{365} = 1.479 \text{ 英镑}$$

因此，该投资者在投资期限的期末将收到 1.479 英镑的利息，并且 3 个月之后的总收益就是 100 英镑加上 1.479 英镑。在使用单利计算短期投资的最终价值时，可以使用如下所示的表达式：

$$F = P\left(1 + r \times \frac{\text{天数}}{\text{每年的天数}}\right) \tag{A1.2}$$

"天数/每年的天数"这个分式中的分子是该投资所持续的天数，而分母是该年中的天数。在英镑市场中，每年中的天数都是按照365天进行计算，然而在包括欧洲货币市场在内的其他市场则将每年按360天进行计算。由于以上原因，为了适应不同市场的传统，我们在上面的表达式中只是将其表示为"天数/每年的天数"。

复利

现在考察一个为期3年、金额为100英镑的投资，我们再次假设所使用的利率为6%，但投资期限固定为三年。在第一年的年末，投资者将会收到6英镑的利息，因此第二年6%的利率所应用的基础就是106英镑的本金，这意味着在第二年的年末投资者应收到的利息为6.36英镑。以上案例解释了复利的运作过程，即利息也可以生息。然而，在我们的案例中，将100英镑进行为期3年的投资，该投资的最终价值是多少呢?

在使用复利时，我们是在给定现值、时间期间以及利率的情况下计算终值。如果现在（即时刻 t_0）以6%的利率投资100英镑，则一年后（t_1）该投资者将收到106英镑的价值。在我们的案例中，该资本还会继续进行两年的投资，因此在第二年的年末（t_2）可以得到的价值为：

$$\begin{aligned} & 100 \times (1 + 0.06) \times (1 + 0.06) \\ = & 100 \times (1 + 0.06)^2 \\ = & 112.36\text{英镑} \end{aligned}$$

使用复利进行计算的结果就是初始金额的终值，等式（A1.3）给出了终值的计算公式：

$$FV = PV(1 + r)^n \tag{A1.3}$$

其中，

FV 是终值，

PV 是初始现金流出或现值，

r 是该期间的利率，通常表示为一个小数，

N 是该投资的期间数。

在我们的案例中，初始投资100英镑在3年后的终值为 $100 \times (1 + 0.06)^3$，即119.10英镑。

每年支付多次利息的复利

现在考察将100英镑进行为期1年的存款，并且再次假设所使用的利率为6%，但该存款是每个季度支付一次利息。该存款在正常情况下（按年利率计算）的利息为6英镑，但现在是每个季度获得1.5英镑的利息，因此可以从复利中获益。再次假设以6%的相同利率进行再投资，则该年年末所获得的总回报为：

$$100 \times [(1+0.015)\times(1+0.015)\times(1+0.015)\times(1+0.015)] = 100 \times [(1+0.015)^4]$$

通过以上的计算可以得到该价值为 100×1.06136，即最终价值为106.136英镑，该最终价值比使用年复利计算的最终价值高出约13便士。

一般来说，如果每年复利 m 次，则 n 年年末时就会支付 mn 次利息，并且该本金的终值可以使用如下所示的公式进行计算：

$$FV = PV\left(1+\frac{r}{m}\right)^{mn} \qquad (A1.4)$$

正如上述案例所展示的，与使用年复利相比，复利频率的增加可以提高总回报的价值。下面展示了增大复利频率所带来的影响，其中考察的是年度化的利率因子，年度化利率为5%。

$$利率因子 = \left(1+\frac{r}{m}\right)^{m}$$

复利频率	利率因子	
每年	$(1+r)$	$=1.050\,000$
每半年	$\left(1+\frac{r}{2}\right)^{2}$	$=1.050\,625$
每个季度	$\left(1+\frac{r}{4}\right)^{4}$	$=1.050\,945$
每个月	$\left(1+\frac{r}{12}\right)^{12}$	$=1.051\,162$
每天	$\left(1+\frac{r}{365}\right)^{365}$	$=1.051\,267$

结果表明，复利频率越高，利率因子就越大，从中可以推出连续复利条件下的极限形式。等式（A1.4）可以写为如下所示的形式：

$$FV = PV\left[\left(1+\frac{r}{m}\right)^{m/r}\right]^{rn} \quad (A1.5)$$

$$= PV\left[\left(1+\frac{r}{m/r}\right)^{m/r}\right]^{rn}$$

$$= PV\left[\left(1+\frac{1}{n}\right)^{n}\right]^{rn}$$

其中，$n = m/r$。在连续复利条件下，m 和 n 趋于无穷大，等式（A1.5）中方括号中的表达式的值就趋于 e，如下所示：

$$e = \lim_{n\to\infty}\left(1+\frac{1}{n}\right)^{n} = 2.718\ 281$$

将上式代入等式（A1.5）中，就可以得到如下所示的表达式：

$$FV = PVe^{rn} \quad (A1.6)$$

等式（A1.6）就是连续复利下的终值计算公式。在等式（A1.6）中，e^{rn} 就是 rn 的指数函数，该指数函数给出了连续复利条件下的利率因子。如果$r =$ 5%，并且 $n = 1$ 年，则：

$$e^{r} = (2.718\ 281)^{0.05} = 1.051\ 271$$

这就是连续复利的极限。在上面的案例中，在连续复利条件下，利率为6%的100英镑投资在3年后的终值为：

$$FV = 100e^{(0.06)\times 3}$$
$$= 119.72\text{英镑}$$

有效利率

存款或贷款所报出的利率通常称为平价利率，然而我们往往需要比较适用于相似投资期间但具有不同利息支付频率的两个利率，例如将每个季度支付一次利息的两年期利率与每半年支付一次利息的两年期利率进行比较，这里通常是比较两个利率的等价年度化利率。年度化利率就是年复利利率，并且使用年度化利率与使用上述两年期利率（进行比较的利率）应能得到相同的回报。

有效利率的概念可以表示如下：

$$PV \times \left(1+\frac{r}{n}\right)^{n} = PV \times (1 + aer) \quad (A1.7)$$

其中，aer 就是等价年利率。因此，如果 r 是每年支付 n 次利息的利率，则可以使用如下所示的表达式表示 *aer*：

$$aer=\left[\left(1+\frac{r}{n}\right)^{n}-1\right] \quad (A1.8)$$

等价年利率 *aer* 就是所谓的有效利率，而上面报出的利率为名义利率。将等式（A1.8）变形，就可以得到如下所示的公式，使用该公式可以计算名义利率，如等式（A1.9）所示：

$$r=[(1+aer)^{1/n}-1]\times n \quad (A1.9)$$

可以看出，如果每年进行多次复利，则有效利率就会大于平价利率。有效利率有时也称为年度化百分比利率或 APR。

利率传统

批发市场和个人（零售）市场的传统都是报出年利率。希望以所报出的利率获得利息的贷款人就必须将其资金存入银行一年。无论存款的到期期限是多长，都会报出年利率，这些到期期限可以从隔夜到 10 年或更长时间不等。例如，如果某人开立一个以 3.5% 的利率支付利息的银行账户，但在 6 个月进行了清户，则他实际获得的利率只有 1.75%。如果某建房互助协会发行的 3 年期债券（定期存款）每年支付固定的 6.75% 的利率，在持有该债券 3 年后所获得的实际回报就是 21.65%。所报出的利率是等价的一年期利率。在批发市场或银行间市场进行的隔夜存款所报出的利率也是年利率，而实际上所获得的仅仅是一天的利息。

以年度化利率进行报价的传统是为了使得不同到期期限的存款和贷款以及不同的金融工具可以根据所适用的利率进行相互比较。在比较利息支付频率不同的产品时必须格外谨慎。从上文中可以看出，同样按 6% 的年利率计息，与每年支付一次利息的存款相比，每半年支付一次利息的存款所赚得的实际利息会更高。货币市场的传统是报出所适用的年等价利率，同时还要考虑到金融工具的支付频率。

起息日

在货币市场和债券市场中，某笔交易的起息日就是该交易生效的日期，即货币在买方和卖方之间转手的日期。有时，起息日也可以是结算日，但严格来讲这两个日期并不相同。如果所指的是预期买方将为购买某个证券而支付资金的日期，以及卖方预期将收到这笔现金并交割证券的日期，则这一日期就是指起息日。

货币市场的标准起息日是即期交割日，就是在交易日之后的两个工作日，也可以表示为“T+2”。存单和商业票据市场在交易当天进行结算也很常见，这就是所谓的现金结算或“T+0”。然而，只要交易双方已达成一致，很多市场和很多金融工具都可能以T+0、T+1、T+2或T+3的方式进行结算。

远期交易的到期日如果不是工作日，市场传统是将到期日移到下一个相关的日历日，这种做法就是所谓的调整到期日。因此，一个为期两个月的交易或两个月期的远期交易如果在2004年8月31日进行交易，则其到期日或结算日就是2004年10月31日。然而，该日并不是一个工作日，因此通常将到期日或结算日移到下一个工作日，但这样做会改变到期月份（到期日为11月1日），因此一般的做法是将到期日移到2004年10月29日，因为向下移动将改变到期月份。但如果交易双方能达成一致，也可以将到期日或结算日设定为2004年11月1日。

货币的时间价值

整笔支付的现值

前面已讲述了如何在给定现值和利率的情况下计算终值。例如，现在以6%的利率将100英镑进行为期1年的投资，则在该年年末所获得的价值为100×（1+0.06）=106英镑。在这种情况下，106英镑的现值就是100英镑。

前面的等式（A1.3）确立了终值与现值间的关系，如下所示：

$$FV = PV(1+r)^n$$

将上述表达式进行反向计算，就可以得到计算现值的如下公式：

$$PV = \frac{FV}{(1+r)^n} \tag{A1.10}$$

其中，各个符号所代表的意义与以前相同。等式（A1.10）适用于每年支付一次利息的情况，使用该公式就可以计算在终值已知时的现值。

为了计算投资期限小于一年的短期投资的现值，需要将整年所获得的利率根据以天数表示的投资期间进行调整。将等式（A1.10）变形，就可以得到短期投资的现值计算公式，如等式（A1.11）所示：

$$PV = \frac{FV}{(1+r\times 天数/每年中的天数)} \tag{A1.11}$$

如果知道现值以及在投资期间末的终值，则应如何计算所使用的利率呢？将等式（A1.11）变形，就可以得到计算收益率的公式，如等式（A1.12）所示：

$$\text{收益率} = \left(\frac{FV}{PV} - 1\right) \times \frac{\text{每年中的天数}}{\text{天数}} \qquad (A1.12)$$

使用等式（A1.12），就可以计算实际期间的利率，然后可以利用等式（A1.13）将该利率转化为有效利率：

$$r = \left(1 + \text{收益率} \times \frac{\text{天数}}{\text{每年中的天数}}\right)^{365/\text{天数}} - 1 \qquad (A1.13)$$

如果年复利频率大于一次，现值计算公式就应作出调整，如等式（A1.14）所示：

$$PV = \frac{FV}{\left(1 + \frac{r}{m}\right)^{mn}} \qquad (A1.14)$$

与以前一样，FV 就是在第 n 年年末的现金流，m 是年复利次数，r 是利率或贴现率。例如，如果在 5 年之后所收到的金额为 100 英镑，并且所适用的利率为 5%，每个季度支付一次利息，则其现值为：

$$PV = \frac{100}{\left(1 + \frac{0.05}{4}\right)^{(4)(5)}}$$

$$= 78.00 \text{ 英镑}$$

贴现因子

根据终值计算现值的过程也称为贴现。现值和终值之间的关系解释了货币的时间价值这一概念，即在利率为正的环境下相同金额的货币现在的价值大于其在未来某个时点的价值，因为可以将这些货币进行投资并获得一定的利息。下面将考察这一点，即与现在的价值相比，所获得的利息是否足以补偿货币的时间价值。将终值进行贴现就可以比较未来的价值与现在的价值。

等式（A1.14）的另一种表述方式就是将（比如）1 000 英镑乘以 $1/(1.09)^5$，也就是$(1.09)^5$的倒数，该倒数也可以表示为 $(1+0.09)^{-5}$。案例 A1.1 中所使用的利率 r 就是所谓的贴现率，也就是在终值已知时计算现值时所适用的利率。将等式（A1.14）变形，可以得到如下所示的表达式：

$$PV = FV(1 + r)^{-n}$$

并且，$(1+r)^{-n}$项就是所谓的 n 年期贴现因子。

$$D_n = (1+r)^{-n} \tag{A1.15}$$

其中，D_n 是 n 年期的贴现因子。

当贴现率为9%时，3 年期的贴现因子为：

$$D_3 = (1+0.09)^{-3}$$
$$= 0.772\ 18$$

可以计算所有可能利率和时间期间的贴现因子，这样就可以得到贴现函数。幸运的是，我们并不需要亲自计算贴现因子，已有现成的贴现因子表可以使用，如表 A1.1 所示。

公式总结

使用单利进行计算的贴现因子为：

$$D = \frac{1}{(1 + r \times \text{天数/每年的天数})}$$

使用复利进行计算的贴现因子为：

$$D_n = \left(\frac{1}{1+r}\right)^n$$

前面已经确定了连续复利的利率因子为 e^{rn}。使用连续复利利率，我们就可以确定其贴现因子为：

$$D = \frac{1}{1 + (e^{r \times \text{天数/每年的天数}} - 1)}$$
$$= e^{-r \times \text{天数/每年的天数}}$$
$$D_n = e^{-rn} \tag{A1.16}$$

连续复利的贴现因子是某些期权定价公式的组成部分。

也可以根据政府债券的价格计算贴现因子。大多数教科书中所描述的传统方法需要我们首先获得仅余一次息票（最后一笔息票）尚未支付的债券的价格，并根据该债券价格计算贴现因子。然后使用这个贴现因子就可以计算到期期限逐渐增加的债券的贴现因子，直至得到完整的贴现函数。稍后将解释这种方法，该方法具有一些缺陷，实际中会使用更为复杂的方法。

表 A1.1 贴现因子表 单位:%

年	1	2	3	4	5	6	7	8	9	10	12	15	20
1	0.990 099	0.980 392	0.970 874	0.961 538	0.952 381	0.943 396	0.934 579	0.925 926	0.917 431	0.909 091	0.892 857	0.869 565	0.833 333
2	0.980 296	0.961 169	0.942 596	0.924 556	0.907 029	0.889 996	0.873 439	0.857 339	0.841 680	0.826 446	0.797 194	0.756 144	0.694 444
3	0.970 590	0.942 322	0.915 142	0.888 996	0.863 838	0.839 619	0.816 298	0.793 832	0.772 183	0.751 315	0.711 780	0.657 516	0.578 704
4	0.960 980	0.923 845	0.888 487	0.854 804	0.822 702	0.792 094	0.762 895	0.735 030	0.708 425	0.683 013	0.635 518	0.571 753	0.482 253
5	0.951 466	0.905 731	0.862 609	0.821 927	0.783 526	0.747 258	0.712 986	0.680 583	0.649 931	0.620 921	0.567 427	0.497 177	0.401 878
6	0.942 045	0.887 971	0.837 484	0.790 315	0.746 215	0.704 961	0.666 342	0.630 170	0.596 267	0.564 474	0.506 631	0.432 328	0.334 898
7	0.932 718	0.870 560	0.813 092	0.759 918	0.710 681	0.665 057	0.622 750	0.583 490	0.547 034	0.513 158	0.452 349	0.375 937	0.279 082
8	0.923 483	0.853 490	0.789 409	0.730 690	0.676 839	0.627 412	0.582 009	0.540 269	0.501 866	0.466 507	0.403 883	0.326 902	0.232 568
9	0.914 340	0.836 755	0.766 417	0.702 587	0.644 609	0.591 898	0.543 934	0.500 249	0.460 428	0.424 098	0.360 610	0.284 262	0.193 807
10	0.905 287	0.820 348	0.744 094	0.675 564	0.613 913	0.558 395	0.508 349	0.463 193	0.422 411	0.385 543	0.321 973	0.247 185	0.161 506
11	0.896 324	0.804 263	0.722 421	0.649 581	0.584 679	0.526 788	0.475 093	0.428 883	0.387 533	0.350 494	0.287 476	0.214 943	0.134 588
12	0.887 449	0.788 493	0.701 380	0.624 597	0.556 837	0.496 969	0.444 012	0.397 114	0.355 535	0.318 631	0.256 675	0.186 907	0.112 157
13	0.878 663	0.773 033	0.680 951	0.600 574	0.530 321	0.468 839	0.414 964	0.367 698	0.326 179	0.289 664	0.229 174	0.162 528	0.09 346 4
14	0.869 963	0.757 875	0.661 118	0.577 475	0.505 068	0.442 301	0.387 817	0.340 461	0.299 246	0.263 331	0.204 620	0.141 329	0.077 887
15	0.861 349	0.743 015	0.641 862	0.555 265	0.481 017	0.417 265	0.362 446	0.315 242	0.274 538	0.239 392	0.182 696	0.122 894	0.064 905
16	0.852 821	0.728 446	0.623 167	0.533 908	0.458 112	0.393 646	0.338 735	0.291 890	0.251 870	0.217 629	0.163 122	0.106 865	0.054 088
17	0.844 377	0.714 163	0.605 016	0.513 373	0.436 297	0.371 364	0.316 574	0.270 269	0.231 073	0.197 845	0.145 644	0.092 926	0.045 073

续表

年	1	2	3	4	5	6	7	8	9	10	12	15	20
18	0.836 017	0.700 159	0.587 395	0.493 628	0.415 521	0.350 344	0.295 864	0.250 249	0.211 994	0.179 859	0.130 040	0.080 805	0.037 561
19	0.827 740	0.686 431	0.570 286	0.474 642	0.395 734	0.330 513	0.276 508	0.231 712	0.194 490	0.163 508	0.116 107	0.070 265	0.031 301
20	0.819 544	0.672 971	0.553 676	0.456 387	0.376 889	0.311 805	0.258 419	0.214 548	0.178 431	0.148 644	0.103 667	0.061 100	0.026 084
21	0.811 430	0.659 776	0.537 549	0.438 834	0.358 942	0.294 155	0.241 513	0.198 656	0.163 698	0.135 131	0.092 560	0.053 131	0.021 737
22	0.803 396	0.646 839	0.521 893	0.421 955	0.341 850	0.277 505	0.225 713	0.183 941	0.150 182	0.122 846	0.082 643	0.046 201	0.018 114
23	0.795 442	0.634 156	0.506 692	0.405 726	0.325 571	0.261 797	0.210 947	0.170 315	0.137 781	0.111 678	0.073 788	0.040 174	0.015 095
24	0.787 566	0.621 721	0.491 934	0.390 121	0.310 068	0.246 979	0.197 147	0.157 699	0.126 405	0.101 526	0.065 882	0.034 934	0.012 579
25	0.779 768	0.609 531	0.477 606	0.375 117	0.295 303	0.232 999	0.184 249	0.146 018	0.115 968	0.092 296	0.058 823	0.030 378	0.010 483
26	0.772 048	0.597 579	0.463 695	0.360 689	0.281 241	0.219 810	0.172 195	0.135 202	0.106 393	0.083 905	0.052 521	0.026 415	0.008 735
27	0.764 404	0.585 862	0.450 189	0.346 817	0.267 848	0.207 368	0.160 930	0.125 187	0.097 608	0.076 278	0.046 894	0.022 970	0.007 280
28	0.756 836	0.574 375	0.437 077	0.333 477	0.255 094	0.195 630	0.150 402	0.115 914	0.089 548	0.069 343	0.041 869	0.019 974	0.006 066
29	0.749 342	0.563 112	0.424 346	0.320 651	0.242 946	0.184 557	0.140 563	0.107 328	0.082 155	0.063 039	0.037 383	0.017 369	0.005 055
30	0.741 923	0.552 071	0.411 987	0.308 319	0.231 377	0.174 110	0.131 367	0.099 377	0.075 371	0.057 309	0.033 378	0.015 103	0.004 213

多次贴现的现值

到期期限小于一年的短期投资通常仅仅支付一次利息，如果支付利息的次数多于一次，则任何贴现都需要考虑到这一点。如果进行了 m 次贴现，可以使用等式（A1.4）推导出如下所示的现值公式：

$$PV = FV\left(1 + \frac{r}{m}\right)^{-mn} \qquad \text{(A1.17)}$$

例如，如果在 5 年之后收到的价值为 1 000 英镑，并且贴现率为 5%，每半年支付一次利息，则该终值的现值为多少呢？

使用等式（A1.17），就可以得到：

$$PV = 1\ 000\left(1 + \frac{0.05}{2}\right)^{2\times5}$$

$$= 781.20\text{ 英镑}$$

多次贴现会降低现值的大小。与连续复利一样，连续贴现也有一个极限值，可以使用等式（A1.6）推导出连续贴现时的现值公式：

$$PV = FVe^{-rn} \qquad \text{(A1.18)}$$

使用等式（A1.18），考察与前面相同的案例，但现在是进行连续贴现，则 5 年后收到的 1 000 英镑的现值为：

$$PV = 1\ 000e^{-(0.05)\times5}$$

$$= 778.80\text{ 英镑}$$

插值法和外推法

货币市场的利率总是根据标准到期期限进行报价，如隔夜、明日次日、即期隔日、1 周、1 个月、两个月直至 1 年。图 A1.1 展示了一个典型的经纪商系统，即路透社、德励财经或彭博公司所提供的财经资讯服务。可以看出，所报出的利率都是标准的期间，如 1 周、1 个月、两个月等。

如果银行或公司客户希望进行交易的期间是非标准化期间，银行间交易部门就会计算对于这些反常期间应收取的利率，其计算方法是通过在两个标准期间的利率之间进行插值。如果假设位于两个期间之间的所有日期的利率都以相同的速度和方向增加，我们就可以使用直线插值法公式计算所需的利率，直线插值法公式如下所示：

$$r = r_1 + (r_2 - r_1) \times \frac{n - n_1}{n_2 - n_1} \qquad \text{(A1.19)}$$

3 P1P300 Comdty TTDE

Screen Printed

14:43 TULLETT & TOKYO PAGE 1 / 2

	GBP Cash Euro-Sterling Deposits	Bid	Ask	Time
1)	T/N	4.2500	4.3500	8:57
2)	S/N	4.2500	4.3500	8:57
3)	1 Week	4.3500	4.3900	7:46
4)	2 Week	4.3300	4.3800	7:46
5)	3 Week	4.3200	4.3700	7:46
6)	1 Month	4.3200	4.3500	10:53
7)	2 Month	4.3500	4.3900	7:06
8)	3 Month	4.4100	4.4500	7:04
9)	4 Month	4.4500	4.4900	14:16
10)	5 Month	4.5200	4.5600	14:16
11)	6 Month	4.5800	4.6200	14:16
12)	7 Month	4.6200	4.6600	14:16
13)	8 Month	4.6800	4.7200	14:16
14)	9 Month	4.7400	4.7800	14:16
15)	10 Month	4.7900	4.8300	14:16
16)	11 Month	4.8400	4.8800	8:49
17)	12 Month	4.8900	4.9300	8:49

	GBP Cash Domestic Interbank Deposits	Bid	Ask	Time
18)	O/N	4.2500	4.3750	14:36
19)	T/N	4.2500	4.3125	14:17
20)	1 Week	4.2500	4.3125	10:52
21)	2 Week	4.2813	4.3438	7:51
22)	1 Month	4.3125	4.3750	7:51
23)	2 Month	4.3438	4.4063	7:51
24)	3 Month	4.3750	4.4375	7:51
25)	4 Month	4.4375	4.5000	7:51
26)	5 Month	4.5000	4.5625	7:51
27)	6 Month	4.5625	4.6250	7:51
28)	9 Month	4.7188	4.7813	7:16
29)	12 Month	4.8750	4.9375	7:51

Page forward for GBP CDs

Australia 61 2 9777 8600 Brazil 5511 3048 4500 Europe 44 20 7330 7500 Germany 49 69 920410
Hong Kong 852 2977 6000 Japan 81 3 3201 8900 Singapore 65 6212 1000 U.S. 1 212 318 2000 Copyright 2004 Bloomberg L.P.
0 10-May-04 14:43:01

图 A1.1 国际经纪商 Tullet 的利率屏幕

其中，

r 是为期 n 天的反常期间的利率，

r_1 是所报出的 n_1 天的利率，

r_2 是所报出的 n_2 天的利率。

假设 1 个月期（30 天）的卖价利率为 5.25%，两个月（60 天）的卖价利率为 5.75%，如果某客户希望进行为期 40 天的借款，则银行应收取多少利率？可以使用直线插值法计算所需的 40 天利率。假设从 30 天的利率增加到 40 天的利率是从 30 天的利率增加到 60 天的利率的 10/30，因此 40 天的利率应为：

$$5.25\% + (5.75\% - 5.25\%) \times 10/30 = 5.4167\%$$

案例 A1.1

银行间市场所给出的 7 天卖价利率（即银行的贷款利率）为 5.6875%，而 14 天的利率为 5.8125%，则 10 天期卖价利率应为多少？

$$5.6875 + (5.8125 - 5.6875) \times 3/7 = 5.7411\%$$

如果需要计算的利率期间位于两个已知利率所在期间的前面或后面，即不在两个期间之间时，又该怎样处理呢？如果发生这种情况，应使用两个已知的利率进行外推，并需要再次假设两个利率之间存在线性关系。

案例 A1.2

如果 1 个月的利率为 5.25%，两个月的利率为 5.75%，则 64 天的利率应是多少？

$$5.25+(5.75-5.25)\times 34/30=5.8167\%$$

图 A1.2 展示了插值法和外推法的应用。

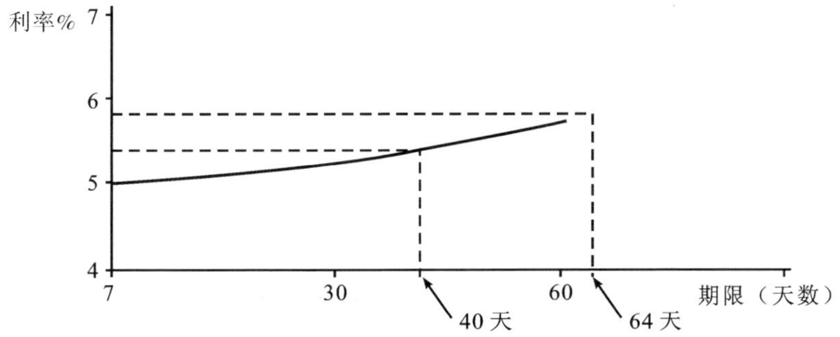

图 A1.2　插值法和外推法

注意，市场中有很多表示非标准定期期间的术语。例如，“畸零天期”（Broken date）这个术语用来表示一个非正常的期间，远期利率协议的交易商将非标准化的定期期间称作“零星天期”（Cock-dates）。

回报率的度量

市场和投资者一般都会计算回报率，目的是为了度量已经实现的利润以及比较不同投资工具所获得的利润。度量回报率是一项市场传统，即将投资所获得的利润用一个比例数字进行表示，而不是使用实际现金增量表示。除了比较不同金融工具的业绩之外，回报率还有其他三个用途：

度量历史业绩。经常用来度量投资业绩的一个指标就是历史回报率或某个投资已实现的回报率。历史业绩是已经实现的回报，而不是预期在未来可以实现的回报。在美国市场中，这种回报率也称为过去（Ex-post）的回报率。

确定未来的投资。投资者经常使用历史回报率估计未来的回报，并使用历史回报率估计与特定证券有关的风险水平。在一定的时间期间内，由于相关风险较高，投资者就会预期风险较大的证券会比风险较小的证券获得更高的回报。

估计资本成本。回报率还可以用来估计公司的资本成本。在进行资本配置和制定预算时，公司的决策制定者会参考资本成本数据，并且可以使用公司的历史权益回报率估计在计算净现值时应使用的合适贴现率。

投资回报率指标有几种不同的表现形式，如下所示。

简单回报率

简单回报率度量的是给定金融工具的价值在一个具体的时间期间内的上升或下降，其计算公式如下所示：

$$R=\frac{P_2-P_1+I}{P_I} \tag{A1.20}$$

其中，

P_1 是投资的初始价值，

P_2 是在该期间结束时投资的价值，

I 是在投资期间所获得的收益。

例如，某债券的购买价格为 100 英镑，持有期限为 1 年，在该期间所支付的息票为 8 英镑，此外在该期间结束时债券的价格为 108 英镑，则该债券的回报率为：

$$\frac{108-100+8}{100}=0.16 \text{ 或 } 16\%$$

如果投资仅在期间结束时支付一次红利，则用简单回报率度量投资业绩就很有效。如果红利支付频率较高或者在该期间内支付多次红利时，则使用简单回报率指标进行度量就不太准确。

时间加权回报率

为了考虑到红利支付或息票支付的时间结构，可以对简单回报率进行一些调整，这就是所谓的时间加权回报率或几何平均回报率。如果用 P 表示投资的初始价值，FV 表示最终的价值，d_n 表示该投资在第 n 年所收到的支付金额，MV_n 表示收到红利时投资的价值，则时间加权回报率就可以用等式（A1.21）表示：

$$(1+r)^N=\left(\frac{MV_1}{P}\right)\left(\frac{MV_2}{MV_1+d_1}\right)\left(\frac{MV_3}{MV_2+d_2}\right)\cdots\left(\frac{FV}{MV_{N-1}+d_{N-1}}\right) \tag{A1.21}$$

如果$(MV_1/P)=(1+r_1)$，即等于1加上第一个期间该投资的回报，并且$(MV_2/(MV_1+d_1))=(1+r_2)$，以此类推，则等式（A1.21）可以改写成等式（A1.22），如下所示：

$$(1+r)^N=(1+r_1)(1+r_2)(1+r_3)\cdots(1+r_N) \tag{A1.22}$$

为了求解r，可以将等式（A1.22）变形，如等式（A1.23）所示：

$$r=[(1+r_1)(1+r_2)(1+r_3)\cdots(1+r_N)]^{1/N}-1 \tag{A1.23}$$

等式（A1.23）表明，时间加权回报率实际上就是每个具体期间回报率的几何平均值。

平均回报率

如果投资由资产组合组成，则资产组合的利润就可以作为平均回报进行计算。如果需要度量某笔资产在数年之内的回报率，也可以使用平均回报率指标。平均回报率指标的两种主要形式就是算术平均和几何平均。

计算平均回报率的公式如下所示：

$$R_A=\frac{\sum_{t=1}^{m}R_t}{m} \tag{A1.24}$$

其中，

R_A是回报率的算术平均值，

t是期间的长度，

m是观察值的个数。

几何平均法是一种计算复合回报率的平均法。也就是说，如果在第一个期间投入1英镑，则在期间结束时其终值应为（$1+R_1$），然后假设在第二个期间内将该（$1+R_1$）英镑进行投资，则在第二个期间结束时投资的价值就等于第二个期间开始时的价值乘以在第二个期间投资1英镑的价值，即在第二个期间结束时投资的价值为（$1+R_1$）($1+R_2$)，更正式地，几何平均回报率的计算公式为：

$$R_G = \left[\prod_{t=1}^{m} (1 + R_t) \right]^{1/m} - 1 \tag{A1.25}$$

其中，R_G 就是几何平均回报率，符号 $\prod$ 表示进行连乘①。

可以认为几何平均是资产的实际增长速度。另一方面，在估计不同证券在某一期间的平均业绩时应使用算术平均回报率。算术平均回报率也是对未来回报率预期的无偏估计，并且除非各个期间的回报率保持不变，否则算术平均值都大于几何平均值。

$$I = I_{t-1} \left[\prod_{n=1}^{M} (1 + R_{i_t}) \right]^{1/n} \tag{A1.26}$$

一般来说，与几何平均法相比，算术平均法在长期内将产生较大的值。

内部回报率

内部回报率（IRR）也是一个常用的投资回报率指标，但除此之外，内部回报率还经常用于公司财务分析和项目分析。内部回报率也称为货币加权回报率。如果在计算时仅包括单笔现金流，就可以使用货币的时间价值这一基本原则。由于 $FV = PV(1 + r)^n$，则如果一项投资在 n 年内支付的金额为 PV，则该投资的年内部回报率就可以使用以下表达式进行计算：

$$(1 + r)^n = FV/PV$$

为了计算内部回报率，可以将上述表达式变形，如下所示：

$$r = (FV/PV)^{1/n} - 1 \tag{A1.27}$$

如果现在进行金额为 100 英镑的投资，并且该投资在 5 年之后返回的金额为 131 英镑，则年内部回报率就是：

$$r = (131/100)^{1/5} - 1$$

通过计算，可以知道年内部回报率为 5.55%。

上面的案例使用的是年复利。如果每年复利超过一次，则计算年内部回报率的表达式就需要进行如下所示的修正：

$$\left(1 + \frac{r}{m}\right)^{mN} = FV/PV \tag{A1.28}$$

---

① 例如，$y = \prod^{5} x_i$ 意味着 $y = (x_1)(x_2)(x_3)(x_4)(x_5)$。

将等式（A1.28）变形，就可以得到如下所示的表达式：

$$r = m[(FV/PV)^{1/mN} - 1] \tag{A1.29}$$

假设再次使用100英镑投资的案例，但这次是每半年支付一次利息。在这种情况下，年内部回报率就是：

$$r = 2[(131/100)^{1/(2\times5)} - 1]$$

通过计算，可以得到年内部回报率为5.47%。

连续复利下的极限因子如等式（A1.30）所示：

$$e^{rN} = FV/PV \tag{A1.30}$$

一个一般原则是，如果$x^b = y$，则b就是以x为底y的对数，也就是说，$b = \log_x(y)$。将这一原则应用到等式（A1.30）中，就可以得到：

$$rN = \log_e(FV/PV) \tag{A1.31}$$

等式（A1.31）意味着rN是以e为底（FV/PV）的对数。以e为底的对数称为自然对数，自然对数可以表示为$b = \ln(y)$，这样等式（A1.31）可以变形为：

$$r = 1/N\ln(FV/PV) \tag{A1.32}$$

将等式（A1.32）应用到前述100英镑、为期5年的投资中，但现在使用的是连续复利，则年内部回报率的计算如下所示：

$$\begin{aligned} r &= 1/5\ln(131/100) \\ &= 0.054\,005\,4 \end{aligned}$$

即年内部回报率为5.4%。可以看出，连续复利会降低内部回报率的值。

如果未来支付的现金流次数大于1，例如连续项目或债券将进行多次支付，就不能使用解析方法计算内部回报率的值。如果发生这种情况，可以使用等式（A1.33）或等式（A1.34）求解r的值，这两个等式可以用试错法进行求解：

$$FV = \sum_{n=1}^{N} d_n(1+r)^{N-n} \tag{A1.33}$$

$$PV = \sum_{n}^{N} d_n (1 + r)^{-n} \tag{A1.34}$$

多次支付时的求解方法称为数值迭代方法，这种方法需要使用线性插值公式。如果债券不能赎回并永久性地支付息票，该债券的内部回报率就可以使用如下所示的公式进行非常简单的计算：

$$r = \frac{d}{PV} \tag{A1.35}$$

$$D.\ F. = \frac{1}{(1 + r)^n}$$

$$r = \sqrt[n]{\frac{1}{D.\ F.}} - 1$$

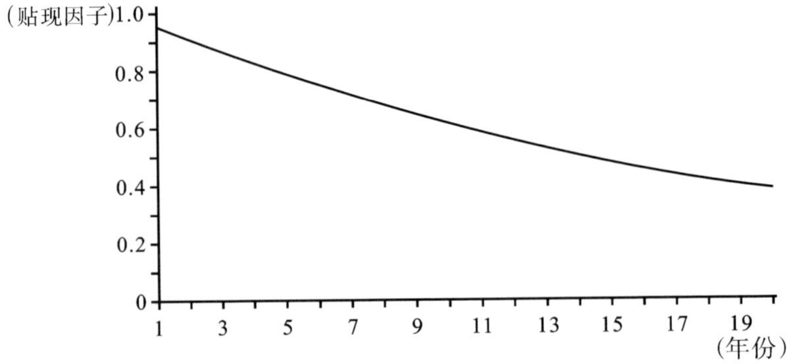

图 A1.3　贴现率为 5%时的贴现函数

专业术语（汉英对照）

A

本金逐渐增加（Accreting）：即在交易期限之内本金不断增长，参见“摊销”（Amortising）和“一次性支付”（Bullet）。

本金递增型掉期（Accreting swap）：即名义金额在掉期期限内不断增长的掉期，与本金递减型掉期正好相反。

应计利息（Accrued interest）：从上一个息票支付日开始累计直至起息日的部分投资利息或息票。

实际天数/360（ACT/360）：一种天数计算惯例，该惯例将实际天数作为期间中的日历天数，而将一年中的天数作为 360 天。

实际天数/365（ACT/365）：一种天数计算惯例，该惯例将实际天数作为期间中的日历天数，而将一年中的天数作为 365 天。在针对利率掉期的 ISDA（国际掉期及衍生工具协会）定义中，实际/365 与实际天数/实际天数（ACT/ACT）意义相同。

实际天数/实际天数（ACT/ACT）：一种天数计算惯例，该惯例将实际天数作为期间中的日历天数，而一年中的天数就等于当前息票期间中的天数乘以每年支付息票的次数。对于利率掉期来说，如果利息期间所在的年为闰年，则每年中的天数就是 366 天，否则每年中的天数就是 365 天。

高级 IRB 方法（Advanced IRB）：即 Basel Ⅱ中的高级内部评级方法。高级内部评级方法是 Basel Ⅱ允许的两种基于内部信用评级的方法之一，这两种方法都是为了计算信用风险所需的监管资本。另一种方法就是初级 IRB 方法。在高级 IRB 方法中，银行和金融机构被允许使用其自身的内部数据计算违约可能性、违约风险敞口以及违约损失。基于这些数据对信用风险进行的实际计算必须使用 Basel Ⅱ规定的模型。

全部风险（Aggregated exposure）：银行账户或投资组合面临的所有类型债务风险敞口的总和。

全部价格（All-in price）：参见“全价”（Dirty price）。

阿尔法（Alpha）：在关于操作风险的 Basel Ⅱ原则中，α 或 alpha 是指用于计算操作风险所需监管资本的乘子，其值被设定为 15%。

摊销（Amortising）：摊销是指本金在交易期限内不断下降，或指贷款本金的分期偿还。在一定的时间期间内对固定金额进行摊销意味着每次摊销都按比例进行。参见“本金逐渐增加”（Accreting）和“一次性支付”（Bullet）。

年金（Annuity）：即能够在未来提供一系列现金流的投资，并且这些现金流通常相等。

升值（Appreciation）：即一种货币的市场价值对于另外一种货币的上升，参见“贬值”（Depreciation）和“法定升值”（Revaluation）。

套利（Arbitrage）：即在一个国家、以一种货币或在一个市场中买进证券，而在另一个国家或市场中卖出同样证券的过程，目的是为了利用价格之间的差异。如果同时进行这些交易，则从理论上来说就不会存在风险。套利交易有很多形式，例如在现货市场中，银行可能在一个货币中心发行某种货币市场工具，而在另一个货币中心以较高的利率投资同样的金额，比如在美国市场中以 5.5% 的利率发行为期 3 个月的美国美元存单，而以 5.6% 的利率买进为期 3 个月的欧洲美元存单。期货市场的套利行为可能包括买进为期 3 个月的合同同时卖出 6 个月期的远期合同。

套利者（Arbitrageur）：即从事套利交易的人。

卖价（Ask）：参见“卖价”（Offer）。

资产（Asset）：由于过去的事件或交易而在未来可能获得或控制的经济收益，一般分为流动性资产和长期资产。

资产负债管理（Asset & Liability Management，ALM）：即将组织的资产和负债组合的期限结构及现金流进行匹配，目的是为了最大化回报并最小化风险。

资产配置（Asset allocation）：将投资资金在某个资产类别或在一系列资产类别中进行的分配，目的是为了将风险多样化或增加投资组合的价值。

资产证券化（Asset securitisation）：即将资产负债表中的贷款、应收账款以及其他非流动性资产打包成附息证券的过程，这些证券可以提供具有吸引力的投资机会。

资产支持证券（Asset-backed security）：即由抵押贷款等具体资产作为担保的证券，而不是由发行人无形的信用价值作为担保的证券。

资产掉期（Asset swap）：即与债券投资等标的资产结合在一起的利率掉期或货币掉期，参见“负债掉期”（Liability swap）。

资产风险基准（Asset-risk benchmark）：即用来度量公司资产风险性的基准。在成熟的公司风险管理战略中，应根据资产风险基准对负债投资组合的风险进行管理。

估计资产的敏感性（Asset-sensitivity estimates）：即估计风险因素对资产价值的影响。

拍卖（Auction）：一种发行方法，其中各个机构需要向发行人提交关于价格或收益率的出价。在不同的市场中，拍卖原则有很大的变化。

B

资产负债表（Balance sheet）：即反映企业在具体时间点上的财务状况的报表，包括资产、负债以及股东权益。

银行风险敞口（Bank exposure）：在关于信用风险资本的 Basel Ⅱ原则中，银行风险敞口是指受监管者监管的银行及金融机构所面临的风险敞口。这种风险敞口还包括在 Basel Ⅱ标准化方法中被作为银行对待的公共部门实体所面临的风险，以及不能满足标准化方法中零风险权重要求的多边开发银行所面临的风险。

国际清算银行（Bank for International Settlements，BIS）：建立于 1930 年的国际实体，其目的是为了鼓励世界各国中央银行之间的合作，并促成制定稳定的货币政策。国际清算银行最初的目的是为了根据于 1919 年签订的凡尔赛条约对德国向其他各国支付的战争赔款进行管理。根据国际清算银行关于货币政策合作和协调的最新目标，该行制定了关于监管资本要求的 Basel Ⅰ原则。

银行承兑票据（Banker's acceptanle）：参见“汇票”（Bill of Exchange）。

银行账户（Banking book）：给主权国家、公司、个人以及其他实体带来风险的资产，并且这些资产基本上会持有至到期日。

基准货币（Base currency）：汇率的报价是指一单位的另一种货币（基准货币）可以兑换的某种货币（相对货币）的数量。

巴塞尔委员会（Basel Committee）：巴塞尔委员会与银行业的监管有关，它由来自于 G－10 国家的中央银行和金融机构组成，其目的是在国际银行业之间形成统一的标准，并因此降低金融系统中的系统性风险。

基差（Basis）：标的资产现货市场的价格减去期货的价格。对于债券期货合同来说，期货的价格必须乘以现货债券的转换因子。

基点（Basis points）：在利率的报价中，一个基点就等于 1% 的 1%，即 0.01%。

基差风险（Basis risk）：市场风险的一种形式，它的产生是由于使用具有相似特征的金融工具对某种风险进行对冲，两种金融工具的特征并不必然会完全相同。例如，银行的交易部门可能使用 3 个月期的利率期货对冲商业票据或欧洲票据。虽然期货价格所反映的欧洲货币利率与商业票据利率之间具有很高的相关性，但二者的变化并不是完全一致。因此，如果商业票据的利率变化 10 个基点，而期货的价格仅仅下降 7 个基点，则 3 个基点的缺口就是基差风险。

基准掉期（Basis swap）：利率掉期的一种形式，其中双方支付的都是浮动利率。

基差交易（Basis trade）：买进基差意味着卖出期货合同并买进作为期货合同标的的商品或金融工具，卖出基差则正好相反。

不记名债券（Bearer bond）：即实际拥有这种凭证就相当于拥有受益权的债券，而发行人并不知道债券持有人的身份。传统上，这种债券的息票可以与债券本身分离，每个息票支付日对应一份可分离息票，在息票支付日临近时，持有人将可分离息票邮寄给发行人。在到期日，该债券就会被赎回，即持有人返回凭证，而发行人获得这些凭证之后支付本金和利息。现在，不记名债券通常都是使用电子方式进行结算，而且发行人也不会保存债权记录，息票的支付也可以通过电子方式进行。

基准债券（Benchmark）：基准债券的条款就是市场标准，基准债券通常具有最大的流动性、最高的周转率，并且报价频率往往最高。由于机构投资者对基准债券有很高的需求，因此其交易价格通常较高。

贝塔（Beta）：在 Basel Ⅱ 中，Beta 或 β 是固定的比例，用来计算在标准化方法中操作风险所需的监管资本。Beta 将以下 8 个业务线所需的资本水平与其毛收益联系起来：

零售银行业务	12%
资产管理	12%
零售经纪业务	12%
商业银行业务	15%
代理服务	15%
公司金融	18%
交易和出售	18%
支付和结算	18%

买价（Bid）：即做市商买进债券的价格。如果买卖价利差很小，就表明市场具有很大的流动性及很高的竞争程度。回购中的买价利率就是交易商借入担保物并贷出现金时所使用的利率。参见“卖价”（Offer）。

大数（Big figure）：在外汇报价中，省去最后两位小数的汇率。例如，如果欧元兑美元的汇率为 1.1910/20，则大数就是 1.19，参见“点数”（Points）。

买价和卖价（Bid-offer）：即市场买进和卖出证券时所使用的双向报价。

票据（Bill）：汇票（Bill of exchange）就是由一个人（汇票签发人）向另外一个人所签发的支付命令，该命令要求后者（汇票付款人）在未来的某个日期向第三方支付一定金额的货币。如果汇票是在银行进行提取，则这种汇票就是银行汇票。如果接受这种汇票，就意味着银行同意在汇票付款人不能进行支付时由银行以面值进行支付。国库券就是一种短期的政府票据，其最长到期期限为一年，并且是以本金面值的一定贴现进行出售并以面值赎回。

汇票（Bill of exchange）：汇票就是为对商业交易融资由公司发行的一种短期、零息票债务。如果由银行进行担保，汇票就成为银行承兑票据。

混合型利率掉期（Blended interest rate swap）：即将远期掉期加入到现有掉期之中并将利率在交易的整个期限之内进行混合的掉期。

彭博资讯（Bloomberg）：由彭博有限合伙公司建立的交易、分析以及信息服务机构，也可以用来指代该终端本身。

债券计息基础（Bond basis）：利率根据债券计息基础来报价，如实际/365、实际/360或30/360等。在短期内（如应计利息），这三个基础有所不同。然而在一整年内，它们都等于1。一般地，“债券计息基础”这种表述并没有对这些基础作出区分，并使用实际/365进行计算。参见“货币市场计息基础”（Money-market basis）。

债券等价收益率（Bond-equivalent yield）：即以面值进行交易的美国国债的报价收益率，并且该债券与给定短期国债具有相同的经济回报和到期日。

步步为营法（Bootstrapping）：即根据一组附息债券的收益率连续地计算零息债券收益率的方法。

基点价值（BPV）：即由于收益率变化一个基点而导致的价格变化。

畸零天期（Broken date）：除了标准化到期日期（如1周、1个月、2个月、3个月、6个月及1年）之外的到期日，也称为“零星天期”（Cock-date）。

经纪自营商（Broker-Dealers）：即伦敦证券交易所的会员，它们可以作为客户和做市商之间的中介，也可以作为当事人与客户交易其自身持有的证券。

牛头犬债券（Bulldog）：由英国以外的借款人在英国境内发行的英镑债券，这些债券的交易方式与金边国债相似，并且是通过中央金边国债办公室（现在是通过CREST）进行结算。

一次性支付（Bullet）：即仅仅在到期日进行一次性支付的贷款或存款。参见“摊销”（Amortising）。

买断式逆回购（Buy/sell-back）：与“买断式回购”（Sell/buy-back）正好相反。

C

电汇汇率（Cable）：英镑兑美国美元的汇率。

CAD：欧盟的资本充足率指导委员会。

可提前赎回债券（Callable bond）：即借款人有权在原始到期日之前进行赎回的债券。在大部分情况下，在发行之前会规定一些条款，例如在某个日期之后该债券才可以进行赎回以及发行人赎回这些债券时所使用的价格等。

看涨期权（Call option）：即购买作为期权标的的商品或金融工具的选择权。参见“看跌期权”（Put）。

可取消掉期（Cancelable swap）：即固定利率的支付方有权取消该交易的掉期，固定利率支付方的这个选择权通常是在一个确定的日期执行。参见“掉期期权”（Swaption）。

上限（Cap）：即借款人的一系列利率保证，目的是为了保护借款人免受日后利率上升的影响。

资本充足率（Capital adequacy）：度量银行或金融机构财务资源的指标，以保证这些银行或金融机构能满足其业务和监管方面的义务。

资本市场（Capital market）：长期金融工具进行交易的市场，这些金融工具的期限一般大于一年。参见“货币市场”（Money market）。

资本比率（Capital ratio）：在 Basel Ⅰ中，对于风险加权资产存在最低的资本比率要求。在 Basel Ⅱ中是使用一个不同的方法，其中该比率的分母是总的风险加权资产，总风险加权资产等于市场风险和操作风险的资本要求乘以 12.5，然后将所得到的结果加上针对信用风险的风险加权资产。注意，12.5 就是 Basel Ⅰ中最低资本比率 8% 的倒数。

现货（Cash）：参见“现货市场”（Cash market）。

CBOT：即芝加哥交易所，该交易所是芝加哥两个期货交易所之一，并且是世界上最大的期货交易所之一。

CD：参见“存单”（Certificate of deposit）。

存单（Certificate of Deposit，CD）：存单是一种货币市场工具，虽然曾经发行过期限为 5 年的存单，但存单的最长期限一般为 1 年，并且是在到期日一次性支付利息。发行后，存单可以在二级市场中自由交易，其流动性取决于发行人的信用质量。

经典回购（Classic repo）：回购是“出售和回购协议”的简称，指即期卖出同时远期购买某种证券，这相当于以贷款为抵押借入资金。逆回购的操作流程与经典回购正好相反。该术语通常是从回购交易商的角度进行定义。例如，如果一家中央银行进行回购，则其就是在贷出现金，而回购交易商是从中央银行借入现金。

清洁存款（Clean deposit）：即“定期存款”（Time deposit）。

净价（Clean price）：即不包含应计利息的债券价格，市场中报出的债券价格通常都是该债券的净价，不是全价（Dirty price）。

违约轧差（Close-out netting）：即在发生违约时同给定交易对手结清合同组合的能力。参见“双边轧差”（Bilateral netting）。

CMO：即中央货币市场办公室，该办公室负责结算短期国债和其他货币市场工具，并为这些金融工具提供一个存管场所。

担保物（Collateral）：即具有价值的东西，并且通常是具有较高信用价值的东西，如政府债券。担保物是暂时性地转移给交易对手，目的是为了提高一方的信用价值。在回购交易中，担保物实际上是由一方暂时出售给另一方，而不仅仅是暂时性地转移。

商业票据（Commercial paper）：一种由公司或银行发行的短期证券，其息票率一般为零。

商品掉期（Commodity swap）：即其中一种现金流基于标的商品的固定价值，而另一个现金流基于浮动指数价值的掉期。这些商品一般是石油或天然气，铜、黄金和其他金属以及农产品也很常见。商品掉期的最终使用者就是消费者和生产者，消费者支付的是固定价值。

竞争性投标（Competitive bid）：即竞价人在拍卖中给出证券的价格以进行竞争。非竞争性投标不会在价格上展开竞争，非竞争性投标的价格就是成功的竞争性投标价格的加权平均值。

复利（Compound interest）：如果在到期日之前支付投资的一些利息并且投资者可以将这些利息进行再投资以使得利息可以生息，则该投资所使用的利率就称为复利。使用复利进行计算时一般都假设再投资利率与原来的利率相同。参见“单利”（Simple interest）。

总价（Consideration）：即在一个交易中所支付的全部价格，包括税收、佣金和债券的应计利息等。

连续复利（Continnous compounding）：这是一个数学概念，不是一个实务概念，即复利期间无限小时所支付的复利。

定约日（Contract date）：交易达成一致的日期。参见“起息日”（Value date）。

差价合约（Contract for differences）：即远期利率协议以及期货合同等交易，这些交易并不实际交割买进或卖出的金融工具或商品，实际交换的是交易价格与到期日市场价格或指定指数之间的差异所形成的现金利得或损失。

普通金边国债（Conventional gilts，包括双重日期债券）：即所支付的利息以及所偿还的本金都固定的金边国债。

可转换债券（Convertible bond）：即持有人有权以一个确定的价格购买一定数量股票的债券。这种购买是通过以下方式完成，即在到期日（有时也可在到期日之前）持有人将该债券返还给发行人并获得确定数量的股票。只要公司没有违约或破产，可转换债券就有一个价值下限，例如等于其到期日的赎回价值等。如果公司股票的价格上升，则可转换债券的价值也会上升，但二者之间并不必然完全相关。简单来说，可转换债券同时具有固定收益金融工具和权益类金融工具的特征，这些特征的结合创造了一种与看涨期权非常相似的回报特征。

可兑换货币（Convertible currency）： 即可以自由兑换为其他货币的货币。

凸度（Convexity）： 度量债券价格/收益率曲线的曲率的指标（其数学计算公式为［d^2p/dr^2］/全价）。

库克比率（Cooke ratio）： 在 Basel Ⅰ中最初设定的最低资本比率8%，该比率有时也称为库克比率，这是因为当时的巴塞尔委员会主席是彼德·库克，他同时也是英格兰银行的董事。

持有成本（Cost of carry）： 持有一种头寸的净成本（该成本也可能为负），例如为购买一种债券而进行借款的成本减去该债券持有期间所获得的息票。

交易对手（Counterparty）： 一般地，从银行或金融市场实体的角度来说，交易对手就是与其签订金融合同的另一方。在 Basel Ⅱ的规定中，交易对手就是银行或金融机构与其达成有表内交易或表外交易的实体。

交易对手信用风险（Counterparty credit risk）： 即由于持有某种证券或者所签订合同的交易对手不能履行其义务而造成财务损失的风险。在 Basel Ⅱ中，这种信用风险由三个部分组成：

- 具有违约风险的头寸的价值，也就是信用风险敞口。
- 该价值在发生违约时预期可以收回的比例。
- 违约本身的发生可能性。

交易对手风险权重（Counterparty risk weighting）： 参见"风险权重"（Risk weighting）。

国家风险（Country risk）： 在特定国家开展业务时，该国的经济或政治出现不利状况的风险。更具体地，也就是由于这些状况的出现而导致的金融交易或金融工具的信用风险。

息票（Coupon）： 证券发行人向证券持有人支付的利息，利息大小根据息票率和证券面值进行计算。

息票掉期（Coupon swap）： 一种利率掉期，其中一方支付的是固定利率，另一方支付的是浮动利率。参见"基准掉期"（Basis swap）。

涵盖（Cover）： 涵盖一种风险就是通过交易消除所存在的风险，可能是通过持有相反的头寸，也可能是使用一种相似但具有相反风险特征的金融工具进行对冲。

无汇率波动风险的套利操作（Covered interest arbitrage）： 即通过将另一种货币的贷款/存款与一个远期外汇掉期相结合以创造某种货币的贷款/存款的过程。

CP： 参见"商业票据"（Commercial paper）。

信用风险或违约风险（Credit or default risk）：即由于衍生交易的交易对手不能及时履行其财务义务而导致损失的风险。

信用衍生产品（Credit derivatives）：即可能包含支付交换的金融合同，其中至少一种现金流与特定的标的信用敏感型资产或负债的业绩有关。

信用等价金额（Credit-equivalent amount）：为了防范衍生产品的信用风险，国际清算银行建议每个银行针对信用风险预留一笔风险加权资本，银行必须计算每笔衍生交易的信用等价金额，该金额是通过将该金融工具当前的重置成本或市场价值与附加因子相加进行计算。

信用风险或违约风险敞口（Credit risk of default risk exposure）：即面临违约风险的合同的价值。如果所有的交易都是每天按市值计价，则正市场价值就是先前记录的利润，在交易对手违约时这些利润可能必须反向记录为损失。

信用利差（Credit spread）：两个具有相同久期和到期日的债务之间的利率差额，信用利差反映了不同发行人之间的相对信用质量。

信用掉期（Credit swaps）：即交易双方同意交换不同现金流而签订的协议，其中至少有一笔现金流与信用敏感型的业绩相关，或者与信用敏感型资产的投资组合（或指数）相关。而另外一笔现金流通常与 LIBOR 等浮动利率指数或固定利率相关，或者与另一种信用敏感型资产相关。

CREST：一种无纸化证券结算系统，通过该系统可以结算伦敦证券交易所进行的交易。该系统由 CRESTCo 操控，并于 1996 年开始使用。

交叉（Cross）：参见“交叉汇率”（Cross-rate）。

交叉汇率（Cross-rate）：一般是指两种货币之间的汇率，并且两种货币都不是美国美元。在美国市场中，即期交叉汇率就是美国美元与加拿大元之间的汇率。

货币掉期（Currency swap）：即将以一种货币表示的一系列现金流与另一种不同货币的现金流进行交换的协议，该现金流可能参考某个特定的固定或浮动利率支付方案。参见“利率掉期”（Interest rate swap）。

流动资产（Current assets）：即预期在一年之内或在一个经营周期之内可以使用或可以转换为现金的资产。

流动负债（Current liabilities）：即预期在一年之内或在一个经营周期之内公司必须清偿的债务。

当前收益率（Current yield）：即债券息票与债券净价之间的比例，而且债券的净价一般为 100。当前收益率没有考虑到本金的利得/损失以及货币的时间价值。参见“到期收益率”（Yield to maturity）和“简单到期收益率”（Simple yield to maturity）。

D

DAC-RAP：即“担保交割”（Delivery against collateral，DAC）以及“付款获得”（Receipt against payment，RAP），与 DVP（Delivery versus payment，券款对付）意思相同。

每日变动范围（Daily range）：在一个交易日内最高点和最低点之间的差异。

天数计算惯例（Day count）：即计算债券应计利息和现金工具的利息的传统。对于英国金边国债来说，该传统于 1998 年 11 月 1 日起从“实际天数/实际天数”转变为“实际天数/365”。对于英镑现金市场来说，该传统为“实际天数/365”。

DBV（按价值交割，Delivery by value）：这是一个 CGO（金国债券托管中心）成员向另外一个成员进行借款或贷款的机制，并以隔夜金边国债作为担保。CGO 系统可以根据头一天晚上的 CGO 参考价格自动地选择和交割总价值一定的证券，并在第二天返回同等价值的证券。从功能上来说，DBV 允许担保物的交付方和接受方指定 DBV 中所包含的证券类型。双方可以选择 CGO 持有的所有证券类型，如剥离型债券和牛头犬债券；附息金边债券和牛头犬债券；附息金边债券和剥离型债券；以及仅仅是附息金边债券。

DEaR：日在险收益（Daily earnings at risk）。

无担保债券（Debenture）：在美国市场中是指由发行人的一般信用质量作为支持的无担保国内债券。无担保债券通过信托合同或契约发行。在英国市场中，这种债券需由发行人的一般资产提供担保。

债务管理办公室（Debt Management Office，DMO）：英国财政部的一个执行机构，其职责是管理政府的借款需求，包括负责发行政府（金边）债券，这项证券发行职能以前由英格兰银行负责。DMO 于 1998 年 4 月开始运作。

违约相关性（Default correlation）：即一组给定交易对手的违约可能性间的相关程度。例如，如果一组交易对手的违约可能性正相关，则一个交易对手的违约就可能导致其他交易对手违约可能性的增加。

违约可能性（Default probability）：参见“违约概率”（Probability of default）。

违约风险（Default risk）：参见“信用风险”（Credit risk）。

违约风险敞口（Default risk exposwre）：参见“信用风险敞口”（Credit risk exposure）。

授权成本（Delegation costs）：即银行将监管权力下放所产生的激励成本。

贬值（Depreciation）：一种货币的市场价值相对于其他种货币的下降，参见“升值”（Appreciation）和“法定贬值”（Devaluation）。

衍生产品（Derivative）：严格来讲，任何金融工具，只要其价值是由其他金融工具派生而来，则这种金融工具都是衍生产品，如远期汇率、期货合同、期权以及利率掉期等。然而，在未来一次结清的远期交易并不总是称为衍生产品。

法定贬值（Devaluation）：一种货币的价值相对于其他货币价值的正式下降。参见“法定升值”（Revaluation）和“贬值”（Depreciation）。

直接汇率（Direct）：即直接根据美国美元进行报价的汇率，其中美元为相对货币，而另一种货币为基准货币。

全价（Dirty price）：即包含应计利息在内的债券价格，也称为“脏价”。

折价（Discount）：即与另外一种货币相比，一种货币在未来交割比即期价格便宜的金额，也就是远期折价。一般地，折价反映的是两种货币之间的利率差异。如果汇率有折价但没有明确指出两种货币中的哪一种发生了折价，则一般意味着相对货币有折价。参见“溢价”（Premium）。

贴现行（Discount house）：在英国的货币市场中，证券公司原来是直接与英格兰银行进行短期国债和银行票据或贴现工具等的交易，因此就使用了“贴现行”这个名称。大多数贴现行已被银行集团接管，“贴现行”这一名称也不再使用，因为现在英格兰银行也直接与清算银行和证券公司进行交易。

贴现率（Discount rate）：贴现率是市场对美国短期国债和英国短期国债等证券进行报价的方法，即将证券的回报表示为其在到期日收到的面值的一定比例。这与收益率指标不同，收益率方法是将收益率表示为初始投资金额的一定比例。

折价掉期（Discount swap）：即所支付的固定利率低于掉期内部回报率的掉期，其差额在到期日一次性支付。

双重货币掉期（Dual currency swap）：即两种利率都为固定利率的货币掉期。

久期（Duration）：度量债券或其他现金流系列的加权平均期限的指标，所使用的权重就是这些现金流的现值。参见“修正久期”（Modified duration）。

久期缺口（Duration gap）：度量机构的利率风险敞口的指标。

久期加权（Duration weighting）：即使用债券的修正久期计算利差头寸的准确名义持有额。这个计算过程非常必要，因为（比如说）名义价值为 100 万英镑的两年期债券与 100 万英镑的 5 年期债券不同。5 年期债券的修正久期较高，这表明其基点价值较大，因此 100 万英镑的这种债券对利率变动的敏感性也较大。例如，可以考虑一位持有 1 000 万英镑 5 年期债券的基金经理，该基金经理希望将其持有的债券转换为具有相同整体风险的两年期债券，两种债券的基点价值分别为 0.041 583 和 0.022 898，基点价值比率为 0.041 583/0.022 898 = 1.816。因此，为了使得所持有的整体风险相同，该基金经理需要将所持有的 5 年期债券转换为金额为 1 000 万 × 1.816 = 1 816 万英镑的两年期债券。

DVP：即券款对付（Delivery versus payment），这是一个使用现金对证券的出售或证券贷款进行交割的机制，证券和现金通过相同的清算机制同时交换，并且在一方转移之前另外一方不能进行转移。

E

有效利率（Effective rate）：有效利率就是在一年中所获得的单利，这种利率的计算结果与每年多次复利所得到的回报相等。参见“名义利率”（Nominal rate）。

端对端（End-end）：一种货币市场交易，该交易开始于某月的最后一个工作日，持续一个整数月份的时间，并在相关月份的最后一个工作日到期。

等价期限（Equivalent life）：进行部分赎回的债券本金的加权平均期限，并且所使用的权重就是部分赎回的现值。

欧洲银行间同业拆借利率（EURIBOR）：欧洲货币的参考利率，该参考利率由布鲁塞尔设定。

欧元（Euro）：欧盟所使用的内部货币的名称，不要与“欧洲货币”混淆。

Euroclear：欧洲货币和国际证券的一个国际结算系统，其总部位于布鲁塞尔，并由摩根担保信托公司进行管理。

欧洲货币（Eurocurrency）：欧洲货币就是由非本国居民所持有的本国法定货币，不要与“欧元”相混淆。

欧元证券（Euro-issuance）：即所发行的以欧元标明面值的金边国债或其他证券。

欧洲市场（Euromarket）：即进行欧洲货币交易的国际市场。

欧式期权（European）：欧式期权就是只能在到期日行权的期权。

外汇管制（Exchange controls）：即限制将一种货币自由兑换为其他货币的规定。

汇率协议（Exchange rate agreement）：即一个以远期对远期的外汇掉期的价格变动为基础的差价合约，该汇率协议不像 FXA（远期汇率协议）那样考虑到了即期汇率变化的影响。参见“SAFE”（综合远期外汇协议）。

在交易所内交易（Exchange-traded）：期货合约在交易所内交易，远期合约在柜台交易。期权合约也在交易所内交易。

除息日（Ex-dividend date）：即债券的息票支付的登记日，这些息票将支付给除息日的证券持有人。对于英国金边国债来说，除息日就是息票支付日之前的 7 个工作日。

预期损失（Expected loss）：一个统计学指标，度量资产组合在给定期间内的预期平均潜在损失。在 Basel Ⅱ 的规定中，资本配置应能涵盖预期损失。

风险敞口（Exposure）：即市场变动的风险。

违约风险敞口（Exposure at default，EAD）：Basel Ⅱ中的一个指标，度量在发行人违约时，银行或金融机构的贷款或债券等资产所面临的预期风险敞口。在初级 IRB 方法中，该值由巴塞尔委员会指定，而在高级 IRB 方法中，该值可以由公司自行设定。

风险特征（Exposure profile）：最坏情况或预期风险的时间路径。由于扩散效应和摊还效应之间的相互作用，不同的金融工具会展示出十分不同的风险特征。

外推法（Extrapolation）：在所要求解的起息日位于已知价格所涵盖的期间之外时，根据其他已知价格估计特定起息日的价格或利率的过程。参见“插值法”（Interpolation）。

F

面值（Face value）：证券的本金金额，一般是在到期日全额偿还（赎回），有时也可以分阶段偿还，面值是计算息票金额的基础。

第 133 号财务会计准则（衍生工具和套期保值活动的会计处理，FAS 133）：美国财务会计准则委员会（FASB）的规则，该规则要求所有受到证券交易委员会监管的公司都必须将其资产负债表中的衍生头寸按市值计价。

利率确定（Fixing）：参见“确定 LIBOR 利率”（LIBOR fixing）。

浮动利（汇）率（Floating rate）：参考外部指数设定的利率。支付浮动利率的金融工具会根据市场条件定期重新确定利率，如每 3 个月或每 6 个月重新确定一次。在当前的市场中，汇率都由市场因素确定，政府并不进行干预。

浮动利率存单（Floating rate CD）：即所支付的利率定期根据市场条件重新确定的存单。

浮息票据（Floating rate note）：所支付的利率定期根据市场条件重新确定的资本市场工具，通常是每 6 个月重新确定一次。

远期（Forward）：一般是指针对特定商品或金融工具在正常起息日后的价值进行的交易。在外汇市场中，远期价格就是使用一种货币购买或出售另一种货币时的报价，而且起息日至少在即期交割日之后一个月。参见“短期交易”（Short date）。

远期利率协议（Forward rate agreement）：一种短期利率对冲。具体地，远期利率协议是，已对未来某一个日期到期的存款在利率方面达成一致的买方和卖方之间签订的合同，但这种合同并不实际交换本金。在到期日，如果利率已经上升到高于约定利率水平，则卖方向买方支付其中的差额，反之亦然。

远期掉期（Forward swap）：即以当前利率签订但在未来某个日期执行的掉期。

远期对远期（Fourward/Forward）：货币存款的短期交易。

初级IRB方法（Foundation internal ratings-based approach，FIRB）：在Basel Ⅱ及其支柱1的框架中，允许银行和金融机构使用自身对违约概率的估计以计算监管资本要求。然而，所有银行在这种计算中都必须使用国际清算银行提供的违约风险敞口值和违约损失值。

FRA：参见“远期利率协议”（Forward rate agreement）。

FRCD：参见“浮动利率存单”（Floating rate CD）。

FRN：参见“浮息票据”（Floating rate note）。

FSA：即英国的金融服务局，这是一个负责监管投资业务的实体，同时负责对银行、货币市场以及英国境内的金融机构进行监管。FSA从9个自律性组织中接管了这个职责，这九个自律性组织以前负责执行这种监管职能，这9个自律性组织中包括证券和期货管理局（SFA），该管理局负责监管伦敦市的专业性投资企业。FSA于1998年开始负责这项职能。

Funds：在下一个工作日交割的美元/加拿大元汇率交易（相比即期交易来说，Funds是美元/加拿大元的标准实务）。

可替代金融工具（Fungible）：与另一种金融工具等价的金融工具，这种金融工具非常容易进行交换和替代。最好的例子就是现金货币，因为一张10英镑的钞票与另一张10英镑的钞票具有相同的价值，并且可以直接替换。不记名债券也具有这个特征。

期货（Future）：期货合同就是在未来某个日期以一个事先规定好的价格买进或卖出证券或其他商品的合同。期货合同通常都是标准化的合同，在交易所内进行交易。

未来的风险（Future exposure）：参见“潜在的风险”（Potential exposure）。

终值（Future value）：现在投资一定金额的货币在未来所能获得的货币数量，包括利息。参见“货币的时间价值”（Time value of money）和“现值”（Present value）。

期货合同（Futures contract）：一个在未来某个时间买进或卖出某个金融工具或商品的交易。与远期交易不同，期货合同只能在交易所内进行交易，而不是在柜台进行交易。期货合同具有标准化的合同金额和起息日，通常是差价合同，其本金并不进行实际交割。

G

G7：即7国集团，包括美国、加拿大、英国、德国、日本、法国以及意大利。

G10：即10国集团，包括比利时、美国、加拿大、英国、德国、日本、法国、意大利、新西兰、瑞典及瑞士，实际上是11个国家。

缺口比率（Gap ratio）：利率敏感性资产与利率敏感性负债之间的比率，缺口比率可以用来确定由于利率水平变化所导致的机构风险特征的变化。

缺口（Gapping）：这是商品市场的一个特征，即在价格达到新的相对稳定的状态之前，通常会有幅度较大和速度较快的变化。

GDP：即国内生产总值，它是一个国家生产的所有产出的价值。

一般担保（General collateral，GC）：即用于对现金借款提供担保的非特殊证券。如果回购交易中的具体证券未按要求报价，回购的买方将接受一般担保。在金边国债市场中，一般担保包括 DBV。

GIC：担保投资合同。

金边国债（Gilt）：英国财政部发行并以英镑标明面值的一种上市债券，发行时的初始到期期限大于365天。“金边国债”这个术语是指该债券作为投资时的主要特征，即这种债券具有很高的安全性。

金边国债市场的做市商（Gilt-edged market maker）：参见“GEMM”。

GNP：即国民生产总值，它是一国产出的总货币价值，这些产出由这个国家的国民所生产。

黄金认购权证（Gold warrant）：一种独立或附属的认购权证，持有该权证能以预先确定的价格认购黄金。

毛赎回收益率（Gross redemption yield）：与到期收益率的意义相同，之所以称之为“毛赎回收益率”，是因为这种收益率没有考虑到税收的影响。

GRY：参见“毛赎回收益率”（Gross redemption yield）。

担保人（Guarantor）：合同的第三方，它对该合同中某一方的法定义务如贷款的偿还提供担保。因此，这样的合同就拥有一个保证。

H

扣减额（Haircut）：也称为保证金，这是一个应用于资产的扣减指标，扣减额旨在降低担保资产的可接受市场价值，并根据扣减后较低的金额发放贷款。

对冲比率（Hedge ratio）：即为了对另一个头寸进行对冲，所必须持有的特定金融工具头寸的大小与被对冲头寸大小间的比率。

对冲（Hedging）：即保护头寸免于遭受因汇率、利率或其他变量的潜在市场变动而导致的风险。参见“涵盖”（Cover）、“套利”（Arbitrage）和“投机”（Speculation）。

历史汇率计价展期（Historic rate rollover，HRR）：是指远期汇率掉期近期的结算汇率不以当前市场汇率为基础，而以历史场外汇率为基础。但是，很多中央银行都禁止采用这种做法。

I

IDB：即自营商之间的经纪人（Inter-Dealer Broker），此时该经纪人是为做市商之间的债券交易提供便利。

非流动资产（Illiquid）：即很难在二级市场中进行交易的资产，这可能是因为没有现成的买家和卖家，也可能是因为不能确定这些资产的价格，还可能是因为不能将这些资产的所有权方便地转移给买家。

免疫（Immunisation）：即创造债券投资组合的过程，无论利率如何变化，该投资组合在具体的时间期间内都可以获得一个有保证的回报。免疫背后的机制是，投资组合的结构可以平衡在投资期限结束时，投资组合价值的变化与将投资组合现金流进行再投资所获得的回报。因此，这样的免疫需要投资组合经理抵销利率风险和再投资风险。

隐含的回购利率（Implied repo rate）：即卖出债券期货合同、买进可交割债券并就该债券达成回购协议时所使用的盈亏平衡利率。

隐含波动率（Implied volatility）：即自营商用来计算期权价格时所使用的波动率，也就是实际报价中所隐含的波动率。

间接汇率（Indirect）：这是一种根据美元进行汇率报价的方法，其中美国美元是基准货币，而另外一种货币是相对货币。

初始保证金（Initial margin）：回购交易中现金超过证券价值的部分或证券价值超过现金的部分。

银行间市场（Interbank）：即各个具有相似信用质量的银行之间进行无担保交易或贷款的市场。

利率保证（Interest rate guarantee）：远期利率协议中的一个期权。

利率期权（Interest rate option）：即在预先规定的未来日期或从该日期之后收到或支付具体利率的期权。

利率掉期（Interest rate swap）：即将以某种货币表示的一系列现金流交换为以该种货币表示的另一系列现金流的协议，其中一种现金流使用的是固定或浮动利率以及事先确定的本金金额，而另一种现金流虽以同种货币表示但使用的是不同的利率。此外，可以将利率掉期与货币掉期相结合。

市场间利差（Intermarket spread）：即两个市场的期货合同之间所存在的利差。

内部回报率（Internal rate of return）：即使得一系列现金流贴现后的净现值为零的收益率。

内部评级方法（Internal rationgs-based approach，IRB）：在 Basel Ⅱ中，内部评级方

法是一种用于确定信用风险的监管资本要求的程序，它包括按类型对风险分类，并需要使用银行所提供的每种类型风险的数据对每一类型的风险分配一个风险权重。银行必须满足根据该风险权重所设定的最低资本要求。

插值法（Interpolation）：即通过比较位于特定日期之前及之后的两个日期的实际报价，估计特定日期的价格或利率的过程。参见“外推法”（Extrapolation）。

干预（Intervention）：即中央银行在市场中买进或卖出货币的行为，其目的是降低汇率的波动或将货币的币值维持在一定范围之内或维持在特定的水平上。类似地，中央银行在货币市场中的操作是为了将利率维持在特定水平上。

内在价值（Intrinsic value）：如果期权处于价内状态，就称具有内在价值。

IRG：参见“利率保证”（Interest rate guarantee）。

IRR：参见“内部回报率”（Internal rate of return）。

IRS：参见“利率掉期”（Interest rate swap）。

ISMA：即国际证券市场协会（International Securities Market Association）。该协会同PSA（美国公共证券协会，现在更名为债券市场协会）一同制定了PSA/ISMA全球主回购协议。

发行人风险（Issuer risk）：即某个机构持有由另一个机构发行的债务证券时所具有的风险。参见“信用风险”（Credit risk）。

迭代法（Iteration）：一种用于估计问题答案的重复性数学过程，该过程中需要反复尝试估计值与数据间的拟合程度，根据拟合结果调整估计值并重新测试拟合度，直到拟合程度达到一个可以接受的水平。例如，在根据债券价格计算债券收益率的过程中就会用到迭代法。

J

垃圾债券（Junk bonds）：对高收益率债券的一个通俗叫法。债券的风险越高，其评级就越低。

L

杠杆作用（Leverage）：使用一小笔初始投资控制大额标的变量的能力。

负债（Liability）：由于过去的事件或交易而导致的当前义务，这一义务涉及到向其他实体转移资产或提供服务，从而可能需要牺牲一部分未来的经济收益。一般将负债分为流动负债和长期负债。

负债掉期（Liability swap）：一个与借款等标的负债一起使用的利率掉期或货币掉期。

参见“资产掉期”（Asset swap）。

LIBID：即伦敦银行间同业拆入利率，也就是各个银行在银行间市场中为筹集资金而支付的利率。

LIBOR：即伦敦银行间同业拆出利率，也就是由英国银行家协会在每天上午 11 点确定的所有主要货币的贷款利率，其最长到期期限为一年。

确定 LIBOR 利率（LIBOR fixing）：LIBOR 利率由英国银行家协会于每天上午 11 点确定，其最长到期期限为一年。

LIFFE：即伦敦国际金融期货和期权交易所，这是欧洲最大的期货交易所。

Limean：即 LIBOR 和 LIBID 利率的算术平均值。

上限/下限（Limit up/down）：期货价格在具体时间内的变化通常不能超过规定的范围，这是为了控制波动率非常大时的风险。允许的最大变动就是所谓的上限和下限。

清算（Liquidation）：即结清或抵销期货或期权头寸的任何交易。

流动性（Liquidity）：流动性描述的是人们在特定市场中进行交易或对金融工具进行交易的难易程度。如果一个市场中总是存在很多买方和卖方，并且这些买方和卖方愿意以竞争性的价格从事交易，就可以说该市场具有流动性。在银行业，该术语还用来描述银行资产中必须持有的短期无风险金融工具的比例，如政府债券、短期国债以及质量较高的存单。

贷款等价金额（Loan-equivalent amount）：这是一个描述衍生产品风险的词汇，该词汇可用于将衍生产品的信用风险与传统债券或银行贷款的信用风险进行比较。

多头（Long）：多头是指对给定货币或资产的购买大于出售的部分，或者是如下的一种情景，这种情景可以使组织从这种货币或资产的升值中获益。然而，对货币市场自营商来说，多头就是借入货币超过贷出货币的部分，如果货币贬值则交易商的收益就会增加，参见“空头”（Short）。

期限较长的远期（Long-dated forward）：即期限在一年以上的远期汇率合同。一些期限较长的远期的到期期限可以长达 10 年。

长期资产（Long-term assets）：即预期在一年以上的期间内提供收益和服务的资产。

长期负债（Long-term liabilities）：即需要在一年以上的期间内进行偿还的债务。

违约损失（Loss-given-default，LGD）：在 Basel Ⅱ中，违约损失就是如果银行的债务人违约而导致的信贷损失。LGD 包括三种类型的损失：本金的损失；与持有不良贷款有关的融资成本损失；运营损失，如收款成本、法律成本等。LGD 可以通过以下方式进行度量：

- 市场 LGD，就是在债券或贷款的发行人违约之后计算的债券或贷款的市场价格。
- 清算 LGD，即根据收款过程中的预期现金流进行计算。
- 隐含的市场 LGD，根据具有相似风险但尚未违约的债券或贷款计算。

在 Basel Ⅱ中，LGD 作为违约风险敞口的一定比例进行报告，即（1 - RR），其中 RR 是收回的比率。如果特定贷款或风险进行了担保（如在回购协议中），LGD 的值就会降低。

LSE：即伦敦证券交易所（London Stock Exchange）。

M

麦考雷久期（Macaulay duration）：参见“久期”（Duration）。

映射（Mapping）：即将国债衍生头寸与一组风险范围相关联的过程。

保证金（Margin）：初始保证金就是担保物，即一方在交易时向另外一方提供的保证，目的是为了防止市场价格朝着不利于一方的方向变动并因此使得交易对手面临信用风险。追加保证金就是由于市场价格发生变化而由一方向另外一方进行的支付或提供的额外担保。追加保证金的支付可以是利润/损失的结算（例如在期货合同中），也可以是使得信用风险敞口降低（例如在回购中）。在金边国债的回购中，追加保证金是指如果现有担保物价值的波动超过一定范围或门槛，就应进一步转移现金或担保物。在贷款中，保证金就是超过基准利率的额外利率（例如保证金可能是高于 LIBOR 的 0.5%），是贷款人为了对特定借款人所具有的信用风险进行补偿而要求的利率。

补充保证金要求（Margin call）：在按市值给回购交易计价后所提出的保证金要求，以恢复初始保证金水平，或者在没有计提初始保证金的情况下，使现金/证券比率恢复到平价。

边际违约率（Margin default rate）：参见“违约概率”（Probability of default）。

保证金的转移：即补充保证金要求的支付。

市场比较法（Market comparables）：这是一种在市场中不存在某种金融工具的价格时估计其公平价值的方法，它是通过将这种金融工具与已有报价的相似金融工具作比较而进行估计。

做市商（Market-maker）：即明确致力于或者在特定市场中随时进行双向报价的市场参与者。

市场风险（Market risk）：即与可交易的宏观经济变量的价格变化有关的风险，如汇率风险。

按市值计价（Mark-to-market）：即按照当前的市场价值重新评估证券价值的做法。该评估应包括未偿付证券的应计息票以及现金的应计利息。

配比操作（Matched book）：指回购交易商通过买进和卖出回购交易而进行的匹配，但这并不意味着交易商的头寸风险已得到了匹配，如其短期利率风险。

到期日（Maturity date）：即证券被赎回的日期。

均值（Mean）：即平均值。

修正久期（Modified duration）：度量债券价格或其他现金流系列相对于收益率变化的成比例变化，其数学计算公式为 - ［dp/di］/全价。参见“久期”（Duration）。

顺延调整（Modified following）：如果未来的起息日是非工作日，按惯例起息日应顺延至下一个工作日，但这种顺延不能导致起息日发生在下一个月，如果发生这种情况，就应将起息日往回移到上一个最近的工作日。

动量（Momentum）：即价格发生向上变化或向下变化时背后的力量。

货币市场（Money market）：短期金融工具的市场，这些金融工具的到期期限一般不超过一年。参见“资本市场”（Capital market）。

货币市场计息基础（Money-market basis）：如果利率是按“实际天数/360”的基础进行报价，就可以说这是货币市场计息基础。参见“债券计息基础”（Bond basis）。

抵押贷款支持证券（Mortgage-backed security，MBS）：即由一组抵押贷款进行担保的证券，抵押贷款支持证券市场包括美国、英国和日本以及德国等几个国家的市场。

N

无担保期权（Naked）：即没有抵补头寸保护的期权头寸。

有价证券（Negotiable）：即可在二级市场进行买卖的证券。

净现值（Net present value，NPV）：现金流序列的净现值就是每个现金流现值的总和，其中一些或所有现金流的现值可能为负。

名义金额（Nominal amount）：与“证券面值”的意思相同。

名义利率（Nominal rate）：即报出的利率，而不是与其等价的有效利率。

不良贷款（Non-performing loan，NPL）：指债务人近期没有支付利息的贷款，或者在到期日还没有偿还或仅仅进行了部分偿还的贷款，但是尚不能将这些贷款作为违约贷款。银行可设定一个不良贷款逾期的天数，如果在这之后该贷款仍然是不良贷款，就可以认为该贷款已经违约并立即启动收款程序。这个时间期间可以非常短，如 3 个月；也可能非常长，如数年。

概念债券（Notional）：指在债券期货合同中，买进或卖出一个不存在的标准化概念债券，这与在到期日进行交割的实际债券不同。差价合同在结算时也会使用概念上的本金金额。

替换合同（Novation）：即用一个新的合同代替一个原来的合同，并且通常是代替原来的一系列合同。

NPV：参见“净现值”（Net present value）。

O

O/N：参见“隔夜”（Overnight）。

债务人（Obligor）：即资金的借款人。

反常天期（Odd date）：参见“畸零天期”（Broken dake）。

卖价（Offer）：即做市商出售债券的价格，也称为“要价”。

场外市场利率（Off-market）：即不是当前市场利率的利率。

场外市场息票掉期（Off-market coupon swap）：这是一种以税收为导向的掉期策略，其中所支付的固定利率与当前的市场利率有很大不同。此外，还可以进一步按息票率的高低将这种掉期划分为高息票率掉期和低息票率掉期。

前期回购（Opening leg）：即回购交易的前一半。

持仓量（Open interest）：即还尚未通过反向交易平仓的（特定规格的）期货合同数量，可以计算空头的数量，也可以计算多头的数量，但不能同时计算二者的数量。

操作风险（Operational risk）：即由于不完善的系统和控制措施、人员错误或管理失误而造成损失的风险。

机会成本（Opportunity cost）：即如果没有采取当前行动而采取其他行动所产生的价值。

期权（Option）：即以固定价格在指定期间内买进或卖出证券的权利，但并不是一种义务。

发起人（Originator）：即证券化交易中位于证券化背后的银行或其他实体。在证券化过程中，发起银行直接或间接地转移资产，或者作为资产支持商业票据渠道的发起人。

OTC：即柜台交易。严格来讲，任何不在注册的证券交易所进行的交易都是柜台交易。通过银行间电话完成的交易以及远期利率协议和非交易所交易的期权等都是柜台交易。OTC 还可以指在双方之间进行交易的非标准化金融工具或合同，例如一个需要使用定制金融工具对冲特定风险的客户可能会与银行达成 OTC 结构化期权交易（因为该银行可以提供这种产品）。

价外（Out-of-the-money）：如果标的资产的当前价值小于（大于）执行价格，则看涨（看跌）期权就是价外期权。

定期期汇（Outright or Forward outright）：定期期汇就是以一种货币为基础买进或卖出另一种货币的行为，这种交易的起息日在即期交割日之外。参见“即期”（Spot）、“掉期”（Swap）、“远期”（Forward）以及“短期交易”（Short date）。

柜台交易（Over the counter）：柜台交易就是在任意双方之间进行的任何私下交易，并且双方已就各种交易细节达成一致，这与在交易所内进行的交易相反。例如，远期交易是柜台交易，而期货合同在交易所交易。

过度借款（Overborrowed）：即自营商负债的到期期限长于其资产的情况。

过度贷款（Overlent）：即自营商资产的到期期限长于其负债的情况。

隔夜（Overnight）：从现在开始直到下一个工作日（“明日”）的交易。

P

票据（Paper）：对于所发行的债券或债务的另一种称呼。

面值，平价（Par）：在外汇市场中，如果定期期汇与即期汇率完全相同，则远期掉期就为零或平价。如果证券的价格等于其票面金额（即100），也可以说该证券是以面值进行交易。平价掉期利率是固定利率掉期中所使用的当前市场利率。

平价收益率曲线（Par yield curve）：一个针对平价债券，以收益率为纵坐标、以到期期限为横坐标绘制的曲线。

平价汇率（Parity）：即一种货币与另外一种货币进行兑换的官方汇率，政府有义务通过干预而维持这种汇率。

支柱1（Pillar One）：组成Basel Ⅱ框架的三个支柱之一，支柱1确定了计算信用风险和操作风险的资本要求的方法。

支柱3（Pillar Three）：组成Basel Ⅱ框架的市场纪律部分，支柱3规定了银行或金融机构应向其股东和客户披露的内容。

支柱2（Pillar Two）：支柱2是Basel Ⅱ的一个组成部分，它确定了监管实体所使用的指导原则，包括关于资本充足率、内部程序以及利率风险等风险的指导原则。

Pips：参见“点”（Points）。

普通债券（Plain vanilla）：参见“普通债券”（Vanilla）。

点数（Points）：即汇率中的最后两位小数。例如，如果欧元/美元的汇率为1.191 0/1.192 0，则点数就是10/20。参见“大数”（Big figure）。

潜在风险（Potential exposure）：即对衍生交易未来的重置成本或正市场价值的估计。潜在风险应在剩余到期期限内使用具有较大置信区间（如两个标准差）的概率分析进行计算。

溢价（Premium）：即在与另外一种货币进行兑换时，一种货币的价格在未来交割比在即期交割高出的部分，也就是远期溢价。一般来说，溢价可以反映两种货币之间的利率差异。如果汇率具有“溢价”并且没有指明是两种货币的哪种有溢价，通常意味着是相对货币具有一定的溢价。参见“折价”（Discount）。

现值（Present value）：即为了在未来考虑利息之后获得一定的金额而必须在现在进行投资的金额。参见“货币的时间价值”（Time value of money）和“终值”（Future value）。

结算前风险（Pre-settlement risk）：与结算日风险所导致的信用风险不同，结算前风险是指如果交易对手在合同期限之内违约且违约时该金融工具有正的经济价值而导致损失的风险。

市盈率（Price-earnings ratio）：即股票价格与每股盈余之间的比率。

一级市场（Primary market）：即发行新债务的市场，一级市场由借款人、投资者以及负责新债务发行的投资银行组成，通常还包括投资银行的客户。在发行之后债券进行交易的市场就是所谓的二级市场。

违约概率（Probability of default，PD）：在 Basel Ⅱ中，这是一个度量借款人或借款人组合可能在其金融义务上违约的统计学指标。在内部评级初级方法和高级方法中，银行和金融机构必须向监管当局提供关于每个借款人和每个级别借款人的违约概率。违约概率本身是指每个级别借款人违约概率的长期平均。对于主权风险来说，违约概率就是借款人的一年期违约概率；对于银行和公司风险来说，违约概率就是借款人一年期违约概率与 0.03% 中的较大者。违约债务人的违约概率为 100%。

Q

双重标的掉期（Quanto swap）：即名义本金为一种货币，但计息的利率指标采用另一种货币的掉期合约，它是利率掉期和货币掉期的结合。

准息票支付日（Quasi-coupon date）：即安排息票支付的固定日期，可以用来计算零息工具的价格/收益率。

R

范围远期（Range forward）：即一个零成本区间，如果在到期日没有违反上下限的限额，客户就有义务以即期价格与同一个银行进行交易。

收回率（Rate of recovery）：对在交易对手发生违约时机构可以收回的比例的估计，因为这些资产面临违约风险（即信用风险）。

评级（Rating）：即债务人的信用评级。这种评级既可以是穆迪、标准普尔或惠誉国际评级公司等机构进行的正式评级，也可以是银行或金融机构根据自身的评估进行的内部评级。

登记日（Record date）：证券发行人在到期日只能向在登记日登记为证券所有者的人支付息票或进行其他支付。参见“除息日”（Ex-dividend date）。

收回率（Recovery rate）：参见“收回比率”（Rate of recorery）。

赎回（Redeem）：如果已经偿还了证券的本金，就可以说该证券已被赎回。

赎回收益率（Redemption yield）：即将债券所有的未来支付（息票和赎回支付）进行贴现后可以使得该现值等于债券当前价格的利率（贴现率）。

重新选定货币（Redenominaton）：即更换标明证券面值的货币单位的行为，例如从英镑更换为欧元。

参考报价（Refer）：即交易商指示经纪商先前的报价或利率已无效，经纪商在以先前的报价进行交易之前必须先经过交易商的确认。

登记（Register）：即记录证券所有人的过程。对金边国债来说，除了不记名债券之外，其他债券都应在官方的登记中心进行正式登记。

记名债券（Registered bond）：即发行人保存债券所有人记录（登记）的债券，因此所有人的变化必须通知登记人并在登记人处进行登记，并且所支付的利息应转移给债券持有人，这种转移一般通过电子转账的方式进行。

监管套利（Regulatory arbitrage）：即利用对不同类型和不同评级资产的监管要求不同，参与金融交易而获益的实务。

监管资本（Regulatory capital）：即银行或金融机构为了满足监管要求而持有的资本。监管资本在 Basel Ⅰ中进行了定义并且分为一级资本和二级资本；Basel Ⅱ对二级资本作了细微的修正。

再投资利率（Reinvestment rate）：即将在投资期间所支付的利息进行再投资以获得利息的利息时所使用的利率，实际中再投资利率通常并不等于投资的初始报价收益率。

相对业绩期权（Relative performance option）：即价值随着两种资产相对价值的变化而变化的期权。

重置成本（Replacement cost）：即衍生工具未来预期净现金流的现值。除了各种处理买卖价利差的惯例之外，重置成本与金融工具的“市场价值”和“当前敞口”具有相同的意义。

回购（Repo）：通常特指经典回购。除经典回购之外，也可以指买断式逆回购和证券借贷。

回购利率（Repo rate）：即回购交易所获得的回报率，通常表示为该交易中支付现金的一方所使用的利率。

回购协议（Repurchase agreement）：参见“回购”（Repo）。

重构（Restructuring）：即对金融工具进行修改的行为，并且对于信用衍生合同具有重大意义。从本质上来说，重构是指债务人由于财务压力而改变其贷款义务条款，并且将导致贷款义务条款比以前更加不利于贷款人。重构可能使得偿还的期限更长、降低应支付的本金金额、推迟利息的支付以及改变支付的优先级等。

资产回报率（Return on assets）：即一个公司的净利润除以其资产。

法定升值（Revaluation）：即正式地将一种货币相对于其他货币的价值提高。参见“法定贬值”（Devaluation）。

逆（Reverse）：参见“逆回购”（Reverse repo）。

逆回购（Reverse repo）：即回购的反向。

滚动（Roll over）：参见“明天/下一天”（Tom/next），也可以指延续贷款的到期日。

现行收益率（Running yield）：与“当前收益率”（Current yield）的意思相同。

S

S/N：参见“即期/下一天”（Spot/next）。

二级市场（Secondary market）：即金融工具在发行之后进行流通的市场。各种债券在发行之后可以买进或卖出，这种买进或卖出的市场就是二级市场，而新证券的发行市场称为一级市场。

证券交易委员会（Securities and Exchange Commission，SEC）：即美国的金融市场监管当局。

证券借贷（Securities lending）：即以某种形式的担保将特定证券借出去的行为。

证券（Security）：借款组织为了筹集资金而发行的一种金融资产，借款组织就是证券的发行人。证券通常都可以流通，并且通常也都有到期日，也就是赎回日期。

证券化（Securitisation）：即将可以产生现金流的资产从拥有该资产的机构出售给另外一个专门为此目的而组建的公司，并由该公司发行票据，这些票据由原始资产的现金流提供支持。这一方法最初是作为美国抵押贷款银行的一种融资方式。随后，这种方法被应用于其他资产，如信用卡的支付以及应收账款等。还可以将证券化作为资产负债管理的一部分，用于管理资产负债表风险。证券化使得银行和公司等机构可以将不能交易的资产转化为能在二级市场中进行交易的评级证券，这些资产包括住房抵押贷款和汽车贷款等。购买这些证券的投资者就能获得与原始资产有关的敞口，而如果不进行证券化，这将不可能发生。该方法最初由美国的抵押贷款银行于20世纪70年代引进，而综合证券化市场的出现是最近的事情，综合证券化市场出现于1997年。现金证券化和综合证券化的主要区别就是，前者所涉及的资产实际上是出售给一个独立的法人公司，也就是所谓的特殊目的载体（SPV），但综合证券化交易就不会出现这种情况，参见稍后对综合证券化（Synthetic securitisation）这一术语的解释。可以将证券化定义为以下过程，即将公司或金融机构的非流动性资产转化为一组由这些资产进行支持的证券的过程，因此证券化过程创造的是资产支持证券。

买断式回购（Sell/buy-back）： 即期出售同时远期购买一种证券，远期价格的计算实际上与经典回购相同。

结算（Settlement）： 即将证券从卖方转移到买方并使得资金在双方之间发生相应移动的过程。

结算银行（Settlement bank）： 即同意接受与CGO成员买卖金边国债的行为相关的支付并为此提供支付保证的银行。

结算日（Settlement date）： 即金边国债和资金发生转移的日期，通常是交易后的下一个工作日。

结算风险（Settlement risk）： 即不同时转移价值的风险，也称为“交割风险”和“赫思塔特风险”。

空头（Short）： 空头就是给定货币或资产的购买数量小于其卖出数量的状况，这种状况将使得组织可以由于货币或资产的贬值而获益。然而，对于货币市场自营商来说，空头就是所借出的货币大于其借入货币数量的状况，这将使得自营商在货币升值而不是在货币贬值的时候获益，参见“多头”（Long）。

短期交易（Short date）： 即起息日不是即期的交易，这种交易的起息日必须在即期交割日后的一个月之内。

单利（Simple interest）： 如果投资的利息在到期日一次付清，或者不能将这些利息进行再投资以获得利息的利息，此时所使用的利率就是单利。参见“复利”（Compound interest）。

简单到期收益率（Simple yield to maturity）： 债券的息票以及本金损益在直至到期日之前的所有期限内以债券净价100的一定比例进行摊销，这样所计算的收益率就是简单到期收益率，这种收益率没有考虑到货币的时间价值。参见“到期收益率”（Yield to maturity）和“当前收益率”（Current yield）。

特别证券（Special）： 即由于任何原因而在回购市场中比较稀缺的证券，这种证券可以使得其持有人通过回购交易将这些证券贷出而获得额外收益，即获得高于一般担保利率的收益。特别证券的回购利率低于一般担保利率，该利率是现金的借款人在提供将特别证券作为担保物时需要支付的利率。由于多种原因，对于具体证券的需求可能非常大，如突然上升的投资者需求，或者需要用这些证券对冲具有相似到期日的新发行证券时。

特殊目的载体（SPV）： 也称为特殊目的公司（SPC）或特殊目的实体（SPE）。在证券化过程中，发行人是从发起人处获得这些资产。发行人通常是一个特殊的公司，也就是特殊目的载体，这种公司的建立是为了专门进行证券化，并且这种公司通常是离岸注册。特殊目的载体的建立是为了确保将标的资产池与发起人的其他资产区分开来。通过将标的资产池独立出来，即使在发起人破产或丧失偿付能力时，转移给特殊目的载体的这些资产也不会受到任何影响，也就是可以使这些资产远离发起人破产的影响。相反，如果标的资产的质量开始恶化并导致评级下降，投资者也不能向发起人进行追溯。通常在特殊目的载体的框架（有正式的法律条款予以界定）中持有这些资产，发起人的财务状况和信用评级就与证券持有人几乎没有任何关系。证券化的过程通常包括进行信用增进，即获得第三方对信用质量的保证，因此在证券化过程中发行的证券通常就可以评为投资级，甚至可以评为 AAA 级。构建证券化结构的过程可以确保特殊目的载体的负债（所发行的证券）成本低于特殊目的载体的资产成本，这就使得发起人可以获得较低的融资成本，而如果不通过证券化这个过程，发起人不可能在无担保市场中获得这么低的成本。

投机（Speculation）： 由于交易商预期价格将朝着有利于自己的方向变化而进行的交易，这与对冲或套利相反。

即期（Spot）： 在特定市场的传统起息日进行结算的交易。在外汇市场中，即期交易就是在两个工作日后进行结算的交易。

即期/下一天（Spot/next）： 即从即期直到下一个工作日的交易。

利差（Spread）： 即买卖价之间的差异。也可以指在买进一种金融工具的同时卖出相似金融工具的策略，例如在一个交易中买进看涨期权同时在另外一个交易中以不同的执行价格卖出看涨期权。

轧平（Square）： 即卖出数量正好等于买进数量或者资产正好与负债相匹配的状态。参见“多头”（Long）和“空头”（Short）。

标准化方法（Standardised approach）： 即关于信用风险的基本方法，该方法在 Basel Ⅰ中进行了定义，并在 Basel Ⅱ中作了改进。

证券借贷（Stock lending）： 参见“证券借贷”（Securities lending）。

股指期货（Stock index future）： 即关于股票指数的期货，这种期货可以对股票市场的很多变动进行对冲和投机。

金融街（Street）： 金融街指的就是“金融市场”，该术语起源于“华尔街”。在美国，“金融街”的另一层意思与市场惯例有关，比如华尔街的一项传统就是报出特定金融工具的价格或收益率。

剥离型债券，期货迭期，远期利率协议迭期（Strip）：通过将一个传统的附息债券分离为本金部分和利息部分而创造的零息债券。为了进行剥离，需要将债券的本金和息票进行分离，然后将每笔现金流分别作为独立的金融工具进行交易，即分别作为本金和利息进行交易和登记。期货迭期就是一系列具有连续交割日的期货合同，这些期货合同共同形成了一个长期金融工具。例如，四个到期日相互衔接的三个月期货合同就可以对一年期的掉期进行对冲。远期利率协议迭期也具有相似的特征。

结构化票据（Structured note）：这是一种在柜台交易的债券产品，该产品将很多元素结合到一个单一的金融工具之中。结构化票据可能包含一个内嵌期权，或者可能将其回报与另外一个特定资产或指数的业绩联系起来。不同的结构化票据其二级市场的流动性具有很大的不同。

掉期（Swap）：外汇掉期就是使用一种货币购买另一种货币并在未来的某个日期进行交割，同时在另外一个起息日进行反向卖出的交易。参见“利率掉期”（Interest rate swap）和“货币掉期”（Currency swap）。

掉期期权（Swaption）：即关于利率掉期和货币掉期的期权。

综合（Synthetic）：即一组交易的组合，该组合在经济意义上等价于一个不同的交易。例如，在购买看涨期权的同时卖出一个具有相同执行日期的看跌期权，这就是一种综合远期购买行为。

综合证券化（Synthetic securitisation）：巴塞尔委员会关于综合证券化的定义为，至少具有两层不同风险的结构，这些不同的风险层次反映了不同程度的信用风险，而标的资产池的信用风险可以通过信用衍生产品进行转移，实际资产的所有权并没有发生转移，转移的只是它们的信用风险。

T

T/N：参见“明天/下一天”（Tom/next）。

尾部风险（Tail）：由于头寸不匹配而在远期对远期期限内产生的利率风险，例如为期两个月的借款与为期三个月的贷款。远期外汇交易商可能面临即期汇率波动的风险。

随买发行（Tap）：由于非正常的市场管理原因并且在之前不事先声明而发行的金边国债。

期限（Term）：一个交易或投资从开始到结束之间的时间。

点数（Tick）：期货价格变化的最小单位。

一级资本（Tier One capital）：指以股东权益和保留盈余形式持有的银行或金融机构资本，监管资本中至少必须有50%是一级资本。

三级资本（Tier Three capital）：这是对于原来Basel Ⅰ进行的修改，允许银行和金融机构为了满足市场风险的资本要求而发行短期次级债务。使用这种方式所发行的债务最多是一级资本的250%，具体比例由所在国监管当局设定。

二级资本（Tier Two capital）：这种资本在Basel Ⅰ中进行了定义，但不同的国家并没有一个统一的定义，一般是将其视为银行和金融机构可以利用的其他资本形式，因此可能包括长期次级债务、优先股、未披露的准备金以及混合权益资本。

定期存款（Time deposit）：一种具有特定期限并且不能流通的存款。

货币的时间价值（Time value for money）：未来的现金流可以看作是为了在未来实现这些现金流而必须在当下进行的投资。参见"现值"（Present value）、"终值"（Future value）。

当天/明天（Today/tomorrow）：参见"隔夜"（Overnight）。

明天/下一天（Tom/next）：从下一个工作日（"明天"）直到下一天所进行的交易。在外汇市场中"下一天"也就是即期交割日。

总回报掉期（Total return swap）：一种掉期协议，协议中将银行贷款或信用敏感性证券的总回报替换为其他一些通常与LIBOR相关的现金流或其他贷款或信用敏感性证券，总回报掉期使得参与者可以有效地获得标的资产信用风险的多头或空头。总回报掉期是信用衍生产品的一种形式。

在交易所买卖的期权（Traded option）：这种期权具有标准化的条款和交割月份。

交易账户（Trading book）：即银行或金融机构中由所购买的金融工具头寸组成的账户，持有这些金融工具的目的是为了进行交易或用来对冲交易账户中的头寸。

发行批次（Tranche）：两个或更多个具有相同息票率和到期日债券中的一个，这些批次在未来某个日期通常是在第一个息票日之后可以进行替换。

交易风险（Transaction risk）：已经达成一致的交易其价值受市场风险影响的程度。

透明性（Transparent）：用来表示资产价格在市场中的清晰程度的一个术语。一个透明的市场就是大多数市场参与者可以意识到特定债券或金融工具的交易价格水平的市场。

短期国债（Treasury bill）：一种由政府发行的短期证券，其息票率通常为零。

U

没有标明日期的金边国债（Undated gilts）：即没有最后赎回日期的金边国债。

标的（Underlying）：期货或期权合同的标的就是据以发行合同的商品或金融工具。因此，债券期权的标的就是债券，而短期利率期货合同的标的通常就是三个月期限的存款。

北京融和友信科技有限公司
策划出版的金融管理专业图书

银行价值经营创新丛书

1. 《新一代银行管理会计》
2. 《银行价值经营》
3. 《资金转移定价》
4. 《银行绩效度量》
5. 《巴塞尔协议Ⅲ解读与银行经济资本应用实务》
6. 《银行经济资本》
7. 《银行费用分摊》
8. 《银行存款市场化定价》
9. 《银行资产负债管理与流动性管理》

全球银行同业与全球债券市场丛书

1. 《全球货币市场手册》
2. 《全球回购市场手册》
3. 《债券收益率曲线手册》
4. 《银行资金风险管理》
5. 《交易对手风险管理》
6. 《银行资产证券化手册》

银行信贷管理与风险控制实务丛书

1. 《优秀客户经理授信业务指引》
2. 《怎样识破骗贷迷局：近200起刑事案例的警示》
3. 《信贷风险管理智慧：银行员工名言警句读本》
4. 《企业内部控制规范性操作实务》